Jacobshagen / Leniger • Rebellische Musik

musicolonia

Herausgegeben von
Arnold Jacobshagen
Annette Kreutziger-Herr
Hans Neuhoff und
Michael Rappe

Band 1

Rebellische Musik

Gesellschaftlicher Protest und kultureller Wandel um 1968

Herausgegeben von
Arnold Jacobshagen und Markus Leniger
unter Mitarbeit von Benedikt Henn

Verlag Dohr Köln

Gedruckt mit Unterstützung der Fritz Thyssen Stiftung

Die deutsche Bibliothek – CIP-Einheitsaufnahme

Die deutsche Bibliothek verzeichnet diese Publikation in der Deutschen Nationalbibliographie; detaillierte bibliographische Daten sind im Internet unter http://dnb.ddb.de abrufbar.

1. Auflage 2007
© 2007 by Verlag Christoph Dohr Köln
www.dohr.de • info@dohr.de

Lektorat und Einbandgestaltung: Christoph Dohr
Gesamtherstellung: Verlag Dohr Köln

ISBN 978-3-936655-48-3
ISSN 1865-4711

Gedruckt auf säure- und chlorfreiem,
alterungsbeständigem Papier.

Dieses Werk einschließlich aller seiner Teile ist urheberrechtlich geschützt. Jede Verwertung außerhalb der engen Grenzen des Urheberrechtsgesetzes ist ohne schriftliche Genehmigung des Verlages unzulässig und strafbar. Das gilt insbesondere für Vervielfältigungen, Mikroverfilmungen, Übersetzungen und die Einspeicherung und Verarbeitung in elektronischen und digitalen Systemen.

Inhalt

Vorwort   9

I. Avantgarde

Gianmario Borio
Avantgarde als pluralistisches Konzept. Musik um 1968   15

Dörte Schmidt
„Haben wir mit dem Radikalismus nur geflirtet?"   35
Hermann Nitschs Orgien Mysterien Theater als
musikalisches Theater und die Krise der Repräsentation

Sabine Ehrmann-Herfort
Luciano Berio: die amerikanischen Jahre.   65
Neue Konzepte des musikalischen Theaters in bewegter Zeit

Björn Heile
Avantgarde, Engagement und Autonomie.   81
Mauricio Kagel in den sechziger Jahren

Caroline Lüderssen
Luigi Nonos und Giacomo Manzonis Musiktheater.   93
Politisches Engagement im Zeichen Gramscis

Arnold Jacobshagen
Musica impura.   103
Der langwierige Weg in die Wohnung der Natascha Ungeheuer
von Hans Werner Henze und die Berliner Studentenbewegung

Kailan R. Rubinoff
Between „Old Left" and „New Left". The *Notenkrakersactie*   125
and its implications for the Dutch Early Music Movement

II. Populäre Musik

Christophe Pirenne
Utopia as a form of protest. The case of progressive rock — 139

Rainer Dollase
Rezeptionseinstellungen zur Rock- und Jazzmusik nach 1968 — 147

Andreas Kühn
Musik in der Lebenswelt der K-Gruppen — 157

Peter Schleuning
„Hoch die rote Note!" Eine linke Blaskapelle um 1970 — 169

Holger Böning
Die Anfänge musikalischen Protests in der Bundesrepublik und der DDR. Ausländische Einflüsse im politischen Lied — 183

Daniel Koglin
Gesänge der Ungehorsamen.
Der Weg des griechischen Rebetiko
von der Unterwelt in den Untergrund — 193

Emanuela Abbadessa
Lui e lei: A new woman's identity and the rewritten male-female relationship in the musical imagery of Francesco Guccini — 203

Elena Müller
Vom Kriminellen- über das Laien- zum Autorenlied.
Die Musik der russischen Tauwetterzeit aus heutiger Perspektive — 217

Stephanie Schmoliner
Resignation oder Rock'n'Resistance?
Zum Stellenwert von Musik und sozialen Bewegungen um 1968 — 225

Ramón Reichert
Inszenierungen des Protestsängers.
Direct Cinema, Musikfilm und Popular Music — 233

Nina Polaschegg
Emanzipation im Jazz – Emanzipation vom Jazz. Die Entwicklung des Free Jazz und der improvisierten Musik im Kontext von 1968 — 245

Inhalt

III. Religion

Peter Hahnen
Gesungene (Kirchen-)Reform? 265
Das Neue Geistliche Lied und sein Programm

Daniela Philippi
Aufbruch zur Neuen Musik in der Kirche oder der Ruf nach Wahrheit. 275
Die ästhetischen Positionen der Reihe *neue musik in der kirche* /
Wochen für geistliche Musik der Gegenwart 1965–1983

Clytus Gottwald
Der religiöse Aufruhr in der Musik 291

Über die Autoren 307

Personenregister 313

Vorwort

Die in jüngster Zeit eingeleitete wissenschaftliche Neubewertung der Studenten- und Protestbewegungen um 1968 beruht gleichermaßen auf einer Historisierung der damaligen Ereignisse wie auf einer Anwendung neuerer kulturwissenschaftlicher Methoden und Fragestellungen.[1] Die Erkenntnis, dass die Achtundsechziger vor allem durch symbolische Handlungen Einfluss nahmen, bietet gerade für die Auseinandersetzung mit Musik und Kunst zahlreiche Anknüpfungspunkte. Traditionelle Verhaltensweisen und gewohnte gesellschaftliche Rituale wurden abgelehnt und durch neue „Gegenrituale", durch ungewöhnliche Formen öffentlicher Performanz wie Sit-ins, Go-ins oder Teach-ins sowie generell durch einen informellen Habitus ersetzt. Entfalteten diese neuen (alltags-) kulturellen Praktiken auch jenseits der rasch erodierenden ideologischen Fundamente der Studenten- und Protestbewegungen nachhaltige Wirkungen, so erweist sich auch der „Mythos 1968"[2] lediglich als Kulminationspunkt von langfristigen politischen und soziokulturellen Veränderungsprozessen in Europa und darüber hinaus. Sie setzten um die Mitte der 1950er Jahre ein und reichten bis in die 1970er Jahre und lassen sich, in Anlehnung an die Vorstellung vom „langen 19. Jahrhundert",[3] besser mit dem Begriff der „langen 1960er Jahre" beschreiben.

Die Beiträge des vorliegenden Bandes gehen den hier skizzierten Entwicklungen der „langen 1960er Jahre" im Bereich der experimentellen Avantgarden, der Rock- und Pop-Musik, des Jazz, des politischen Liedes und der geistlichen Musik nach. Im ersten Teil (*Avantgarde*) wird zunächst eine grundsätzliche Bestimmung des Begriffs Avantgarde als pluralistisches Konzept für die Musik um 1968 vorgenommen (Gianmario Borio). Die Begegnung zwischen Aktionskunst (Happening, Performance, Fluxus) und experimenteller Musik ist Aus-

---

1 Vgl. Martin Klimke und Joachim Scharloth (Hrsg.), *1968. Handbuch zur Kultur- und Mediengeschichte der Studentenbewegung*, Stuttgart/Weimar 2007.
2 Vgl. Wolfgang Kraushaar, *1968 als Mythos, Chiffre und Zäsur*, Hamburg 2000.
3 Vgl. Jürgen Kocka, *Das lange 19. Jahrhundert. Arbeit, Nation und bürgerliche Gesellschaft* (Handbuch der deutschen Geschichte, 13), Stuttgart 2001; Franz J. Bauer, *Das „lange" 19. Jahrhundert (1789-1917). Profil einer Epoche*, Stuttgart 2004.

druck einer für diese Zeit charakteristischen „Ästhetik des Performativen",[4] wie sie im Schaffen von Hermann Nitsch in besonders radikaler Form zutage tritt (Dörte Schmidt). Mit Luciano Berio, Mauricio Kagel, Luigi Nono und Hans Werner Henze werden führende Vertreter politisch inspirierter Avantgardemusik um 1968 exemplarisch untersucht (Sabine Ehrmann-Herfort, Björn Heile, Caroline Lüderssen, Arnold Jacobshagen), ehe den Zusammenhängen zwischen experimenteller Musik und der aufkommenden Alte-Musik-Bewegung in den Niederlanden nachgegangen wird (Kailan R. Rubinoff).

Die Beiträge des zweiten Teils (*Populäre Musik*) widmen sich den Kontinuitäten und Veränderungen der Rock- und Popmusik im Verhältnis zu den sozialen Bewegungen der 1960er und 1970er Jahre. Die produktive Durchdringung von musikalischer Avantgarde und populärer Musik ist besonders für den Progressive Rock (Christophe Pirenne) sowie für den Free Jazz (Nina Polaschegg) kennzeichnend. Auf der Ebene der Musikrezeption und der Rezeptionseinstellungen lässt sich als wesentliche Folge der Achtundsechziger-Bewegung eine symbolische Funktionalisierung von Musik konstatieren (Rainer Dollase), während andererseits der Widerspruch zwischen Kapitalismuskritik und Teilhabe an der Unterhaltungsindustrie ungelöst blieb (Stephanie Schmoliner). Am Beispiel des dokumentarischen Konzertfilms (Rockumentary) lässt sich studieren, wie ein bestimmtes Image des Protestsängers in der Zeit um 1968 in Szene gesetzt wurde (Ramón Reichert). Spezifisch für die damalige Bundesrepublik waren u.a. die im internationalen Vergleich verspätete Entwicklung einer politischen Liedermacherkultur (Holger Böning), das Phänomen der „linken" Blaskapellen (Peter Schleuning) oder die Musikkultur der maoistischen K-Gruppen (Andreas Kühn). Neben den Entwicklungen im angloamerikanischen und im deutschsprachigen Raum werden die musikalischen Auswirkungen der Protestbewegungen in Europa an Fallbeispielen aus Griechenland (Daniel Koglin), Italien (Emanuela Abbadessa) und der Sowjetunion (Elena Müller) beleuchtet.

Der dritte Teil (*Religion*) reflektiert schließlich aus kirchenmusikalischer Perspektive die Tatsache, dass religiös-ethische Fragestellungen die Studenten- und Protestbewegungen kontinuierlich begleitet haben. Die soziokulturellen Auf- und Umbrüche führten in der Chor- und Orgelmusik zu einer intensiven Rezeption der experimentellen Avantgarden (Daniela Philippi, Clytus Gottwald). Im Neuen Geistlichen Lied fand der Kirchengesang eine von der Aufbruchstimmung des Zweiten Vatikanischen Konzils getragene und durch die Befreiungstheologie inspirierte Form, Kritik an Kapitalismus und traditionellen kirchlichen Strukturen zu artikulieren (Peter Hahnen).

Der vorliegende Band vereinigt die Beiträge der interdisziplinären wissenschaftlichen Tagung „1968: Musikkulturen zwischen Rebellion und Utopie", die

---

[4] Vgl. Erika Fischer-Lichte, *Ästhetik des Performativen*, Frankfurt/Main 2004.

vom 13. bis 15. Januar 2006 in der Katholischen Akademie Schwerte stattfand. Hierbei handelte es sich um die Fortsetzung einer im September 2005 am selben Ort unter dem Titel „1968: Musik und gesellschaftlicher Protest" abgehaltenen Tagung, deren Ergebnisse separat publiziert werden.[5] Beide Veranstaltungen wurden von den Herausgebern gemeinsam mit Beate Kutschke geleitet. Sie fanden in Verbindung mit dem Interdisziplinären Forschungskolloquium Protestbewegungen (Joachim Scharloth, Universität Zürich und Martin Klimke, Universität Heidelberg) sowie dem Forschungsinstitut für Musiktheater Thurnau (Sieghart Döhring, Universität Bayreuth) statt.

Unser herzlicher Dank gilt der Katholischen Akademie Schwerte, dem seinerzeitigen Kuratoriumsvorsitzenden Udo Zelinka (†) und Akademieleiter Ulrich Dickmann für die Ausrichtung beider Veranstaltungen in der gastfreundlichen Atmosphäre des Kardinal-Jaeger-Hauses. Darüber hinaus gilt unser verbindlicher Dank der Fritz Thyssen Stiftung für die Finanzierung der beiden Tagungen und die Gewährung eines Druckkostenzuschusses, ohne den die Publikation in der vorliegenden Form nicht möglich gewesen wäre. Beate Kutschke und den weiteren Kooperationspartnern danken wir sehr herzlich für die erfolgreiche Zusammenarbeit in diesem Projekt.

Für die Gelegenheit, mit diesem Band die neue wissenschaftliche Schriftenreihe *musicolonia* an der Hochschule für Musik Köln eröffnen zu dürfen, danken wir Annette Kreutziger-Herr, Hans Neuhoff und Michael Rappe. Die Reihe bietet ein Forum für pluralistische und interdisziplinäre Forschungsansätze aus den Bereichen der Historischen Musikwissenschaft, der Systematischen Musikwissenschaft und der Theorie und Ästhetik der Populären Musik. Manuela Siepmann (Katholische Akademie Schwerte) und Benedikt Henn (Hochschule für Musik Köln) gilt unser herzlicher Dank für organisatorische und redaktionelle Mitarbeit. Gedankt sei allen Autorinnen und Autoren für ihre Beiträge und die engagierte Zusammenarbeit. Schließlich und vor allem gebührt ein besonderer Dank dem Verleger Christoph Dohr für die ausgezeichnete verlegerische Betreuung des Projekts.

Köln und Schwerte, im August 2007

Arnold Jacobshagen
Markus Leniger

---

5   Beate Kutschke (Hrsg.), *Musikkulturen in der Revolte*, Stuttgart 2007 (in Druckvorbereitung).

I. Avantgarde

Avantgarde als pluralistisches Konzept: Musik um 1968

Gianmario Borio

I.

Je weiter man sich von den historischen Ereignissen und ihren Protagonisten entfernt, um so mehr scheint das Bild der Avantgarde als einer kompakten, sektiererischen und fundamentalistischen Formation Teil der Ereignisse selbst und keineswegs deren Interpretation zu sein. Die semantischen Schichten, die sich von der Französischen Revolution bis heute in diesem Terminus aufeinander gelagert haben, beziehen sich auf Bestandteile eines zusammengesetzten Phänomens, das je nach Kontext vereinzelt oder in verschiedenen Verbindungen erscheinen kann. Die Schwierigkeit, eine allgemeine Theorie der Avantgarde zu verfassen – die Peter Bürger nicht weniger als Renato Poggioli[1] in Schach gehalten hat –, weist auf das grundsätzliche Problem hin, die Vielfalt der unter jenem Begriff subsumierten Erscheinungen auf einen Nenner zu bringen. Unterscheidungen wie die zwischen den „historischen" Avantgarden der ersten Hälfte des 20. Jahrhunderts und den „Neo-Avantgarden" der zweiten Hälfte oder die zwischen einer „institutionalisierten" Avantgarde (z. B. im Bereich der Musik die Komponisten-Theoretiker von Yale and Princeton oder die Dozenten der Darmstädter Ferienkurse für Neue Musik) und einer „subversiven" Avantgarde (etwa John Cage und sein Kreis) sind für eine Zersplitterung bezeichnend, die sich rückblickend als Grundzustand *aller* Avantgarden erkennen lässt. In einer historischen Rekonstruktion, welche die Phänomene nicht nur chronologisch anordnet, sondern auch gegeneinander abwägt, zeichnen sich Streit, Spaltung und Diaspora in Hinblick auf einen Schub nach vorne, auf eine Bewegung in die Zukunft, als konstituierende Momente der Avantgarde aus. Eine dynamische Konzeption des künstlerischen Schaffens, die im schroffen Gegensatz zur stati-

---

1 Vgl. Renato Poggioli, *Teoria dell'avanguardia*, Bologna 1962, sowie Peter Bürger, *Theorie der Avantgarde*, Frankfurt/Main 1974. Eine ausführliche Rekonstruktion der Geschichte des Begriffs „Avantgarde" bietet Karlheinz Barck in *Ästhetische Grundbegriffe*, Bd. 1, Stuttgart/Wiemar 2000, S. 544–577.

schen Haltung der Konservativen bzw. der Dekadenten steht, verbindet sich mit der Vorstellung der Kunst als Erkenntnis, als Öffnung eines Erfahrungsraumes, der bis dato unzugänglich blieb.

Im vorliegenden Aufsatz möchte ich Elemente für eine Theorie der Avantgarde liefern, welche die Pluralität ihrer Erscheinungen bewältigen kann, ohne Identität und Grenzen der künstlerischen Erfahrungen zu verwischen. Diese Pluralität kann sowohl auf der synchronen als auch auf der diachronen Achse beobachtet werden: Sie betrifft die gleichzeitig auftretenden Strömungen oder Bewegungen nicht weniger als die Veränderungen des Akzents im Verlauf des historischen Prozesses. Die Geschichte der Avantgarde und ihres Begriffs besteht gerade in diesem Werden; sie kennt keinen *Point de perfection*, kein Moment der Fülle, in dem ihre Substanz in maximaler Klarheit durchscheinen würde. Die Entwicklung der musikalischen Avantgarde nach den wechselnden Standpunkten zu untersuchen, ist daher eine unerlässliche Aufgabe, die vor jeder weiteren Theoretisierung gelöst werden müsste; dies ist jedoch nicht das Ziel dieses Aufsatzes. Ich werde stattdessen die These der Pluralität anhand einer zeitlich beschränkten, jedoch historisch bedeutsamen Phase diskutieren: 1968 – verstanden als das Jahr, in dem sich die Proteste gegen die etablierten Mächte von Politik, Moral und Militär zugespitzt haben, und zugleich als eine symbolische Jahreszahl für Transformationen im Denken und sozialem Handeln, die zu den entscheidenden Voraussetzungen unserer heutigen Zeit gehören. Im Bereich der Kunst fällt 1968 mit einer kritischen Phase zusammen, deren Problematik schwer zu entwirren ist. Die verschiedenen Bestandteile der Bewegung teilten die Überzeugung, dass die sozialistische Revolution die Kunst als bürgerliche Form überwunden hätte. Sie meinten nämlich, dass auch die Form der Selbstkritik innerhalb des bürgerlichen Denkens, die sich als Avantgarde konstituiert, ihr Daseinsrecht verliere, sobald die sozialen Konflikte ihren Gipfel erreicht haben. Dieser Gesichtspunkt wurde nicht nur von den orthodoxen Marxisten, sondern auch von den Mitgliedern der Situationistischen Internationale[2] vertreten, deren Theorien auf die antikapitalistische Revolte in West-Europa einen beträchtlichen Einfluss hatten. Die Situationisten führten einen Begriff von Avantgarde, der innerhalb der ersten surrealistischen Generation – ihrer geistigen Väter – entstanden war, in die Politik hinüber. Sie bezeichneten sich selbst als „un mouvement très particulier, d'une nature différente des avantgardes artistiques précédentes".[3] Und die Ausübung der *dérive*, des schnellen und spielerischen Durchstreifens von städtischen Geländen, um ihre „psychogeographischen" Ausstrahlungen aufzufangen, galt als „mode de comporte-

---

2   Vgl. etwa Guy Debord, *Die Gesellschaft des Spektakels*, Berlin 1996, S. 164.
3   Constant et alia, *Le détournement comme négation et comme prélude*, in *Internationale situationniste* 3 (1959), S. 10f. Guy Debord, *Théorie de la dérive*, in *Internationale situationniste* 2 (1958), S. 19.

ment expérimental".⁴ Gerade die Beförderung des Experimentellen in die Sphäre der sozialen Praxis⁵ zeigt, dass sich zwischen den künstlerischen Avantgarden und dem politisierten Alltagsleben ein Verbindungskanal eingeschoben hatte. Die Abschaffung der Grenzen zwischen Kunst und Leben – ein Desiderat des Dadaismus – scheint für einen Augenblick in die Wirklichkeit übergangen zu sein.

In Hinblick auf die Kunstmusik der westlichen Welt stellen die Jahre vor 1968 eine Zeit dar, in der die schärfsten Angriffe gegen die traditionelle Vorstellung von Komposition, die musikalischen Institutionen und das Produktionssystem insgesamt geführt wurden; kollektive Improvisation, Happening, Instrumentaltheater sind querständige Formen, die sich auf die überkommenen Gattungen und die bis dahin unhinterfragten ästhetischen Normen nicht mehr zurückführen lassen. Das historische Bild wird noch komplexer, sobald man die experimentellen Tendenzen heranzieht, die sich gerade in jenen Jahren im Bereich der Popular music anbahnten: Mothers of Invention, Pink Floyd, Soft Machine, King Crimson und andere Bands aus Nordamerika und Europa übernahmen Materialien und Prozeduren von der Kunstmusik, von der tonalen wie der zeitgenössischen; eine einzigartige Mischung aus kulturellem Klima und wirtschaftlicher Konjunktur begünstigte die Entstehung elitärer Ausdrucksformen gerade in jener produktiven Sphäre, die sich selbst ja dauernd erneuert, ohne aber die Pflicht zur Profitmaximierung anzufechten. Diese Beobachtung aber wirft einen kritischen Schatten auf den Gegensatz von Avantgarde und Kitsch, den Clement Greenberg in einem Grundtext für die Ästhetik des abstrakten Expressionismus 1939 darlegte.⁶ In einer kurzen, aber intensiven Phase nähert sich die Pop Music an die Pop Art an. Ob dann die Pop Art in die Geschichte der Avantgarde einzugliedern ist oder ihren drastischen Abschluss bedeutet, ist eine Frage, die für Kunsthistoriker noch heute offen bleibt; die entgegengesetzten Antworten darauf hängen wiederum von den unterschiedlichen Akzenten ab, die man auf den Begriff Avantgarde legt. Wird die Abstraktion als ein entscheidendes Merkmal der malerischen Avantgarde angesehen, dann fällt die Pop Art aus dieser Zuordnung heraus. Hebt man dagegen die Distanzierung von der dargestellten Wirklichkeit und die Modifikation der gewöhnlichen Wahrnehmung durch Verfahrensweisen wie die Vergrößerung eines De-

---

4   Mohammed Dahou, Giuseppe Pinot-Gallizio, Maurice Wyckaert, *Définitions*, in: *Internationale situationniste* 1 (1958), S. 13.
5   Nach Jean-François Lyotard begann mit 1968 „ein grenzenloses Experimentieren". Vgl. Lyotard, *Essays zu einer affirmativen Ästhetik*, Berlin 1980, S. 7.
6   Vgl. Clement Greenberg, „Avant-Garde and Kitsch", in *Partisan Review* 6 (1939), S. 34–49, wiederabgedruckt in Greenberg, *The Collected Essays and Criticism*, hrsg. von John O'Brian, Bd. 1, Chicago 1988, S. 5–22. Theodor W. Adorno bezog sich auf diesen Aufsatz in seiner *Philosophie der neuen Musik* (Adorno, *Gesammelte Schriften*, Bd. 12, hrsg. von Rolf Tiedemann, Frankfurt/Main 1976, S. 19).

tails oder die Verstärkung seiner Farben hervor, dann lässt man auch irgendeinen Verwandtschaftsgrad zum Dadaismus oder zum Surrealismus zu. Die Lösung dieses Streites ist für die hier diskutierte These der Avantgarde als pluralistisches Konzept ausschlaggebend.

II.

Die neuen Formen des Zusammenlebens auf dem Campus und in den Kommunen, die weltweiten Proteste gegen den Vietnamkrieg, die Entstehung von autonomen Studiengruppen zur kritischen Auseinandersetzung mit den herrschenden Ideologien und die provokativen Veranstaltungen von Künstlerkollektiven lösten bei Herbert Marcuse Überlegungen aus, die zur Konzeption einer neuen, auf ästhetischen Prämissen basierenden Lebensart wesentlich beitrugen. Mit Büchern wie *Der eindimensionale Mensch* und *Versuch über Befreiung*[7] avancierte Marcuse zu den führenden Köpfen der antikapitalistischen Bewegung um 1968. Ein wichtiger Bezugspunkt für seine Theorie der Befreiung ist die surrealistische Praxis: die Kunst, auf die sich Marcuse bezieht, ist experimentell, d. h. losgelöst sowohl von den traditionellen Kanons als auch von den Gesetzen der kapitalistischen Verwertung. Das Verhältnis von Kunst und Technik, das in der ursprünglichen Bedeutung von Kunst (*techne*) steckt, kommt wieder zum Vorschein: Die Kunst bietet nämlich das Beispiel einer Technik, die nicht einem äußeren Zweck unterworfen ist, sondern auf die Einsicht in das Selbst und die Intensivierung der Erlebnisse zielt. Unter diesem theoretischen Blickwinkel konnte man also die Avantgarde als eine *Gegenkultur* auffassen, die sich den harmonistischen Idealen traditioneller Kunst nicht weniger als dem Kitsch der Unterhaltungsindustrie entgegensetze. Jedoch ist Marcuses Argumentation über den Zusammenhang von Kunst und Revolution nicht widerspruchsfrei. Der surrealistische Aufdruck wird schwächer, wenn seine Ausführungen in den philosophischen Bereich tiefer vordringen: Hier bleiben die Modelle maßgeblich, auf die sich auch Adorno bezogen hatte, nämlich Proust, Kafka und Beckett. Und auch für Marcuse gilt das Prinzip, authentische Kunst habe sich gegen den „affirmativen Charakter der Kultur" zu richten. An anderen Stellen entzieht sich Marcuse jedoch nicht – anders als Adorno – einer Auseinandersetzung mit den Kunstformen, welche die politischen Aktionen flankieren.[8] Als Beispiel sei auf den Schluss seiner Rede anlässlich der

---

7   Vgl. Herbert Marcuse, *Der eindimensionale Mensch. Studien zur Ideologie der fortgeschrittenen Industriegesellschaft* [1964] *Schriften*, Bd. 7, Frankfurt/Main 1989, und *Versuch über Befreiung* [1969] *Schriften*, Bd. 8, Frankfurt/Main 1984, S. 237–317.
8   Typisch für Marcuses Dialektik ist die Unterscheidung von zwei Bereichen, in denen sich die subversiven Sprachen artikulieren: die Kunst und die Volkstradition. In *Kunst und Revolution*

Verleihung der Ehrendoktorwürde durch das New England Conservatory of Music in Boston im Jahre 1968 hingewiesen. Hier zeichnet Marcuse die Konturen einer „schwarzen Musik", die – obwohl nicht unbedingt von Menschen afrikanischer Abstammung gemacht – als „schwarz" zu bezeichnen ist, weil sie dem Wertesystem der „weißen" Musik entgegentritt: „Eine entsublimierte Musik, die die Klangbewegung direkt in Körperbewegung überträgt, [...] [eine] nicht-kontemplative Musik, die die Kluft zwischen Aufführung und Rezeption überbrückt, indem sie den Körper direkt (fast automatisch) in eine spontane Bewegung versetzt, die normale Bewegungsmuster durch subversive Klänge und Rhythmen verzerrt und verdreht."[9] Marcuse ist nicht entgangen, dass die subversiven Kräfte dieser „schwarzen Musik" dort nachlassen, wo sie sich in den Profitkreis durchschaltet; andererseits betrachtet er gerade das gleichzeitige Bestehen von ästhetischer Revolte und Teilnahme am Markt als zusätzlichen Beweis für die Auflösung des Wertsystems autonomer Kunst.

Luigi Nono teilte weder die politische Analyse von Marcuse noch dessen Reflexionen über die soziale Kehrseite der Kunst. In unserem Zusammenhang ist jedoch von Bedeutung, dass Nono das wichtigste Werk schrieb, das ein Komponist der Kunstmusik dem Vietnamkrieg gewidmet hat: *A floresta è jovem e cheja de vida* für Sopran, drei Schauspieler, Klarinette, Kupferplatten und Tonband – anlässlich der Biennale Musica in Venedig 1966 uraufgeführt. Der Komponist arbeitet hier zum ersten Mal in größerem Rahmen mit Live-Elektronik; er verwendet Richtmikrophone, um bestimmte Aspekte des Instrumentalklangs bzw. der Stimmen hervorzuheben; er setzt eine Dialektik zwischen Live-Klängen und Tonband in Gang; er erforscht die Möglichkeiten des akustischen Raums (die Klänge verzweigen sich in mehrere Richtungen). Die Texte sind dokumentarisch, Zeugnisse der Befreiungskämpfe, die an verschiedenen Orten geführt wurden: in Vietnam, Lateinamerika, Afrika, in den Fabriken von Detroit und Turin, an der Berkeley University. Der Vortrag dieser Textausschnitte wurde einer Sängerin und drei Schauspielern anvertraut, die monatelang mit Nono zusammenarbeiteten, um die gesuchten Ausdrucksformen zu realisieren. Die Stimmen, die teils live, teils auf Tonband zu hören sind, stellen die Vielfalt der revolutionären Stimmen mit ihren sprachlichen und existentiellen Facetten dar. Beeindruckend ist die Lektüre der *Excalation* von Herman Kahn, einem Fachmann des US Defense Department, durch Mitglieder des Living Theater. *A flo-*

(in: Marcuse, *Konterrevolution und Revolte* [1972], *Schriften*, Bd. 9, Frankfurt/Main 1987, S. 81–123) unterstreicht Marcuse die Grenzen, auf die solche Alternativsprachen stoßen: Die experimentelle Musik von Cage, Stockhausen und Boulez werde zu einem „Sprachspiel"; das Einflusspotential des Living Theatre sei durch den dazutretenden Mystizismus erheblich geschwächt; das Rockkonzert inszeniere Befreiung als Privatangelegenheit und verfalle damit zu einer Gruppentherapie größeren Ausmaßes.

9 Herbert Marcuse, *Musik von anderen Planeten*, in ders., *Nachgelassene Schriften. Band 2: Kunst und Befreiung*, hrsg. von Peter-Erwin Jansen, Lüneburg 2000, S. 92f.

resta è jovem e cheja de vida gehört zu keiner musikalischen Gattung: Es ist weder ein Oratorium noch ein dramatisches Madrigal noch eine Oper. Seine eigenartige Energie, die Nono in Hinblick auf politische Bewusstwerdung und Mobilisierung entfaltet, entsteht durch verschiedene Interaktionen: zwischen Live- und Tonbandstimmen, Stimmen und Geräuschen, natürlichen und artifiziellen Klängen, fixierten Folgen und Improvisationsteilen, zwischen Akustischem und Visuellem. Der Wald, auf den der Titel verweist, ist ein Aktionsfeld, auf dem die Körperlichkeit derjenigen zur Schau gebracht wird, die sprechen, schreien und singen, sowie die körperliche Tätigkeit der Schlagzeuger, welche die Kupferplatten mit Stäben, Hämmern und Ketten in einer stilisierten Darstellung von Fabrikarbeit behandeln.

Das Bild einer globalen Revolution, die räumlich die ganze Welt und psychologisch alle Dimensionen des Daseins umfasst, zieht das Interesse der experimentierenden Künstler um 1968 an. Auf ganz anderer Ebene wiederholt sich eine der zentralen Fragen der modernen Ästhetik: *Wie kann man das Undarstellbare zur Darstellung bringen?* Eine Allegorie der Revolution hat sich Michelangelo Antonioni in der Schlussszene von *Zabriskie point* (1970) vorgenommen, die für unseren Zusammenhang wegen der besonderen Art der Kopplung von Bild und Musik relevant ist. In einer durchgehenden Analyse hat Alberto Moravia[10] auf die Schlüsselfunktion dieser Szene für den ganzen Film hingewiesen; denn sie verlässt die Erzählperspektive und manifestiert eine Parabel biblischer Prägung. Das Sujet des Films beschränkt sich also nicht auf die Liebesgeschichte der beiden Protagonisten – Daria und Mark –, die sich auf dem Szenario der Protestbewegung an der Berkeley University abspielt; die Liebesgeschichte und der politische Kontext dienen vielmehr als Hintergrund einer Meditation über den Konflikt von Eros und Thanatos, den Marcuse in einer gekreuzten Lektüre von Marx und Freud als den Hauptkonflikt der modernen Gesellschaft gedeutet hatte. Antonioni markiert den Sprung jenseits der filmischen Erzählung durch einen Wechsel der technischen Verfahrensweisen: Die Schlussszene ist eine audiovisuelle Produktion ohne Dialoge und agierende Personen. Es sind Bilder eines Traums oder – wie Moravia vermutete – einer symbolisch-prophetischen Vision: die Explosion der Villa, in der der Geschäftsmann, für den Daria arbeitet, eine Verhandlung führt. Diese Explosion wurde mit siebzehn um das Gebäude herum aufgestellten Kameras gedreht; dazu hat Antonioni „abstrakte Explosionen" von Gebrauchsgegenständen und Konsumgütern hinzugefügt, die mit Kameras in hoher Geschwindigkeit und unter einer irrealen Beleuchtung aufgenommen wurden. Diese Sequenzen wurden mit einem Ausschnitt eines frühen Stücks von Pink Floyd unterlegt: *Careful with that axe,*

---

10 Vgl. Alberto Moravia, *È esplosa l'arte di Antonioni*, in: *Michelangelo Antonioni – Zabriskie Point*, Bologna 1971.

Eugene. Das Stück – eines der repräsentativsten für die frühen Phase der britischen Gruppe – wurde in 1968 aufgenommen, zum ersten Mal in der Sammlung *Relics* von 1971 veröffentlicht und erschien auch in einer Live-Aufnahme in der LP *Ummagumma*. Nach verschiedenen erfolglosen Arbeitstagen mit dem Regisseur in einem Studio in Rom realisierten Pink Floyd eine dritte Fassung ausdrücklich für *Zabriskie point* mit dem Titel *Come in number 51, your time's up*, welche die Charaktere der beiden früheren Fassungen vereinigte. In einer ausführlichen Analyse des Stückes hat John S. Corner auf die akustisch dominierende Vorstellung des Raums hingewiesen, einen Raum, der durch Widerhalle und Schwingungen in einem statischen Feld beschworen wird.[11] Der von Antonioni verwendete Ausschnitt stellt den Wendepunkt des Stückes dar: Eine Stimme flüstert, daraufhin kippt die Dynamik in einen Fortissimo-Ausbruch mit einem entsetzlichen Schrei und den verzerrten Phrasen der elektrischen Gitarre um.

Die Darstellung des revolutionären Ereignisses oder die Inszenierung der aufgeregten Erwartung hat als Widerpart die bestehende Situation mit ihren Aspekten von Statik, Entfremdung und Repression. Dieser soziale Raum – die „verwaltete Gesellschaft" im Sinne von Adorno und Marcuse – ist Gegenstand von *Die Schachtel*, einem multimedialen Werk, das Franco Evangelisti unter Mitwirkung des Malers Franco Nonnis 1962–1963 konzipierte. Um seine kritische Distanz zur Gattung Oper – auch zu ihren avancierten Produkten – kundzugeben, hat Evangelisti *Die Schachtel* als „azione mimo-scenica" bezeichnet, d. h. als eine Art Pantomime. Die Partitur steuert verschiedene Dimensionen: Sie trägt Bezeichnungen für ein Kammerensemble, die Bewegungen (und gelegentlich das Sprechen) von fünf bis sieben Schauspielern, eine Sprechstimme, ein Tonband, die szenische Ausstattung, die Projektion von Licht und Diapositiven.[12] Diese verschiedenen Dimensionen werden aufeinander bezogen gemäß dem für Evangelisti zentralen Begriff „Feld". Tempi und Modi ihrer Koordinierung sind so flexibel, dass sie verschiedene Realisierungen ermöglichen. Andererseits sind die acht Strukturen, aus denen *Die Schachtel* besteht, jeweils durch eine spezifische Thematik gekennzeichnet. Sie manifestiert sich in den Klangmaterialien, den Bildern, den Inschriften, den Off-Set-Worten und der Bewegungsart der Mimen. Evangelisti und Nonnis haben diese Situationen mit Stichworten umschrieben: „Gesellschaft als Publikum eines beliebigen Zuschauerraums" (in zwei Teilen), „Intersubjektive Reaktion oder Moment der

---

11 Vgl. John S. Cotner, *Pink Floyd's* Careful with That Axe, Eugene: *Towards a Theory of Textural Rhythm in Early Progressive Rock*, in: *Progressive Rock Reconsidered*, hrsg. von Kevin Holm-Hudson, London 2002, S. 65–90.

12 Vgl. auch Evangelistis Plan zur Synchronisierung von Sprache, Musik, mimischer Aktion, Licht und Projektionen; ders., in: *... hin zu einer neuen Welt. Notate zu Franco Evangelisti*, hrsg. von Harald Muenz, Saarbrücken 2002, S. 88–94.

individuellen Freiheit", „Die Neurose als Fluchtmöglichkeit", „Das Gefühl als Fluchtmöglichkeit", „Die Reaktion auf die Massenpsychologie", „Verherrlichung des Systems", „Zusammenbruch der Schachtel". Eine Fernsehproduktion des Bayerischen Rundfunks aus dem Jahre 1968 – unter der musikalischen Leitung von Eberhard Schoener, der Regie von Gregory J. Markopulos und der Choreographie von Tatiana Massine – führt auf eindrückliche Weise die multimedialen Möglichkeiten von *Die Schachtel* vor. In der zweiten Struktur werden die Hauptthemen der Pseudofreiheit und der scheinbaren Selbstrealisierung durch den mehrmals vom Sprecher wiederholten Spruch „große Revolution durch das Automobil" vergegenwärtigt. Der Terminus Revolution nimmt hier also negative Züge an: Die technologische Revolution, im Dienst der Manipulation des Bewusstseins, hat den Zustand von Gefangenschaft innerhalb der „Schachtel" geradezu gesteigert. Die Mimen sind von der Tätigkeit von Autosteuerung und -lenkung völlig absorbiert (dass auf der Bühne kein Fahrzeug zu sehen ist, macht die zwanghaften und verdinglichten Aspekte dieser Handlungen noch auffälliger); sie versuchen, durch Überholen und Abbiegen eine Art Identität zu erringen, aber dadurch erscheinen sie noch anonymer; sie versuchen sogar mit großer Mühe, aus der Schachtel herauszutreten, aber sie werden in sie zurückgeworfen. Das Akustische ist zweischichtig: Auf dem durchgängigen Hintergrund von Verkehrsgeräuschen einer Großstadt heben sich die plötzlichen, schockhaften und aperiodischen Klangimpulse des Ensembles ab.

III.

In den besprochenen Beispielen kann man einen theoretischen Hintergrund erkennen: Gestus und Bild – das Visuelle insgesamt – haftet jeder Klangerzeugung an, und umgekehrt impliziert die Rezeption von Musik immer die Erzeugung von Bildern. Die innere Beziehung von Klang und Bild, die Nicholas Cook und Lawrence Kramer im Zusammenhang mit der Frage nach der Entstehung von Bedeutung in der Musik neulich diskutiert haben,[13] wurde also schon von der Avantgarde avisiert, und zwar in steigender Weise mit der Entwicklung der technischen Mittel. Die digitalen Systeme haben in großem Rahmen einen Prozess in Gang gesetzt, den die experimentelle Musik bereits fokussiert hatte – in Dieter Schnebels *Sichtbarer Musik*, in Mauricio Kagels Instrumentaltheater, in schwer zu klassifizierenden Werken wie Nonos *A floresta è jovem e cheja de vida* und Evangelistis *Die Schachtel* sowie in der Hervorhebung des Körperlichen beim Spielen in den Improvisationsgruppen. Der Anfangsimpuls zu dieser

---

13 Vgl. Nicholas Cook, *Analysing Musical Multimedia*, Oxford 1998, sowie Lawrence Kramer, *Musical Meaning: Toward a Critical History*, Berkeley 2001.

Entwicklung, die eine radikale Kritik an die Vorstellung der autonomen Musik und an die damit verbundenen Typen von Produktion und Rezeption richtete, kam von John Cage. Das „untitled event", das 1952 am Black Mountain College stattfand, kann als Vorzeichen für die Verschmelzung der Medien gedeutet werden: Cage trug einen Text vor, Merce Cunningham tanzte, David Tudor spielte Klavier, an den Wänden hingen Gemälde von Robert Rauschenberg, dazu kamen noch Projektionen von Dias und Kurzfilmen. Die Lehre von Josef und Anni Abers, die nach der Erfahrung im Bauhaus in die USA ausgewandert waren, lieferte die theoretischen Grundlagen für eine Begegnung der künstlerischen Gattungen, die sich im Unterrichtsprogramm des College widerspiegelte. Ein weiteres Kapitel in der Geschichte der multimedialen Kunst ist das *Poème electronique*, das im Philips-Pavillon der Brüsseler Weltausstellung 1958 aufgeführt wurde: eine Synthese von Bauprojekt, Klang, Wort, Bild und Licht. Der Beitrag der einzelnen Künstler bzw. Mitarbeiter ist noch isolierbar, wie das Nachleben des gleichnamigen Tonbandstückes Edgard Varèses nach der Uraufführung zeigt. Wir sind also noch weit entfernt von einem Kunstwerk, dessen Inhalt von mehreren gleichzeitig eingeschalteten Medien vermittelt wird; ein derartiges Gebilde setzt die Verständigung von verschiedenen Subjekten über ein geteiltes Projekt voraus, d. h. die Abkehr vom Begriff des Autors oder auch einer Summe von Autoren. Dies ist aber das implizite Ziel des Prozesses der Überwindung der künstlerischen Gattungen und des Kompetenzaustauschs der Produktionssphären, der das Experimentieren im Laufe des 20. Jahrhunderts gekennzeichnet hat.

In *Nostalgie – Solo für einen Dirigenten* (anlässlich des Fluxus-Festival 1962 in Wiesbaden uraufgeführt) hat Dieter Schnebel eine Partitur en Detail notiert, die aber zu keinem einzigen erklingenden Ton führt. Das Material besteht aus den Gesten, die ein Dirigent an ein imaginäres Orchester richtet; die Affekte und die Ausdruckscharaktere der klassischen und romantischen Musik manifestieren sich nur auf visueller Ebene, wobei der Rezipient in die Lage versetzt wird, sich der semantischen Schicht solcher Gestik bewusst zu werden; zugleich ist das Stück ein Symbol für den Verlust des musikalischen Kommunikationssystems, das wörtlich nicht mehr zu „sprechen" vermag. Die Werkgruppe, die Schnebel mit dem Sammeltitel *Sichtbare Musik* bezeichnet hat, stehen mit Mauricio Kagels Auslotung der szenischen Dimension des Musikmachens in engem Zusammenhang – dies ausgehend von *Sur Scène* (1959–1961) und einer Reihe von Kurzfilmen (darunter auch *Solo*, basierend auf Schnebels *Nostalgie*). Ich verweise auf diese Stücke, weil hier die kritische Einstellung gegenüber der Institution Kunst nicht – wie es Peter Bürger vertrat – in die Selbstüberwindung der Kunst, sondern in ihre Erweiterung ins Multimediale mündet. Kagels *Antithèse für elektronische und öffentliche Klänge* (1962, als Film 1965) zeigt auf anschauliche Weise die Reflexion über das Verhältnis von Akustischem und Visuellem. Dies geschieht durch Verfremdungen: Der Schauspieler agiert als Hörer, der Rezipient ist eher Betrachter als Hörer, an einer Stelle hört man das Publikum eines nicht zu hörenden Konzerts, die Dimensionen des Diegetischen und Extradiegetischen werden dauernd gemischt und sind oft nicht mehr auseinander zu halten, die Aktionen des Schauspielers sind nach musikalischen und nicht narrativen Prinzipien organisiert, oft verlaufen sie auf zwei unterschiedlichen Ebenen, dank der Verwendung eines Bildschirms im Bildschirm.

Die Durchdringung der vielfältigen Beziehungen zwischen Akustischem und Visuellem – ein Gedanke, der die experimentierenden Künstler der 1960er Jahre beschäftigte – stützt sich auf die Überzeugung einer inneren Zugehörigkeit beider Sphären, einer Überzeugung, die durch den steigenden Einfluss des Fernsehens im Alltagsleben verstärkt werden konnte. Das Fernsehen ist das vollkommene Kommunikationsmittel des von Marshall McLuhan genannten „elektronischen Zeitalters", weil es den Rezipienten in direkten Bezug zum Ereignis jenseits von Zeit und Raum setzt. Darüber hinaus bietet das Fernsehen eine Mischung aus Text, Bild und Klang, in der die Botschaft aus der Wechselwirkung der drei Dimensionen entsteht und auf keine reduzierbar ist. Der das Fernsehen auszeichnende Wahrnehmungsmodus ist nach McLuhan der taktile: „It is total, synesthetic, involving all the senses."[14] Es muss also ein Zusammenhang bestehen zwischen der Idee des Fernsehens als Kommunikationsmittel par excellence und der Entstehung von künstlerischen Projekten, die verschiedene Medien gleichzeitig verwenden und sich dadurch in keine Gattung einordnen lassen. Es ist bezeichnend, dass, so wie das Funkgerät zwanzig Jahre davor (durch Cage) als ein neues Instrument eingesetzt wurde, nun das Fernsehen zum Material einer neuen Art von Skulptur wird. Nam June Paik, ein Komponist aus dem Kreis von Stockhausen, der zu einem Protagonisten der Fluxus-Bewegung wurde, realisierte 1963 bei der Wuppertaler Galerie Parnass eine Ausstellung mit 13 Fernsehgeräten mit dem Titel *Exposition of Music – Electronic Television*. Zu seinen Absichten gehörte, auf visueller Ebene die Prinzipien umzusetzen, die auf akustischer Ebene im Kölner Studio für elektronische Musik praktiziert wurden. Man kann also behaupten, dass die Videokunst Tochter der Musik ist, oder wenigstens dass sie von einer Begegnung zwischen Musik und Malerei entstanden ist. Es ist bemerkenswert, dass die Verwendung der Fernsehgeräte als Elemente eines neuen Typus von Skulptur – einer elektronischen Skulptur – mit Paiks Auseinandersetzung mit der Kommunikationstheorie im gleichen Schritt ging: 1967 hielt Paik einen Vortrag über Norbert

---

14 Marshall McLuhan, *Understanding Media: The Extensions of Man*, Cambridge 1994, S. 334. Vgl. auch Dieter Daniels, *Fernsehen – Kunst oder Antikunst? Konflikte und Kooperationen zwischen Avantgarde und Massenmedium in den 1960er/1970er Jahren*, http://www.medienkunstnetz.de.

Wiener und Marshall McLuhan am Institute of Contemporary Arts in London, der dies belegt.[15]

Im Augenblick, wo Prozeduren und Materialien der einzelnen Kunstgattungen ineinander greifen, werden auch die Grenzen zwischen Kunst und Unterhaltung (zwischen reflexivem Zugang und sinnlicher Teilnahme) durchlässig. Die Romane von William Burroughs – vor allem die Trilogie *Soft Machine* (1961), *The Ticket That Exploded* (1962) und *Nova Express* (1964) – haben einen erheblichen Einfluss auf die alternative Intelligenz ausgeübt. Sie sind populär und zugleich experimentell. Die Popularität wird durch den breiten und differenzierten Leserkreis belegt, der an ihnen die krude Darstellung einer so beunruhigenden wie verdeckten Wirklichkeit bewunderte. Das Experimentieren findet seinerseits auf verschiedenen Ebenen statt: Die Sprache von Burroughs absorbiert und transformiert die akustische Landschaft; ihre Form spiegelt den Sinn einer bröckeligen Wahrnehmung der Welt wider, der durch die Überflutung von Informationen und Reizen im elektronischen Zeitalter eingetreten ist. Seine Technik des Cut-up übernimmt einerseits das Verfahren der Collage aus der Malerei, andererseits greift sie durch Permutation und Kombination auf eine Art der Materialbehandlung zurück, die den Komponisten serieller und aleatorischer Musik vertraut ist; die komplementäre Technik des Fold-in führt dagegen Formen von Rückblick und Vorwegnahme ein, die in der Kinematographie beheimatet sind. Die genannte Trilogie entstand in der Zeit, als der amerikanische Schriftsteller meistens in Paris verweilte – im Beat Hotel, das er mit einigen Kollegen gegründet hatte und das zum Treffpunkt für Gleichgesinnte aus aller Welt geworden war.[16] Die Erkenntnisse über die Sprache als Trägerin von Machtstrukturen erweiterte er mit der Verwendung von Tonbandaufnahmen, die mit einer rudimentären Technik manipuliert wurden.[17] „What we see is determined to a large extent by what we hear" – der Satz, mit dem Burroughs' Essay „The Invisible Generation"[18] beginnt – kann als Maxime für die neue, gesellschafts- und machtkritisch orientierte Arbeit der Künstler gelten, die quer zu Gattungen und Medien steht.

---

15 Vgl. Nam June Paik, *Norbert Wiener and Marshall McLuhan*, in ders., *Niederschriften eines Kulturnomaden. Aphorismen. Briefe. Texte*, Köln 1992, S. 123–127.

16 Vgl. Barry Miles, *The Beat Hotel: Ginsberg, Burroughs, and Corso in Paris, 1957–1963*, New York 2000.

17 Vgl. die LP von William S. Burroughs, *Break Through in Grey Room* (1986); vgl. auch Robin Lydenberg, *Sound Identity Fading Out: William Burroughs' Tape Experiments*, in: *Wireless Imagination. Sound, Radio, and the Avantgarde*, hrsg. von Douglas Kahn und Gregory Whitehead, Cambridge 1992, S. 409–436. In diesem Zusammenhang ist auch das Wirken von Burroughs' Lebensgefährten Brion Gysin bedeutsam. Vgl. *Brion Gysin. Tuning in to the Multimedia Age*, hrsg. von José Férez Kuri, London 2003.

18 Burroughs' *The Invisible Generation* erschien als Nachwort zu *The Ticket That Exploded* (New York 1967, S. 205–217), und zugleich in Londons Alternativmagazin *IT* (in den Nummern 3 und 6 von 1966 und 1967).

Die Romane und die Tonbandexperimente von Burroughs stützen sich auf eine latente Theorie der Massengesellschaft. Seine Science-Fiction-Visionen betreffen Konflikte, in denen es um Kontrolle von Wissen und Manipulation von Informationen geht. Der neue Machtapparat ist nicht nur zentralistisch strukturiert, sondern wirkt auch global: Von den innigsten Empfindungen des Individuums bis zu den Verhaltensweisen sozialer Gruppen gibt es keinen Raum mehr, der von ihm unangetastet bleibt. Aus ihm hat sich eine ideologische Einheit höherer Qualität gebildet, in der so unterschiedliche Phänomene wie die Herstellung überflüssiger Waren, die Bürokratie, die Übertragung von Information, die polizeiliche Gewährleistung sozialer Ordnung und die Kriegsführung auf planetarer Ebene eingehen. Um diesen Machtapparat geht es in *The Switch Doctor*, ein Hörspiel, das Daevid Allen, Mitbegründer der Rock-Gruppe Soft Machine, für den Radiophonic Workshop der BBC 1965 produzierte.[19] Als Besucher des Beat Hotel war Allen mit den Tonbandexperimenten von Burroughs vertraut, die übrigens auch die Bewegung der Poésie sonore um Henri Chopin und Bernard Heidsieck[20] beeinflussten. In Paris lernte Allen auch Terry Riley kennen, der seine Verfahrensweisen der verzögerten Wiederholung, der Überlagerung von Schichten und der variablen Widerhalleffekte mit Hilfe verschiedener, gleichzeitig laufender Tonbandgeräten demonstrierte. Beide Arbeitsweisen, die Schnittmethode von Burroughs und die Loop-Verfahren von Riley, sind für die Anfertigung von *The Switch Doctor* entscheidend gewesen. Dazu kommt ein im Umgang mit der Pop Art geübtes Sensorium für Fragmente der Wirklichkeit, hier durch verbale Äußerungen und Ausschnitte der akustischen Umwelt repräsentiert; die Herauslösung vom ursprünglichen Kontext und die mikroskopische Analyse (durch ein Verfahren, das an das „écoute reduit" von Pierre Schaeffer erinnert) stehen mit einer Praxis in Einklang, die weniger die Erarbeitung neuer Materialien als die Herausstellung des Kommunikationspotentials vorgefundener Gegenstände anstrebt. Der „schaltende Arzt", auf den der Titel anspielt, ist der große Diktator im Zeitalter der elektronischen Verwaltung von Daten, Codes und Weltbildern. Er ähnelt den Ikonen der Pop Art und nimmt zugleich die Helden der jüngsten Literatur vom Cyberspace voraus.

19 Das Hörspiel wurde erst 1967 ausgestrahlt und später in der CD *The Death of Rock* veröffentlicht.
20 Vgl. Henri Chopin, *Poésie sonore internationale*, Paris 1979. *The Electronic Revolution*, ein fundamentaler Text von Burroughs zur Kritik der Kommunikationssysteme, erschien zum ersten Mal 1968 im von Chopin geleiteten Periodikum *OU*. Die beste Dokumentation zur Poésie sonore findet sich in der Sammlung von sieben Schallplatten, die 1975 von Maurizio Nannucci für das Label *Cramps* (Mailand) herausgegeben wurde. Die Produktion von *Cramps*, deren Gründer und Mitglieder der Situationistischen Internationale nahe standen, wandte sich John Cage und der experimentellen Musik abseits der Institutionen zu. Ein besonderer Akzent lag auf dem vielfältigen Schaffen von Demetrio Stratos, Sänger der Rock-Gruppe Area und ausgezeichneter Interpret von Cages Vokalwerken.

IV.

Die bisherigen Betrachtungen lenken die Aufmerksamkeit auf das, was als der theoretische Kern der Avantgarden um 1968 bezeichnet werden kann: *Kommunikation*. Die Bereiche, in denen der Kommunikationsprozess ansetzt, die Struktur der Botschaften und die Bedingungen ihrer Rezeption sind nicht nur Gegenstand der Schriften von Adorno, Marcuse, McLuhan, Abraham Moles, Max Bense, Umberto Eco, Guy Debord – von Theoretikern also, die sich mit den Avantgarden der Kunst auseinandergesetzt haben, sondern stellen den Berührungspunkt der disparaten Strömungen jener Jahre dar. Drei Deutungsmodelle sind besonders repräsentativ: 1. die Kritik an Kommunikation als Herrschaftsmittel, 2. die Theorie des Vorrangs des Mediums über die Botschaft, 3. die Umfunktionierung der Kommunikation durch kunstverwandte Eingriffe.

1. Adorno hat eine Medientheorie formuliert, die darauf beruht, dass die spätkapitalistische Gesellschaft ein Kommunikationssystem geschaffen hat, das denen der totalitären Staaten ähnlich oder mindestens vergleichbar ist: ein durchrationalisiertes, funktionalisiertes und zentralisiertes System, in dem jede Differenz oder Opposition von Grund auf neutralisiert wird.[21] Die ästhetische Antwort auf diese Situation wurde von einem frühen Adorno-Exegeten als „Kommunikation der Negation der bestehenden Kommunikation"[22] bezeichnet. Die Schöpfungen der Avantgarde denunzieren die Kommunikationsformen und die Sprache selbst als Instrumente von Herrschaft und Unterdrückung. Sie können dies mit verschiedenen Vorgehensweisen bekunden: Verfremdung, Vorweisung der Mechanismen der falschen Kommunikation, Bildung einer sinnlosen Syntax, Zerstörung des Verhältnisses zwischen Form und Inhalt, Einführung von Stör- und Desorientierungsfaktoren für den Rezipienten. Die Künstler, die an diese Analyse mehr oder weniger direkt anknüpfen, weisen jede positive Vorstellung der sozialen Interaktionen zurück; dies folgt dem Hauptprinzip, durch das Adornos negative Dialektik den linearen Lauf der Hegelschen Dialektik unterbrochen hat: Die Negation der Negation führe auf keine Affirmation, sondern auf eine Potenzierung des Negativen.

2. Die Untersuchungen über die jahrhundertelange Geschichte der Medien und ihre gegenwärtige Anwendung, die McLuhan in den 1950er und 1960er Jahren machte, sind dagegen jenseits einer Philosophie der Wahrheit angesiedelt. D. h. sein Interesse gilt nicht der Authentizität der Botschaft, sondern den Formen und den Funktionen, die sie im Gang durch die Medien einnimmt. Die

---

21 Vgl. Theodor W. Adorno, *Prolog zum Fernsehen* und *Fernsehen als Ideologie* sowie *Meinung Wahn Gesellschaft*, in: ders., *Kulturkritik und Gesellschaft II* (Gesammelte Schriften, Bd. 10.2), hrsg. von Rolf Tiedemann, Frankfurt/Main 1977, S. 507–532 und 573–594.
22 Gianni Scalia, *La nuova avanguardia (o della miseria della poesia)*, in: *Avanguardia e neo-avanguardia*, hrsg. von Giansiro Ferrata, Milano 1966, S. 24.

Bücher von McLuhan – besonders *Understanding Media: The Extensions of Man* von 1964 – übten einen beträchtlichen Einfluss auf die Künstler aus (neben dem bereits erwähnten Paik sei auf John Cage und Andy Warhol hingewiesen). McLuhans beharrliche Beobachtung der Medien – besonders des Schwarz-Weiß-Fernsehens mit der Low Definition seiner Bilder, der knappen Charakterisierung seiner Personen und der Unbestimmtheit seiner Sprache – zeigte, wie die populäre Kultur für die Theorie zurück gewonnen werden könnte. Dazu kommt noch die Feststellung des Informationscharakters, den die Waren über die Werbung erhalten. Jedoch war McLuhan keineswegs der Meinung, dass ein Triumph der industriellen Kunst bevorstünde. Er wies den Künstlern (seine Modelle waren James Joyce, Thomas S. Eliott und Ezra Pound) eine Fähigkeit zur Vorwegnahme zu, die der Ästhetik der Frankfurter Schule nicht weit entfernt ist: „In the history of human culture there is no example of a conscious adjustement of the various factors of personal and social life to the new extensions except in the puny and peripheral efforts of artists. The artists pick up the message of cultural and technological challenge decades before its transforming impact occurs."[23]

3. Als letztes Modell sei die Gesellschaft des Spektakels herangezogen, die Guy Debord in den Jahren um 1968 beschrieb. Der Gründer der Situationistischen Internationale betrachtet die Zersetzung jener Form von Bildung und Kunst, die mit der Etablierung der bürgerlichen Gesellschaft gleichzeitig entstand, als einen vollzogenen und unwiderruflichen Prozess. Auf ihren Ruinen habe sich ein gigantisches Kommunikationssystem angesiedelt, das vom Zentrum zur Peripherie funktioniere und jede Stellungnahme des Benutzers verhindere. In diesem Kontext entdecken die künstlerischen Avantgarden – die für Debord auch potentiell politische Avantgarden sind – den Dadaismus aus den revolutionären Jahren Deutschlands wieder. Der Hauptbegriff „Situation" hängt u. a. mit den semantischen Umgestaltungen zusammen, die von den Dadaisten in Gang gesetzt wurden. Bliebe aber die Theorie Debords auf der Ebene von Verweigerung und Negation, dann gehörte sie – wenn auch indirekt – in den Umkreis der Frankfurter Schule. Es scheint ihm hingegen ein unendliches Wechselspiel zwischen funktionalisierter Kommunikation und deren Sabotage vorzuschweben, wenn er etwa behauptet: „Tout emploi, pour nous, des modes de communication permis, doit donc être et ne pas être le refus de cette communication: une communication contenant son refus; un refus contenant la communication, c'est-à-dire le renversement de ce refus en projet positif. Tout cela doit mener quelque part. La communication va maintenant contenir *sa propre critique*."[24]

---

23 McLuhan, *Understanding Media*, S. 64f.
24 Guy Debord, *Communication prioritaire*, in: *Internationale Situationniste* 7, 1962, S. 24.

Die Vorstellung einer „Kommunikation, die ihre eigene Kritik enthält", bringt uns zurück zu der Aktivität jener Musiker, die im beschwingten Klima um 1968 außerhalb der Institutionen arbeiteten: die Gruppen experimenteller Rock- und Jazz-Musik, die musikalische Zurichtung von Happenings and Performances, die Aufführungspraxis von Einzelgängern wie Terry Riley bzw. von Improvisationsgruppen wie AMM, Musica Elettronica Viva und New Phonic Art, die von der unterschiedlichen Ausbildung und stilistischer Herkunft ihrer Mitglieder profitierten. Diese Erfahrungen in eine pluralistische Konzeption der Avantgarde einzuordnen, scheint unerlässlich, will man nicht der defensiven Auffassung nachgeben, die gesellschaftliche Entwicklung nach dem zweiten Weltkrieg habe den Auftritt eines Tertium zwischen Institutionalisierung und Vermarktung versperrt. Diese Erweiterung der Perspektive – so wünschenswert sie sein mag – stellt uns jedoch vor schwer zu überwindende Probleme. Sieht man von der Schallplattenproduktion ab (die meist für die kommerzielle Seite des Phänomens steht), so ist die Spannbreite fast nur über die alternative Presse festzustellen. Die Protagonisten haben weder die Gelegenheit gehabt noch das Bedürfnis gespürt, ihr Schaffen mit Hilfe irgendeiner Schrift theoretisch zu untermauern. Die gängigen Theorien der Avantgarde verfügen aber ihrerseits kaum über die Mittel, diesen Zwischenbereich adäquat zu erfassen. Der Beginn kann nur eine geduldige Rekonstruktion der historischen Ereignisse sein, wofür ich hier nur eine Andeutung geben kann. Konzentriert man sich auf die Gegenkultur, die in London mit dem Terminus „Underground" etikettiert wurde, so merkt man, dass die vorhin angedeuteten Aspekte vorkommen. Die künstlerische Arbeit wird meistens als eine momentane Aktion verstanden, die von einer Gruppe geplant und geübt wird, um schließlich bei einer öffentlichen Veranstaltung ausgelöst zu werden; sie ist offen im doppelten Sinne: Ihr Abschluss ist nicht festgelegt, und die anwesenden Zuschauer/Zuhörer können in irgendeiner Form daran teilnehmen. Man findet diese Eigenschaften in den Darbietungen der Improvisationsgruppe AMM und anderen Komponisten-Interpreten (etwa Roger Smalley, Tim Souster und David Bedford) sowie der Rock-Gruppen Pink Floyd und Soft Machine, die in Londons UFO-Club und Institute of Contemporary Arts bzw. anlässlich sensationeller Ereignisse wie der Launch Party für das alternative Magazin *International Times* am Roundhouse (1966) oder des *14-Hour Technicolour Dream* im Alexandra Palace (1967) oder noch in den berühmten Promenade Concerts stattfanden.[25]

---

25 Vgl. Barry Miles, *In the Sixties*, London 2002. Über die musikalische Szene vgl. *Not Necessarily „British Music": Britain's Second Golden Age* (*Leonardo Music Journal 11*), London 2001 (mit CD-Dokumentation). Als bezeichnend für den Geist der Promenade concerts kann die Veranstaltung genannt werden, die am 13. August 1970 in der Royal Albert Hall stattfand: Ein stilistisch buntes Quintett von Keyboard players (Tim Souster, Andrew Powell, Roger Smalley, Mike Rat-

V.

Möglicherweise ist das Charakteristische der Musik um 1968 das Hervortreten des Performativen. Dies geschah zunächst aufgrund der kritischen Hinterfragung der schriftlichen Darstellung von Musik und überhaupt des für die soziale Einbettung der Kunstmusik in der westlichen Moderne fundamentalen Dreiecks Autor-Text-Interpret, die zahlreiche Komponisten nach den Verzweigungen des seriellen Denkens bzw. der Verbreitung der aleatorischen Verfahrensweisen vollzogen. Cornelius Cardew steht exemplarisch für diese Entwicklung: Er studierte 1954–1957 Cello und Komposition an der Royal Academy of Music, nahm 1957–1960 an den Internationalen Ferienkursen für Neue Musik in Darmstadt als Komponist und Interpret teil, war Mitarbeiter von Karlheinz Stockhausen bei der Realisierung der Partitur von *Carré*, besuchte 1965 einen Fortbildungskurs in Komposition von Goffredo Petrassi in Rom und wurde 1966 zum Mitglied der Improvisationsgruppe AMM, die sonst aus Jazz-Musikern (Lou Gare, Eddie Prévost, Keith Rowe und Lawrence Sheaff) bestand. Cardews Fortbewegung zu einem Grenzgebiet des Musikschaffens hat ihre Motivation in der Suche nach einer neuen Form des musikalischen Ausdrucks: „Informal sound has the power over our emotional responses that formal music does not, in that it acts subliminally rather than on a cultural level. This is a possible definition of the area in which AMM is experimental. We are *searching* for sounds and for the responses that attach to them, rather than thinking them up, preparing them and producing them. The search is conducted in the medium of sound and the musician himself is at the heart of the experiment."[26] Erlebt die Bezeichnung „Komponist" eine Bedeutungsverschiebung, so hat dies Folgen für den komplementären Begriff des Interpreten: Er muss hören, bevor er spielt, trägt in jedem Augenblick Verantwortung für die Gesamtdynamik und dient als Mitgestalter eines die Rezipienten miteinbeziehenden Ereignisses. Für das kulturelle Klima um 1968 ist bezeichnend, dass ähnliche Forderungen auch von engagierten Rock-Musikern gestellt wurden. Kevin Ayers, Mitbegründer der Gruppe Soft Machine, war überzeugt, dass „a new breed of performer will evolve, or emerge, and the type of performance will be radically different. Instead of being amused with a spectacle, people will amuse themselves under the direction of the New Performer. The amusement will no longer be a presented fantasy but will take the form of self discovery and experience, hopefully bringing about the distruction of inhibitions that

---

ledge, Robin Tompson) bot eine herausragende Interpretation von Terry Rileys *Keyboard Studies*. Darauf folgten *Triple Music II* von Tim Souster und eine Vorführung der Gruppe Soft Machine.

[26] Cornelius Cardew, *Towards an Ethic of Improvisation*, in: Cardew, *Treatise Handbook*, London 1971, S. III. Vgl. auch Cardew, *Notation – Interpretation, etc.*, in: *Tempo*, 58 (1961), S. 21–33.

prevent total experience."[27] Der ästhetische Schwerpunkt verlagert sich vom Kunstwerk als produziertes Objekt auf die Vermittlungsweisen von Kunst als Handlung, als Motor oder Umfunktionierung der gesellschaftlichen Kommunikation, als Quelle einer „totalen Erfahrung".

Vinko Globokar, der 1967 die Gruppe New Phonic Art (zu deren Mitgliedern auch der Jazz-Virtuose Michel Portal gehörte) gründete, hat auf einen weiteren Aspekt der Improvisation hingewiesen, der für unseren Zusammenhang von Bedeutung ist: „In der Improvisation gehören Klangliches und Visuelles zusammen, und nur die gleichzeitige Wahrnehmung beider Bereiche stellt eine adäquate Rezeption dar. [...] Genauso wichtig wie der Klang ist der Gestus, die Haltung, die Reaktion, die Position im Raum, die Beziehung zwischen Instrument und Körper und die sich freisetzende psychische Energie."[28] Das Hervortreten des Performativen bedeutet zunächst eine eigenartige Synthese von visuellen und akustischen Aspekten, ist also mit der Vernetzung der Künste eng verbunden. Es setzt aber auch eine Neubestimmung von dem voraus, was Gottfried Michael Koenig als den „doppelte[n] räumliche[n] Charakter der Musik"[29] bezeichnete; denn die schriftliche Fixierung im zweidimensionalem Raum der Papierfläche und die Aufführung im dreidimensionalen Raum des Konzertsaals sind nicht nur die zwei Formen der Öffentlichkeit von Musik, sondern auch die zwei Seiten der problematischen Beziehung, die die Musik der westlichen Hochkulturen – die sich ja primär als Kunst der Zeit versteht – zum Raum unterhält. Der aktuelle Klangraum wechselt zu einem vordergründigen Merkmal, nicht nur weil Körper, Bewegung und Gestus zunächst im Raum wahrnehmbar sind, sondern auch, weil die Zeit einer musikalischen Improvisation als fließende, unartikulierte und prinzipiell unendliche Zeit konzipiert ist. Der Performance-Raum ist offen; d. h. die Funktionen und Tätigkeiten der Performer sind nicht von vornherein (durch semantische Elemente, institutionelle Konventionen usw.) festgelegt – darauf spielte das Zitat von Ayers an. Der Rezipient ist nicht gegenüber dem Geschehen, sondern wortwörtlich *in* der Handlung situiert: Er beobachtet und hört sowohl die Performer (Instrumentalisten, die zugleich Komponisten sind) als auch den Rest des Publikums.[30] Ayers legte den Akzent auf die besondere Erfahrung, die aus der Wechselwirkung zwischen

---

27 Kevin Ayers, *Soft Talk*, in: *International Times* 33, 14.–27. Juni 1968. In den Jahren um 1968 war Ayers besonders mit der Weiterentwicklung des traditionellen, auf das Modell des Blues zurückgehenden Song beschäftigt, was ihn Musikern anderer Stilrichtungen nahe brachte. 1970 gründete er eine Gruppe mit dem Jazz-Saxophonisten Lol Coxhill, dem Komponisten David Bedford und dem Rock-Gitarristen Mike Oldfield.
28 Vinko Globokar, *Reflexionen über Improvisation*, in: *Improvisation und neue Musik*, hrsg. von Reinhold Brinkmann, Mainz 1979, S. 34f.
29 Gottfried Michael Koenig, *Bilthoven 1961/62*, in: ders., *Ästhetische Praxis. Texte zur Musik*, Bd. 1: 1954–1961, hrsg. von Stefan Fricke und Wolf Frobenius, Saarbrücken 1991, S. 262.
30 Dieser mehrfache Rollenwechsel wurde von Kagel im Film *Antithèse* thematisiert.

Performer und Rezipienten entsteht, was eine weitere Beobachtung zum Hervortreten des Performativen auslösen kann: Die musikalische Bedeutung ist nicht mehr mit der Art der Klang-Zeichen und ihrer Syntax verbunden, sondern bildet sich im Laufe des performativen Prozesses, in dem sie Verwendung finden.[31]

VI.

Die künstlerischen Erfahrungen und die theoretischen Perspektiven, die wir bisher betrachtet haben, suggerieren einige Schluss-Überlegungen. Wie die politische Bewegung, die gegen die Mächte von Wirtschaft, Militär und Ideologie opponierte, aus einer Vielfalt von Mikrozellen bestand, so erscheint die künstlerische Avantgarde als ein zusammengesetztes und heterogenes Ganzes – und dies sowohl auf der Ebene der technischen Verfahrensweisen als auch in Hinblick auf die ästhetische Orientierung. Obwohl der Bruch mit der kulturellen Überlieferung scharf und oft traumatisch ist, lassen sich in beiden Bereichen der Politik und der Kunst Verbindungslinien zur Philosophie der Moderne erkennen. Die Marxschen Theorien der Entfremdung und der Ware erhalten einen neuen Sinn angesichts der Massengesellschaft, die sich nach dem zweiten Weltkrieg profiliert; sie fließen in die Projekte von sozialem Wandel ein, die innerhalb der europäischen und nordamerikanischen Linken zum Teil unabhängig von der Analyse sozialer Klassen entstehen. Gleichwohl wäre die Katalysierungskraft der Marxschen Theorien nicht so wirksam gewesen, wenn sie sich nicht der Kontamination mit Motiven der Psychoanalyse, des Existentialismus und des Nihilismus von Nietzsche angeboten hätte. Eine analoge Beobachtung über die Verschränkung von Perspektiven kann für die künstlerische Avantgarde gemacht werden. Ihre Protagonisten zeigten ein ausgeprägtes Interesse für Fragen nach dem Auftauchen des Unbewussten oder der Überwindung der Grenzen zwischen Kunst und Leben, welche zunächst von Surrealismus und Dadaismus gestellt wurden.[32] Dieselben Fragen erhalten aber eine andere Färbung, sobald sie mit Überlegungen verknüpft werden, die von der Analyse der elektronisch gesteuerten Kommunikationssysteme stammen.

---

31 Die letzteren Merkmale verweisen auf die Grundlagen der jüngsten Theorien des Performativen. Vgl. Erika Fischer-Lichte und Jens Roselt, *Attraktion des Augenblicks – Aufführung, Performance, performativ und Performativität als theaterwissenschaftliche Begriffe*, in *Theorie des Performativen*, hrsg. von Erika Fischer-Lichte und Christoph Wulf, Berlin 2001, S. 237–253, und Erika Fischer-Lichte, *Performativität und Ereignis*, in: *Performativität und Ereignis*, hrsg. von Erika Fischer-Lichte, Christian Itom, Sandra Umathum und Matthias Wastat, Tübingen/Basel 2003, S. 11–37.
32 Vgl. u. a. Marie Luise Syring, *Der Duchamp-Konflikt* (mit Dokumentation), in: *Um 1968: konkrete Utopien um Kunst und Gesellschaft*, hrsg. von Marie Luise Syring, Köln 1990, S. 17–20 und 21–61.

Die Vielfalt an experimentellen Erfahrungen, die im musikalischen Bereich um 1968 gemacht wurden, wirft ein besonderes Licht auf den Begriff Avantgarde. In der Fülle und Simultaneität divergierender Projekte lässt sich keine besondere Strömung bzw. kein bestimmter Komponistenkreis als *die* Avantgarde definieren. Es sind eher Einzelwerke oder Konzepte, die die geteilten Normen zu brechen und die Parameter von Musikmachen und -hören neu zu bestimmen vermögen. Solche Fragestellungen und formale Probleme stellen den eigentlichen Kern dar, aus dem sich der Diskurs der Avantgarde entwickelt. Die gegenseitige Ergänzung und Durchdringung der Perspektiven erweist sich als vorherrschender Aspekt: Happening, Fluxus, Videokunst, instrumentales Theater sowie die verschiedenen Produktionen, an deren Herstellung Klang, Wort, Bild und Körper-Bewegung gleichwertig mitwirken, tendieren in diese Richtung.

All das verweist auf den Primat der Kommunikation in der spätmodernen Gesellschaft. Um 1968 erlebt also der Begriff Avantgarde eine Akzentverschiebung: Die Beschäftigung mit den Mechanismen der Kommunikation wird zum Primären und versetzt frühere Kriterien wie Prophetie, Fortschritt und Auflösung der Kunst in den Hintergrund. Wir haben festgestellt, dass ein beträchtlicher Teil der Medienanalysen von Theoretikern durchgeführt wurde, die mit Künstlern in Kontakt standen oder dem Experimentieren im Kunstbereich ein besonderes Gewicht zuwiesen. Unter den Medien des elektronischen Zeitalters erhält das Fernsehen eine spezielle Bedeutung: Es stellt das industrielle Modell einer vielschichtigen Kommunikationsform dar, in der Wort, Bild und Klang einen unentwirrbaren Konnex bilden; außerdem – wie McLuhan hervorgehoben hat – fördert das Fernsehen die Teilnahme seiner Rezipienten, indem es eine imaginäre Gemeinschaft evoziert. Diese Vernetzung von Motiven ist für das Auftauchen einer dokumentarischen Dimension im künstlerischen Schaffen verantwortlich, die in den Avantgarden der ersten Hälfte des 20. Jahrhunderts meistens abwesend war. Die variierten Wiederholungen von Autounfällen oder Krawallen, durch die Warhol einige seiner Gemälde gestaltet, signalisieren eine Haltung, die auch die Musiker kennen: Wenn die „Bombardierung mit Informationen", die Allgegenwart und die Unendlichkeit des Kommunikationskreises die menschliche Fähigkeit daran hindert, lebensrelevante Informationen zu sortieren und zu speichern, erhält die experimentelle Kunst neue Aufgaben. Je weiter die Kommunikationsnetze auf technischer Ebene fortschreiten, umso schwächer wird der Unterschied zwischen Mitte und Peripherie. Der Künstler erfasst die Wirklichkeit in einem Detail, indem er es aus dem Zeit-Raum-Kontinuum reißt, und übergibt diese Momentaufnahme dem Archiv des kollektiven Gedächtnisses.

„Haben wir mit dem Radikalismus nur geflirtet?"[1]
Hermann Nitschs *Orgien Mysterien Theater* als musikalisches
Theater und die Krise der Repräsentation

Dörte Schmidt

„1968 ist ein historischer Moment, in dem Künstler aufgrund dessen, dass sie in die gesellschaftlichen und politischen Spannungen ihrer Zeit hineingezogen wurden, bestimmte, aber kontroverse Entscheidungen getroffen haben. Um 1968 wurde die Kunst noch einmal als Teil einer Avantgarde verstanden, deren subversive Kräfte nicht nur Selbstzweck waren."[2] Angelpunkt der avantgardistischen Modernekritik um 1968 ist die Frage nach dem Verhältnis von Kunst und Wirklichkeit. Inwieweit Kunst als Repräsentation kultureller, gesellschaftlicher wie politischer Modelle der Welt fungiert, wird nach den – sicher auch eskapistischen, verdrängungsträchtigen – Neuanfangsutopien der Nachkriegszeit seit den späten 1950er Jahren diskutiert, und die Kritik an einer Kunst, die sich im „Als ob" bewegt, in der Darstellung von Weltbildern stecken bleibt, gehört zu den wesentlichen Voraussetzungen der künstlerischen Teilhabe am gesellschaftspolitischen Aufbruch der Jahre um 1968. Ende der 1960er Jahre kulminiert eine Entwicklung, die in der „performativen Aufladung des Kunstwerks"[3] eine Möglichkeit der Erkundung, Entlarvung und Zerstörung von künstlerischen, gesellschaftlichen wie politischen Repräsentationsmechanismen entdeckte.[4] Hierin treffen sich die experimentelle Wiener Avantgarde, vor allem

---

1. Oswald Wiener, *Bemerkungen zu einigen Tendenzen der Wiener Gruppe*, in: *Die Wiener Gruppe*, hrsg. von der Kunsthalle Wien (Ausstellungskatalog Kunsthalle Wien), Wien 1998, S. 20–28, hier S. 20.
2. Marie Luise Syring, *Vorwort und Dank*, in: *Um 1968. konkrete utopien in kunst und gesellschaft*, hrsg. von Marie Luise Syring (Ausstellungskatalog Kunsthalle Düsseldorf), Düsseldorf 1990, S. 9–12, hier S. 9.
3. Hubert Klocker, *Gestus und Objekt. Befreiung als Aktion: Eine europäische Komponente performativer Kunst*, in: Paul Schimmel, *Out of actions. Zwischen Performance und Objekt 1949–1979* (Ausstellungskatalog Museum für Angewandte Kunst Wien), Ostfildern 1998, S. 159–195, hier S. 170.
4. Zur Bedeutung dieser „Entdeckung des Performativen" im Kontext der Avantgarde um 1968 siehe auch denvorangehenden Beitrag von Gianmario Borio in diesem Band.

der sogenannten „Wiener Gruppe" (H. C. Artmann, Friedrich Achleitner, Konrad Bayer, Gerhard Rühm, Oswald Wiener) und die Wiener Aktionisten im unmittelbaren Umfeld Hermann Nitschs[5] auf einer formalen Ebene – nicht zuletzt angeregt durch John Cage – mit der international vernetzten Fluxus-Bewegung und den Situationisten. Die Wahl der „Gegenstände" und die gezielte Dekonstruktion religiöser Motive allerdings nähern vor allem Nitsch jenem konservativen, spezifisch österreichischen bzw. Wiener sozio-religiösen Milieu an, das naturgemäß auch die Kunstszene einbegreift:[6] Man kann Nitschs Aktionen vielleicht sogar als gezielten Angriff auf das Umfeld des österreichischen Informel in der Galerie Nächst St. Stephan mit ihrem Gründer Monsignore Otto Maurer verstehen, zu der dann schließlich auch die auf Initiative der Sozialistischen Partei gegründete Galerie Junge Generation, in der Nitsch, Brus, Schwarzkogler und Mühl ausstellten, einen Gegenentwurf darstellt.[7]

1969 tritt Hermann Nitsch mit seinem ersten Buch an die Öffentlichkeit, einem Manifest zum sogenannten „Orgien Mysterien Theater", an dem er seit Ende der 1950er Jahre arbeitet, dessen Gestalt sich in den 1960er Jahren in ihren Grundzügen entfaltet und das seine Wurzel im tiefgreifenden Zweifel dieser Zeit an der Repräsentationsfunktion von Kunst, an ihrem Wirklichkeitsverhältnis hat. Für das Vorwort gewinnt Nitsch nicht von ungefähr Oswald Wiener, der das Gemeinsame der künstlerischen Projekte Nitschs mit denen der „Wiener Gruppe" als eine „Politik der Erfahrung" zuspitzt, damit künstlerisches Handeln dezidiert als gesellschaftliches auffasst und Nitschs Entwurf ausdrücklich in diese Linie stellt.

5   Zum Verhältnis des „Wiener Aktionismus" zur „Wiener Gruppe" siehe: Ferdinand Schmatz, *Wiener Aktionismus und Wirklichkeit*, in: ders., *Sinn & Sinne. Wiener Gruppe, Aktionismus und andere Wegbereiter*, Wien 1992, sowie: Siegfried Mattl, *Autoritäre Modernisten und skeptische Avantgarde. Österreich um 1959*, in: *Die Wiener Gruppe*, S. 14–19.
6   Dass Nitsch für seine 23. Aktion, Wien 1967, fünf Studenten einer katholischen Studentenverbindung als Akteure gewinnt, kann als Provokation in diese Richtung gelten. Wie weit der Einfluss der katholischen Kirche noch heute reicht, mag man ermessen, wenn man in Karlheinz Essels Editorial zum Katalog der Nitsch-Retrospektive 2003 die eröffnende Bemerkung liest: „Hermann Nitsch zählt zu den kontroversesten Künstlern unserer Zeit. [...] Zu den vehementesten Kritikern zählt auch heute noch die katholische Kirche, die im Werk von Nitsch eine Herabwürdigung christlicher Symbole ortet und den Künstler sogar der Blasphemie bezichtigt. Die anfänglichen heftigen Auseinandersetzungen mit Vertretern der katholischen Kirche, u. a. mit dem fundamentalistischen St. Pöltener Bischof Kurt Krenn, haben jedoch in der Zwischenzeit zu einer Annäherung und gegenseitigem Respekt geführt." *Nitsch. eine retrospektive. Werke aus der Sammlung Essl* (Ausstellungskatalog Sammlung Essl), Klosterneuburg/Wien 2003, S. 6.
7   Siehe zu diesem Zusammenhang z. B. Hubert Klocker, Die Dramaturgie des Organischen, in: *Wiener Aktionismus. Wien 1960–1971. Der zertrümmerte Spiegel: Günter Brus, Otto Mühl, Hermann Nitsch, Rudolf Schwarzkogler*, hrsg. von Hubert Klocker (Ausstellungskatalog Graphische Sammlung Albertina Wien), Klagenfurt 1989, S. 41–55, hier S. 41, sowie zur Galerie Nächst St. Stephan: Robert Fleck, *Avantgarde in Wien: Die Galerie nächst St. Stephan 1954–1982. Kunst und Kunstbetrieb in Österreich*, Bd. 1: *Die Chronik*, Wien 1982.

„Wir sind parteifreunde, wir treiben die selbe ‚politik der erfahrung'; wir fordern aus verschiedenen gründen die selben maßnahmen. Wenn die kultur die wirklichkeit verhindert, so muß sie selbst verhindert werden; wenn sie wirklichkeit erzeugt, muß man sie zerschlagen: kultur und wirklichkeit sind die pole eines unmündigen bewußtseins. [...]
Sinn bedeutet nicht etwas, das auf entdeckung wartet. Sinn wird erzeugt. Sinn und bedeutung sind dimensionen der kommunikation, nicht aber brücken des individuums zur ‚objektiven realität': die semantik ist die phänomenologie der konservativen. Wenn wir den uns gemachten alltag subtrahieren, wird von der wirklichkeit nichts übrigbleiben. Nitsch hat sich an diese rechnung gemacht, das beweist der staat, indem er ihn verfolgt. [...] Er ist mein freund, weil er den hammer schwingt."[8]

Ganz im Sinne Wieners wird eben diese „Gegenprobe" der Verfolgung durch den Staat vom Künstler wie von Veranstaltern und Galeristen gleichsam als Teil der künstlerischen Arbeit selbst verstanden, wie man etwa an der Einladung zu Nitschs Aktion im Rahmen des Destruction in Art Symposiums 1966 in London ablesen kann, wo es über den Künstler heißt „Nitsch, who is 28 years old, has twice been arrested by the Vienna police as result of his actions"[9], oder an jener zur Eröffnung der Ausstellung *NITSCH* in der Münchener Galerie Neuhaus 1969, die ankündigt: „Avant Art Galerie Casa zeigt Dokumentationen zum O. M. Theater. Texte, Partituren, Skizzen, Photos und Polizeiberichte."[10]

I. Fluxus, die Suche nach dem Konkreten und die Musik

„Die Entwicklung der Kunst tendiert dazu, die Wirklichkeit als Gestaltungsmittel einzusetzen", postuliert Hermann Nitsch 1964 in seinem *MANIFEST das Lamm*, das als Ausstellungsplakat für die Wiener Galerie Junge Generation entstanden war.[11] Man will die „Wirklichkeit" künstlerisch hinter dem „Als ob" des Kunstwerks hervorholen und in die Konkretion der Wahrnehmung zerren. Das „Konkrete", „Direkte", „Tatsächliche" sind die wichtigsten Vokabeln in fast allen ästhetischen Proklamationen der Zeit – in Wien etwa gründen Nitsch, Otto Mühl, Günter Brus, Kurt Kren, Peter Weibel und Josef Dvorak 1966 das „In-

---

8   Ossi [Oswald] Wiener, *Vorwort*, in: Hermann Nitsch, *Orgien Mysterien Theater*, Darmstadt 1969, S. 21ff.
9   Reproduktion in: *Das Orgien Mysterien Theater. Die Partituren aller aufgeführten Aktionen. Bd. 1: 1960–1979. 1.–32. Aktion*. Neapel 1979, S. 162. Nitsch vermerkt solche Polizeiaktionen während Aufführungen in seinen Partituren, vgl. z. B. ebd. S. 51, 60, 177.
10 Siehe die Abb. in: *Hermann Nitsch. Das Orgien Mysterien Theater. Retrospektive*, hrsg. von Britta Schmitz (Ausstellungskatalog Nationalgalerie im Martin-Gropius Bau Berlin), Köln 2006, S. 59.
11 Abb. z. B. in: *Das Orgien Mysterien Theater. Die Partituren aller aufgeführten Aktionen. Bd. 1: 1960–1979. 1.–32. Aktion*, Neapel 1979, S. 76.

stitut für direkte Kunst" – und das Gewaltsame, Schmerzhafte eines solchen Konkretionsvorgangs wird gerade nicht verschwiegen, sondern zunehmend selbst zum Thema.[12] „Zerschlagungs"aktionen, wie sie ja auch Oswald Wiener in seinem oben zitierten Vorwort forderte, spielen dabei eine wichtige Rolle – und zunächst sind nicht von ungefähr Musikinstrumente das Ziel (so bekanntermaßen in Aktionen von Nam June Paik, George Maciunas u. a.), liefern sie doch gewissermaßen die Urbilder von Kultur. Wohl eine der frühesten dieser Aktionen (jedenfalls in Wien) führten Friedrich Achleitner und Gerhard Rühm am 15. April 1959 im Rahmen des „2. Literarischen Cabaret" unter dem programmatischen Titel „zwei welten" durch. Oswald Wiener berichtet:

„achi [Achleitner] warf im hintergrund des saales seinen motorroller an und fuhr, mit rühm auf dem rücksitz, durch den mittelgang zur bühne vor. beide schwangen sich runter, öffneten mitgebrachte koffer, legten fechtmasken an und zertrümmerten den flügel mit beilen. den leuten gefiels sehr, und eine mittellose musikstudentin im publikum bekam einen weinkrampf, denn sie hatte sich bisher noch keinen flügel leisten können. das freute uns."[13]

Frappierend ist die Nähe zu Nam June Paiks *Hommage à Cage*, die dieser im Mai 1959 in seinem Kölner Atelier vor Freunden erstmals aufführte, von der er aber bereits im Dezember '58 an Wolfgang Steinecke, den damaligen Leiter der Darmstädter Ferienkurse für Neue Musik, berichtet:

„Man benötigt hierzu ein normales Klavier oder einen Flügel, und ein sehr schlechtes Klavier ‚prepared', und einen Motorroller. / [...] Spieler lesen die Zeitung, sprechen mit dem Zuhörer, schieben die Flügel, werfen ein Klavier hin, [...] das Klavier von der Bühne zum Saalboden herunterstürzen. [....] Motorroller kommt von hinten an."[14]

Und am 2. Mai 1959 beschreibt er Steinecke sein Vorhaben erneut:

---

12 Für die amerikanische Nachkriegskunst hat dies Angeli Janhsen über den Gegensatz „Als ob" – „Tatsächlichkeit" analysiert: *Dies. Hier. Jetzt. Wirklichkeitserfahrungen mit zeitgenössischer Kunst*, München 2000. Zur Musik siehe auch Dörte Schmidt, *Hörenswerte Explosionen? Reflexion und Realisation akustischer Gewalt in der Neuen Musik seit den 1960er Jahren*, in: *Hörstürze. Akustik und Gewalt im 20. Jahrhundert*, hrsg. von Nicola Gess, Florian Schreiner und Manuela K. Schulz, Würzburg 2005, S. 165–179, hierzu vor allem S. 168ff., sowie zur Bedeutung des Schrittes in die Konkretion im Verhältnis der europäischen und amerikanischen Avantgarde dies., *Flugversuche. Serialismus und Experimentelle Musik in den 50er und frühen 60er Jahren*, in: *Zeit-Wart/Gegen-Geist. Beiträge über Phänomene der Kultur unserer Zeit. Festschrift Sigrid Wiesmann*, hrsg. von Hannes Grossek und Thomas Reischl, Wien/Sydney 2001, S. 219–261. Dort auch zum Verhältnis Fluxus und Darmstadt.

13 Oswald Wiener, *das „literarische cabaret" der wiener gruppe*, zit. nach: *Die Wiener Gruppe*, S. 122. Eine Abbildung findet man ebd., S. 125.

14 Zit. nach: *„Ich schreibe ‚Amusik'". Der Briefwechsel Nam June Paik – Wolfgang Steinecke (1957–61)*, in: *Musik-Konzepte Sonderband Darmstadt Dokumente I*, hrsg. von Heinz Klaus Metzger und Rainer Riehn, München 1999, S. 110–132, hier S. 123. Vgl. auch die Dokumentationen von Aufführungen z. B. in: *Die 60er Jahre. Kölns Weg zur Kunstmetropole. Vom Happening zum Kunstmarkt*, hrsg. von Gabriele Lueg und Wulf Herzogenrath, Köln 1986, S. 154f.

> „Der dritte Satz ist eher eine musikalische Philosophie als eine philosophische Musik. Aus dem Lautsprecher klingen Zitate von Artaud und Rimbaud. Ich paraphrasiere die Aktion. Durch eine funktionelle Aktion, die sich ihrer Funktion entledigt, wird der ‚acte gratuit' auf dem Podium sichtbar. Dieses stellt einen Ausweg aus der Erstickung des musikalischen Theaters von heute dar. / Hier wird mein Klavier (zu 50 DM) umgestürzt, Glas zerstört, Eier geworfen, Papier zerrissen, ein lebendes Huhn losgelassen, und das Motorrad kommt."[15]

Dass diese Aktion, die später besonders auch durch eine Aufführung in Mary Bauermeisters Atelier 1960 wirksam wurde, die Wiener Künstler interessieren würde, ist anzunehmen. Dass und wann sie davon hörten, lässt sich schwer eindeutig rekonstruieren. Denkbar ist allerdings durchaus, dass sie bald davon hörten, da Paik sehr ernsthaft mit Steinecke über eine Aufführung in Darmstadt verhandelte, eine enge Verbindung zwischen Darmstadt und der Kölner Szene bestand und Paik erstmals 1957 persönlich an den Ferienkursen teilnahm.[16] Wahrscheinlich wurde die Aktion in Darmstadt diskutiert und von den Wiener Teilnehmern der Ferienkurse zuhause auch berichtet. Eine wichtige Rolle spielten dabei Friedrich Cerha, auch Anestis Logothetis (der die Musik zu den frühesten Aktionen Nitschs beitrug, dazu unten mehr) u. a.; Nitsch berichtet rückblickend:

> „weiters erinnere ich mich an die musikergruppe ‚die reihe', deren verdienst es war, neueste musik nach österreich einzuführen. durch sie wurde nicht nur die schönbergsschule gepflegt, sondern man hörte erstmals in wien john cage, varèse, stockhausen und andere musik der damaligen avantgarde. ich kann mich erinnern, diese gruppe wurde sehr verlacht, setzte ihr programm doch letztlich durch."[17]

Und an anderer Stelle:

> „Na ja, in Wien war das die Gruppe ‚die reihe' [gegründet 1958], das war Cerha, Schwertsik, Gruber – ich weiß nicht, wer sonst noch dabei war. Die haben neben eigenen interessanten Kompositionen – besonders der Cerha – vor allem die internationale Musik importiert. Da hat man eben John Cage gehört und Stockhausen."[18]

---

15 Zit. nach: *„Ich schreibe Amusik"*, S. 126.
16 Siehe hierzu auch *IGNM-Fest in Köln und Contre-Festival im Atelier Bauermeister*, in: *Im Zenit der Moderne. Die Internationalen Ferienkurse für Neue Musik Darmstadt 1946–1966*, hrsg. von Gianmario Borio und Hermann Danuser, Freiburg 1997, Bd. 2, S. 263–270, speziell zu Paiks *Hommage à Cage* siehe S. 267–270.
17 Hermann Nitsch, *Klanggestaltung der Aktionskunst als Weg zum Gesamtkunstwerk*, in: *Anestis Logothetis. Klangbild und Bildklang*, hrsg. von Hartmut Krones, Wien 1998, S. 194–97, hier S. 194.
18 Edek Bartz, *Über Hermann Nitsch, Wiener Gruppe und Wiener Aktionismus*, Schloss Prinzendorf (Österreich), Mai 1998, S. 53–66, hier S. 56. 1958, in dem Jahr des berühmten Cage-Auftritts in Darmstadt waren dort u.a. Friedrich Cerha und seine Frau, sowie Kurt Schwertsik. Siehe hierzu

Cage wird zu einer Art Kristallisationspunkt sowohl durch seine eigenen Werke als auch durch eine ganze Reihe von künstlerischen Folgerungen aus dem Fluxus-Umfeld, die mit ihm zusammenhängen und nicht selten durch seinen Kurs „Experimental Composition" an der New School for Social Research Ende der 1950er Jahre angeregt wurden, an dem zahlreiche bildende Künstler teilnahmen.[19] Bemerkenswert ist, dass die Rezeption dieser Arbeiten nicht über die Zirkel der Bildenden Kunst läuft, sondern wohl in unmittelbarem Zusammenhang mit der Kenntnisnahme neuester Musik steht.

Auch wenn Nitsch und seine Mitstreiter erst 1966 durch eine auf Vermittlung Ernst Jandls zustande gekommene Einladung zu Gustav Metzgers „Destruction in Art Symposium" in London erstmals direkt in Kontakt mit der internationalen Fluxus-„Szene" kamen, muss man davon ausgehen, dass sie bereits seit Ende der 1950er Jahre z. B. über Darmstadt Berichte von deren Arbeit erhielten. Dabei ist allerdings m. E. weniger von Belang, ob und in welcher Weise direkte Kenntnisnahmen der Cageschen Projekte und Fluxus-Events eine Rolle spielen, als vielmehr, dass hier offensichtlich ähnliche Problemstellungen bearbeitet werden und die musikalische Dimension dabei eine wichtige Funktion inne hat – viele Musiker finden sich unter den Teilnehmern von Metzgers Londoner Symposium. Die Verbindungslinien prägen auch die Beiträge der Wiener Aktionisten zu einem der Konzerte im Rahmen des Londoner Symposiums 1966: In einem Programm vereint findet man dort eine Improvisation der Gruppe AMM um Cornelius Cardew, Tonband-Musik von Henri Chopin, Yoko Onos *Whisper Piece*, Ralph Ortiz' *Paper Bag Event*, Al Hansens *Paper Happening*.[20] Günter Brus und Otto Mühl beteiligten sich mit *Action Music* und *Breath Exercises* aus elementaren Lebensäußerungen wie Atmen, Keuchen, Stöhnen, Schreien etc.[21]

Reinhard Kapps Einleitung, sowie die Chronik in: *Darmstadt-Gespräche. Die Internationalen Ferienkurse für Neue Musik in Wien*, hrsg. von Markus Grassl und Reinhard Kapp (Wiener Veröffentlichungen zur Musikgeschichte, Bd. 1), Wien 1996, S. XI–XLV und 318.

19 Siehe hierzu z. B. Bruce Altshuler, *The Cage Class*, in: *FluxAttitudes*, hrsg. von Cornelia Lauf und Susan Hapgod, Gent 1991, S. 17–23.

20 Eine Reproduktion des Programms findet sich in: *Gustav Metzger. Geschichte Geschichte*, hrsg. von Sabine Breitwieser (Ausstellungskatalog Generali Foundation Wien), Wien 2005, S. 142f.

21 Siehe hierzu auch: Justin Hoffman, *Destruktionskunst. Der Mythos der Zerstörung in der Kunst der frühen sechziger Jahre*. München 1995, vor allem S. 147–166, speziell zum Konzert in der Conway Hall am 12. September 1966, siehe S. 157. Zur akustischen Aktion der Wiener Aktionisten als unmittelbare Reaktion auf Chopins Vorführung, siehe auch: *Wien. Bildkompendium Wiener Aktionismus und Film*, hrsg. von Peter Weibel und Valie Export, Frankfurt/Main 1970, S. 251. Dies waren nicht die einzigen Aktionen, die mit elementaren Lebensäußerungen arbeiteten: Eine Performance Raphael Montanez Ortiz', der eine Art psychologischen Regressionsvorgang vorführte und laut „Mami" schreiend über die Bühne kroch, hat gar der Psychologe Arthur Janov als Auslöser für die Entwicklung einer Urschreitherapie angesehen, siehe Kristie Stiles, *Die Geschichte des Destruction in Art Symposium und der „DIAS"-Affekt*, in: *Gustav Metzger. Geschichte Geschichte*, S. 41–67, hier S. 60f.

Auch diese mit elementaren menschlichen Äußerungen arbeitenden Aktionen passen unmittelbar ins Umfeld der Fluxus-Szene und lassen sich, wie die Zertrümmerungen, bis in Paiks *Hommage à John Cage* rückverfolgen, wo es eine Tonbandeinspielung mit den Stimmen schreiender Menschen gab, auf gewisse Weise aber überschritten sie sie auch. Kristie Stiles beschreibt mit guten Gründen Brus' *Head Distruction* in London als eine Art existentiellen „Kommentar" zu Paiks *Solo für Violin* von 1962: Paik hob eine Violine über den Kopf und ließ sie auf dem vor ihm stehenden Tisch zerschellen. Brus bläst eine braune Papiertüte auf, hält sie fest zu, damit der Atem nicht entweicht, legt sie auf den Tisch vor sich und läßt seinen Kopf darauf krachen, um die Tüte zum Platzen zu bringen.[22] Solche Aktionen markieren einen Paradigmenwechsel vom Kulturgegenstand zum Körper, zum Kreatürlichen, Existentiellen unter Beibehaltung der formalen Verfahrensweisen. Die Aktionen der Wiener Aktionisten treffen sich in dieser Radikalisierung der Konkretionsbewegung, an der auch Fluxus-Künstler arbeiteten mit den Zielen, die Metzger mit seinem „Destruction in Art"-Projekt verfolgt. Das Aktions-Setting wendet sich in Körperaktionen, Selbstverletzung und bei Hermann Nitsch sehr früh in symbolträchtige Aktionen mit geschlachteten Tieren, wie die in London vorgeführte Schafskreuzigung. Die implizierte Opfergeste als Ursprung des Zerstörungsvorgangs lässt denn auch das den Fluxus-Aktionen innewohnende theatralische Moment ins Zeremonielle umschlagen.

Mit Al Hansen wird einer der im Konzert beteiligten New Yorker Fluxus-Künstler auch als Akteur an Nitschs Londoner Aktion mitwirken. Nitsch berichtet im Kommentar zu dieser Aktion, dass Hansen und die ebenfalls in London teilnehmende Yoko Ono „die kunde meiner arbeit nach amerika" brachten,[23] was im März und April 1968 zu einer Amerika-Reise mit Aufführungen in New York und an der University of Cincinnati führt. In New York wird Hansen wieder mitwirken (25. und 26. Aktion am 3. und 16. März 1968). Nitschs Bericht über die 25. Aktion zeigt die unmittelbare Verbindung zu den Fluxus-Leuten und schließt in gewisser Weise den Kreis zu Paik:

„george maciunas lieh mir musikinstrumente. es kam der tag der aufführung und alles lief gut. nachdem abraham mir während der aufführung plötzlich zugeflüstert hatte: ‚du, der paik is ganz narrisch!' wusste ich, dass ich gewonnen hatte. als dann jene stelle der aktion kam bei welcher spielteilnehmer blut aus reagenzgläsern in die wunde des schafes schütteten und paik dies tat, empfand ich ein unbeschreibliches gefühl der freude und hochstimmung. nach der aufführung kam applaus, und von allen seiten erhielt

---

22 Vgl. Kristie Stiles, *Die Geschichte des Destruction in Art Symposium und der „DIAS"-Affekt*, hier S. 50. Photos dieser Aktion finden sich im gleichen Band, S. 139.
23 Nitsch, 21. Aktion 1966, St. Bride Institute, London, in: *Das Orgien Mysterien Theater*, S. 163–168, hier S. 167.

> ich nur lob. trotzdem war grosse bestürzung über den saustall, welcher durch die aktion angerichtet wurde[.] paik, der von mir sehr verehrte künstler brachte mir in jenem augenblick eine grosse huldigung dar und beschämte alle jene, die sich wegen der äusseren schwierigkeiten meiner aktion aufgeregt hatten: er streckte seine hemdärmel hoch und begann aufzuräumen.
> nach der aktion gingen wir alle in ‚maxis' kansas city (dem new yorker hawelka) und tranken viel bier. paik und ich, wir hoben immer wieder unsere gläser, um uns zuzuprosten.
> am nächsten tag kam charlotte mooreman [sic] in die cinematheque und sah die chaotischen überreste dieser aufführung. sie hat später viel zur verwirklichung meiner arbeit beigetragen."[24]

II. „Fragment einer Oper"

In der „Partitur" der 1966 in London durchgeführten Aktion hebt Nitsch hervor, dass er hier erstmals den Einsatz von Musik in seinen Aktionen praktisch erproben konnte: „neu war für mich der einsatz von geschrei und musik. lang in partituren geplant, hatte ich in london zum erstenmal gelegenheit, diesen bereich zu realisieren. [...] ich war begeistert von der lärmmusik."[25] Vorgesehen gewesen war Musik, die eine zentrale Bedeutung auch für die Begründung der dem Orgien Mysterien Theater zugrundeliegenden Gesamtkunstwerkidee bekommen sollte, offensichtlich viel früher. Edek Barz beginnt sein Gespräch mit Nitsch, das sich vor allem dieser musikalischen Dimension in Nitschs Denken zuwendet, gleich mit der Frage nach der ersten Verwendung von Musik, worauf dieser bemerkt:

> „Eigentlich habe ich mein Theater schon seit '58 konzipiert, wobei man ruhig sagen kann, daß dann '59/'60 die ersten theatralischen Entwürfe im Sinne der Aktionskünstler bereits als Projekt fixiert gewesen sind. Und dazu war von Anfang an Musik geplant, und zwar ganz naturgemäß."[26]

Nun zeigen die publizierten „Partituren" seit 1960, die die tatsächlich durchgeführten Aktionen dokumentieren, solche Planungen für eigene Musik nicht, allerdings berichtet Nitsch über die Verwendung von Musik des in Wien lebenden Komponisten Anestis Logothetis[27] bereits bei der Blutorgeleröffnung 1962[28] sowie in seiner 2. Aktion 1963:

---

24 Nitsch, 25. Aktion 1968, New York, Cinematheque, Wooster Street 80, ebd., S. 190–196, hier S. 196.
25 Nitsch, 21. Aktion 1966, ebd., S. 167f.
26 Bartz, *Über Hermann Nitsch*, S. 53.
27 Logothetis gehörte auch zu den Wiener Komponisten, die in Darmstadt waren, als dort die ersten Auswirkungen von Cages Auftritt wirksam wurden und Kontakte zu Fluxus-Künstlern ent-

„die musik, die während der aktion gespielt wurde, stammte von dem griechischen komponisten logothetis. er stand uns jüngeren nahe und wir hatten interesse an seinen arbeiten, er beschäftigte sich mit geräuschmusik. ein band wurde abgespielt, worauf laute geräusche zu hören waren; diese waren entstanden, indem er mit der handfläche reibend und drückend über die gespannte haut einer trommel fuhr. die kritik bezeichnete seine musik als ‚schweinegrunzen'."[29]

Und über die 3. Aktion im gleichen Jahr liest man: „während der aufführung lief wieder ein band von logothetis. harte, hammerschlagähnliche geräusche, die er erzeugte, indem er mit einem hammer die saiten einer harfe malträtierte, waren zu hören."[30]

Diese Hinweise jedoch geben keine Auskunft darüber, ob der Musik zu dieser Zeit im Ablauf der Aktionen eine strukturelle Funktion zukommt – wie man angesichts des Hinweises auf die Existenz von „Partituren" vielleicht erwarten würde. Vor diesem Hintergrund muss auch noch in Nitschs Bemerkung zur 19. Aktion, die kurz vor der London-Reise im Juni 1966 in Wien stattgefunden hatte, unklar bleiben, worin genau die Notwendigkeit von Musik bestanden hätte: „die aufarbeitung der partitur der 19. aktion zeigte mir, wie gerade diese partitur der musik bedurfte."[31] In der Partitur gibt es sonst keinen Hinweis auf Musik.

Unter den Kopien aus unpublizierten Manuskripten im Archiv Sohm der Staatsgalerie Stuttgart findet sich ein auf 1963, also das Jahr der 2. und 3. Aktion, datiertes Typoskript, das den archivalischen Titel „Fragment einer Oper" trägt und tatsächlich eine dieser frühen Planungen zeigt. Dieses Fragment ist für unseren Zusammenhang aus verschiedenen Gründen interessant (das Typoskript ist im Anhang zu diesem Text transkribiert, siehe S. 61–64):[32] Nicht nur findet man hier im Grunde bereits alle symbolischen Elemente des Orgien Mysterien Theaters weitgehend ausdifferenziert (die Kreuzigungs- und Opferhandlungen, Ausweidungen, Blutschüttungen unter Beteiligung des Publikums – hier mit einem Schwein statt Lamm); vor allem aber ist die Musik in diesem Entwurf strukturtragend – und das mag den Sammler Hanns Sohm oder den Archivar (es ist im Archiv nicht mehr rekonstruierbar, auf wen der Titel zurückgeht) zur Gattungsbezeichnung „Oper" inspiriert haben.

Ausführliche Schrei- und Lärmmusiken in relativ großer Besetzung sind vorgesehen. Neben einem Chor und einem Knabenchor schreibt Nitsch folgen-

standen: Er besuchte die Ferienkurse 1957 und 1960 bis 1965, siehe hierzu die Chronik in: *Darmstadt-Gespräche*, passim.
28 Vgl. Nitsch, *Klanggestaltung der Aktionskunst*, S. 195.
29 21. Aktion 1966, in: *Das Orgien Mysterien Theater*, S. 51.
30 Ebd., S. 61.
31 *Die Partituren aller aufgeführten Aktionen Bd. I*, S. 148.
32 Mein herzlicher Dank gilt der für das Archiv Sohm zuständigen Archivarin Ilona Lytken, Staatsgalerie Stuttgart, für ihr Entgegenkommen und ihre Hilfsbereitschaft.

de Instrumente vor: Elektrische Klingel, Trillerpfeife, Dampfpfeife, Posaune, Tuba, Trompete, Flöte, Fagott, Kochtopfdeckel, Ratschen und außerdem „lautsprechermusik (beatles)" und am Ende „lautsprechermusik (bauernkapelle)". Über die Anzahl der Musiker gibt das Fragment keine Auskunft, die Instrumentenauswahl aber entspricht in vielem der in den „Partituren" der späteren Aktionen, mit Ausnahme der Verwendung von Fagotten, die in den publizierten „Partituren" der späten 1960er Jahre nicht vorkommen.[33] Dem Fragment beiliegende Lageskizzen deuten an, dass die Musiker Teil des räumlichen Settings der Aktion sind. Formal wirksam wird die musikalische Ebene, indem sie die Vierteiligkeit der Anlage (drei Stufen der Aktion und Kulmination im „Finale") durch vier zeitlich minutiös festgelegte musikalische Aktionen flankiert: Die Aktionen markieren gleichsam den Beginn der musikalischen Zeitrech-

---

33 Übersicht über die Besetzungen bis Anfang 1970 nach: *Partituren aller aufgeführten Aktionen*, Bd. I:
21. Aktion 1966 in London:
10-Mann-Schreichor, 16köpfiges Orchester: 2 Klarinetten, 3 Flöten, 2 Trillerpfeifen, 1 Posaune, 1 Klavier, 1 Paar Becken, 1 Paar Kochtopfdeckel, 2 Trommeln, 1 Benzinkanister, 2 große Osterratschen. Dirigiert von Peter Weibel (S. 163)
23. Aktion 1967 in Wien:
Schreichor 10 Mann, Orchester 20 Mann: 3 Trillerpfeifen, 3 Flöten, 2 Hörner, 2 Trompeten, 1 Saxophon, 2 Posaunen, 1 Tuba, 1 Kontrabaßtuba, 2 Paar Becken, 3 Ratschen, 1 große Trommel, 2 Paar Kochtopfdeckel, 2 Blechkanister (S. 173)
24. Aktion 1967, 2. Teil in Wien:
Schreichor 10 Mann, Orchester 20 Mann: 4 Trillerpfeifen, 4 Flöten, 1 Horn, 1 Saxophon, 2 Trompeten, 2 Posaunen, 1 Tuba, 1 Paar Becken, 1 Paar Kochtopfdeckel, 3 Ratschen, 2 Trommeln, 2 Benzinkanister (S. 183)
25. Aktion 1968, New York:
Schreichor 10 Mann, Orchester 20 Mann: 4 Trillerpfeifen, 2 Flöten, 1 Klarinette, 2 Hörner, 2 Trompeten, 2 Posaunen, 3 Tuben, 1 Becken, 2 Ratschen, 2 Kochtopfdeckel, 1 Trommel, 1 Benzinkanister (S. 191)
26. Aktion 1968, New York:
Schreichor 10 Mann, Orchester 20 Mann: 4 Trillerpfeifen, 2 Flöten, 1 Klarinette, 2 Hörner, 2 Trompeten, 2 Posaunen, 3 Tuben, 1 Becken, 2 Ratschen, 1 Trommel, 1 Benzinkanister (S. 197)
27. Aktion 1968, New York:
2 Spieler mit Trillerpfeifen (S. 203)
28. Aktion 1968, Cincinnati:
Schreichor 20 Mann, Orchester 40 Mann: 10 Trillerpfeifen, 4 Flöten, 2 Klarinetten, 3 Hörner, 2 Posaunen, 1 Trompete, 3 Tuben, 1 Kontrabasstuba, 2 Paar Becken, 10 Ratschen, 5 Kuhglocken, 2 Paar Kochtopfdeckel, 2 Trommeln, 3 Pauken; Beatgruppe: 2 Gitarren, 1 Bassgitarre, 2 große Trommeln, 3 Standbecken. (S. 205)
30. Aktion 1969, München:
Schreichor 10 Mann, Orchester 20 Mann: 5 Trillerpfeifen, 4 Flöten, 2 Klarinetten, 1 Horn, 1 Posaune, 1 Trompete, 3 Tuben, 2 Paar Becken, 4 Ratschen, 1 Paar Kochtopfdeckel, 1 Trommel, 1 Benzinkanister (S. 219)
32. Aktion 1970, München:
Schreichor 10 Mann, Orchester 15 Mann: 5 Trillerpfeifen, 4 Flöten, 1 Klarinette, 1 Horn, 1 Posaune, 3 Tuben, 2 Paar Becken, 6 Ratschen, 2 Trommeln, 1 Paar Kochtopfdeckel, 1 Benzinkanister, 1 Beatgruppe (S. 239).

nung, der Abstand des musikalischen Einsatzes zum Beginn der Aktion ist genauso in Minuten und Sekunden bemessen, wie die Dauer des Klangereignisses selbst. Die musikalischen Aktionen sind zwar auf Instrumente d. h. in der Klangfarbe festgelegt und in der Dynamik graduell (in drei Stufen, bezeichnet mit römischen Ziffern) bestimmt, nicht jedoch bezüglich der Frage, wie auf den einzelnen Instrumenten der von Nitsch geforderte „lärm" erzeugt werden soll. Für die Chöre ist gutturales Schreien vorgeschrieben. Die formalen Grenzen werden auf der Ebene der Musik auch im Raum markiert durch „Gruppierungsänderungen", bei denen zuerst die Posaunen, dann die Trillerpfeifen und die Tuba ihre Position im Verhältnis zu einer im Zentrum der Bühne stehenden Bettengruppe verändern.

Die einzelnen formalen Schritte steigern die Aktion hinsichtlich der Beteiligung der Zuschauer: Während am Ende des ersten Teils eine „Zuschauerbesichtigung" des Aktionsfeldes steht, sind einige Besucher gleich von Beginn des zweiten Teils an als Akteure vorgesehen, so dass die Zuschauerbesichtigung am Ende des zweiten Teils schon aktive wie passive Zuschauer im Aktionsraum versammelt, der dritte Teil mündet schließlich statt in einer Zuschauerbesichtigung in einem „Finale", das sich zu einer Balgerei aller steigert, die von einer Kumulation akustischer Aktionen begleitet wird. Eine Besonderheit an diesem Entwurf ist der Einbezug des Publikums auch in die musikalische Aktion im „Finale", die sich so in späteren Aktionen nicht mehr findet: „alle zuschauer schreien, was die stimme herzugeben hat."[34]

An zwei Stellen werden Tonbandzuspielungen gefordert, die offensichtlich die Steigerung des Ablaufes mit unterstützen, wenn nicht in gewisser Weise sogar transzendieren sollen: gegen Ende des dritten Formteils („beatles") und am Ende des Finales („bauernkapelle"). Solche Zuspielbänder finden sich am Ende der Londoner Aktion wieder, das ohnehin in vielem auf diesen frühen Plan verweist, wie man der publizierten Partitur entnehmen kann:

> „stärkster lärm des spieles / geschrei, getrampel und händeklatschen des chores III / lärm, getrampel und händeklatschen des orchesters III / aus lautsprechern hört man übermässig laut beatmusik und alpenländische blasmusik."[35]

Schon 1962 also wird vorausverwiesen zum einen auf den Einbezug von Pop-Bands, wie Nitsch sie live erstmals 1968 in Cincinnati verwenden wird, und zum zweiten auch auf die Überschreitung der Lärmmusik in Richtung einer ‚schon bekannten' Musik, die an die Alltagserfahrung der Hörer mit Musik anknüpft und damit auch immer gleichermaßen affektive wie außerhalb der Aktion liegende semantische Dimensionen transportiert – dieser Aspekt wird in

---

[34] Hermann Nitsch, [Fragment einer Oper] (1963), Kopie, Staatsgalerie Stuttgart: Archiv Sohm, Unveröffentlichte Manuskripte III.
[35] *Partituren aller aufgeführten Aktionen, Bd. 1*, S. 166.

der Verwendung von Bauernkapellen, Heurigenmusikern, Streichquintett, Choralschola u. a. im Zuge der Ausweitung des Orgien Mysterien Theaters zu mehrtägigen Aktionen eine Rolle spielen.[36]

III. Partitur und Ereignis

„Klugerweise hat Nitsch schon sehr früh alle Schritte der Aufführung festgelegt, so dass sie unabhängig von seiner Person aufführbar und auch lebendig bleiben. Die Falle, die vielen aktionistischen Kunstäußerungen droht, die lediglich in Relikten starr konserviert werden können, hat er wohlüberlegt umgangen", bemerkt Britta Schmitz, Kuratorin der Berliner Ausstellung *Orgien Mysterien Theater. Retrospektive*.[37] Sie benennt ein scheinbares Paradox: Gerade Partituren (also eigentlich die genuinen Träger einer traditionellen Werkidee) mit der ihnen innewohnenden Aufforderung zur Aufführung sind in der Lage, das Performative als solches, das Ereignishafte zu bewahren, alles andere überliefert ‚lediglich' Relikte, Dokumente. Die Partitur und die durch sie gewährleistete potentielle Wiederaufführbarkeit solcher Ereignisse ist geradezu die Bedingung für Nitschs künstlerisches Ziel, „wirkliches geschehen zu inszenieren"[38] – nur so erweist sich deren qualitativer Unterschied zur theatralischen „Darstellung".

Nitsch ist keineswegs der einzige, der dies erkannte, sondern er steht wieder in dem bereits skizzierten Umfeld. Auch auf dieser Fährte gelangt man zu Cage und den Fluxuskünstlern. Eine der entscheidenden Entdeckungen Cages bereits in den frühen 1950er Jahren war, dass man auf der Grundlage einer allgemeinen, in Minuten und Sekunden gemessenen Zeitstruktur jede Art von Aktivität wie eine musikalische strukturieren und (wieder) aufführbar machen konnte. Dies zu erproben, war sicher einer der Anstöße für sein berühmtes „Happening" im Sommer 1952 in Black Mountain, das später als eine Art Gründungsakt der Fluxus-Bewegung berühmt wurde und das man gemeinsam mit 4'33" heute vor allem aufgrund von Schilderungen mit der „Entdeckung des Performativen" verbindet – wie es Erika Fischer-Lichte jüngst in einem Grundsatztext tat.[39] Dass diese Aktionen nach Partituren aufgeführt

---

36 Siehe hierzu beispielsweise die vorläufige Gesamtkonzeption des Sechstagespiels, Prinzendorf 1997, in: *Hermann Nitsch. Das Sechstagespiel des Orgien Mysterien Theaters 1998*, hrsg. von Otmar Rychlik, Ostfildern 1998, S. XXX–XXXVII.
37 Britta Schmitz, *„je ekstatischer gelebt wird, desto mehr tut sich die wirklichkeit auf"*, in: *Orgien Mysterien Theater. Retrospektive*, hrsg. von Britta Schmitz, Köln 2006, S. 22–25, hier S. 23.
38 *Partituren aller aufgeführten Aktionen*, Bd. 1, S. 28.
39 Erika Fischer-Lichte, *Grenzgänge und Tauschhandel. Auf dem Wege zu einer performativen Kultur*, in: *Performanz. Zwischen Sprachphilosophie und Kulturwissenschaften*, hrsg. von Uwe Wirth, Frankfurt/Main 2002, S. 277–300. Der Text beginnt mit dem Abschnitt „Die ‚Entdeckung' des Perfor-

wurden (Cage hat nie – auch in den „unbestimmtesten" seiner Werke – auf die Formulierung von Partituren verzichtet), spielt in dieser Debatte um das Performative kaum eine Rolle und wird auch in seiner Bedeutung für Fluxus, wo solche in ‚gemessener Zeit' durchgeführten Aktionen eine wichtige Funktion haben, selten bemerkt. Cage vollzieht hier – so scheint es – endgültig eben jene von Heinz-Klaus Metzger bereits 1958 hervorgehobene „Verlagerung der kompositorischen Anstrengung selber von den Resultaten auf Aktionen, deren Resultat nicht vorauszusehen ist".[40] Jedoch verheißt Metzger angesichts dieser Verlagerung auch: „Was sich zuträgt, ist ein Funktionswechsel, über den die Notentexte belehren."[41] Tatsächlich bildeten Notationen die Grundlage vieler Fluxus-Aktionen, wie man exemplarisch an den Partituren von George Maciunas sehen kann (Abbildung 1). Nicht von ungefähr sieht Maciunas (wie Nitsch) in Cage Anfang der 1960er Jahre einen entscheidenden Anreger.[42] Offensichtlich fehlt bisher allerdings eine nähere Betrachtung der Funktion der Notationen in einer solchen „Kultur des Performativen" – möglicherweise lässt sich gerade darüber zeigen, warum Musiker hier eine solche Bedeutung haben.

Ein Blick in Nitschs publizierte Partituren der 1960er und frühen 1970er Jahre bestätigt die Nähe zu dem von Metzger diagnostizierten Wandel. Nitsch versteht seine Notationen als formal vollständig durchstrukturierte ‚Handlungsanweisungen', die grundsätzlich auch Wiederaufführungen ermöglichen, was in den späten 1970er Jahren schließlich in einem Projekt zur Publikation der Partituren aller bis dahin aufgeführten Aktionen mündet, deren erste zwei Bände 1979 erscheinen. Der im ersten Band publizierten Partitur zur 23. Aktion, Wien 1967, stellt Nitsch eine allgemeine Vorbemerkung zur Entwicklung seiner Partituren voran:

---

mativen", der unmittelbar am Cageschen „Happening" die Grundidee des Textes entwickelt. Siehe hierzu auch Dörte Schmidt, *„It's important that you read the score as you're performing it". Die Fassungen von 4'33" aus philologischer Sicht*, in: *Transkription und Fassung. Kolloquium des Ausschusses für musikwissenschaftliche Editionen*, Akademie der Wissenschaften und der Literatur, Mainz 2004, Tagungsbericht im Druck.

40 Heinz-Klaus Metzger, *John Cage oder Die freigelassene Musik*, in: *Musik-Konzepte Sonderband: John Cage*, hrsg. von Heinz-Klaus Metzer und Rainer Riehn, München 1978, S. 5–17, hier S. 16.
41 Ebd.
42 Er begreift Cages Schritt musikalisch als einen in die Konkretion, den es konsequent weiterzuverfolgen gilt. Siehe hierzu auch: Dörte Schmidt, *Flugversuche*, S. 253f.

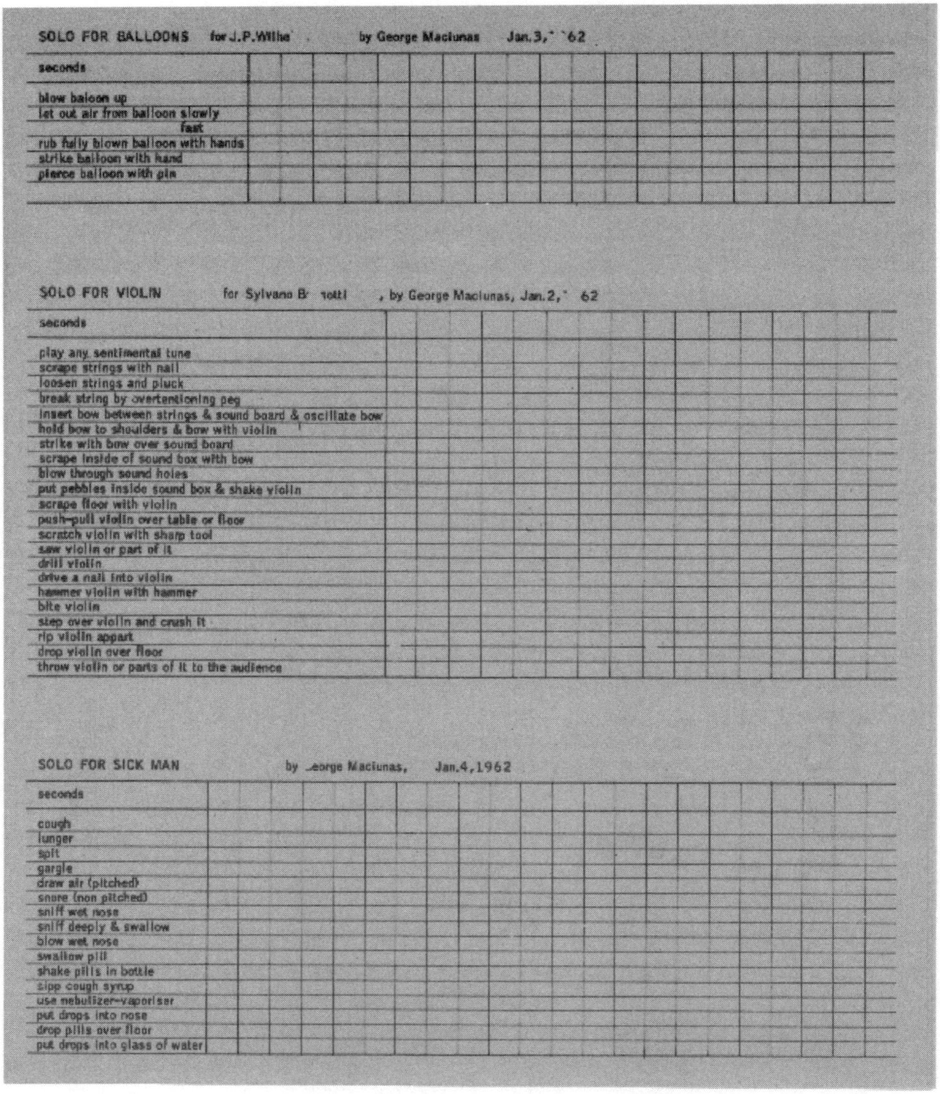

Abbildung 1: George Maciunas, *Partituren*, aus: *The Spirit of Fluxus. Drei Konzerte im Amerikahaus Berlin 1983*, Hochschule der Künste und Berliner Künstlerprogramm des DAAD, o. S.

„im laufe der jahre hat sich die darstellung der partituren vielfach gewandelt. ich möchte gerne in diesem buch auch verschiedene partiturtypen zeigen. bei den ersten aktionen ohne musik wurden die aktionen schriftlich, sprachlich bzw. mit hilfe von gezeichneten skizzen fixiert. später, als ich dann musik beizog, war es nicht möglich, die genauen grafischen partituren des 6-tage-spiels, die ich auf papier zeichnete, anzuwenden. ich musste mir für die aufführungen wegen der geringen probenzeit ein vereinfachtes partitursystem ausdenken. es entstanden sogenannte arbeitspartituren, welche die instrumente meist chorisch fixierten. das blatt wurde in zwei ungleiche hälften geteilt. auf der linken, grösseren hälfte des blattes stand der aktionsablauf, auf dem rechten, kleineren, korrekturrand ähnlichen teil der seite stand der lärmmusikablauf. zuerst wurde der musikablauf auf der rechten seite schriftlich fixiert, später wurde er grafisch festgehalten. die partituren der 21. [also der Londoner Aktion von 1966] und 23. aktion [Wien 1967] mögen als beispiel einer schriftlichen fixierung der musik gelten."[43]

Tatsächlich verwendet Nitsch für die publizierte Notation der 21. Aktion noch nicht die beschriebene Zweiteilung der Seite, sondern formuliert auch die musikalischen Handlungen sukzessive aus, wobei ihre Dauer jeweils an die gleichzeitig ablaufenden Aktionen gekoppelt ist und nicht – wie etwa im „Fragment einer Oper" – separat angeben wird. Formale Einschnitte innerhalb der Aktion sind durch Querstriche markiert und liefern so ein an die Eigenzeit der Einzelaktionen gebundenes Raster. Für die 23. Aktion publiziert Nitsch dann den beschriebenen Typ der Arbeitspartitur mit eigener Spalte für die musikalischen Aktionen, der offensichtlich auch eine eigene ästhetische Ebene repräsentiert, was man daran sehen kann, dass die Trillerpfeife je nach ihrer Funktion in beiden Spalten auftreten kann: innerhalb der Aktion als Zeichen für den Beginn eines Formteils oder als Instrument in der Lärmmusik (Abbildung 2). Mit der Partitur zur 25. Aktion (also der ersten New Yorker Aufführung) differenziert sich diese Notation weiter aus (Abbildung 3).

Nitsch legt nun für die einzelnen Instrumente bzw. Instrumentengruppen nebeneinander gleichsam eigene Systeme an, in die er dann durch Striche die Dauer der Klangaktionen eintragen kann.[44] Auffällig dabei ist zum einen, dass die Bezeichnungen der Systeme nun nicht allein Benennungen des Instrumentariums ggf. in Gruppierungen enthält, sondern in einigen Fällen auch die Art des Klangs festlegt. Von links nach rechts sind die Spalten wie folgt belegt:

---

43 *Partituren aller aufgeführten Aktionen.* Bd. I, S. 174.
44 Verdickung der Striche zu Balken zeigen elektrische Verstärkung an, was erstmals in der Notation der 28. Aktion an der University of Cincinnati vorkommt, Ziffern bezeichnen die drei Lautstärkestufen.

23. aktion 1967 **wien**

pfiff mit einem trillerpfeiferl. ein geschlachtetes, abgehäutetes, blutiges schaf wird mit hilfe eines an der decke befestigten seiles in den saal hinunter gelassen. eine rolle läuft auf einem tragseil. das schaf ist mit den hinterfüssen an der rolle befestigt. wenn der kopf des schafes ca. 1,50 m über dem boden des saals anlangt, wird das rollende schaf gestoppt. unter dem schaf wird ein weisses, frisch gewaschenes tuch aufgebreitet.	
no. 1 (er ist bekleidet mit weisser hose und weissem hemd, alle akteure sind mit weisser, langer hose und weissem hemd bekleidet) legt sich auf das weisse tuch, unter das von oben baumelnde schaf. neben no. 1 werden blutigfeuchte gedärme gelegt, um welche mit kreide ein kreis gezogen wird.	
das schaf wird mit blut beschüttet. die brust des schafes wird aufgeklafft. blut wird in die aufgeklaffe brust geschüttet. blut tropft auf die weissen kleider von no. 1.	chor 3 orchester 3
pfiff mit einem trillerpfeiferl. no. 1 wird an den füssen durch den mittelgang geschliffen. während dies geschieht, schreit er laut, ekstatisch und planscht mit seinen händen in den blutlachen.	orchester 3
mehrere mit weissen hemden und weissen unterhosen bekleidete akteure balgen sich mit blutigfeuchten gedärmen auf dem boden. sie beschütten sich gegenseitig und die gedärme aus kübeln mit blut, sie bespritzen sich mit blut. der leib des über den balgenden hängenden schafes wird aufgeklafft. blut wird in die offene brust des schafes geschüttet. gedärme werden in den offenen leib des schafes gestopft und wieder herausgerissen während blut und heisses wasser darauf geschüttet werden.	ratschen trillerpfeiferl geschrei
das schaf wird durch den saal hin und hergeschaukelt. die akteure schlagen mit klampfen nach dem schaf. sie reissen fleischstücke von dem kadaver.	jedesmal, wenn das schaf getroffen wird, kurzes ekstatisches geschrei u. getrampel des chores 3
gleichzeitig gehen akteure, welchen mit keimfreiem, weissem verbandstoff die augen verbunden wurden,	

Abbildung 2: Hermann Nitsch, Partitur zur 23. Aktion, aus: *Das Orgien Mysterien Theater. Die Partituren aller aufgeführten Aktionen. 1960-1979. Bd. 1: 1.-32. Aktion*, Neapel 1979, S. 175.

„mehrere trillerpfeiferl [MT], flöten [F], bläser [B], tiefer orgelton [TO], schlagzeug [S], becken [BC], ratschen [R], beatgruppe [BE], ländler [L], schrammelmusik [Sch], chor [CH], [später: hoher] orgelton [O]."[45]

Diese zwölf Kategorien finden sich in den Partituren zu Aktionen bis Mitte der 1970er Jahre, sie sind immer notiert, auch wenn nicht alle Spalten in der jeweiligen Aktion verwendet werden (so sind etwa die Spalten „tiefer orgelton", „beatgruppe", „schrammelmusik" und „ländler" in der 25. Aktion nicht belegt worden, wohl aber ist ein über die Dauer der ganzen Aktion ausgehaltener „orgelton" in mittlerer Lautstärke notiert, obwohl in der Besetzung keine Orgel vorgesehen ist). Zum zweiten verstärkt sich in diesen Partituren die Trennung zwischen ‚musikalischen' Ereignissen in „Orchester/Chor" einerseits und akustischen Dimensionen der Aktionen andererseits: So findet man die Trillerpfeife wieder auf beiden Ebenen in verschiedenen Funktionen, wobei auf der Aktionsebene nicht festgelegt ist, wer pfeift; das Schreien und Lärmen der Akteure ist ebenfalls als Teil der Aktion und nicht als Teil der Musik notiert.

Diese Art der Notation verlässt Nitsch Anfang der 1970er Jahre, und es ist deutlich, dass die zunehmende Verselbständigung der musikalischen Ebene und Differenzierung der Notation einander bedingen: Ab der in New York 1972 aufgeführten 40. Aktion findet man ‚rein musikalische' Vorspiele zu den Aktionen, für die Nitsch eine eigene Notationsform verwendet, die auf Millimeterpapier nun (wie in traditioneller musikalischer Notation) den Zeitverlauf von links nach rechts, die Systeme von oben nach unten anordnet, dabei auch die einzelnen Instrumente aus den Instrumentengruppen in einzelne Stimmen aufteilt und detaillierte Einsätze ermöglicht (also etwa im Vorspiel der 42. Aktion den gesamten Bläserapparat, Abbildung 4). Für die Aktion selbst (und ihre Musik) verwendet Nitsch dagegen weiter das alte Aufzeichnungs-System. Mit der 24 Stunden dauernden 50. Aktion in Prinzendorf (1975) arbeitet er dies weiter aus. Der Partiturveröffentlichung gibt Nitsch nicht von ungefähr eine allgemeine Bemerkung zur Partitur bei:

„für die niederschrift der partitur wird millimeterpapier benützt. jeder millimeter bedeutet eine sekunde spieldauer. die spieldauer der instrumente ist durch waagerechte striche aufgezeichnet. es gibt drei verschiedene lärmstufen (sie sind über den waagerechten strichen eingetragen). die musiker haben mit ihren instrumenten nur lärm zu erzeugen und dabei die angegebene intensität des lärmes, die mit der intensität des geschehnisses korrespondiert, zu beachten."[46]

---

[45] *Partituren aller aufgeführten Aktionen*, Bd. I, S. 189. In eckigen Klammern stehen die in den Partituren verwendeten Abkürzungen.
[46] *Partituren aller aufgeführten Aktionen*, Bd. II, S. 210.

Aktion												
auf dem tisch liegende eier werden zerschlagen.	3	3										
ein auf einem tisch liegendes gehirn wird mit mehlschleim beschüttet.												2
am boden liegende gedärme werden mit blut und heissem wasser beschüttet.	3	3			3	3						2
am boden wird würfelzucker ausgelegt.												2
am boden werden zusammengelegte, nach menthol riechende papiertaschentücher ausgelegt. einige papiertaschentücher werden mit kreide umrändert und aus reagenzgläsern mit blut beschüttet.												2
auf dem tisch liegende fische werden mit einem messer geöffnet und aufgeklafft, während aus einem reagenzglas blut und heisses wasser auf den geöffneten fisch geschüttet wird. die gedärme werden aus dem fisch herausgerissen.	3	3										2
am boden liegende fische werden mit einem messer geöffnet und aufgeklafft, während aus einem reagenzglas blut und heisses wasser auf den geöffneten fisch geschüttet wird. die gedärme werden aus dem fisch herausgerissen.												2
pfiff mit einem trillerpfeiferl. zwei akteure ringen miteinander und schreien dabei ekstatisch.												2
nachdem beide schultern des gegners den boden berühren, ist der kampf beendet.			3		3		3					2
am boden liegende lungen werden mit blut und heissem wasser beschüttet.			3									2
in den leib des von der decke hängenden schafes wird blut geschüttet. das blut rinnt und tropft auf das weisse tuch und bildet lachen.			3				3					2
ein 19jähriges mädchen, angezogen mit einem weissen kleid, wird mit den händen zu dem von der decke hängenden schaf geführt. das mädchen legt sich unter das schaf. blutignasse gedärme werden auf den unterleib des mädchens gelegt.								3				2
blut wird in den geöffneten leib des schafes geschüttet. das blut tropft und fliesst auf die gedärme und das am boden liegende mädchen. heisses wasser wird in den geöffneten leib des schafes geschüttet. das heisse blutwasser fliesst und tropft auf die gedärme			3				3					2

Abbildung 3: Hermann Nitsch, Partitur zur 25. Aktion, aus: *Das Orgien Mysterien Theater. Die Partituren aller aufgeführten Aktionen. 1960-1979. Bd. 1: 1.-32. Aktion*, Neapel 1979, S. 193.

Der Partitur selbst, die sich in Vorspiel und Zwischenspiel (auf Millimeterpapier) sowie Aktion teilt, ist dann auch noch eine spezielle Vorbemerkung beigegeben, die mitteilt, dass die rechte Spalte der Aktions-Partitur, auf der die Musik notiert ist, der kurzen Probenzeit Rechnung tragend eine Vereinfachung des Partitursystems darstellt, die aber gegenüber der Notation auf Millimeterpapier offenbar auch musikalisch gewollte Unschärfen erzeugt:

„die partitur zeigt und fordert nicht den präzisen einsatz jedes einzelnen instrumentes sondern die instrumente wurden zu instrumentengruppen wie folgt zusammengefaßt. [es folgen die bereits genannten 12 Gruppen] die zeitdauer der eingesetzten instrumente ist nicht auf millimeterpapier angegeben, sondern richtet sich nach der zeitdauer der aktionen."[47]

Die ‚Zeitrechnungen' von Aktion (mit Musik) und rein musikalischen Abschnitten unterscheiden sich nicht nur graduell, indem die eine präziser ist als die andere, sondern qualitativ: Die in Sekunden und Minuten gerechnete „Eigenzeit der Musik" wird vom Autor vorgegeben, während er in den Aktionen zwar die Handlungen selbst vorschreibt, die auch für die Musik gültige Dauer sich aber aus deren Ausführung ergibt. Wenn Nitsch in den 1980er Jahren auch in den Aktionspartituren die unterschiedenen Zeitebenen zusammenführt und diese wie die Musik einer von ihm festgelegten chronometrischen Zeitrechnung unterwirft, ist dies also ein entscheidender Schritt. In der Vorbemerkung zur publizierten Partitur des ersten Tages und der ersten Nacht des Sechs-Tage-Spiels (1984) erläutert Nitsch:

„die spieldauer der instrumente ist durch waagrechte striche auf millimeterpapier eingetragen. die breitseite einer din a 4 seite entspricht 3 min spieldauer, 1 mm entspricht einer sekunde spieldauer. es gibt 3 stufen der lautstärke, die durch nummern über den strichen eingetragen sind. steigerungen sind durch aufsteigende linien oder steigerungszeichen gekennzeichnet.
bei der vorfixierung meiner musik fehlt gänzlich die zeiteinteilung durch takte, auch sind im allgemeinen keine tonhöhen, keine harmonien angegeben, die tonhöhen der jeweiligen instrumente können frei gewählt werden, fixiert sind nur die klangfarben und die dynamik der musik und dies auf die sekunde genau. ein neues musikalisches denken wird erforderlich, eine andere vorstellung von musik wird entwickelt. die struktur von musikauffassung wird geändert. durch meine notation ist präzise wiederaufführung gewährleistet. die jeweiligen veränderungen, die sich von aufführung zu aufführung ergeben, sind beabsichtigt und erwünscht und ändern an der wesentlichen grundstruktur meiner musik nichts.
die aktionen bzw. ihre zeitdauer sind über den instrumenten als dicker strich eingetragen."[48]

---

47 Ebd., S. 215.
48 Hermann Nitsch, *das orgien mysterien theater. partitur des 1. tages und der 1. nacht des 6tage spieles*, Prinzendorf [1983] (Die Partituren aller aufgeführten Aktionen, Bd. 3), S. 30.

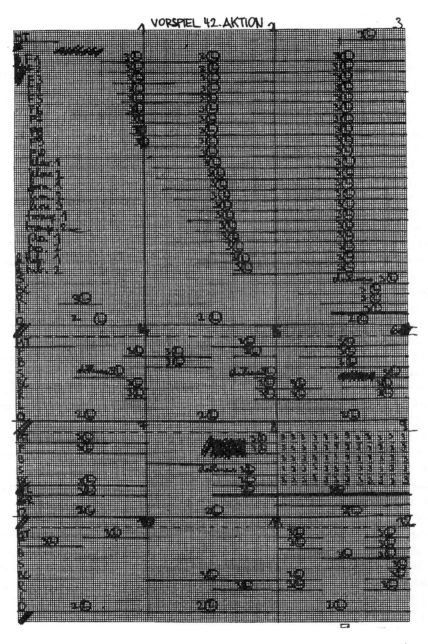

Abbildung 4: Hermann Nitsch, Partitur des Vorspiels zur 42. Aktion, aus: *Das Orgien Mysterien Theater. Die Partituren aller aufgeführten Aktionen. 1960-1979. Bd. 2: 33.-65. Aktion*, Neapel 1979, S. 126

1988 finden in Prinzendorf schließlich filmisch dokumentierte Wiederaufführungen der 12. und 14. bis 16. Aktion (aus der Zeit Mitte der 1960er Jahre) statt, zu denen Hermann Nitsch offensichtlich nachträglich Musik (Orgel) hinzugefügt und sie damit gleichsam einer musikalischen Relektüre unterzogen hat.[49]

Die *Inszenierung* der Nitschschen Aktionen, deren erklärtes Ziel es ist, durch „sinnlich intensive handlungen das sinnliche wahrnehmungsvermögen des menschlichen zu provozieren"[50], hebt die für die theatralische Darstellung konstitutive Trennung von Ausführenden und Zuschauern bzw. Zuhörern in einer rituellen, durchaus Gewaltimpulse umsetzenden Handlung auf, die allerdings in den Folgen der Gewaltausübung begrenzt und kalkuliert ist – aber das ‚sichere Ufer' eben gerade nicht über vernünftige Beobachtung, sondern über die kathartische Wirkung ekstatischer Erregung erreicht. Solche Katharsis allerdings ist eine Funktion des Dramatischen und bedarf der Form; diese ist nach Nitsch konstitutiv „für den sinnzusammenhang des spieles. die form ist die staumauer, die alle wachgerufenen dionysischen triebhaften orgiastischen emotionen und triebdurchbrüche abfängt und aufhält, sie verhindert den alles verschlingenden exzess der ausbrechenden (unauslotbaren) naturkraft."[51] Und genau an der Stelle setzt die Funktion der Partituren und auch der strukturtragenden Dimension der Musik an und damit auch der Widerspruch, der dem gesamten Unternehmen damit gleichsam unentrinnbar eingeschrieben zu sein scheint. Otmar Rychlik stellt anlässlich der Burgtheater-Aktion 2005 den Formaspekt besonders heraus und bemerkt:

„Zwischen 1963 und dem großen Dreitageprojekt von 1984 hat Nitsch den theatralen Aspekt seines Werkes gegenüber dem aktionistischen herausgearbeitet, der formale Duktus wird szenischer, es handelt sich um vollständig gestaltete Handlungsabläufe, die zwar an dem Prinzip der ‚Inszenierung eines realen Geschehens' des ursprünglichen aktionistischen Ansatzes festhalten, aber stringente Entwicklungslinien aufbauen [...]. Als wesentliches integrierendes Element wird [...] die Musik eingesetzt, die nun nicht mehr allein aus dem Furor ekstatischen Lärmens kommt, sondern die theatrale Aktion durchgängig begleitet und akzentuiert, es kommen große Orchester und Chöre zum Einsatz, die der dramatischen Partitur entsprechend die Handlungsverläufe geradezu lautmalerisch interpretieren. Wie jedes andere mediale Element des Orgien Mysterien Theaters ist das musikalische Werk für sich genommen vollständig ausgeformt, wobei Nitsch ein System der

---

49 Siehe hierzu die Übersicht über die Videos auf http://www.nitsch.org sowie die Filmographie in: *Hermann Nitsch. Das Sechstagespiel des Orgien Mysterien Theaters 1998*, hrsg. von Otmar Rychlik, Ostfildern 2003, S. 376.
50 Hermann Nitsch, *bilanz*, in: *Ton* 1 (1999), S. 40.
51 Ebd.

schriftlichen Fixierung erarbeitet hat, das die präzise Wiederaufführung ermöglicht, andererseits als grafisches Kompendium den Anspruch einer methodisch stringenten, seriellen Folge von Zeichnungen erfüllt."[52]

In dem Moment, in dem Schrei und Lärm als „Musik" aufgefasst werden, werden sie ‚komponierbar' – und die akustische Dimension tendiert damit dazu, sich zu verselbständigen (nach Rychlik bis zum graphisch-künstlerischen Eigencharakter der Aufzeichnung selbst) bzw. zu verabsolutieren, ein Schritt, der Nitsch in seiner Qualität durchaus bewusst wurde, wie der Kommentar zu jener Londoner Aktion zeigt, in der Nitsch erstmals seine „Musik" umsetzte:

„vielleicht hatte es sich in london um reine, echte lärmmusik gehandelt. bei meinen späteren aktionen hat mich das spezifische der musik immer mehr verführt und ich begann die orchester vom standpunkt der musik her zu organisieren."[53]

Dass der dieser Situation innewohnende Grenzgang auch Nitschs Publikum nicht verborgen blieb, mag man daran sehen, dass es ihn anlässlich seiner Londoner Aufführung zum „Bruckner des Happenings" kürte.[54] Was aber heißt dies?

Als eine Art Experiment mit der Verabsolutierung der akustischen Ebene lässt sich das für den WDR 1971 entstandene „akustische abreaktionsspiel" sehen, für dessen Produktion Nitsch die Planung auf Millimeterpapier notierte.[55] Als Hörspiel angelegt, wurde hier nun die gesamte akustische Dimension minutiös geplant und als Partitur auf Millimeterpapier notiert (Abbildung 5), d. h. auch akustische Effekte der Aktionen (wie Fleischklatschen, Hackgeräusche, Schreien der Akteure) sowie in den aufgeführten Aktionen so nicht verwendete „Realitäts-Zitate" wie verschiedenste Lebensäußerungen von Tieren (Vogelgezwitscher, Schafsblöken, Angstschreie etc.), Motorenlärm etc.

Der Aktionsablauf wurde von einem Sprecher geschildert, dessen Part ebenfalls in der Partitur notiert ist. „die musik musste ohne aktion entstehen. [...] es ist fragwürdig", resümiert Nitsch im Rückblick, „ob meine aktionsmusik für sich alleine bestehen kann, ob nicht meine lärmmusik das stimulierende der aktion braucht."[56] Tatsächlich wird es danach zunehmend Tonaufnahmen von Musik zu einzelnen Aktionen geben; es entstehen die erwähnten „Vorspiele" zu den Aktionen und auch nicht an Aktionen gebundene Musik, für die Nitsch

---

52 Otmar Rychlik, *Welttheater der großen Form*, in: *Hermann Nitsch. Das Orgien Mysterien Theater. 122. Aktion*, hrsg. von Klaus Bachler und Otmar Rychlik, Wien 2006, S. 13–16, hier S. 15f.
53 Hermann Nitsch, 21. Aktion 1966, *Partituren, Bd. 1*, S. 168.
54 Siehe: Barbara Barthelmes, *„Bruckner des Happenings". Zur Musik von Hermann Nitsch*, in: *Positionen* 44 (2000), S. 22–25, die allerdings auf das dieser Zuschreibung innewohnende Paradox nicht eingeht.
55 Die Partitur ist vollständig reproduziert in: *Partituren aller aufgeführten Aktionen, Bd. II*, S. 40–62. Die Hörspielfassung ist schon zuvor als Schallplatte herausgekommen bei Edition Klewan, Wien 1973.
56 Ebd., S. 63.

dann auch die emphatischen Gattungskonzepte der absoluten Musik bemüht, wie Sonate oder Sinfonie.[57]

Auch wenn Nitsch noch im Kommentar zur 24stündigen 50. Aktion (Prinzendorf 1975) ausdrücklich bemerkt: „der einzelne musiker darf keine anleihen aus vergangener musik nehmen. deshalb bringen berufsmusiker wenig verständnis und voraussetzungen für meine musik mit. sie verwechseln ihr spiel mit improvisieren. am liebsten verwende ich laien, oder spieler, welche das instrumente, das sie benützen, nicht beherrschen"[58], sieht er doch schon früh Anklänge an bereits vorhandene Musik vor, also auch an das, was gemeinhin unter Musik verstanden wird, seien es 1962 die Einspielungen von „Bauernmusik" und der Beatles, oder Ländler und Schrammelmusik, wie obligatorisch in Systemen der musikalischen Ebene in den Partituren ab der 25. Aktion vorgesehen, später Heurigenmusiken, gregorianische Choräle etc. Auf der formalen Ebene finden sich etwa mit den „Vorspielen", die seit den 1970er Jahren die Aktionen einleiten, Anleihen aus der Oper. Ganz offensichtlich verstärkt die Entwicklung der musikalischen Ebene und ihre zunehmende Bedeutung für die Gesamtstruktur der Aktion mit der Möglichkeit des Komponierens eine Tendenz zu eben solchen „anleihen aus vergangener musik" und damit auch eine Tendenz zur Restitution einer Funktion von Musik, von der man zumindest fragen muss, ob sie dem Ausgangspunkt der musikalischen Arbeit in der Kritik an einem Theater der Repräsentation entgegensteht oder ob sie von vornherein mit angelegt war (man also, wie Oswald Wiener überlegt, „mit dem Radikalismus nur geflirtet" hat).

Der derzeit elaborierteste Fall dürfte die Partitur zur 122. Aktion im Wiener Burgtheater sein, jener Aktion, mit der Nitschs aus dem Geist des Fluxus geborene „inszenierung realer geschehnisse"[59] in den Tempel ihres theatralischen Gegenbildes, des Darstellungstheaters, einzieht:

„ich hatte ursprünglich vor, im burgtheater nichts neues, sondern eine konzentration meiner bisherigen arbeit zu zeigen. es hat sich aber ergeben, dass ich durch meine musik wieder neuland gewonnen habe. wie bereits erwähnt, liegen die wurzeln meiner musik im ekstatischen geschrei und lärm. im verlauf meiner mehr als 40-jährigen aktionspraxis hat sich die musik immer mehr sublimiert. aus der gleichberechtigung des geräusches, des lärmes und der gleichberechtigung von disharmonie und harmonie entstand eine suche nach farbe und orgelklang. lärm und geschrei wurden durch langgezogene klangkomplexe abgelöst. langanhaltende cluster als auch ganztonzusammenballungen wurden eingebaut.

---

57 Die Diskographie auf Nitschs homepage http://www.nitsch.org gibt darüber Auskunft.
58 *Partituren aller aufgeführten Aktionen*, Bd. 2, S. 210.
59 Hermann Nitsch, *Die Herausarbeitung des reinen Geschehnisses als Theaterereignis*, in: Hermann Nitsch, *Zur Theorie des Orgien Mysterien Theaters. Zweiter Versuch*, Salzburg 1995, S. 321– 324, hier S. 323.

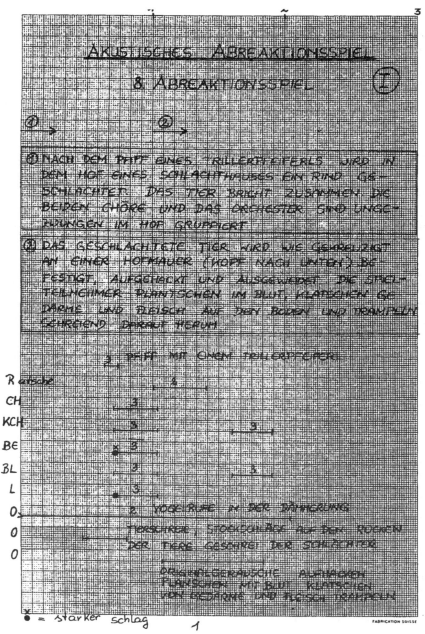

Abbildung 5: Hermann Nitsch, Partitur zu Akustisches Abreaktionsspiel, aus: *Das Orgien Mysterien Theater. Die Partituren aller aufgeführten Aktionen. 1960-1979. Bd. 2: 33.-65. Aktion*, Neapel 1979, S. 40

bei der aufführung im burgtheater verwendete ich das erste mal harmonische klangreihen. die musik klang nun fülliger und orgiastischer. das schwelgen in tonalität brachte mich einen schritt weiter. denke ich nach über die entwicklung meiner musik, die nicht intellektuell ausgeklügelt ist, sondern eher vegetativ entsteht, habe ich den eindruck, dass ich tatsächlich die ganze musikgeschichte noch einmal nachvollziehen und vieles neu erfinden musste. ich glaube, dass meine neuen aktionen verstärkt vom wiederentdeckten klang gebrauch machen werden."[60]

Vielleicht kann man das in der Burgtheater-Aktion so prominente Es-Dur-Rauschen (Abbildung 6) als Nitsch'sches Echo auf Wagners *Rheingold*-Vorspiel hören: Die Sehnsucht nach dem Musikdrama, die sich in der WDR-Produktion von 1971 noch auf ein akustisches Zitat aus dem Vorspiel zu Wagners *Parsifal* beschränkte (sozusagen auf der „Material"ebene blieb, also Gegenstand der Handlung war), wird zum Inhalt des Komponierens, wird der Musik hier eingeschrieben, die so den Hörer ins „Als ob" eines musikalischen Erinnerungs- bzw. Sehnsuchtsraums rückt. Anders als die aktuelle Diskussion um das Performative uns nahelegt, scheint der Punkt dabei allerdings nicht zu sein, ob dem ästhetischen Ereignis eine Partitur zugrunde liegt oder nicht, sondern welche Funktion diese Partitur hat, ob sie das Paradox des wiederholbaren Ereignisses lösen kann: Repräsentiert sie am Ende eine ästhetische Idee oder erzeugt sie die Erfahrung von „Tatsächlichkeit"?

---

60 Hermann Nitsch, Das Orgien Mysterien Theater, 122. Aktion, in: *Hermann Nitsch. Das Orgien Mysterien Theater. 122. Aktion*, S. 9–11, hier S. 11.

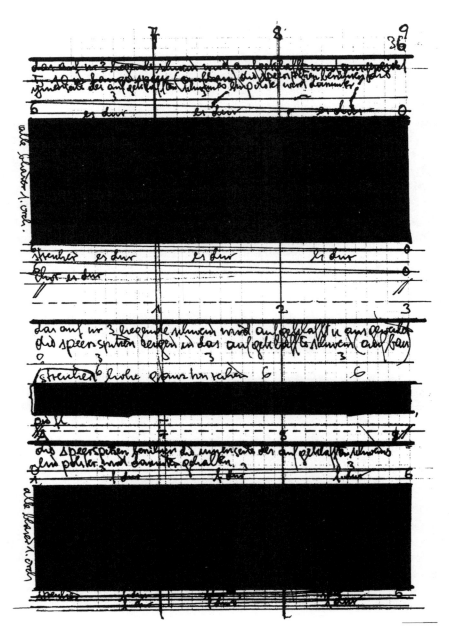

Abbildung 6: Hermann Nitsch, Partitur zur 122. Aktion, aus: *Hermann Nitsch. Das Orgien Mysterien Theater. 122. Aktion*, hrsg. von Klaus Bachler und Otmar Rychlik, Wien 2006, S. 127

Anhang

Hermann Nitsch: [Fragment einer Oper]*

[Staatsgalerie Stuttgart, Archiv Sohm: 6 Kopien (Seiten z. T. überlappend kopiert): 4 Bl. Maschschr. Ms., 1 Bl. hs. Skizzen: Lagepläne, Zeitplanung]

Alle musiker erzeugen auf ihren instrumenten, wenn nicht anders angegeben, nur lärm. Dies gilt ebenso für die spieler des chores, welche nur guttural schreien. Es gibt drei lärmstufen. Sie sind am schluss jeder aktionsangabe durch eine römische zahl bezeichnet.
Die vor der aktion angegebene zeit zeigt, wann nach der vorher bezeichneten aktion eingesetzt werden muss. Die nach jeder aktion angegebene zeit bezeichnet ihre dauer.

Eine elektrische klingel beginnt zu läuten (5 min.).
Ein mit einem weissen leintuch überzogenes bett wird durch den mittelgang des theaters getragen und an die rückwärtige wand der bühne gestellt. Die breit-seite des bettes berührt die wand. Ein grosses geschlachtetes schwein wird ebenfalls durch den mittelgang auf die bühne getragen und neben dem bett niedergelegt. Nr. 0 nagelt das schwein wie gekreuzigt (kopf nach unten) über dem bett an die rückwärtige bühnenwand. Nr. 0 lässt das schwein ausbluten, beschüttet es aus einem kübel mit heissem wasser (das blut rinnt auf das weisse leintuch des bettes) schneidet und hackt mit metzgerwerkzeugen den leib auf, greift mit beiden händen in die bauchhöhle, schneidet die eingeweide und das fett, das an ihnen ist, heraus und lässt beides auf das bett fallen. Ein zweiter akteur schüttet, während nr. 0 die eingeweide herausreisst, über diese und in den offenen leib des tieres aus einem kübel blut. Nr. 0 schüttet in den offnen leib des schweines heisses wasser und wäscht mit hilfe von watte das blut heraus.
Nr. 0 schüttet in den offenen leib des schweines aus einem kübel rosaviolette anillinfarbe. Die farbe fliesst entlang der wand, tropft auf das bett und die daraufliegenden eingeweide.
(gruppierung siehe skizze 1)
(Im augenblick da nr. 0 das schwein auszuweiden beginnt, ereignen sich folgende lärmaktionen:)

---

* Abdruck der Transkription mit freundlicher Genehmigung von Hermann Nitsch, Prinzendorf.

Nr. 11-14 posaune III (3 min 30 sec)
(6 sec)   nr. 21 tuba III (3 min 24 sec)
(7 sec)   nr. 15-20 trompete III (3 min 17 sec)
          nr. 26-50 chor III (3 min 17 sec)
(7 sec)   nr. 22 kochtopfdeckel III (3 min 10 sec) aufeinanderreiben
          nr. 23 kochtopfdeckel III (3 min 10. sec) aufeinanderschlagen
(10 sec) nr. 24-25 ratschen III (3 min)
          nr. 51-55 knabenchor III (2 min 50 sec)

Die zuschauer besichtigen das wie gekreuzigt an die bühnenwand genagelte schwein und das darunter stehende bett. [hs. ergänzt:] Nach erfolgter zuschauerbesichtigung wird das bett u das schwein entfernt. Die ursprünglich auf der bühne sich befindenden betten werden wieder gebraucht u wie vorher (skizze 1) angeordnet. Die betten wurden mit frischen weißen leintüchern überzogen. Tuchenten u polster werden gebracht. [/]

Gruppierungsänderung: 1-4 posaunen stehen rechts vor der bettengruppe, ansonsten gleichbleibend.
4 zuschauer beschütten sich auf der fläche der auf der bühne angeordneten betten gegenseitig aus kübeln mit warmem blut, heissem wasser und heissem blutwasser. Sie plantschen schreiend mit den händen in den auf den leintüchern sich ergebenden blut- und blutwasserlachen, und balgen sich darin sowie auf den blutigfeuchten tuchenten und polstern.
Gleichzeitig folgende Lärmaktion:
Nr. 1-4 posaune III (7 min)
(20 sec) nr. 11-14 posaune III (6 min 40 sec)
(10 sec) nr. 15-20 trompete II (6 min 30 sec)
          nr. 22 kochtopfdeckel III (6 min 30 sec) aufeinanderschlagen
          nr. 23 kochtopfdeckel III (6 min 30 sec) aufeinanderreiben
(3 min)   nr. 24-25 ratsche III (3 min 30 sec)
          nr. 26-50 chor III (3 min 30 sec)
(30 sec) nr. 5 trillerpfeiferl III (3 min)
(10 sec) elektrische klingel II (10 min)
(10 sec) dampfpfeife II (10 min)

2 zuschauer bringen das geschlachtete schwein durch den mittelgang ~~wieder~~ auf die bühne und legen es auf die besudelten betten. Sie nageln das schwein wie gekreuzigt 1,30 m über den betten an die rückwärtige bühnenwand (kopf nach unten). ~~Die akteure stopfen eingeweide in den offenen leib des schweines (das blut füllt den leib~~ Nr. 0 bringt eine weisse, frische tuchent und legt sie unmittelbar unter das wie gekreuzigt aufgenagelte schwein. Die akteure stopfen eingeweide in den offenen leib des schweines, schütten blut hinein (das blut füllt den leib, fliesst über, rinnt senkrecht entlang des tuches und tropft auf die weisse tuchent), und reissen die blutigen eingeweide wieder heraus, welche auf

die tuchent fallen. Nr. 0 stopft keimfreie watte in den offenen leib des schweines, schüttet warmes blut hinein, reisst die mit warmem blut getränkte watte wieder heraus und lässt sie auf die tuchent fallen.

Ein zuschauer schüttet heisses, dunstendes wasser in den offenen leib des schweines. Das wasser fliesst und tropft auf die blutige tuchent. Die innenseiten des aufgebrochenen leibes werden mit heissem wasser vom blut reingewaschen.

Nr. 0 schüttet rosaviolette azetonflüssigkeit in den offenen leib des [/] schweines. Die flüssigkeit füllt den leib, fliesst über, rinnt senkrecht entlang des tuches, und tropft auf die tuchent sowie auf die daraufliegenden eingeweide und die daraufliegende watte. Die zuschauer besichtigen die blutigen betten und das wie gekreuzigt aufgenagelte schwein. Zwei zuschauer schütten aus kübeln heisses, dunstendes wasser auf die blutigen betten sowie auf das blutige bettzeug und versuchen, das blut davon wegzuwaschen. Die betten werden mit neuem [sic], frisch gewaschenen leintüchern überzogen. Die besudelten tuchenten werden durch neue ersetzt.

Gruppierungsänderung:
Nr. 6 tuba steht vor den betten
nr. 5 trillerpfeiferl steht vor den betten, ansonsten gleichbleibend.

Nr. 5 [sic] tuba III (3 min)
nr. 5 trillerpfeiferl IIII (3 Min)
nr. 26-55 chor III (30 sec)
(30 sec)   nr. 6-8 tuba III (30 sec)
(33 sec)   nr. 25-55 chor III (45 sec)
           nr. 21 tuba III (45 sec)
(22 sec)   nr. 62-68 knabenchor II (30 sec)
(10 sec)   nr. 7-8 tuba II (30 sec)
(20 sec)   nr. 69-75 knabenchor II (1 min)
           elektrische klingel II (3 min)
           nr. 1-2 posaune III (12 sec)
(1 min 10 sec) dampfpfeife III (3 min)
(30 sec) flöte II (4 min 55 sec)
(5 sec) trillerpfeifferl III (4 min 50 sec)
(5 sec) fagott I (4 min 55 sec)
(10 sec) lautsprechermusik (beatles) III (5 min)
(2 min) nr. 24 ratsche II (6 min)
(30 sec) nr. 22 kochtopfdeckeln III aneinanderreiben (6 min)
(30 sec) nr. 23 kochtopfdeckeln III aneinanderschlagen (6 min)
           u.s.w.

Finale:
(20 sec) nr. 6-8 tuba III (4 min)
          nr. 21 tuba III (4 min)
(2 min)   nr. 9-10 trompete III (30 sec)
          nr. 15-20 trompete III (4 min 30 sec)
(1 min)   lautsprechermusik (bauernkapelle) III (bis zum ende der aktion) [/]
(4 min)   nr. 55-57 knabenchor III (bis zum ende der aktion)
(2 min)   nr. 26-55 chor III (bis zum ende der aktion)

Bis zum ende der aktion wird mit allen zur verfügung stehenden instrumenten auf das äusserste gelärmt III, alle zuschauer schreien, was die stimme hergeben hat.

Ein geschlachteter, abgehäuteter ochse wird nach dem ablauf von 2/3 der im text festgeleten lärmaktionen von mehreren zuschauern durch den mittelgang zur bühne getragen und auf die zusammengestellten betten gelegt. Dort wird er von den akteuren ausgeweidet und in stücke zerrissen. Alles trampelt unter geschrei auf dem fleisch und den blutigen eingeweiden des tieres herum. Das fleisch wird aus kübeln mit blut und heissem wasser beschüttet. Die zuschauer beschütten sich gegenseitig sowie die betten und tuchenten. Zuletzt balgt sich alles auf den blutigen tuchenten.

Luciano Berio – die amerikanischen Jahre
Neue Konzepte des musikalischen Theaters in bewegter Zeit

Sabine Ehrmann-Herfort

In der politisch unruhigen Zeit der 1960er Jahre hielt sich Luciano Berio vorwiegend in den USA auf. Dort formierten sich – wie auch in Europa – in diesen Jahren linksintellektuelle Protestbewegungen, die vornehmlich den Vietnam-Krieg ins Visier nahmen. Über Berios persönliche Haltung zu den Anti-Kriegs-Protesten ist nur wenig bekannt. Will man sich einen Eindruck von seinen politischen Überzeugungen in den amerikanischen Jahren verschaffen, so muss man diesen aus vielen einzelnen Details rekonstruieren, da politische Bekenntnisse des Komponisten nicht direkt greifbar sind. Der große Fundus des Berio-schen Briefwechsels aus dieser Zeit, insbesondere Briefe, die mit dem Dichter und Literaturwissenschaftler Edoardo Sanguineti (geb. 1930), einem Mitglied der neo-avantgardistischen „gruppo 63", und mit dem Musikkritiker und Publizisten Massimo Mila (1910–1988) gewechselt wurden, lässt jedoch Rückschlüsse auf Berios politische Einstellungen gegenüber den Protestbewegungen der 1960er Jahre zu. Im Folgenden wird insbesondere der Frage nach dem Reflex dieser politisch bewegten Zeit in seinem kompositorischen Werk und in seinem Denken nachgegangen, das heißt, die von Berio in dieser Zeit entwickelten kompositorischen und ästhetischen Konzeptionen sollen auf mögliche Einflüsse des linksintellektuellen Klimas der 1960er und frühen 1970er Jahre befragt werden. Dazu werden exemplarisch auch Kompositionen Berios aus den 1960er Jahren herangezogen.

1. Berio und Amerika

In den sechziger Jahren lebt und arbeitet Luciano Berio in den USA. Zwar ist er in dieser Zeit vielfach in Europa bei Konzerten und Festivals zu Gast, unterhält auch eine provisorische Wohnung in Mailand,[1] doch als sein „Lebensmittelpunkt" haben in dieser Zeit amerikanische Musikzentren zu gelten. Dabei dominiert die Unterrichtstätigkeit sein Leben: 1960 unterrichtet er bei einem Kompositionskurs in Tanglewood, 1961 bis 1962 bei der Dartington Summer School, von 1962 bis 1964 am Mills College in Oakland (Kalifornien) und von 1965 bis 1971 an der Harvard University und der Juilliard School of Music in New York, wo er 1967 auch das „Juilliard Ensemble" gründet.[2]

Leonardo Pinzauti berichtet in einem Anfang 1969 mit Luciano Berio geführten Interview, von Kollegen und Zeitgenossen sei Berio wiederholt vorgeworfen worden, er habe sich nach Amerika „verkauft".[3] Darauf hat Berio stets mit Gelassenheit und Zurückhaltung und weniger politisch-argumentativ als vielmehr mit künstlerischen Konzepten reagiert. Zunächst hat er seinen Aufenthalt in Amerika immer verteidigt und sich gegen den blinden, in Europa aufkommenden Antiamerikanismus gewehrt. Berio schätzt die interessierten amerikanischen Studenten und die lebendige universitäre Atmosphäre. So erklärt er in besagtem Interview mit Pinzauti: „Quanto poi all'essermi ‚venduto' all' America, come qualcuno sostiene, potrei rispondere semplicemente dicendo che l'America mi piace, perché (parlo soprattutto degli Stati Uniti) è un grande paese, complesso e misterioso, dove tutto quello che accade – si voglia o no – è destinato a ripercuotersi anche altrove ... Da parte mia, dunque, portando il mio contributo di insegnante in questo ambiente così carico di stimoli vitali, credo di non essere affatto un ‚opportunista'... E poi è ridicolo giudicare di una persona dalla sua collocazione geografica. Non ha senso."[4]

Amerikafeindlichen Pauschalverurteilungen hat sich der Komponist also stets vehement widersetzt, wenngleich auch er sich in dieser Zeit gegen Amerikas Kriegführung in Vietnam engagiert hat. Nachdem es bereits zu Beginn der

---

1   Vgl. Leonardo Pinzauti, *A colloquio con Luciano Berio*, in: *Nuova Rivista Musicale Italiana* 3/2 (1969), S. 265–274, hier: S. 265; dt.: *Ich sprach mit Luciano Berio*, in: *Melos* 37 (1970), S. 177–181.
2   Vgl. dazu Joachim Noller, Art. *Luciano Berio*, in: *Komponisten der Gegenwart*, 26. Nachlieferung (Dezember 2003), S. 1.
3   Pinzauti, *A colloquio con Luciano Berio*, S. 266. Auch Massimo Mila hat sich kritisch gegenüber Berios „entusiasmo" für Amerika geäußert, vgl. den Brief Massimo Milas an Luciano Berio vom 26. Dezember 1969, Paul Sacher Stiftung, Film 170.1-478: „Mi ricordo certa lettera che mi avevi scritta pochi anni fa, tutta vibrante di entusiasmo per il clima che la contestazione sfava generando in America, la sorda inquietudine, ecc. Ci fate ridere! Noi qui nel vecchio mondo e nella decrepita Italia saltiamo letteralmente per aria e siamo ridotti a guardare con terrore qualsiasi vaglia o borsa dimenticata!". Prof.ssa Talia Pecker Berio danke ich sehr herzlich für die freundliche und bereitwillige Erlaubnis, aus unveröffentlichten Texten Luciano Berios, die in der Sammlung Luciano Berio in der Paul Sacher Stiftung aufbewahrt werden, zitieren zu dürfen. Außerdem bedanke ich mich bei den Mitarbeiterinnen und Mitarbeitern der Paul Sacher Stiftung für ihr freundliches Entgegenkommen und bei Prof.ssa Anna Mila Giubertoni für die Erlaubnis, aus unveröffentlichten Briefen Massimo Milas zitieren zu dürfen.
4   Pinzauti, *A colloquio con Luciano Berio*, S. 206.

Auseinandersetzungen in Vietnam insbesondere an amerikanischen Hochschulen eine Oppositionsbewegung gegen den Krieg in Indochina gegeben hatte, erreichte die Antikriegsstimmung in Amerika, die seit 1965 auch durch die intensive Berichterstattung des Fernsehens beständig zunahm, 1968 ihren Höhepunkt. Auf der anderen Seite organisierte ein Massenprediger wie Billy Graham in Südvietnam Weihnachten 1966 und auch in den Folgejahren Truppenbesuche und Großveranstaltungen, die er Crusades nannte. Aus einer solchen Perspektive kann der amerikanische Krieg in Vietnam als „Kreuzzug" verstanden werden und mag – wie sich im Folgenden zeigen wird – auch ein Deutungsmuster für in dieser Zeit entstandene Werke Luciano Berios liefern.

2. Dialog statt Rebellion

Bereits aus den wenigen, eben zitierten Äußerungen aus Leonardo Pinzautis Interview lässt sich ablesen, dass Berio auch in den bewegten 1960er Jahren nicht primär politisch-rebellierend argumentiert hat. Sein Hauptinteresse gilt – auch zu dieser Zeit – der Musik und ihrer Ästhetik. Das mag nicht zuletzt mit seiner italienischen Herkunft aus einer weit zurückreichenden Musikerfamilie zusammenhängen. Berio hat stets in seinem kompositorischen Œuvre an einem Netz von musikalischen Bezügen geknüpft, und er hat eine solche Vernetzung auch programmatisch als den Versuch verstanden, „verschiedene Kulturen gemeinsam sprechen zu lassen".[5] Kein Wunder, dass er mit dieser Einstellung auch niemals Vorstellungen von einem kompositorischen Neuanfang nach der Jahrhundertmitte vertreten hat.[6]

Sucht man freilich bei Berio nach Anzeichen für eine mögliche Protesthaltung oder nach Indizien, die auf Rebellion einerseits oder Utopie andererseits hindeuten könnten, so erscheint es – wie bereits angedeutet – sinnvoll und hilfreich, dazu den Kreis seiner Freunde und Kollegen einzubeziehen und – sozusagen aus Mangel an direkten Beweisen – eine indirekte Deutung von Berios politischer Position im Spiegel seines Briefwechsels zu versuchen.

Berios kompositorisches Denken und seine Arbeitsstrategien sind geprägt durch vielfältige Dialoge mit Literaten, durch die Zusammenarbeit mit Autoren experimenteller Literatur und die Rezeption neuer theaterwissenschaftlicher Theorien ebenso wie auch durch sein Interesse an neuen Entwicklungen im Be-

---

5   Das Zitat bezieht sich zunächst auf Berios *Folk Songs* aus dem Jahre 1964, kann aber auch umfassender verstanden werden; zit. nach: *Der lebendige Blick des Klassikers. Luciano Berio wird fünfundsiebzig: der Komponist im Gespräch mit Lorenzo Ferrero*, in: *Neue Musikzeitung* 49/10 (2000), S. 3.
6   So spricht Berio davon, dass es in der Musik keine „tabula rasa" geben könne, vgl. *Luciano Berio. Two Interviews with Rossana Dalmonte and Bálint András Varga*, hrsg. von David Osmond-Smith, New York/London 1985, S. 66.

reich der Literaturwissenschaft und Linguistik.[7] Im Folgenden sollen nur einige wenige Persönlichkeiten genannt werden, die in dieser Hinsicht entscheidenden Einfluss hatten.

An erster Stelle ist Bertolt Brecht zu nennen, denn für Berio zählt die Begegnung mit Brechts Theater und den Mailänder Brecht-Interpretationen Giorgio Strehlers zu den Schlüsselerlebnissen.[8] Insbesondere gewinnen Brechts Auseinandersetzungen mit der „kulinarischen" Oper und ihrem „Erlebnischarakter"[9] ganz entscheidenden Einfluss auf Berios eigene musiktheatralische Experimente. Berio, 1956 von der legendären Interpretation der *Dreigroschenoper* durch Strehler am Piccolo Teatro tief beeindruckt, plädiert im Sinne Brechts für ein nicht-aristotelisches Theater, das sich also nicht an der Einheit von Ort, Zeit und Handlung orientiert, wobei der Komponist – hierin freilich über Brecht hinausgehend – auch die Bezeichnung „Oper" für seine musiktheatralischen Werke nicht mehr gelten lassen möchte. Denn Oper sei unvernünftig und unglaubwürdig; diesen Kernsatz erläutert er – unter Bezugnahme auf Brecht – mit der absurden Situation, dass ein Sterbender auf der Bühne singe. In einer solchen Sterbeszene decouvriere sich die Oper selbst.[10]

Des weiteren verbindet Berio insbesondere mit Umberto Eco (geb. 1932) und Edoardo Sanguineti (geb. 1930), den er über Eco kennen gelernt hatte, ein gemeinsamer Pool ästhetischer Strategien. Dazu gehören intertextuelle Konzepte, die Verwendung von Collage-Verfahren und Zitaten, Verfremdungseffekte, komplizierte Verschränkungen der Handlungsebenen, ein System von Anspielungen und eine „Offenheit" für im Grunde endlos viele Lesarten, die der Rezipient mitunter auch selbst mitgestalten kann. Im Sinne der Intertextualität wird das ästhetische Werk dabei als Komplex sehr unterschiedlicher Sinnebenen verstanden.[11]

---

7   Grundlegend dazu die im Jahr 2003 eingereichte Tesi di laurea von Claudia Sabine Constanze di Luzio, *„Un re in ascolto" di Luciano Berio. Drammaturgia e poetica*, Tesi di laurea in Drammaturgia musicale, Università degli studi di Bologna, Facoltà di lettere e filosofia, Anno accademico 2001/2002. Vgl. auch Gianmario Borio, Art. *Berio, Luciano*, in: *Die Musik in Geschichte und Gegenwart*, hrsg. von Ludwig Finscher, Personenteil, Bd. 2, Kassel/Stuttgart 1999, Sp. 1296–1300.

8   Vgl. Ivanka Stoïanova, *Über die Brechtschen Prinzipien der Operndramaturgie bei Luciano Berio. Musikalische Erzähltechnik und zeitgenössisches episches Theater*, in: *Bericht über den Internationalen Musikwissenschaftlichen Kongress Bayreuth 1981*, hrsg. von Christoph-Hellmut Mahling und Sigrid Wiesmann, Kassel 1984, S. 520–527.

9   Brecht vertritt diese Auffassung insbesondere in seinen *Anmerkungen zur Oper „Aufstieg und Fall der Stadt Mahagonny"*, in: *Die Umschau* 2/4 (1947), S. 467–476.

10   Pinzauti, *Ich sprach mit Luciano Berio*, S. 178 (*A colloquio con Luciano Berio*, S. 267f.) und Luciano Berio, *Problems of Musical Theater*, Typoskript Paul Sacher Stiftung, S. 6.

11   Zu den Verfahren der literarischen Komposition bei Umberto Eco vgl. Claudia Sabine Constanze di Luzio, *„Un re in ascolto" di Luciano Berio*, insbes. S. 185–197, und Thomas Stauder, *Gespräche mit Umberto Eco*, Münster 2004.

In den 1960er Jahren zeigt Berio zudem großes Interesse an linguistischen Fragestellungen, nicht zuletzt angeregt durch Umberto Eco und durch die Forschungen von Roman Jakobson (1896–1982), der zu dieser Zeit am *Massachusetts Institute of Technology* (MIT) lehrt. An dessen Seminaren zur Phonologie hat Berio teilgenommen, und er nennt Jakobson in einem Brief an Massimo Mila bewundernd einen „uomo monumentale".[12]

3. Oper contra musikalisches Theater

Berios immer wieder neu und auf vielen Ebenen geführter Diskurs um Oper und musikalisches Theater bestimmt seine amerikanischen Jahre grundlegend. In seinem vermutlich in den 1960er Jahren geschriebenen zentralen und bisher unveröffentlichten Text *Problems of Musical theatre*[13] führt er – ausgehend von den Überzeugungen Bertolt Brechts – seine Positionen zu diesen Fragen aus. Der traditionellen Oper stellt Berio das musikalische Theater gegenüber. Dabei gelten ihm Oper und Opernhaus als Synonym für Konventionen, als eine Art museale Dauerausstellung[14] und als Ort, an dem Publikum und Bühnengeschehen auf ungute Weise von einander getrennt sind. Die herkömmliche Opernhausstruktur liefert ihm ein Modell für die aktuelle Gesellschaftsstruktur: Er setzt die je nach Eintrittspreis hierarchisch gestaffelte Sitzordnung des Publikums parallel zu der vorgefundenen sozialen.[15]

Der solchermaßen als traditionell apostrophierten Opernwirklichkeit stellt Berio den Entwurf eines musikalischen Theaters entgegen. Keine Handlung im traditionellen Sinn, sondern vorrangig eine Konzentration auf die dramatischen Qualitäten musikalischer Prozesse. Der Zuschauer mutiert dabei von einem Objekt der Verführung zu einem aktiven Element der Aufführung. Ihm werden „Ereignisse" in Form einer Collage verschiedener Situationen präsentiert. Die Bestandteile können separiert, verfremdet und anschließend neu zusammenmontiert werden. Dabei plädiert Berio für eine gattungsmäßige Offenheit, die er in der Musikgeschichte modellhaft in Claudio Monteverdis *Il combattimento di Tancredi e*

---

12 Brief von Berio an Massimo Mila vom 2. November 1965, Paul Sacher Stiftung, Film 166.1-569.
13 Typoskript Paul Sacher Stiftung.
14 Luciano Berio, *This sketchy outline*, Typoskript Paul Sacher Stiftung: „Museum-like institutions as Opera Houses."
15 Umberto Eco, *Introduzione a „Passaggio"*, in: *Berio*, hrsg. von Enzo Restagno, Turin 1995, S. 66–73. In Ecos für die Mailänder Uraufführung 1963 geschriebener Einführung heißt es: „Non è difficile individuare in questa tradizionale struttura del teatro operistico (che stabilisce una gerarchia tra scena e pubblico, e tra diversi ordini di pubblico), la riproduzione di una caratteristica struttura sociale e la riconferma architettonica di un ordine umano storicamente ben preciso."

Clorinda (1624, veröffentlicht 1638) vorgebildet sieht. „Theater for the ears", so lautet schlagwortartig Berios Gattungen wie Geschichte umspannende Konzeption.[16]

Ein Werk, das seine Vorstellung eines solchen Hörtheaters gut zu vermitteln vermag, weil es mit „Oper" im Grunde nichts zu tun hat, ist *Sequenza III per voce femminile*. Das Stück entstand im Jahr 1965 für Cathy Berberian und kann für Berios Verständnis von musikalischem Theater als Schlüsselwerk gelten. Es präsentiert unterschiedliche, emotional bestimmte Aktionen, die gleichsam in mehreren Schichten ablaufen und die vom Zuhörer, in Anspielung auf die musikalische Polyphonie, auch polyphon wahrgenommen werden sollen.[17] In seinem ebenfalls in der Paul Sacher Stiftung aufbewahrten, unveröffentlichten Typoskript *On Vocal Gesture* erläutert Berio die polyphone Struktur von *Sequenza III* folgendermaßen:

„As in my other works called Sequenze, written for solo instruments, in Sequenza III I am concerned with simultaneity of different actions, that is, the concurrent but independent development of different characteristics of performance, resulting in a theater of instrumental actions (theater mainly for the ears, in this case) that allow the listener to perceive polyphonically what, by its very physical nature, is bound to be monodic."[18]

Sequenza III mit ihrem in Laute und Silben zerlegten Text repräsentiert emotionale Archetypen und alltägliche Gemütszustände, vorgegeben durch 44 verschiedene Vortragsbezeichnungen.

Vortragsbezeichnungen (alphabetisch)							
		faintly	: matt				
anxious	: ängstlich	frantic	: wild			relieved	: entspannt
apprehensive	: furchtsam	frantic L.	: wildes Gelächter			serene	: heiter
bewildered	: verwirrt	gasping	: keuchen			subsiding	: nachlassen
calm	: ruhig	giddy	: leichtsinnig			tender	: zart
coy	: schüchtern	impassive	: teilnahmslos			tense	: gespannt
distant	: entfernt	increasingly desperate	: immer verzweifelter			tense L.	: überspanntes Gelächter
distant and dreamy	: entfernt und verträumt	intense	: intensiv			tense muttering	: angespannt murmelnd
dreamy	: verträumt	joyful	: freudig			urgent	: drängend
dreamy and tense	: verträumt und gespannt	languorous	: schlaff			very excited and frantic	: sehr aufgeregt und wild
						very tense	: sehr gespannt
echoing	: wie ein Echo	muttering	: murmeln			walking on stage:	: auf die Bühne kommend
ecstatic	: ekstatisch	nervous	: nervös			whimpering	: wimmern
extremely intense	: äußerst intensiv	nervous L.	: nervöses Gelächter			whining	: winseln
extremely tense	: äußerst gespannt	noble	: nobel			wistful	: sehnsüchtig
fading	: verklingend	open L.	: offenes Gelächter			witty	: witzig

Abbildung 1: *Sequenza III per voce femminile*, Vortragsbezeichnungen
© 1968 by Universal Edition (London) Ltd., copyright assigned to Universal Edition Wien/UE 13723

---

16 Vgl. beispielsweise *Problems of Musical Theater*, Typoskript Paul Sacher Stiftung, S. 11 oder *On Vocal Gesture*, Typoskript Paul Sacher Stiftung, S. 15.
17 Zu *Sequenza III* vgl. insbesondere auch Berios Ausführungen in *Luciano Berio. Two Interviews*, S. 93ff.
18 Luciano Berio, *On Vocal Gesture*, Typoskript Paul Sacher Stiftung, S. 14f.

Diese expressive oder emotive Schicht der sprachlichen Botschaft spielt auch im Denken Roman Jakobsons eine zentrale Rolle. In seinem 1960 veröffentlichten Text *Linguistik und Poetik*[19] gibt Jakobson dafür das folgende, anschauliche Beispiel: „Ein ehemaliger Schauspieler von Stanislavskijs Theater in Moskau erzählte mir, wie der berühmte Regisseur beim Vorsprechen von ihm verlangte, aus dem Ausdruck *Segodnja večerom* („heute Abend") durch verschiedene Lautschattierungen vierzig verschiedene Mitteilungen zu machen. Er stellte also eine Liste von etwa vierzig emotionalen Situationen zusammen und sprach dann diesen Ausdruck gemäß jeder dieser Situationen, die sein Publikum nur aufgrund des Wechsels im Tonfall der beiden Wörter identifizieren musste."[20] Dass Berio Jakobsons *Linguistik und Poetik* sehr geschätzt hat, ist bekannt. Möglicherweise ist sogar die Liste der 44 Vortragsbezeichnungen in *Sequenza III* durch Jakobsons Schilderung des Experimentierens mit emotionalen Situationen beeinflusst. Die Übereinstimmungen beider Konzeptionen lassen einen solchen Schluss jedenfalls als naheliegend erscheinen.

Sequenza III kann auch noch in umfassenderem Sinn als Modell für Berios kompositorische Konzepte dienen. Anhand dieses Stücks lässt sich der Faszination nachspüren, wie sie für Berio gerade in seiner amerikanischen Zeit von Gestik, Sprache und Stimme ausgeht, und so ist es nicht verwunderlich, dass Berio als geheimen Widmungsträger dieses Werks den Clown Grock nennt, den er als großen Meister der Geste bewundert und der am Theater seiner Heimatstadt Imperia tätig war.[21] Die Interpretin des Stücks vereint ebenfalls sängerische und darstellerische Qualitäten. Am besten soll sie nämlich Sängerin und Schauspielerin zugleich sein, auf einer imaginären Bühne agieren und den Gesang mit stimmlichen Aktionen verbinden. Der Part ihrer Sprech- und Singstimme ist in der Darstellung affektiver Zustände einer Dramaturgie unterworfen. Dabei lässt die gattungsmäßige Offenheit eines Werks wie *Sequenza III* vielfältige Darstellungs- und Aufführungsmöglichkeiten zu. Indem hier mögliche Grenzen zur gestischen und theatralischen Musik schlichtweg ignoriert werden, steht dieses Werk Berios für das Theater als zentralem Ort kompositorischer Erfahrung. *Sequenza III* fungiert als ein „teatro di gesti vocali e strumentali"[22] und repräsentiert damit ein fundamentales kompositorisches Konzept der 1960er Jahre.

---

19 Roman Jakobson, *Poetik. Ausgewählte Aufsätze 1921–1971*, hrsg. von Elmar Holenstein und Tarcisius Schelbert, Frankfurt/Main 1979, S. 83–121.
20 Ebd., S. 90.
21 Berio, *On Vocal Gesture*, Typoskript Paul Sacher Stiftung, S. 18.
22 Luciano Berio, „Le *Sequenze*", in: *Berio*, hrsg. von Enzo Restagno, Turin 1995, S. 186–192, hier S. 188.

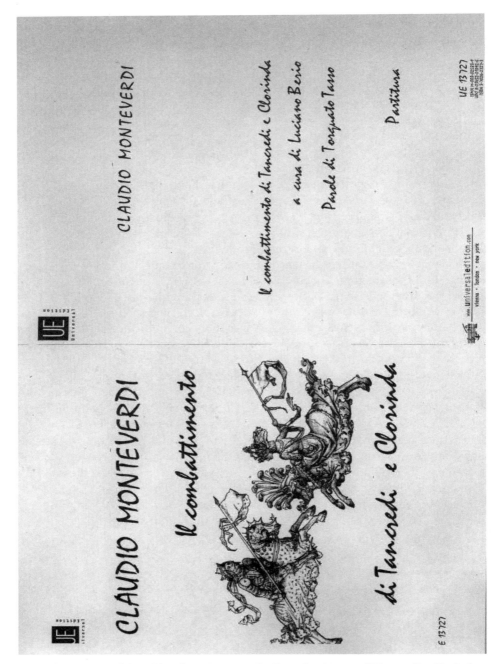

Abbildung 2: Titelblatt Claudio Monteverdi, *Il combattimento di Tancredi e Clorinda*
© 1968 by Universal Edition (London) Ltd., London/UE 13727

4. Berio, Monteverdi und der Vietnamkrieg

Am 13., 14. und 15. Januar 1967 werden an der Harvard University im Loeb Drama Center in Cambridge (Massachusetts) unter Luciano Berios Leitung Claudio Monteverdis *Il combattimento di Tancredi e Clorinda* und Berios *Passaggio* aufgeführt. Die Aufführung hat programmatischen Charakter. Berio will dem amerikanischen Hörpublikum einen alternativen Zugang zum musikalischen Theater vermitteln. Dazu wählt er zwei Werke, die in dieser Programmkonzeption eine unauflösbare Einheit bilden sollen.

Das eine Werk des Konzerts ist Claudio Monteverdis *Il combattimento di Tancredi e Clorinda*. Die Beschäftigung mit der Musik Monteverdis, zu der Berio nach eigenen Aussagen durch Gian Francesco Malipiero angeregt wurde,[23] bildet einen Schwerpunkt der amerikanischen Jahre Berios. So hat er sich seit Mitte der 1960er Jahre in seinen an der Juilliard School of Music in New York abgehaltenen Kompositionsklassen und Seminaren intensiv mit der Vokalmusik seines italienischen Vorbilds beschäftigt.[24] Insbesondere Bühnenwerke Monteverdis wie *L'Orfeo* oder *Il combattimento* faszinieren ihn in dieser Zeit, und er sieht gerade in ihnen Vorprägungen seiner eigenen Theaterkonzeptionen. Im übrigen bieten ihm seine Seminare wohl auch beste Arbeitsbedingungen für Experimente mit der alten Musik: Seine Studenten sind hoch motiviert, begeisterungsfähig und offensichtlich auch sehr begabt.[25] Überdies trifft sich Berio in Harvard oft mit dem italienischen Musikwissenschaftler Nino Pirrotta. Diese Begegnungen mögen Berio in seiner Begeisterung für die italienische Musik des frühen Seicento bestärkt haben, und so hat er Nino Pirrotta denn auch seine Bearbeitung des *Combattimento* zugeeignet.[26]

Die Bearbeitung fügt dem Notentext Monteverdis, der Berio freilich nur in der Fassung der Edition Malipieros vorlag, nur sparsam Veränderungen hinzu. In seiner Adaption sucht Berio, der *Il combattimento* auch wegen seines experimentellen Charakters schätzt, die Intentionen des Komponisten zu verstärken und zu schärfen. Das lässt sich exemplarisch an drei Stellen belegen. Bei der mit „Notte" beginnenden Stanze, der einzigen, für die Monteverdi Verzierungen zulässt, unterstreicht Berio den bei Monteverdi bereits angelegten instrumentalen Akzent, indem er Verzierungen in großer Zahl ausschreibt (Abbildung 3).

---

23 *Luciano Berio. Two Interviews*, S. 51.
24 Vgl. dazu den Brief Luciano Berios an Massimo Mila vom 2. November 1965, Paul Sacher Stiftung Film 166.1-570.
25 Ebd., Paul Sacher Stiftung Film 166.1-570 und Brief Luciano Berios an Massimo Mila vom 14. Januar 1967, Paul Sacher Stiftung Film 166.1-578.
26 Widmung in der Ausgabe der Universal Edition, London 1968.

Abbildung 3: Claudio Monteverdi, *Il combattimento di Tancredi e Clorinda*, a cura di Luciano Berio, Universal Edition (London) 1968, S. 9.
© 1968 by Universal Edition (London) Ltd., London/UE 13727

Luciano Berio: Neue Konzepte des musikalischen Theaters

Bei den Tonrepetitionen des sogenannten *tempo piricchio* schärft Berio das rhythmische Element, indem er den Generalbass nicht in Akkorden aussetzt, sondern auch im Bass nur Sechzehntelrepetitionen notiert (Abbildung 4). In Clorindas Sterbeszene schließlich („Amico, hai vinto") intensiviert Berio den bei Monteverdi vorgegebenen Affektausdruck durch eine weitere Zurücknahme, indem Clorinda nur von den drei Violen und dem Violoncello begleitet wird (Abbildung 5).

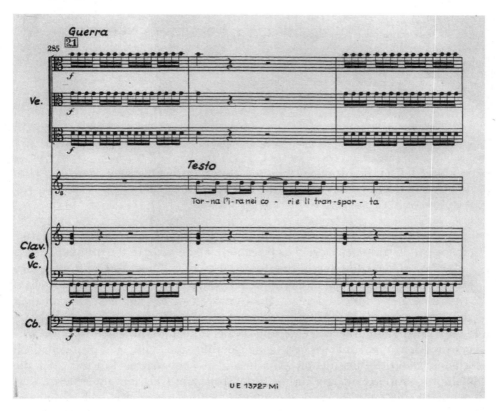

Abbildung 4: Claudio Monteverdi, *Il combattimento di Tancredi e Clorinda*, a cura di Luciano Berio, Universal Edition (London) 1968, S. 29.
© 1968 by Universal Edition (London) Ltd., London/UE 13727

Die Inszenierung des *Combattimento* stammte seinerzeit vom Regisseur Jan Strasfogel. Dieser hatte dem italienisch gesungenen *Combattimento* einen kurzen gesprochenen Prolog in Englisch vorangestellt, der in das Werk einführt:

Abbildung 5: Claudio Monteverdi, *Il combattimento di Tancredi e Clorinda*, a cura di Luciano Berio, London 1968, S. 35: Clorinda „Amico, hai vinto"
© 1968 by Universal Edition (London) Ltd., London/UE 13727

„This work (edited by L. Berio following the original conventions of performance and scoring as closely as possible) will be sung in the original Italian: A short spoken prologue in English, written by I. Strasfogel, will introduce the work reminding the audience that *Il combattimento* is a war story, placed in a time ,not unlike our own – the Crusades – when the East was ravaged by the West in the name of a cause more noble than war.'"[27]
Offensichtlich stellte die Inszenierung aktuelle Bezüge zwischen Monteverdis Werk und dem Vietnamkrieg her,[28] eine Deutung, die heute eher problematisch erscheint. Denn die Parallelität zwischen dem Kreuzfahrer Tancredi, der die Muslimin Clorinda kurz vor ihrem Tode noch zum Christentum bekehrt, und dem amerikanischen Eroberungskrieg in Indochina, wie er sich auch in den von Billy Graham organisierten Crusades manifestiert, erscheint in höchstem Maße konstruiert, zumal Bekehrung und Taufe bei Monteverdi als emphatische Apo-

27 Luciano Berio und Umberto Eco, [*Passaggio*], Typoskript Paul Sacher Stiftung.
28 Brief von Luciano Berio an Massimo Mila vom 14. Januar 1967, Paul Sacher Stiftung Film 166.1-578: „Per il Combattimento (lo stile dell'esecuzione era superbo) la soluzione scenica proponeva costanti riferimenti alla guerra in Vietnam, tra l'altro; e anche in questo la partecipazione degli studenti è stata entusiastica. Per le esecuzioni di Harvard il coro B (parlato) era formato da studenti e professori di Harvard Un[iversity] e dell'MIT. C'è mancato poco che anche R. Jakobson ne facesse parte."

theose gesehen werden. An solchen Unstimmigkeiten hat sich vermutlich auch Massimo Mila gestört, wenn er in seinem Antwortbrief auf die vom Komponisten geschilderten Vietnam-Bezüge eher skeptisch reagiert, seine Skepsis aber nicht näher ausführt.[29] Berio selbst hat danach Strasfogels Inszenierungsideen zum *Combattimento* ebenfalls nicht mehr erwähnt. Auf diese Weise pflegte er gewöhnlich Unzufriedenheit mit Aufführungsideen zu artikulieren, indem er sie einfach überging.[30]

Das zweite Werk dieser denkwürdigen Konzertreihe vom Januar 1967 im Loeb Drama Center, das dem amerikanischen Publikum einen alternativen Zugang zum Musikdrama im Theater eröffnen sollte, ist Berios *Passaggio, Messa in scena* für Sopran, zwei Chöre und Instrumente, komponiert in den Jahren 1961 und 1962. Der Untertitel des Werks, „messa in scena", scheint bewusst mehrdeutig gewählt zu sein.[31] Auch *Passaggio* ist keine abendfüllende „Oper" und bedient keine „kulinarischen" Interessen.[32] Berio hat es als eine Art „Meta-Oper" im Sinne einer Reflektion über die Oper verstanden, die sich ebenfalls gegen den eingefahrenen Opernapparat richtet.[33] Auch *Passaggio* markiert somit eine mögliche Position bei Berios Suche nach neuen Formen musikalischen Theaters.

Im Werk tritt eine lediglich als „Lei" bezeichnete Frauengestalt auf, die zum wehrlosen Opfer von Festnahme, Folter und rücksichtsloser Herrschaft finanzieller Interessen wird, während Chor A für sie Partei ergreift, Sprechchor B, im Publikum platziert und eine Art fiktives Publikum, sie dagegen mit seinen zy-

---

29 Brief von Massimo Mila an Luciano Berio vom 30. Januar 1967, Paul Sacher Stiftung Film 170.1-468: „Mi rallegro per il bel successo di ,Passaggio' e mi auguro che una volta o l'altra sia possibile anche a noi, pveri europei, assistere a un'esecuzione come si deve. Quanto ai riferimenti al Vietnam nel ,Combattimento di Tancredi e Clorinda', bene, questo va sul conto del tuo ,côté farceur' che ti rende tanto simpatico e divertente." Solche zeitüblichen Vietnam-Bezüge auf der Bühne hat offensichtlich auch Pierre Boulez kritisiert, wenn er in seinem Interview *Sprengt die Opernhäuser in die Luft!*, in: *Der Spiegel*, 25. September 1967, wieder abgedruckt in: *Melos. Zeitschrift für neue Musik* 34/12 (1967), S. 429–437 äußert: „Man glaubt, modernes Theater zu machen, wenn man beispielsweise von Vietnam spricht. Das ist wirklich ungenügend" (S. 434).
30 Für freundliche Auskunft zu diesem Thema danke ich herzlich Prof. David Osmond-Smith.
31 Umberto Eco schreibt in seiner *Introduzione a „Passaggio"*, in: *Berio*, hrsg. von Enzo Rostagno, S. 69: „Gli autori hanno definito Passaggio una messa in scena (non melodrama o opera lirica, per evitare inutile equivoci)". Zur amerikanischen Premiere des Stückes formuliert er diesen Gedanken folgendermaßen: „The authors, in order to avoid useles misunderstandings, have called *Passaggio* a *messa in scena* (*mise en scène* in French but also *mass on the stage* in Italian), not *opera*". Vgl. Typoskript Paul Sacher Stiftung, S. 6.
32 Vgl. Berio und Eco zu [*Passaggio*], Paul Sacher Stiftung. Zur Analyse des Werks vgl. Joachim Noller, *Musiktheater als Brennpunkt künstlerischer Avantgarde. Zur Dramaturgie von Berios Passaggio*, in: *Musik/Revolution. Festschrift für Georg Knepler zum 90. Geburtstag*, hrsg. von Hanns-Werner Heister, Bd. 3, Hamburg 1997, S. 95–115; Ivanka Stoïanova, *Prinzipien des Musiktheaters bei Luciano Berio – Passaggio, Laborintus II, Opera*, in: *Oper heute. Formen der Wirklichkeit im zeitgenössischen Musiktheater*, hrsg. von Otto Kolleritsch, Studien zur Wertungsforschung 16, Wien und Graz 1985, S. 217–227.
33 Pinzauti, *A colloquio con Luciano Berio*, S. 272.

nischen Kommentaren attackiert. Die Aufführung dieses Werks, das vermutlich ebenfalls unmittelbar politisch verstanden wurde, kam sehr gut an. Denn nach der skandalösen Uraufführung von *Passaggio* im April 1963 an der Piccola Scala in Mailand, die mit der provokativen Einbeziehung des Publikums zu tun hatte und die Berio lange ein Stachel im Fleisch gewesen war, hatten die New Yorker Aufführungen enormen Erfolg und wurden auch in der Presse entsprechend gewürdigt.[34]

5. Ästhetische Antworten auf politische Konflikte

In den 1960er Jahren blühen bekanntlich neue Konzepte für neue Formen musikalischen Theaters. Programmatische Schriften wie Hans G Helms' *Voraussetzungen eines neuen Musiktheaters* (1966),[35] das viel strapazierte Interview von Pierre Boulez im *Spiegel*[36] oder Themen wie „Neue Musik – Neue Szene"[37] sind in dieser Zeit an der Tagesordnung. Wie viele Komponisten nach 1950 stellt Berio die Oper, in der er eine nicht mehr zeitgemäße bürgerliche Institution sieht, in Frage[38] und setzt an ihre Stelle neue musiktheatralische Konzepte, die einem Bedürfnis nach Provokation entgegen kommen sollen.[39]

Wie schon gesagt, ist es vor allem die menschliche Stimme, die Berio lebenslang fasziniert: „Mi interesso a tutto quello che concerne la voce", bekennt er in Pinzautis Interview.[40] Außerdem breiten seine Kompositionen ein Netz von Bezügen aus und bringen weit auseinander liegende Positionen miteinander in Verbindung; Joachim Noller nennt das ein „Synthese von Kultur-‚Gütern'".[41] Dazu gehört auch das Interesse an außereuropäischer Musik, an Populärmusik, Rock und Pop. Ein Text über die Beatles und Kommentare zur Rockmusik verweisen auf ein weites Spektrum seiner Interessen.[42]

---

34 Vgl. dazu den bereits zitierten Brief Berios an Mila vom 14. Januar 1967, Paul Sacher Stiftung Film 166.1-578.
35 *Darmstadt-Dokumente I* (Musik-Konzepte Sonderband), München 1999, S. 330–344.
36 *Der Spiegel*, 25. September 1967, wieder abgedruckt in: *Melos. Zeitschrift für neue Musik* 34/12 (1967), S. 429–437.
37 Der Kongress fand 1966 in Darmstadt statt und wurde von heftiger Polemik begleitet. Vgl. *Musik und Szene*, in: *Im Zenit der Moderne. Die Internationalen Ferienkurse für Neue Musik Darmstadt 1946-1966*, hrsg. von Gianmario Borio und Hermann Danuser, Freiburg 1997, Bd. 2, S. 311–332.
38 Leonardo Pinzauti, *A colloquio con Luciano Berio*, S. 266: „E la riprova di questo è nell'opera lirica: che non ha più un senso, oggi, proprio perché non è più quel ‚punto d'incontro' di cui la borghesia di un tempo si serviva, attuando anche in questo campo una sua tipica funzione sociale."
39 Ebd., S. 272.
40 Ebd., S. 271.
41 Noller, Art. *Luciano Berio*, in: *Komponisten der Gegenwart*, S. 5.
42 Luciano Berio, *Beatles*, Typoskript Paul Sacher Stiftung; Luciano Berio, *Commenti al Rock*, in: *Nuova Rivista Musicale Italiana* 1 (1967), S. 125–135.

Für Mai 1968, im Kulminationspunkt politischen Aufbegehrens, organisierte Berio an der Juilliard School of Music in Verbindung mit dem Istituto Italiano di Cultura ein „Festival of Italian Music", dessen Programm von Ottorino Respighis *Pini di Roma* bis zur damals neuesten italienischen Musik von Sylvano Bussotti, Luigi Nono und Berio selbst reichte.[43] In dem zu diesem Festival geführten Briefwechsel wird einmal mehr deutlich, dass Berio viel eher künstlerisch als politisch dachte, während ihm gerade enge Vertraute wie Massimo Mila[44] oder Edoardo Sanguineti,[45] von Berio zum Festival eingeladen, ihr Kommen aus politischen Gründen nicht zusagen mochten. Allerdings nehmen solche politischen Diskussionen auch mit Sanguineti nur einen sehr kleinen Raum im Briefwechsel ein. In der Zeit um 1968 bestimmen in viel größerem Maße werkbezogene, künstlerische Themen die Auseinandersetzungen mit Sanguineti. Insbesondere Überlegungen und Diskussionen zu *Passaggio, messa in scena* (1961/62) und *Laborintus II* (1965) sind im Briefwechsel dieser Jahre stets präsent.

Eindeutige Aufforderungen zu Demonstration und Sit-in kommen dagegen von Umberto Eco. Dieser will Mitte der 1960er Jahre zu einem Kongress nach New York und teilt Berio dazu höchst erbost mit, dass er – trotz vieler Bemühungen – für seine Reise nur ein räumlich und zeitlich befristetes Visum erhalten habe.[46] Weiter empfiehlt er, gegen solche Restriktionen sollten sich auch amerikanische Bürger zur Wehr setzen. Speziell greift Eco, der in dieser Zeit offensichtlich ungleich politischer dachte als Berio, Jakobson und andere Freunde Berios in Harvard an und schließt seinen Brief mit einem zornigen Aufruf zum Protest.[47]

Solche Aufforderungen zu Aktionen mit gesellschaftsverändernder Zielsetzung sind uns heute, vierzig Jahre danach, auf merkwürdige Weise fremd geworden, ebenso auch ein Kunstverständnis, das Kunst bzw. Musik in solcher Absicht zu funktionalisieren sucht. In einer – freilich ansonsten nicht sonderlich erhellen-

---

43 Brief Luciano Berios an Massimo Mila vom 25. Mai 1967, Paul Sacher Stiftung Film 166.1-582: „Stiamo organizzando un Festival di musica italiana (Maggio 1968) a Juilliard, con una serie di programmi che vanno dai Pezzi Sacri di Verdi ai pseudo-fonologhi del Roma... Se la cosa si farà tu saresti invitato e sarei proprio contanto che tu potessi accettare di venire (viaggio più spese) a conoscere questo paese da matti prima che succeda Il Cataclisma. Vista da qui la situazione appare terribile, la birintica e, ormai, senza uscita: la guerra in Vietnam è *solo* un sintomo."
44 Brief von Massimo Mila an Luciano Berio vom 27. April 1968, Paul Sacher Stiftung Film 170.1-471, in dem Mila sein Kommen mit der Begründung ablehnt, er habe aus politischen Gründen keine Lust, die Vereinigten Staaten zu besuchen.
45 Brief von Edoardo Sanguineti an Luciano Berio vom 15. April 1968, Paul Sacher Stiftung Film 170.1-2507. Auch Sanguineti, gerade Kandidat der PCI geworden, will zum damaligen Zeitpunkt die USA nicht besuchen.
46 Brief von Umberto Eco an Luciano Berio, handschriftlich, undatiert, Paul Sacher Stiftung MF 254.1-201.
47 Paul Sacher Stiftung MF 254.1-201ff.

den – Rezension zur deutschen Erstaufführung von *Passaggio* am Nationaltheater Mannheim im Oktober 2005 ist zu lesen: „Diese Musik kommt für heutige Ohren von weit her. Luciano Berios wenig mehr als halbstündige Anti-Oper ‚Passagio' ist Avantgarde aus der Tiefe der sechziger Jahre, als solche von eher herbem Witz, als Kritik an Totalitarismus und Konsumgesellschaft aber stark zeigefingerbewehrt."[48]

Ohne Frage sind gerade auch Berios aus den 1960er Jahren stammende Produktionen durch gesellschaftsverändernde Absichten gekennzeichnet, die uns heute in hohem Maße als belehrend und moralisierend, mithin also „zeigefingerbewehrt" erscheinen mögen. Solche Tendenzen werden an zeittypischen und zeitgebundenen Haltungen und Inhalten der Werke deutlich. Sieht man aber von dieser unmittelbaren Kopplung an die Ereignisse der 1960er Jahre ab, so erkennt man, dass Berios Konzepte des musikalischen Theaters – gerade auch mit ihrer gesellschaftsverändernden Tendenz – in einer viel weiter zurückreichenden Tradition zu stehen scheinen: Sie können ganz auf der Linie des Nachdenkens über Rolle und Funktion des Theaters gesehen werden, wie es etwa in Friedrich Schillers *Die Schaubühne als eine moralische Anstalt betrachtet* (1784), Brechts Konzeption des Lehrstücks und auch in Ernst Blochs *Die Schaubühne, als paradigmatische Anstalt betrachtet, und die Entscheidung in ihr*[49] zum Ausdruck kommt.

---

[48] Sigrid Feeser, *„Passagio" von Luciano Berio / „La forza del destino" von Giuseppe Verdi*, 7. Oktober 2005 (http://www.echo-online.de).
[49] Ernst Bloch, *Das Prinzip Hoffnung*. Erster Band, Frankfurt/Main 1959, S. 478–500.

Avantgarde, Engagement und Autonomie
Mauricio Kagel in den sechziger Jahren

Björn Heile

In dem Artikel *Kunst–Antikunst–Kunst*, pikanterweise in der Zeitschrift *Hifi-Stereophonie* veröffentlicht, schreibt Hans-Klaus Jungheinrich 1973:

„Kagels musikpädagogisches Konzept wäre schlüssig, läge ihm eine historische Theorie und relevante soziale Ethik zugrunde. Gerade das aber klammert Kagel aus. So scheint er im Augenblick an einem Punkt seiner Überlegungen angelangt, da erneut das Musikmachen als Ideologie beschreibbar wird. Wo das Machen mit politischen Inhalt zu verbinden wäre, kneift Kagel aus, diffamiert kunst-transzendierende Motivationen mit der Ängstlichkeit eines um seinen singulären Geltungsanspruch besorgten Oberverwertungsstrategen gar als ‚Salonmarxismus'."[1]

Abgesehen von den Allüren eines Volkskommissars, der meint, Komponisten an den einzig richtigen Kurs ermahnen zu müssen, zeugt die Vehemenz der Kritik von genuiner Enttäuschung. Man hatte offenbar auf Kagel gesetzt; während einer recht kurzen Phase galt er als so etwas wie ein Hoffnungsträger eines gesellschaftlicher Erneuerung dienenden Avantgardismus. Nur die Überzogenheit des vorangegangenen Lobes vermag die arrogante Herablassung des späteren Urteils zu erklären. Dabei stand Jungheinrich durchaus nicht allein: Wie er selbst anmerkt, haben andere – namentlich erwähnt werden Heinz-Klaus Metzger sowie Reinhard Oehlschlägel und Ulrich Schreiber – ähnliche Konsequenzen gezogen. Nebenbei bemerkt offenbart sich hier die Fragwürdigkeit von Jungheinrichs Position: Was zunächst als individuelle Einsicht dargestellt wurde, wird untermauert mit Hinweis auf die Autorität des Kritikerpapstes Metzger – der selbst anständig genug war, nicht auf derart verletzende Weise öffentlich ehemalige Weggefährten herabzuwürdigen. Dennoch deutet alles

---

[1] Hans-Klaus Jungheinrich, *Kunst – Antikunst – Kunst: Wie Hören und Sehen vergehen, neu gelernt und totalisiert werden. 15 Jahre Mauricio Kagel in Europa*, in: *Hifi-Stereophonie* 1 (1973), S. 14–23, hier S. 23.

darauf hin, dass Jungheinrich mit seiner Darstellung einer zunehmenden Distanz zwischen Kagel und anderen Wegbereitern der experimentell orientierten Avantgarde in den frühen 1970er Jahren Recht hatte. Was war geschehen? Hatte sich Kagel von früheren Positionen verabschiedet, oder hatte man sich im Verständnis seiner Arbeiten geirrt und ihn vorschnell als Verbündeten angesehen – oder gar vereinnahmt? Dies wird im Folgenden zu untersuchen sein, wobei vorweggenommen werden kann, dass beides teilweise zutrifft; d. h. dass Kagels experimentelles Schaffen weniger revolutionär orientiert war, als es zunächst den Anschein hatte, und dass er schon Anfang der siebziger Jahre die Radikalität früherer Entwürfe zurückgenommen hat.

Die Frage lautet also, inwiefern Kagels Werk der 1960er und 1970er Jahre einem Avantgarde-Begriff verpflichtet ist, der – nach Peter Bürger – auf die Destruktion der Institution Kunst und somit auf die Reintegration der Kunst in die Lebenspraxis zielt.[2] Wenn ich mich hier auf die Avantgarde-Theorie Bürgers berufe, so soll nicht verschwiegen werden, dass Bürger von der von ihm als Neo-Avantgarde bezeichneten Avantgarde der 1960er Jahre keine hohe Meinung hatte – hier findet sich womöglich ein Hinweis für die Gründe von Kagels Abkehr vom Avantgardismus. Über Bürger hinausgehend, muss der Konnex zwischen dem Brechen von künstlerischen Konventionen und der Kritik an gesellschaftlichen Normen erörtert werden. Diesbezüglich wurde oft eine recht simple Metonymie zwischen dem Subsystem Kunst und der gesamtgesellschaftlichen Realität hergestellt, also jeglicher Avantgardismus vorschnell als systemkritisch eingestuft. Die Kagel-Exegese der zeitgenössischen Kritik, aber auch jene von Dieter Schnebel,[3] liefern hierfür beredte Beispiele. Eine zeitgemäße historische Hermeneutik muss hier die Ideologie der Epoche kritisch hinterfragen.

Die Kritik an der Institution Kunst äußert sich in Kagels Werk seit seiner Übersiedlung nach Europa 1957. *Anagrama* für Sprechchor, Vokalsolisten und Instrumentalensemble (1958) etwa gibt sich lustvoll dem Konventionsbruch hin.[4] Insbesondere das Grunzen, Röcheln, Zischeln und Nonsensgebrabbel des Sprechchores ließ sich als Befreiung des Individuums von gesellschaftlichem Zwang verstehen. Zudem trägt die serielle Un-Ordnung des Stückes eindeutig Züge des nicht-organischen Kunstwerks, in dem – nach Bürger – der Teil sich nicht mehr dem Ganzen unterordnen lässt, sondern Fragment bleibt.[5]

---

2 Peter Bürger, *Theorie der Avantgarde*, Frankfurt/Main 1974.
3 Siehe unter anderem Dieter Schnebel, Sichtbare Musik, in: *Musik auf der Flucht vor sich selbst*, hrsg. von Ulrich Dibelius, München 1996, S. 11–28, und ders., *Mauricio Kagel: Musik – Theater – Film*, Köln 1970.
4 Vgl. dazu Björn Heile, *The Music of Mauricio Kagel*, Aldershot 2006. Alle hier angeführten Werke sind dort ausführlicher besprochen. Zudem ist auf Schnebel, *Mauricio Kagel*, Köln 1970 sowie Werner Klüppelholz, *Mauricio Kagel 1970–1980*, Köln 1981 zu verweisen.
5 Siehe Bürger, *Theorie*, S. 76–116.

Kagels Zugang zur Serialität ist insgesamt etwas paradox: Zwar hatte er in Argentinien die Dodekaphonie und andere Kompositionsmethoden der Avantgarde, wie etwa *musique concrète*, kennengelernt, aber mit der Serialität kam er offenbar erst 1957 in Deutschland in Berührung, zu einer Zeit also, als sie bereits in Auflösung begriffen war. Dennoch zeigen Skizzen und Aufzeichnungen der Zeit sowie eine Analyse der betreffenden Kompositionen, dass Kagel bemüht war, die Technik zu beherrschen, und *Anagrama*, in dem die serielle Struktur ursprünglich von der Buchstabenfolge in dem zugrundeliegenden Text – einem lateinischen Palindrom aus dem Mittelalter – abgeleitet ist, ist in dieser Hinsicht wohl wenn nicht sein Meister-, dann sein Gesellenstück (in der Folge scheint er das Interesse an konsequenter Anwendung der Methode mehr und mehr verloren zu haben, setzt er sie doch nur noch partiell ein). Das Ungewöhnliche an der Anwendung der seriellen Methode in *Anagrama* ist jedoch nicht deren mangelnde Konsequenz oder gar Meisterschaft, sondern dass sie ganz bewusst gegen die mit der Technik verbundenen ästhetischen Prämissen verwandt wurde. Die implizite oder explizite ästhetische Grundlage der Serialität war die Vorstellung, dass die Ableitung aller Eigenschaften eines Werkes aus einer zugrundeliegenden Reihe ‚organische' Einheit garantieren müsse, oder zumindest, dass die Struktur als solche *rational* sein müsse.[6] Aus diesem Grund beziehen sich im ‚klassischen Serialismus' – also etwa den frühen Kompositionen von Boulez, Stockhausen, Nono und Goeyvaerts – alle Permutationen sozusagen zentripetal auf die Grundreihe, die meist am Anfang exponiert wird, zurück. *Anagrama* hingegen macht sich zunutze, dass serielle Permutationen grundsätzlich unabschließbar sind, das heißt, dass das Produkt jeder Permutation wiederum ein Ausgangspunkt einer weiteren Permutation sein kann. Auf diese Weise scheint sich das Stück rhizomatisch in alle Richtungen auszubreiten; es ist also zentrifugal konzipiert (insofern man überhaupt noch von einem Zentrum ausgehen kann): In *Anagrama* wird in jedem Augenblick deutlich, dass Grenzen willkürlich gesetzt sind und dass die Gesamtform von außen dekretiert und nicht aus dem Material organisch gewachsen ist (zwar gibt es mehrere konzeptionelle Startpunkte der seriellen Struktur, aber keine eindeutig exponierte Grundreihe).[7] Dies ist auch in der Folge für Kagels Umgang mit systematischen Kompositionsmethoden typisch: Es geht ihm nicht um die Herstellung von rationaler Ordnung, sondern im Gegenteil um das Element der Abstrusität und Irrationalität, das jedem System von einer gewissen Komplexität inne-

---

6 Siehe dazu etwa Morag Grant, *Serial Music, Serial Aesthetics: Compositional Theory in Post-War Europe*, Cambridge 2001.
7 Die Beziehung zwischen *Anagrama* und dem ‚klassischen Serialismus' ist ausführlicher dargestellt in meinem Buch *The Music of Mauricio Kagel*. Vgl. auch Matthias Kassel, *Das Fundament im Turm zu Babel: Ein weiterer Versuch, „Anagrama" zu lesen*, in: *Musik-Konzepte*, 124 (2004): *Mauricio Kagel*, S. 5-26.

wohnt (die Parallele zur Gedankenwelt seines Lehrers Jorge Luis Borges wird an dieser Stelle besonders deutlich).

Im darauf folgenden *Transición II* (1958) für Klavier, Schlagzeuger und Tonband wird das Materialdenken der Zeit dermaßen auf die Spitze getrieben, dass es nur mehr als Parodie erscheint. Serielle Vorordnung, Aleatorik, graphische Notation, Live-Elektronik, Clusterbildung, Klavierpräparation (in Echtzeit!) – alle seinerzeit diskutierten Techniken werden durch den Wolf gedreht, aber wiederum so, dass sich aus der Kombination kein geschlossenes Kunstwerk, sondern ein chaotisches Konstrukt ergibt, das die Möglichkeit von musikalischem Sinn überhaupt in Frage zu stellen scheint.[8] Dies kann man als Kritik am Autonomiegedanken und somit am Institutionscharakter von Kunst deuten. Dadurch, dass Fortschrittsdenken und Materialfetischismus ad absurdum geführt werden, scheint *Transición II* die Frage nach dem Telos einer autonomen Kunst zu stellen: Wozu das Ganze eigentlich? Ist die Sinnfrage aber einmal gestellt, liegt für einen ästhetisch wie ideologisch progressiv denkenden Komponisten wie Kagel die Position einer engagierten Kunst als eine Gegenposition zur autonomen Kunst nahe – nur formuliert Kagel charakteristischerweise diesen Gegenentwurf nicht positiv. Sein Anarchismus belässt es bei der impliziten Kritik, Utopie erscheint nur durch Negation und durch das – mit Bachtin gesprochen – Karnevaleske, also Umstürzende und Befreiende, seines Humors.[9]

Diese parodistische Form der Kritik an der Institutionalisierung von Kunst wird in *Sur scène* (1959) in den Mittelpunkt gestellt. In diesem, einem der ersten Stücke von Kagels instrumentalem Theater, halten ein Mime, drei Instrumentalisten, ein Sprecher sowie ein Bariton dem Musikbetrieb einen Spiegel vor. Der Mime befindet sich bereits auf der Bühne und liest in einem Programm, während das Publikum den Saal betritt; im Laufe des Stückes folgt er oder sie dem Treiben der anderen Darsteller mit wachsendem Befremden. Zu dieser Allegorisierung des Publikums gesellt sich die szenische Personifizierung der Musikkritik durch den Sprecher, der das Spielen der Musiker mit einem abstrusen Vortrag begleitet, der wie eine surreale Simultananalyse anmutet (umgekehrt – und das war, wie den Skizzen zu entnehmen ist, Kagels Intention – kann man die Musik als Beispiele für den Vortrag des Sprechers ansehen). Die Instrumentalisten gehen währenddessen ihrer Arbeit nach, spielen mal hier ein paar Töne auf dem Klavier, dort auf dem Schlagzeug und so weiter; der Bariton gibt sich derweil unbeirrt seinen Vokalisen hin. Entscheidend ist bei den Aktionen der Musiker, dass sie mehr den Charakter häuslichen Übens haben als den öffentlichen Vortragens; so werden etwa Passagen häufig wiederholt, die Musiker

---

8   Vergleiche Paul Attinello, *Imploding the System: Kagel and the Deconstruction of Modernism*, in: *Postmodern Music/Postmodern Thought*, hrsg. von Judy Lochhead und Joseph Auner, New York 2002, S. 263–286.
9   Siehe Michail Bachtin, *Rabelais und seine Welt: Volkskultur als Gegenkultur*, Frankfurt/Main 1987.

schlendern zwischen Instrumenten hin und her, der Bariton singt meist Aufwärmübungen etc. Dem Kunstcharakter des perfekten Scheins, der – nach Adorno[10] – die reale Arbeit überdeckt, wird also die alltägliche Arbeitspraxis gegenübergestellt. Diese Unterminierung der Aufführungssituation ist für Kagels instrumentales Theater konstitutiv und erscheint in vielen, wenn nicht den meisten der folgenden Werke, etwa dem *Streichquartett I/II* (1967), der *Phantasie für Orgel mit Obbligati* (1967), *Atem* für einen Bläser (1970) oder *Staatstheater* (1971). Die Metonymie zwischen dem Biotop Musikszene und der Lebenswelt wird also nicht einfach vorausgesetzt, sondern durch Kagel gezielt konstruiert. Die Brisanz von *Sur scène* lag dabei nicht zuletzt darin, dass es als letztes Stück bei den Darmstädter Ferienkursen 1963 aufgeführt wurde und somit als Parodie auf die Hermetik der Institution erschien. Dennoch ist die gesellschaftliche Relevanz begrenzt, denn die Gesetze der Musikwelt lassen sich nicht einfach auf die der Gesamtgesellschaft übertragen; zudem ist auch *Sur scène* von einem institutionellen Rahmen abhängig – Kagel ist sich auch über beides vollkommen im Klaren.[11]

Diese Form der Kritik an der bürgerlichen Institutionalisierung von Kunst findet ihren Höhepunkt in der szenischen Komposition *Staatstheater*, erscheint das Stück doch als radikaler Gegenentwurf zur traditionellen Opernkultur und ihrer repräsentativen Funktion; letztere wird bereits im Titel attackiert. Dennoch sollte nicht übersehen werden, dass das Stück durchaus einen konstruktiven Beitrag zur Frage leistet, wie Oper neu erfunden werden kann, und – entgegen der landläufigen Meinung – ist es gerade letzteres, was *Staatstheater* heute interessant macht.

Zum Anspruch, die gesamtgesellschaftliche Lebenswelt zu reflektieren, gesellen sich noch andere Momente, die metaphorisch aufgeladen erscheinen. Ich habe bereits darauf hingewiesen, dass die oft leicht tabuisierten Aktionen der Ausführenden in Kagels Stücken als Befreiung von gesellschaftlichen Zwängen gesehen werden können – insbesondere Schnebel ist hier recht unbedarft. Für eine hermeneutische Deutung interessanter ist jedoch die szenische Präsentation von Machtkämpfen, die ebenfalls in Kagels Stücken von entscheidender Bedeutung ist. So hat etwa der Wettkampf zwischen den beiden Cellisten in *Match* (1964) und ihr ständiges Revoltieren gegenüber dem Schlagzeuger-Schiedsrichter, der wiederum bemüht ist, seine Autorität wiederherzustellen, ebenso eine über den musikalischen Zusammenhang hinausweisende Bedeutung wie in *Tremens* (1965) die Manipulation des Patienten durch den Arzt und die anschließende Umkehrung des ursprünglich bestehenden Machtverhältnisses – letzteres übrigens ebenfalls ein wiederkehrendes Element in Kagels Schaf-

---

10 „[Es] lässt sich überhaupt keine Autonomie der Kunst ohne Verdeckung der Arbeit sich denken." Theodor W. Adorno, *Versuch über Wagner*, München und Zürich 1964, S. 88f.
11 Siehe etwa *Mauricio Kagel im Gespräch mit Hansjörg Pauli*, in: Hansjörg Pauli, *Für wen komponieren Sie eigentlich?*, Frankfurt/Main 1971, S. 87–105.

fen. Wie Beate Kutschke dargestellt hat,[12] lässt sich das Verhältnis zwischen den Agierenden in *Dressur* (1977) ähnlich interpretieren, und *Staatstheater* ist auch in dieser Beziehung ein Höhepunkt. Die szenische Präsentation von Machtkämpfen in Kagels Werk ist das vielleicht triftigste Merkmal einer an gesellschaftlicher Relevanz orientierten engagierten Kunst. Nichtsdestoweniger vermeidet Kagel auch hier die eindeutige Stellungnahme und belässt es stattdessen beim metaphorischen und vieldeutigen Bezug. Dies ist ihm oft zum Vorwurf gemacht worden; so wurde etwa an *Klangwehr* für marschierendes Musik-Korps (1970) bemängelt, dass es „schizophren [sei], einerseits als Pazifist aufzutreten, andererseits aber sich der Symbole des Militarismus zu bedienen".[13] Kagels *Der Tribun* (1979) gilt denn auch als seine Antwort auf Kritiker, die ihn für zu unpolitisch hielten: Passenderweise ist die eigentliche Ideologie des im Titel genannten Demagogen nicht auszumachen – es kann sich genauso um Mussolini wie um Fidel Castro handeln, aber eben auch um die Kritiker selbst. Was die zeitgenössische Kritik als Makel ansah, macht im Nachhinein die Überlegenheit von Kagels Musik gegenüber dem seinerzeit grassierenden plumpen Agitprop aus.

Das vielleicht entscheidende Kriterium der Avantgarde nach Bürger, die Reintegration von Kunst in die Lebenspraxis – was Jungheinrich als „Antikunst" bezeichnet – spielt in Kagels Schaffen der 1960er Jahre ebenso eine zentrale Rolle. Dies kündigte sich bereits in der Unterminierung der Aufführungssituation im instrumentalen Theater und dem Rekurs auf das häusliche Üben, also die tägliche Arbeitspraxis, an. Aber Kagel geht weiter: So sind etwa einige Stücke des Zyklus' *Programm: Gespräche mit Kammermusik* (1972) explizit für Laienmusiker, insbesondere normalerweise der Volksmusik verpflichteten wie etwa Zither- und Akkordeonensemble, geschrieben; zudem sieht das Stück, wie im Titel angekündigt, Diskussionen mit dem Publikum vor. Viele andere Stücke brechen in ähnlicher Weise aus dem Ghetto des Konzertsaals und der professionellen Musikkultur aus. Weitreichender noch erscheinen jene Konzeptionen Kagels, die den institutionellen Rahmen von Werk, Aufführung und Kunst ganz hinter sich lassen. Zu nennen wäre hier etwa *Privat* für einsamen Hörer (1968), das nicht aus künstlerischen Strukturen besteht, sondern nur aus Instruktionen zum Mediengebrauch direkt für die Rezipienten. Wie der folgende Ausschnitt aus ‚Einleuchtend', einem Teil aus *Privat*, deutlich macht, trägt das Stück – offensichtlicher als andere in Kagels Œuvre – sado-masochistische Züge:

---

[12] Beate Kutschke, *Neue Linke und Neue Musik. Kulturtheorien und künstlerische Avantgarde in den 1960er und 70er Jahren* (Musik – Kultur – Gender, 2), Köln/Wien 2007.
[13] Zitiert von Heinz Josef Herbort, in *Die Zeit*, 5. Juni 1970. Die hier verwendeten Kritiken entstammen der Mauricio Kagel Sammlung der Paul Sacher Stiftung Basel.

„Einleuchtend
Auf dem Fußboden ausgestreckt: Augen schließen. Ton des Fernsehgerätes ausschalten und Nasenspitze leicht gegen die Mattscheibe drücken. Radioapparat: auf kaum warnehmbare Lautstärke verringern. Entspannen. Nach etwa 7 Minuten: linkes und rechtes Auge spaltbreit – in Zeitlupentempo – öffnen (alternierend). Bei richtiger Ausführung wird nach 5 ½ Minuten eine starke Ermüdung eintreten. Das Zittern der Wimpern wird dann vom Flimmern der Fernsehbilder schwer zu unterscheiden sein. Etwa 1 ½ Minuten ausharren. [...]"[14]

Das im gleichen Jahr entstandene *Ornithologica multiplicata* ist ebenso erfinderisch in der Wahl seiner Mittel wie seiner Aufführungssituation. Die Ausführenden sind hier 25 heimische und 45 exotische Vögel – die Instrumentation ist also geografischen Variationen ausgesetzt. Die beiden Käfige, in denen die Vögel gehalten werden, sind mit Kontaktmikrofonen ausgestattet, die an Tonbandgeräte angeschlossen sind. Die Tonbandgeräte sind ihrerseits mit kleinen Lautsprechern verbunden, die wiederum in Gummischläuche münden, die den Klang zusätzlich verfremden. Das Stück setzt sich also mit dem Verhältnis zwischen Natur und Technik sowie dem Eigenen und dem Fremden auseinander. Die Uraufführung fand 1968 in einem Parkhaus im Rahmen eines Events des 1967 von Kagel mit einigen Mitstreitern, wie u. a. dem bildenden Künstler Wolf Vostell, mitbegründeten Labor zur Erforschung akustischer und visueller Ereignisse e.V. statt. Das Labor stand dem Fluxus und der Studentenbewegung sehr nahe; das Ereignis bildet somit wohl den Höhepunkt von Kagels Integration sowohl in die Avantgarde der 1960er als auch die politische Linke.[15]

Das hinsichtlich der Integration in die Lebenspraxis wohl radikalste Stück Kagels ist *Probe: Versuch für ein improvisiertes Kollektiv* (1971). *Probe* weist keinerlei künstlerisch vorgefertigten Strukturen auf; weiterhin ist kein Publikum vorgesehen, demnach gibt es auch keine Aufführung. Das Stück besteht in Anweisungen zur Durchführung von einfachen, von den Teilnehmern ausgewählten Handlungen, die von diesen unter der Anleitung von Instrukteuren ausgeführt werden. So führt etwa ein Teilnehmer eine frei gewählte Geste aus, die von anderen imitiert und abgewandelt wird usw. Das Programm des Stückes besteht also darin, anstatt auktorial erarbeitete Kunst zu präsentieren, die Kreativität der Teilnehmer anzuregen, und die Trennung zwischen Künstlern und Publikum sowie Kunst und Leben zu überwinden. Der Preis für das Erreichen dieses avantgardistischen Traumes ist jedoch hoch: Es ist die Selbstaufgabe der Kunst und mit dieser der kritischen Funktion, die sie gegenüber der Gesellschaft ein-

---

14 Zitiert nach Schnebel, *Mauricio Kagel*, S. 228.
15 Das Ereignis ist beschrieben in *„Was ist an diesem Handwerk noch wert, in Frage gestellt zu werden?" Gespräch mit Wulf Herzogenrath und Gabriele Lueg*, in: Mauricio Kagel, *Worte über Musik*, München 1991, S. 70–84.

nehmen kann. *Probe* ist nach ästhetischen Kriterien nicht beschreibbar; genauso wenig kommt ihm aber eine kritische Funktion zu, denn es ist auch semantisch völlig unbestimmt. Welche Bedeutung und Funktion soll man einem Etwas zuschreiben, dessen Existenzform unbestimmt bleibt? Zwar kann man – ähnlich wie im Fall von konzeptueller Kunst – der Frage nach dem ontologischen Status von *Probe* nachgehen, aber derlei Überlegungen sind nicht auf Dauer tragfähig. Aufgrund seiner konzeptionellen Grundlage ist *Probe* ein wichtiges Stück, aber es markiert klar einen Endpunkt. Die Position des Stückes lässt sich also in Anlehnung an Bürger als Aporie der Avantgarde beschreiben:[16] Ist die Wiedereingliederung von Kunst in die Lebenspraxis einmal erreicht, büßt sie ihre eigene Existenz ein.

Hinzukommt das besondere Problem der von Peter Bürger so genannten „Neo-Avantgarde". Bürgers Geringschätzung der Avantgarde der 1960er Jahre rührt daher, dass sie durch den Rekurs auf die historischen Avantgarden diese letztlich ästhetisiere und ihnen dadurch die Brisanz nehme. Die Herstellung einer Traditionslinie entspricht auf der Ebene der Kunstpraxis der Musealisierung der historischen Avantgarden und setzt somit die Institution Kunst wieder in Kraft. Kagel scheint denn auch das Ritualhafte in der Verweigerungshaltung der Avantgarde der frühen Siebziger gesehen zu haben: Das ursprünglich Befreiende verkam zusehends zur bloßen Attitüde, was bei Kagel zum Entschluss führte: „Basta! Ich mache das nicht mehr."[17]

Es ist von daher nicht verwunderlich, wenn Kagel sich seit den 1970er Jahren wieder mehr einem – wenn auch kritisch hinterfragten – traditionellen Kunstbegriff verschreibt. Nach einer dezidiert avantgardistischen Position nach Bürger tendiert er nunmehr zu einem Autonomie-Konzept à la Adorno, demzufolge Kunst nur dann die Gesellschaft kritisieren kann, wenn sie sie radikal negiert. Obwohl seinen Stücken wie dargelegt häufig systemkritische Ideen zu entnehmen sind, stimmt Kagel mit Adorno auch hinsichtlich der Ablehnung einer dezidiert politisch engagierten Kunst überein. Er selbst beschrieb dies 1971 – also während seiner avantgardistischsten Phase – so: „Man sagt, meine Stücke gehörten in einen gewissen Bereich, der Anarchie und des Non-Konformistischen. Das mag stimmen. Und weil dieser Bereich mehr nach links tendiert als nach rechts, bin ich links. Aber ich kann nicht mit der Linken über Musik sprechen."[18] Und weiter: „Ich will mich nicht an dieses Schablonendenken verkaufen, das behauptet, Künstler und Bürger wären eins, ergo müsse man gegen den Krieg in Vietnam nicht nur als Bürger protestieren, sondern auch in der Kunst. Das ist so platt gedacht und so totalitär wie nur

---

16 Siehe Bürger, *Theorie*, S. 63–73.
17 Geir Johnson, „*Es ist ein Absolutissimo*": Mauricio Kagel im Gespräch über sein Drittes Streichquartett, in: *MusikTexte* 30 (1989), S. 50.
18 *Mauricio Kagel im Gespräch mit Hansjörg Pauli*, S. 103.

etwas und läuft auf ein Herrschaftssystem hinaus, das genau so zweifelhaft ist wie das, in dem wir leben."[19]

Der Vorstellung, dass die „Aktivität als Komponist eine Identifizierung mit politischen Idealen verlange", stellt er seinen Begriff der Ideologisierung gegenüber, den er nicht als „einen oberflächlichen Bezug auf tagespolitische Fragen [versteht], sondern [als] eine sehr konkrete Form der Auseinandersetzung mit Musik, mit Kunst, mit Ästhetik und dem Leben schlechthin". „Aber diese Ideologisierung", so fährt er fort, „wenn sie etwas taugen soll, muss so tief eingedrungen sein in alle Schichten des Musikdenkens und Musikmachens, dass Komponisten nicht Partei-Funktionäre werden, nicht Aparatschiki ihres eigenen Systems, auch nicht Priester, und dass sie sich nicht selber veranstalten."[20]

Es ist insofern nicht verwunderlich, dass nur ein einziges Stück Kagels eine eindeutige politische Aussage enthält, und die richtet sich nicht gegen die kapitalistische Gesellschaft, sondern gegen den Einmarsch der sowjetischen Armee in die damalige Tschechoslowakei. In dem Stück *Con voce* für drei stumme Spieler (1973) treten drei Instrumentalisten auf, verharren, bis das Publikum unruhig wird, und mimen im Anschluss ihren minutiös notierten Instrumentalpart, ohne ihre Instrumente zu betätigen, wobei sie stattdessen vokal den Instrumentalklang nachahmen. Eine Ausnahme innerhalb von Kagels Werk bietet das Stück dadurch, dass die Einführung in der Partitur den Zusammenhang erklärt: „Dieses Stück wurde in Erinnerung an die sowjetische Invasion 1968 in Prag geschreiben. Es ist meinen tschechoslowakischen Freunden gewidmet. Ebenso wie das tschechoslowakische Volk sind diese drei Spieler ihrer instrumentalen Stimme beraubt, also im eigentlichen Sinne stumm. Als Motto habe ich einen Satz aus Franz Kafkas *In der Strafkolonie* gewählt: ‚Bis jetzt war noch Händearbeit nötig, von jetzt aber arbeitet der Apparat ganz allein.'"

Kagel hatte sich also auch politisch mit seinen ehemaligen Weggefährten überworfen. Im Nachhinein befand er denn auch, dass „1968 als Entladung einer immanenten Unzufriedenheit viel zu klischeehaft verlief".[21] Man kann aber davon ausgehen, dass ihm der politische Aktionismus der westdeutschen Avantgarde stets befremdlich vorgekommen ist. Was ihn an der Atmosphäre der frühen Sechziger fasziniert haben muss, war das befreiende und utopische Element, politischen Dogmatismus hat er – übrigens wie sein Freund György Ligeti – stets abgelehnt.

---

19 Ebd., S. 97.
20 Ebd., S. 104.
21 ..../1991: *Ein Gespräch zwischen Mauricio Kagel und Werner Klüppelholz*, in: *Kagel..../1991*, hrsg. von Werner Klüppelholz, Köln 1991, S. 11–53, hier S. 18.

An dieser Stelle ist ein kleiner Exkurs zu Kagels politischer Herkunft notwendig, der die Distanz gegenüber der westdeutschen Linken erklären mag.[22] Kagels Eltern waren in den 1920er Jahren vor antisemitischen Pogromen in der Sowjetunion nach Argentinien geflüchtet – vor einer Verklärung des Sozialismus war Kagel damit, wiederum wie Ligeti, von vornherein gefeit. Seine Familie war anarchistisch eingestellt, und Kagel hat denn auch stets Sympathie dem Anarchismus gegenüber bekundet. Verwurzelt waren sie in einer linksutopistischen Spielart des Zionismus, dem damals die überwältigende Mehrheit der jüdischen Gemeinde von Buenos Aires anhing. Seine ästhetischen Überzeugungen formten sich in Auseinandersetzung mit dem Anführer der südamerikanischen musikalischen Avantgarde, Juan Carlos Paz, sowie dem Intellektuellen-Kreis um Jorge Luis Borges, einer seiner Universitätsdozenten, und der einflussreichen Herausgeberin der Kulturzeitschrift *Sur*, Victoria Ocampo. Entscheidend ist dabei, dass seine Vorbilder allesamt dem Kosmopolitismus verpflichtet waren, den sie dem herrschenden, von Juan Perón oktroyierten, folkloristischen Nationalismus entgegensetzten. Perón hat das intellektuelle und politische Klima Argentiniens bis weit über seinen Tod hinaus bestimmt, und diese Erfahrung scheint auch in Kagels Überzeugungen bis heute nachzuwirken. Peróns Regime baute auf einem ideologisch diffusen Populismus auf, der sich, weil seine Machtbasis bei den so genannten *descamisados* – wörtlich ‚den Hemdlosen' – aufbaute, links gab, aber deutliche Sympathien gegenüber dem Faschismus hegte. So wurde Borges etwa wegen seiner Unterstützung für die Alliierten während des zweiten Weltkrieges aus dem Staatsdienst entlassen. Weil es Peróns Regime gelang, propagandistisch die Linke zu besetzen, drifteten Anti-Perónisten zunehmend nach rechts ab, was sie ursprünglich nicht waren: So unterstützte Borges später Pinochet, und Ocampo bezeugte Sympathie gegenüber der Militärdiktatur Galtieris. Zwar hat Kagel keine ähnliche politische Irrfahrt unternommen, aber auch bei ihm scheint das Beispiel Peróns eine – in diesem Fall gesunde – Skepsis gegenüber linkem Populismus nach sich gezogen zu haben. Weiterhin hat ihn offenbar der folkloristische Nationalismus, Peróns offizielle Propaganda-Kultur, die sich lähmend über das Land legte, gegenüber den Verlockungen einer eindeutig politisch engagierten Kunst immun gemacht.

Abschließend lässt sich festhalten, dass Kagels Schaffen der 1960er Jahre nur vor dem Hintergrund der politischen und sozialen Umwälzungen der Zeit verstanden werden kann. So herrscht etwa kein Zweifel daran, dass er in seinen Kompositionen Kritik an den herrschenden Verhältnissen übt. Die Stücke jener Jahre scheinen den Geist der Utopie zu atmen: So beschwört etwa die Darstel-

---

22 Die folgenden Ausführungen sind in meinem Buch *The Music of Mauricio Kagel* näher erläutert, dort auch weiterführende Quellenverweise.

lung von Machtkämpfen und Unterjochung in vielen Stücken als Gegenstück das Ideal der Gleichheit. Dennoch hat er sich vehement einer politischen Vereinnahmung oder ideologischen Instrumentalisierung widersetzt. Beispielsweise vermeidet Kagel geflissentlich jede politische Allegorisierung – im Gegenteil scheint die Umkehrung der Machtverhältnisse in einigen Stücken, wie etwa *Tremens* oder *Mare nostrum* (1975), auf die Ablehnung jeden Herrschaftsverhältnisses hinauszulaufen – eine im Grunde klassische anarchistische Position. Gleichzeitig wurde die konzeptuelle Offenheit dieser Stücke und das häufige Übertreten gesellschaftlicher Normen als generell befreiend angesehen – eine Deutung, die offenbar damals weit verbreitet war, im Nachhinein aber in ihrer Analogiebildung etwas wohlfeil erscheint. In diesem Sinne muss sich die kritische Auseinandersetzung mit Kagels Werk seiner radikalen Offenheit und Vieldeutigkeit stellen: Eine auf Eindeutigkeit und Geschlossenheit zielende Interpretation wird seiner Kunst nicht gerecht.

War es also seine kritische Position, die Kagel zum Verbündeten der Avantgarde der sechziger Jahre werden ließ, so war es eben diese Kritik, die später zum Konflikt führte: Denn ein kritischer Geist ist unabhängig und lässt sich nicht ideologisch vereinnahmen. Eine politische Instrumentalisierung von Musik läuft aus dem gleichen Grund Kagels Überzeugungen zuwider. Das Prinzip Kritik ist es wohl auch, das Kagel nach dem Liebäugeln mit dem avantgardistischen Konzept der Wiedereingliederung der Kunst in die Lebenspraxis zurück zu einer Form von Autonomie-Ästhetik führte. Stücke wie *Probe* führten ihm vor Augen, dass Kunst sich auf diese Weise selbst abschafft und somit auch die Funktion der Kritik nicht mehr wahrnehmen kann – eine Position, die auf Adorno zurückgeht und die, in einem merkwürdig unaufgelösten Widerspruch, auch Peter Bürger letztlich zu teilen scheint.

Luigi Nonos und Giacomo Manzonis Musiktheater: Politisches Engagement im Zeichen Gramscis

Caroline Lüderssen

1959 löste Luigi Nono bekanntlich bei den Internationalen Darmstädter Ferienkursen einen Eklat aus. In seinem berühmt gewordenen Vortrag mit dem Titel „Geschichte und Gegenwart in der Musik von heute" betonte er, dass schöpferische Tätigkeit nicht unabhängig von der gesellschaftlichen Verantwortung des Künstlers sein dürfe. Im Gegenteil: Das Kunstwerk sei Ausdruck und Zeugnis dieser Verantwortung. Nono kritisierte eine von ihm beobachtete Tendenz zur wertfreien, von außermusikalischen Faktoren unabhängigen Musik, wie sie bei den Ferienkursen, so war sein Eindruck, favorisiert wurde. Tatsächlich hatte auch Pierre Boulez bereits in der Mitte der 50er Jahre eine gewisse „Sterilität" im Darmstädter Betrieb konstatiert.[1] In Nonos Vortrag, den Helmut Lachenmann auf deutsch für ihn formuliert hatte, heißt es:

> In selbstgefälliger, naiver Ahnungslosigkeit ist man nun dabei, das zusammengebrochene europäische Denken von seinem Katzenjammer zu erlösen, indem man ihm die resignierte Apathie des *Es ist ja alles egal* in der gefälligen Form des *ICH bin der Raum; ICH bin die Zeit* als moralische Auffrischung vorsetzt und ihm damit erspart, sich seiner geschichtlichen Verantwortung und seiner Zeit stellen zu müssen.[2]

Nono stellte die Kunst in den Dienst einer gesellschaftspolitischen Aufgabe, die vom Künstler erfordert, sich eben nicht absolut zu setzen und mit seiner Kunst nicht nur der eigenen Subjektivität Ausdruck zu verleihen. Zehn Jahre

---

[1] Vgl. István Balaázs, *Il giovane Prometeo. I ‚peccati' di Nono contro il serialismo ortodosso nel periodo darmstadtiano*, in: AA.VV., *Nono*, hrsg. von Enzo Restagno, Turin 1987, S. 102–115, hier S. 103.

[2] Luigi Nono, *Geschichte und Gegenwart in der Musik von heute* (Vortrag in Darmstadt, 1.9.1959), in: *Luigi Nono. Texte, Studien zu seiner Musik*, hrsg. von Jürg Stenzl, Zürich 1975, S. 36f.

später bekannte er:[3] „Die [...] Position, in der ich mich erkenne, ist jene, die die Kultur als Moment der Bewusstwerdung, des Kampfes, der Provokation, der Diskussion, der Teilnahme versteht."[4] Der acht Jahre jüngere Giacomo Manzoni hat diese Position in einem Interview von 1979 auf die Musik zugespitzt: „Die richtige Einstellung gegenüber der Musik [...] ist diejenige der kritischen Teilnahme des Hörers; der Musiker und die Musik versuchen, einen Augenblick der Konfrontation mit dem Hörer zu erreichen."[5]

Eine Ästhetik, die die Wahrnehmungsgewohnheiten neu ordnet, mag auch ohne inhaltliches Bekenntnis gesellschaftliche Veränderungen hervorbringen.[6] Helmut Lachenmann hat diese Position mit Recht für sich in Anspruch genommen, im Sinne einer „Ästhetik der emanzipierten Reflexion", von Kunst als „ernsthafte[r] Störung des ästhetisch Verfestigten", als „Freiheit des Ungenormten", von der sich der Hörer „treffen und über den ästhetischen Erfahrungsbereich hinaus so provozieren und infizieren lässt, dass ihm die Erfahrung solcher Freiheit [...] als wesentliche Notwendigkeit und Voraussetzung

---

3 Vgl. Nono, *Geschichte und Gegenwart*, S. 40: „Und immer wird die Musik als geschichtliche Gegenwart das Zeugnis des Menschen bleiben, der sich bewusst dem historischen Prozess stellt, und der in jedem Moment dieses Prozesses [...] entscheidet und handelt, um der Forderung des Menschen nach neuen Grundstrukturen neue Möglichkeiten zu erschließen."
4 Luigi Nono, *Musik und Revolution"* (1969), in: *Luigi Nono. Texte, Studien zu seiner Musik*, hrsg. von Jürg Stenzl, Zürich 1975, S. 107–115, hier S. 113.
5 „Il modo giusto di porsi di fronte alla musica [...] è quello della partecipazione critica dell'ascoltatore; il musicista e la musica ricercano un momento di confronto con l'ascoltatore [...]." Zit. nach Fabrizio Dorsi, *Giacomo Manzoni*, Mailand 1989, S. 41. Übersetzungen der italienischen Zitate von der Verfasserin, sofern nicht anders angegeben.
6 Vgl. hierzu auch die Überlegungen Herbert Marcuses zur Ästhetik in *Die Permanenz der Kunst. Wider eine bestimmte marxistische Ästhetik. Ein Essay*, München 1977, S. 27: „Der progressive Charakter der Kunst, ihr Beitrag zum Kampf um die Befreiung, kann nicht an der Herkunft des Künstlers und am ideologischen Horizont seiner Klasse gemessen werden – aber auch nicht an der fehlenden Darstellung der Unterdrückten in seinem Werk. Er ist einzig messbar am Werk selbst als Ganzem: an dem, was es sagt und wie es sagt. In diesem Sinn ist eigentlich alle Kunst l'art-pour-l'art [...]. Am extremen Beispiel Mallarmés: Seine Lyrik erschließt Weisen der Perzeption, des Hörens, der Gebärde – eine Feier der Sinne, die mit der repressiven Erfahrung bricht und ein radikal anderes Realitätsprinzip, eine andere Sinnlichkeit antizipiert." – Ein anderes Beispiel sind die Maler der in Rom 1947 gegründeten Künstlergruppe Forma 1; sie stellten der deutlichen Hinwendung zur künstlerischen Avantgarde, einer Kunst, die sich nur auf Form und Farbe bezog, das Bekenntnis zum Marxismus außerhalb der Kunst gegenüber. Vgl. das Manifest, das im April 1947 erschien: „Noi ci proclamiamo formalisti e marxisti, convinti che i termini marxismo e formalismo non siano inconciliabili, specialmente oggi che gli elementi progressivi della nostra società debbono mantenere una posizione rivoluzionaria e avanguardistica e non adagiarsi nell'equivoco di un realismo spento e conformista che nelle sue più recenti esperienze in pittura e in scultura ha dimostrato quale strada limitata ed angusta esso sia." Zit. nach *Forma I. 1947–1987. Accardi, Consagra, Dorazio, Guerrini, Maugeri, Perilli, Sanfilippo, Turcato*, Ausstellungskatalog, Mathildenhöhe Darmstadt 1987, S. 8f.

humanen Daseins überhaupt bewusst wird [...]."⁷ Die Protagonisten des neuen italienischen Musiktheaters haben hier unterschiedliche Positionen bezogen, wobei ihnen eines gemeinsam ist: der Gedanke eines mehr oder weniger politisch aufgeladenen „impegno civile", ein Bewusstsein, vielleicht auch Selbstbewusstsein, der Rolle des Künstlers in der Gesellschaft. In vorderster Front steht Nono, und eher im Hintergrund Manzoni, beide wollten das politische Bekenntnis auch in ihren Werken formulieren,⁸ wenn sie auch nicht der Meinung waren, dass diese tatsächlich eine konkrete politische Wirkung haben würden.⁹ Es ging ihnen aber um eine unmittelbar kommunikative Funktion der Kunst,¹⁰ um einen Erkenntnisprozess des Zuschauers, und zwar im Hinblick sowohl auf die Geschichte und die Gesellschaft als auch auf die kulturellen Phänomene selbst.

Eine Schlüsselrolle in diesem spezifisch italienischen Gefüge kommt Antonio Gramsci zu, der Identifikationsfigur schlechthin für die italienischen Intellektuellen der Nachkriegszeit.¹¹ Gramsci, 1891 in Ales im Westen Sardiniens

---

7   Helmut Lachenmann, *Zur Frage einer gesellschaftkritischen (-ändernden) Funktion der Musik* (1972), in: ders., *Musik als existentielle Erfahrung. Schriften 1966–1995*, hrsg. und mit einem Vorwort versehen von Josef Häusler, Wiesbaden 1996, S. 98. Vgl. auch ders., *Zum Verhältnis Kompositionstechnik – Gesellschaftlicher Standort* (1971/72), in: *Musik als existentielle Erfahrung*, S. 93–97.

8   Die Erfahrungen im Nationalsozialismus hatten Komponisten mit guten Gründen dazu bewogen, eine strenge Trennung von politischen Inhalten und ästhetischen Konzepten zu vollziehen, der italienische Faschismus war in dieser Hinsicht weniger massiv aufgetreten. So hatte die italienische Musik durch Komponisten wie Luigi Dallapiccola und Bruno Maderna nicht den Anschluss an die europäische Moderne verloren, sie gehörte im Gegenteil zu den prägenden Richtungen gerade in der Anfangszeit der Ferienkurse. Vgl. hierzu auch Klaus Zehelein, *Musik in der Entscheidung. Anmerkungen zu Luigi Nono und Intolleranza 1960*, Programmheft Staatsoper Stuttgart, 1992, S. 71–85, hier ab S. 73.

9   Vgl. auch Giacomo Manzoni, *Una musica per Robespierre*, in: Manzoni, *Scritti*, hrsg. von Claudio Tempo, Florenz 1991, S. 97–108, S. 97: „[...] la musica non è e non può essere strumento di lotta diretta contro le istituzioni, non è strumento rivoluzionario di per stessa [...]." Nono hat allerdings seine Konzeption von zeitgenössischer Komposition gerade auch mit der Teilnahme an einer Demonstration verglichen. (Nono, *Musik und Revolution*, S. 113.) Hier liegt eine grundlegende Differenz zwischen den Konzeptionen der beiden Komponisten.

10 Vgl. Luigi Nono, *Spiel und Wahrheit im Musiktheater*, in: *Luigi Nono. Texte, Studien zu seiner Musik*, hrsg. von Jürg Stenzl, Zürich 1975, S. 82–86, hier S. 84.

11 Vgl. dazu die Äußerungen Nonos in *Eine Autobiographie des Komponisten. Enzo Restagno mitgeteilt. Berlin, März 1987*, in: *Luigi Nono. Dokumente. Materialien*, hrsg. von Andreas Wagner, Saarbrücken 2003, S. 34–138, hier S. 70: „Als ich 1954 zum ersten Mal nach Turin ging, war ich seit zwei Jahren in der [sic] PCI eingeschrieben. Die Entdeckung Gramscis, des *Ordine Nuovo*, Elio Vittorinis *Il Politecnico* und der von Giulio Einaudi in Bewegung gebrachten Kultur hat ein anderes Gestern, ein anderes Heute, ein anderes Morgen umrissen." Manzoni stellt der Ablehnung der Kultur oder der Entwicklung einer eigenen, abgeschotteten Kultur durch die Arbeiterklasse die Kenntnis der allgemeinen Kultur entgegen (Manzoni, *Una musica per Robespierre*, S. 98) – nicht nur darin teilt er Gramscis Konzeption der Aneignung der Kultur als

geboren, war 1921 Mitbegründer des PCI, der Italienischen Kommunistischen Partei. 1926 von den Faschisten zu einer 20-jährigen Gefängnisstrafe verurteilt, starb er 1937 an den Folgen der Haft. Die umfangreiche Korrespondenz Gramscis und die sechs Bände füllenden *Quaderni del carcere* (*Gefängnishefte*), in denen er als einer der wichtigsten Theoretiker des Marxismus hervortritt, sind sein politisches Vermächtnis.

Die genannten ästhetischen Konzepte entwickelten sich in Italien in der Tradition einer politischen Überzeugung, die den Künstler im Sinne Gramscis sieht als einen am Kampf um eine gerechtere Gesellschaft beteiligten Intellektuellen, einer Gesellschaft, in der Kultur ‚Gemeingut für alle' wird.[12]

Zentral in Gramscis Überlegungen zur Reform der Gesellschaft ist die Aneignung einer europäischen Kultur, die von allen Klassen gemeinsam hervorgebracht wird.[13] Gramsci fordert also nicht den Bruch mit diesen Traditionen.

Eine neue Kultur zu schaffen bedeutet nicht nur, individuell ‚originelle' Entdeckungen zu machen, es bedeutet auch und besonders, bereits entdeckte Wahrheiten kritisch zu verbreiten, sie sozusagen zu ‚vergesellschaften' und sie dadurch Basis vitaler Handlungen, Element der Koordination und der intellektuellen und moralischen Ordnung werden zu lassen. Dass eine Masse von Menschen dahin gebracht wird, die reale Gegenwart kohärent und auf einheitliche Weise zu denken, ist eine ‚philosophische' Tatsache, die viel wichtiger […] ist, als wenn ein philosophisches ‚Genie' eine neue Wahrheit entdeckt, die Erbhof kleiner Intellektuellengruppen bleibt.[14]

Bedingung für eine Veränderung. Er nennt die Wirkung der Musik demokratisch im Sinne eines kommunizierbaren Inhalts unabhängig vom Text.

12 „Intellektuell und moralisch: dies sind die Adjektive, die den Sinn der Thesen Gramscis zur Reform der Kultur, der Politik, der Wirtschaft, beschreiben. Einmal mehr scheint also die Methode der Wahrheit auf, Ziel der Arbeit des Intellektuellen und Grundlage jeder moralischen Konzeption." („Intellettuale e morale: sono questi gli aggettivi che denotano il senso dell'ipotesi gramsciana di riforma della cultura, della politica, dell'economia. E dunque ancora una volta affiora il metodo della verità, obiettivo della ricerca intellettuale e fondamento di ogni concezione morale.") Antonio A. Santucci, *Antonio Gramsci. 1891–1937*, hrsg. von Lelio La Porta, Palermo 2005, S. 170.

13 Hieraus entsteht der Gedanke des ‚historischen Blocks' (blocco storico), den Intellektuelle und Masse gemeinsam bilden.

14 „Creare una nuova cultura non significa solo fare individualmente delle scoperte ‚originali', significa anche e specialmente diffondere criticamente delle verità già scoperte, ‚socializzarle' per così dire e pertanto farle diventare base di azioni vitali, elemento di coordinamento e di ordine intellettuale e morale. Che una massa di uomini sia condotta a pensare coerentemente e in modo unitario il reale presente è fatto ‚filosofico' ben più importante […] che non sia il ritrovamento da parte di un ‚genio' filosofico di una nuova verità che rimane patrimonio di piccoli gruppi intellettuali." Antonio Gramsci, *Quaderni del carcere*, Bd. II, Quaderni 6–11. Edizione critica dell'Istituto Gramsci, hrsg. von Valentino Gerratana, Turin 1977, Quaderno 11, 1932–33, S. 1377f., dt. Antonio Gramsci, *Gefängnishefte*, Band 6, *Philosophie der Praxis*, hrsg. von Wolfgang Fritz Haug, Hefte 10 und 11, Hamburg/Berlin 1994, S. 1377. Vgl. auch Santuc-

In den *Quaderni del carcere* finden sich verteilt auf Notizen zu verschiedenen Publikationsprojekten zahlreiche Überlegungen zur Rolle der Bildung und des Intellektuellen in einer reformierten Gesellschaft. „Tutti sono filosofi" schreibt Gramsci, „alle sind Philosophen".[15] Dass nicht jeder die rhetorischen und analytischen Fähigkeiten hat, um seine intuitiven Erkenntnisse in eine kommunikable und überzeugende Form zu bringen, steht dabei außer Frage, tut aber nichts zur Sache. Die volkstümliche Prägung des Alltagsverstandes – des *senso comune* – ist zu reformieren. Es ist die Aufgabe des Intellektuellen, der Arbeiterklasse die Kultur zu erschließen. Gramsci spricht in diesem Zusammenhang von der Dialektik zwischen Überbau und Basis, denn das Entscheidende ist:

> Das volkshafte Element ‚fühlt', aber es versteht oder weiß nicht immer; das intellektuelle Element ‚weiß', aber es versteht und vor allem ‚fühlt' nicht immer. […] Der Irrtum des Intellektuellen besteht (in dem Glauben), man könne *wissen* ohne zu verstehen und besonders ohne zu fühlen und leidenschaftlich zu sein.[16]

Besteht keine Verbindung vom Intellektuellen zum Volk, dann werde die Beziehung „rein bürokratisch" – zugespitzt formuliert: „Die Intellektuellen werden zu einer Kaste oder einer Priesterschaft […]."[17] Auch Kunst ist mithin eng an die Künstlerpersönlichkeit gebunden, aber die Lebenswelt der Basis muss in die Werke einfließen:[18] „Il grande intellettuale […] deve democratizzarsi."[19]

---

ci, *Antonio Gramsci*, S. 143: „La personalità storica di un filosofo ‚individuale' non si definisce più sulla base di nuove verità, di scoperte originali che restano patrimonio di piccoli gruppi."

15 „Occorre pertanto dimostrare […] che tutti gli uomini sono ‚filosofi',definendo i limiti e i caratteri di questa filosofia spontanea che è contenuta 1) nel linguaggio stesso, che è un insieme di nozioni e concetti determinati e non già e solo di parole grammaticalmente vuote di contenuto; 2) nel senso comune e buon senso; 3) nella religione popolare e anche quindi in tutto il sistema di credenze, superstizioni, opinioni, modi di vedere e di operare che si affacciano in quello che generalmente si chiama ‚folclore'." Gramsci, *Quaderni*, S. 1375.

16 In den Notizen zu einer Kritik von Henri de Mans Essay *Il superamento del marxismo*, 12. Heft. „L'elemento popolare ‚sente', ma non sempre comprende o sa; l'elemento intellettuale ‚sa', ma non sempre comprende e specialmente ‚sente'. […] L'errore dell'intellettuale consiste (nel credere) che si possa *sapere* senza comprendere o specialmente senza sentire ed essere appassionato […]." Gramsci, *Quaderni*, S. 1505., dt. *Gefängnishefte*, S. 1490.

17 „Gli intellettuali diventano una casta o un sacerdozio", ebd., S. 1505. In diesem Zusammenhang ist für Gramsci die Herausbildung von Intellektuellen aus jeder Berufsgruppe entscheidend (organische Intellektuelle gegenüber dem traditionellen Intellektuellen). Beispiele sind hier etwa die Unternehmer, die unterschiedlichste intellektuelle Qualifikationen entwickeln müssen, um erfolgreich zu sein. Auch diese rechnet Gramsci als Intellektuelle, wobei immer eine Spezialisierung mit einher geht. Beispiele für den traditionellen Intellektuellen ergeben sich aus der kirchlichen Tradition.

18 Dass Gramsci mit der Betonung der Rolle des Intellektuellen in der italienischen Tradition steht, führt Otto Kallscheuer aus in *Antonio Gramscis intellektuelle und moralische Reform des Marxismus*, in: Iring Fetscher/ Herfried Münkler (Hrsg.), *Pipers Handbuch der politischen Ideen*, München/ Zürich 1987, Band 5, S. 588–601, hier S. 589f.

Mit dieser Haltung spricht sich Gramsci gegen ein deterministische und für eine empirische, auf dem Willen des Einzelnen gegründete Gesellschaftsauffassung aus. Kunst wird in diesem Kontext nicht als rein ästhetisch begriffen.[20] Ästhetische und kulturelle Qualität von Kunstwerken werden nicht zwangsläufig gleichgesetzt, aber sie kommen im Idealfall zusammen[21] – der ‚impegno civile' des Künstlers resultiert also nicht in einer direkten politischen Wirkung, und er erstreckt sich auf Inhalt und Form gleichermaßen.[22]

Nicht literarischen Kunstwerken gesteht Gramsci eine größere ästhetische Qualität zu. Musik wird durch ihre starke kommunikative Fähigkeit für Gramscis Vermittlungsintentionen besonders interessant. Beklagt er auf der einen Seite den in Italien im 19. Jahrhundert durch die Oper kultivierten melodramatischen Geschmack des Volkes,[23] so ist ihm auf der anderen Seite gerade die unmittelbare Wirkung der Musik lieb, weil sie die Vermittlung von Gefühlen umfasst, und weil sie kosmopolitisch ist.[24] Ist Musik also am ehesten

---

19 Santucci, *Antonio Gramsci*, S. 143.
20 *Quaderni del carcere*, im Abschnitt *Sull'arte*, 12. Heft, innerhalb der Skizzen für eine Kritik des *Saggio popolare di sociologia* von Benedetto Croce.
21 Vgl. Joachim Noller, *Engagement und Form. Giacomo Manzonis Werk in kulturtheoretischen und musikhistorischen Zusammenhängen*, Frankfurt/Main 1987, S. 32.
22 „Dass Form und Inhalt miteinander identisch sind, bedeutet, dass in der Kunst der Inhalt nicht der ‚abstrakte Gegenstand' ist, [...] sondern die Kunst selbst." („Che forma e contenuto si identifichino significa che nell'arte il contenuto non è l' ‚astratto soggetto' [...], ma l'arte stessa.") Gramsci, *Quaderni*, Heft 11, S. 1418, dt. Gramsci, *Gefängnishefte*, S. 1413. Vgl. Noller, *Engagement und Form*, S. 63. Gramsci fasst dies in einem anthromorphischen Gleichnis zusammen: Das Skelett ist der Inhalt, die Haut ist die Form. *Quaderni*, S. 1655. Vgl. hierzu noch einmal Marcuse, *Die Permanenz der Kunst*, S. 20: „Die Kunst bedarf einer Form des Ausdrucks, die den Inhalt [...] als verwandelte Realität [...] erscheinen lässt. [...] Die Kunst als [...] autonome Produktivkraft [...] widerspricht einer Marxistischen Ästhetik, derzufolge die Kunst [...] wesentlich eine affirmativ-ideologische Funktion hat."
23 Vgl. Gramsci, *Quaderni*, Heft 6, Heft 23 und v.a. Heft 8 und 9. „Die Musik von Verdi, oder besser gesagt das Libretto und die Handlung der Dramen, für welche Verdi die Musik geschrieben hat, sind verantwortlich für eine ganze Reihe ‚künstlicher' Haltungen im Leben des Volkes, für einen gewissen ‚Stil'. ‚Künstlich' ist vielleicht nicht das richtige Wort dafür, weil diese Künstlichkeit im Volk naive und rührende Formen annimmt. Das Barocke, das Melodramatische, scheint für viele Menschen des einfachen Volkes eine außerordentlich verführerische Form des Fühlens und des Handelns zu sein, eine Art und Weise des Ausbruchs aus dem, was sie für niedrig, armselig und verachtungswürdig in ihrem Leben und ihrer Bildung halten, um in eine erlesenere Sphäre hoher Gefühle und edler Leidenschaften zu gelangen. [...] das Melodrama ist die schlimmste Pest, weil man sich die vertonten Worte leichter merkt und weil sie Matrizen bilden, in welchen der Gedankenfluss Formen annimmt. [...] Übrigens ist zuviel Sarkasmus hier nicht angebracht. Man muss daran denken, dass es sich nicht um einen dilettantischen Snobismus handelt, sondern um etwas zutiefst Gefühltes und Durchlebtes." Zit. nach Antonio Gramsci, *Marxismus und Gesellschaft, Ideologie, Alltag, Literatur*, hrsg. von Sabine Kebir, Hamburg 1983, S. 235f.
24 Vgl. Gramsci, *Quaderni*, Heft 23: „Unter dem kosmopolitischen Ausdruck der Sprache der Musik [liegt] eine umfangreiche kulturelle Substanz." Zit. nach *Marxismus und Gesellschaft*, S. 252. Dazu auch Noller, *Engagement und Form*, S. 52: „Gramscis Verurteilung des ‚Melodram-

in der Lage, die von Gramsci visionär ins Auge gefasste Aneignung der Kultur zuwege zu bringen? Ist es gerade die nicht sinnhafte und unmittelbar auf Körper und Geist zielende Wirkung der Musik, die diesen Prozess begünstigen könnte? Oder anders gesagt: Gehört der Gedanke des ‚impegno' zu den Erfahrungsmomenten, die in der Musik unabhängig von der Zuschreibung von Sinn sind?

Inwieweit kann aber Musik überhaupt zu gesellschaftlichen Fragen Stellung nehmen? Kann es ein in der Musik allein hörbares politisches Bekenntnis wirklich geben, wie etwa Giacomo Manzoni postuliert? „Die Idee des Engagements muss sich vor allem [...] im musikalischen Material selbst zeigen, in der Art und Weise, wie man es einsetzt."[25] Oder verhilft einer Komposition nur der Kontext zu einer politischen Aussage? ‚Politisch' ist doch ein das ganze Werk des Komponisten prägender Gestus, der sich nicht nur in konkreten Inhalten zeigt, politisch ist ein gewissermaßen ‚mitgedachtes' Bekenntnis. Kann politische Musik „ästhetisch und kommunikativ" begründet sein?[26]

In Anbetracht der Politisierung des italienischen Musiktheaters im Risorgimento und der gesellschaftspolitischen und musikhistorischen sowie persönlichen Bedeutung einer überragenden Figur wie Luigi Dallapiccola für die Komponisten der Nachkriegszeit ist es nicht überraschend, dass Nono und Manzoni ebenso wie ihre italienischen Komponistenkollegen dem Musiktheater eine vorrangige Rolle im Prozess der Neubestimmung[27] der musikästhetischen Voraussetzungen geben wollten. Ein Teil davon betrifft das Verhältnis zum Text, den Nono und Manzoni meist aus politischem Kontext wählten. Nonos *Intolleranza 1960* (Venedig 1961) beschäftigt sich mit dem Thema ‚Intoleranz in der Vergangenheit und heute', Manzonis *Atomtod* (Mailand 1965)[28] spricht über die Gefahren der Atomkraft und die Bewegung der Atomkraftgegner, Nonos *Al gran sole carico d'amore* (Mailand 1975) führt die Sicht von

---

matischen' [sic] gehört [...] in den Bereich kultureller Kritik. Zur ästhetischen Qualität der Werke ist somit noch nichts gesagt."

25 „Il concetto di impegno va individuato innanzi tutto [...] nel materiale musicale stesso, nell'uso che se ne fa." Dorsi, *Giacomo Manzoni*, S. 38.

26 Konrad Böhmer, *Neue Musik nach 1945 und politisches Engagement*, in: *New Music, Aesthetics and Ideology*, hrsg. von Mark Delaere, Wilhelmshaven 1995, S. 40–53, hier S. 47, hier in Bezug auf Hanns Eisler.

27 Das konventionelle Repertoire-Theater betrachteten beide als den aktuellen musikalischen Anforderungen nicht adäquat. Manzoni schreibt sogar: „Il teatro musicale è superato, è morto, è museo, solo finché rimane appalto di élite, pretesto subculturale per mantenere in vita strutture invecchiate e fatiscenti." (Manzoni, *Scritti*, S. 99) Er beklagt in diesem Zusammenhang auch die in Italien noch rückständigen Strukturen des Theaterbetriebs, „ancora legata alla concezione del teatro privato [...]." (S. 98)

28 Giacomo Manzoni, *Atomtod. Due tempi*, Text von Emilio Jona, Partitur Mailand (Zerboni) 1964.

Frauen auf ‚gescheiterte Revolutionen' vor,[29] *Per Massimiliano Robespierre* von Manzoni (Bologna 1975)[30] stellt die Figur Robespierres in den Mittelpunkt einer Reflexion über die Ideen der Französischen Revolution.

Skeptisch gegenüber dem Fortschrittsgedanken in bezug auf Geschichte und Gesellschaft verwenden Nono und Manzoni in den genannten Werken nicht-lineare Handlungen.[31] Damit wird der Gedanke der Zirkularität von Geschichte ästhetisch umgesetzt und dem Zuschauer die Möglichkeit gegeben, sich in einem Kontinuum von gleichberechtigt nebeneinander stehenden Äußerungen zu positionieren. Das Libretto wird ersetzt durch Collagen von vorgefundenen Texten aus Schauspiel, Lyrik, Romanen, Liedern, Traktaten und Pamphleten, die jeweils verschiedene Aspekte eines Themas aufgreifen,[32] mit dem Ziel einer Multiperspektive, die Assoziationen wecken, den Zuhörer auffordern soll, eigene Erfahrungen einzubringen. Im Verzicht auf eine Handlung zeigt sich der Bruch mit der Operntradition, der zu einem „abstrakten, symbolischen"[33] Ideentheater hinführt.

Mit der Komposition *La fabbrica illuminata* für Stimme und präpariertes Tonband von 1964, die zum Paradigma politischer Musik in den späten 1960er Jahren wurde, ist Nono als Künstler und Komponist der Funktion, die

---

29 Im Sinne des Benjaminschen historischen „Beziehungsnetzes" werden die zwei Teile des Werkes jeweils um ein inhaltliches Zentrum herum angelegt, im ersten Teil ist das der Aufstand der Pariser Commune von 1871 mit der Communardin Louise Michel als zentraler Figur, im zweiten Teil die gescheiterte russische Revolution von 1905, ergänzt durch Szenen vom Turiner Arbeiteraufstand (1953) und der Kuba-Krise von 1962. Die Textcollagen umfassen Zitate aus Bertolt Brechts *Die Tage der Commune* und *Die Mutter* (nach Gorki), aus Schriften zur Pariser Commune und zu den revolutionären Ereignissen in Russland von Marx, Engels und Lenin, von Louise Michel, Gramsci, Turiner Arbeitern, kubanischen und vietnamesischen Frauen, von Tania Bunke, einer Mitstreiterin von Che Guevara, von Che Guevara selbst, Fidel Castro, und schließlich aus Gedichten von Arthur Rimbaud und Cesare Pavese. Vgl. Luigi Nono, *Al gran sole carico d'amore/Au grand soleil d'amour chargé/Unter der großen Sonne von Liebe beladen*. Szenische Aktion in zwei Teilen. Textauswahl und Musik von Luigi Nono, Textbuch im Programmheft der Oper Frankfurt, 1977, ab S. 7. Wie schon in *Intolleranza 1960* stellt Nono das Leiden des Einzelnen in den Mittelpunkt.
30 Giacomo Manzoni, *Per Massimiliano Robespierre*, Partitura, Milano 1974.
31 Peter Konwitschny hat jedoch in seiner Inszenierung gerade auf das Herausarbeiten der „Geschichte" von *Intolleranza 1960* Wert gelegt. Vgl. *Radikale Menschenliebe, Ein Arbeitsgespräch zu Luigi Nonos ‚Intolleranza'*, in: Programmheft Deutsche Oper Berlin, 2001, o. S.
32 „Die beiden Ideen, Intoleranz und Widerstand gegen sie, verkörpern sich nicht in zwei Personen, sondern ihre verschiedenen Erscheinungsformen tragen in der Abfolge ihres Auftretens – kapitalistische Ausbeutung, Faschismus und Kolonialismus auf der einen, rebellierender Gastarbeiter-Kumpel, das Volk im Widerstand und der Kampf gegen den Kolonialismus auf der anderen Seite – dazu bei, zwei Situationen [...] in einem Prisma, das sich aus ihren gegensätzlichen Rollen ergibt, aufzubauen." Luigi Nono, *Einige genauere Hinweise zu ‚Intolleranza 1960'* (1962), in: *Luigi Nono. Texte, Studien zu seiner Musik*, hrsg. von Jürg Stenzl, Zürich 1975, S. 68–81, hier S. 68f.
33 Vgl. Manzoni, *Scritti*, S. 101.

Gramsci den Intellektuellen zuschreibt,[34] weitgehend gerecht geworden. Der programmatische Titel macht den Gramscis Thesen folgenden Anspruch Nonos auf Verknüpfung von Kunst mit der Lebenswelt des Zielpublikums, der Arbeiter, deutlich. Die vom Tonband zugespielten Geräuschcollagen wurden in der Metall-Fabrik Italsider in der Nähe von Genua aufgenommen. Dort war es zu Aufständen gegen die schlechten Arbeitsbedingungen gekommen, mit denen Nono sich solidarisch erklärte. Die Geräusche und Fragmente aus Gesprächen mit Arbeitern der Fabrik wurden mit Chorklängen kombiniert und elektronisch für das Zuspielband bearbeitet. In der Aufführung kontrastiert dazu die belcantische Qualität der Sopranpartie. Im letzten Teil des Werks vertont Nono einige Verse aus der ersten „Poesia a T.[ina]" von Cesare Pavese.[35] Dieser Abschnitt mildert durch seinen Ausblickscharakter die harte Realität der ersten Teile. Diese hingegen waren es, die die Aufführung und die Übertragung des Werkes teilweise der Zensur zum Opfer fallen ließen.[36]

Versteht man die Expressivität des Belcanto als gesteigerten Ausdruck des Individuellen, so kann er hier als Behauptung des Einzelnen gegen den alles Individuelle auslöschenden Fabrikalltag interpretiert werden.[37] In der Tat hat Nono in einem Interview die menschliche Stimme als das reichste Instrument, das es gibt, bezeichnet.[38]

Die belcantische Qualität von Nonos Vokalkompositionen entfaltet eine große atmosphärische, fast naturalistische Wirkung; gleichwohl muss man fragen, ob angesichts der durch Fragmentierung und Verdoppelung oftmals gegen Null gehenden Textverständlichkeit politische Inhalte hier überhaupt noch transportiert werden. Doch es geht um eine Neubestimmung des Verhältnisses von Text und Musik. Radikaler noch als Nono forderte Manzoni, das politische Engagement nicht an den Texten festzumachen, um die Musik der Gefahr der Propaganda zu entziehen. Die Musik brauche keinen Text, um sich

---

34 „Ich persönlich gehe vom Prinzip Antonio Gramscis aus, dass die Kulturhegemonie der Arbeiterklasse vorbehalten sein muss." Zit. nach Noller, *Engagement und Form*, S. 17.
35 *Le piante del lago*, das erste der *Due poesie a T.*, in: Cesare Pavese, *Le poesie*, hrsg. von Mariarosa Masoero, Turin 1998, S. 337.
36 Zur Interpretation von *La fabbrica illuminata* vgl. Ernst H. Flammer, *Politisch engagierte Musik als kompositorisches Problem. Dargestellt am Beispiel von Luigi Nono und Hans Werner Henze*, Baden-Baden 1981, S. 70 ff.
37 Vgl. dazu Friedrich Spangemacher, *Fabbrica illuminata oder Fabbrica illustrata? Musikalischer Text und Bedeutung in der elektronischen Musik Luigi Nonos*, in: *Musik-Konzepte 20. Luigi Nono*, hrsg. von Heinz-Klaus Metzger und Rainer Riehn, München 1981, S. 26–44 sowie Moritz Malsch, *Darf man das? Belcanto in der Neuen Musik: Nonos La fabbrica illuminata (1964)*, in: *Stimme*, hrsg. vom Institut für Neue Musik und Musikerziehung Darmstadt, Mainz 2003, S. 182–190.
38 Zit. nach Flammer, *Politisch engagierte Musik*, S. 37ff.

mitzuteilen: „Die Kommunikationsformen [...] sind Teil der Natur, ich würde fast sagen, des physiologischen Systems des Menschen als soziales Wesen."[39]

In dieser Perspektive teilt sich eine wie auch immer chiffrierte „Botschaft" dem Rezipienten über Kanäle mit, die umfassender gestaltet sind, als es die Interpretation durch eine reine Zuschreibung von Sinn vermuten lässt. In der gleichzeitigen Wahrnehmung von Text, Musik und Bühne liegt ja die für die Opernästhetik charakteristische Besonderheit. Hans Ulrich Gumbrecht hat für dieses Phänomen kürzlich die Unterscheidung von Präsenz- und Sinneffekten ins Spiel gebracht.[40] Anschaulicher ist die von Edoardo Sanguineti für die Diskussion von neuen Formen der Vokalmusik, mit denen Berio in den 1960er Jahren experimentierte, apostrophierte „zona indecibile" zwischen Klang und Bedeutung.[41]

Eine Betrachtung der Szenenabfolge in *Intolleranza 1960* kann vielleicht veranschaulichen, was gemeint ist. Sie führt verschiedene Elemente - oder Effekte - zusammen. Das Textbuch entstand zunächst in Zusammenarbeit mit dem italienischen Dichter und Slawisten Angelo Maria Ripellino. Über die genaue Gestaltung konnten Nono und Ripellino sich jedoch nicht einigen, und so zog Ripellino sich aus dem Projekt zurück. Entstanden ist dann eine von Nono selbst zusammengestellte Textcollage: Gedichte von Ripellino, Paul Élouard, Majakowskij und Brecht, politische Parolen wie „Nie wieder!" und „Morte al fascismo! Libertà ai popoli!", Auszüge aus Verhören der Nationalsozialisten nach Erinnerungen des tschechischen Journalisten und Schriftstellers Julius Fucik, der 1943 in Berlin hingerichtet wurde, Auszüge aus Verhören algerischer Häftlinge und schließlich Texte des Algeriers Henri Alleg aus dessen Buch *Die Folter*.[42] Der Algerienkonflikt bildet einen inhaltlichen Schwerpunkt der Textzusammenstellung; er beschäftigte in den Jahren 1959/60 die Intellektuellen in ganz Europa: Gillo Pontecorvos Film *La battaglia di Algeri* gewann 1966 den Goldenen Löwen bei den Filmfestspielen von Ve-

---

39 „I concetti di comunicazione [...] fanno parte della natura, direi quasi del sistema fisiologico dell'uomo in quanto animale sociale." Zit. nach Dorsi, *Giacomo Manzoni*, S. 40.
40 Die „immer in einem Spannungsverhältnis zueinander stehen". Hans Ulrich Gumbrecht, *Diesseits der Hermeneutik. Die Produktion von Präsenz*, Frankfurt/Main 2004, S. 127. „Denn die Oper ist eine von jenen Formen der Kunst [...], denen man nicht gerecht wird, solange sie ausschließlich in Dimensionen der Sinnproduktion oder der Sinnidentifikation [...] erfahren und analysiert werden." S. 126. Vgl. auch Gumbrecht, *Produktion von Präsenz, durchsetzt mit Absenz. Über Musik, Libretto und Inszenierung*, in: *Ästhetik der Inszenierung. Dimensionen eines künstlerischen, kulturellen und gesellschaftlichen Phänomens*, hrsg. von Josef Früchtl und Jörg Zimmermann, Frankfurt/Main 2001, S. 63–76, hier S. 63. Als weiteres Beispiel für im Vordergrund stehende Präsenzphänomene nennt Gumbrecht hier die Commedia dell'arte. (S. 71)
41 Edoardo Sanguinetti, *La messa in scena della parola*, in: *Berio*, hrsg. von Enzo Restagno, Turin 1995, S. 75.
42 Vgl. Luigi Nono, *Intolleranza*. Handlung in zwei Teilen nach einer Idee von Angelo Maria Ripellino, Deutsche Übertragung von Alfred Andersch, Mainz 1962.

nedig. Nono konzentriert sich in seiner Textauswahl in diesem Punkt auf die Tatsache, dass die Folterung von Verhafteten durch die französischen Besatzer wohl an der Tagesordnung war und damit die internationale Menschenrechtskonvention verletzt wurde.[43] Greifen wir einmal die Szenen 3 bis 5 des ersten Teils heraus: Der Flüchtling oder Emigrant, ein Bergarbeiter, der in sein Heimatdorf zurückkehren möchte, wird Zeuge einer Demonstration. Der Text des Chors der Demonstranten umfasst verschiedene Parolen und Slogans, die Krieg, Faschismus, Diskriminierung und Unterdrückung anklagen. Sie werden gleichzeitig gesungen, münden aber in ein starkes Crescendo auf den Slogan „No pasaran", worauf ein Instrumentalteil die Szene abschließt. Die vierte Szene führt das Verhör des Flüchtlings, der als vermeintlicher Demonstrant ergriffen wurde, gesprochen vor, auch hier laufen die Texte parallel. Eine Frau als Wächterin spricht („In seinem Körper Ströme von elektrischen Entladungen"), dann ertönt die Stimme des Algeriers Henri Alleg („Ganze Nächte lang während eines Monats habe ich die Gefolterten brüllen hören. Ihre Schreie haben sich eingegraben in mein Gedächtnis"). Einem weiteren Instrumentalteil folgt die fünfte Szene „Die Folterung", in welcher der Chor, jetzt in der Rolle der Gefolterten, das Publikum anspricht: „Und ihr? Seid ihr taub?", wieder verteilt auf die einzelnen Stimmen. Er wird unterbrochen von der Stimme Sartres („In keiner Epoche war der Wille frei zu sein, bewusster und stärker. In keiner Epoche war die Unterdrückung rasender und besser bewaffnet."). Dann kommt der Schrei der Gefolterten in einem schnellen Crescendo vom piano zum fünffachen forte.[44] Diese Zusammenführung[45] von Chor, Soli, Sprecher, Musik ist allein schon eindrucksvoll und zeigt, dass es weniger auf eine Handlung ankommt, als vielmehr auf die unmittelbare Wirkung im Sinne eines „ästhetischen Erlebens". Die Verwendung der musikalischen und textlichen Elemente kalkuliert also die Empathie des Zuhörers ebenso ein wie seine Vorerfahrungen und Kenntnisse. Um wieviel größer kann diese Wirkung sein in der Inszenierung, die durch Bühnenbild und die Möglichkeit von Projektionen aller Art weitere Wahrnehmungs-Ebenen hinzufügt.[46] Für die Uraufführung gestaltete Emilio Vedova das Bühnenbild mit der Handschrift des Meisters des Informel. Die szenische Umsetzung von Christof Nel 1992 arbeitete mit einem Bühnenbild nach Entwürfen von Alfred Hrdlicka,

---

43 Vgl. hierzu Caroline Lüderssen, *Immagini dell'Africa nell'opera lirica italiana: 1813 – 1871 – 1961*, in: Immacolata Amodeo/Claudia Ortner-Buchberger (Hrsg.), *Afrika in Italien – Italien in Afrika. Italo-afrikanische Beziehungen*, Trier 2004, S. 25–44, hier S. 37ff.
44 Vgl. Nono, *Intolleranza*, S. 11–13.
45 Jürg Stenzl spricht von „Dynamisierung der einzelnen Gestaltungselemente", in: *Azione scenica und Literaturoper. Zu Luigi Nonos Musikdramaturgie*, in: *Musik-Konzepte 20. Luigi Nono*, hrsg. von Heinz-Klaus Metzger und Rainer Riehn, München 1981, S. 45–57, hier S. 49.
46 Nono hatte zum Zeitpunkt der Komposition v.a. die alte Laterna Magica-Technik im Auge, mit der gleichzeitig verschiedene Projektionen und Überblendungen möglich waren.

die die Vielfalt der Ebenen auch visuell deutlich machen. Nach und nach vom Schnürboden herabgelassene Zeichnungen stellen weitere inhaltliche Verknüpfungen her.

Inszenierungen geben schließlich immer die Möglichkeit der Aktualisierung. Für den Anfang des zweiten Teils von *Intolleranza 1960* sieht Nono eine Pantomime mit Textzuspielungen vor, in der der Emigrant sich auf der Bühne „zwischen Projektionen, Stimmen und Mimen, die einige Absurditäten des heutigen Lebens symbolisieren" bewegt.[47] Christof Nel hat 1992 in seiner Stuttgarter Inszenierung die vorgegebenen Parolen und Nachrichten durch aktuelle ersetzt.[48] Peter Konwitschnys Inszenierung im Jahre 2001 an der Deutschen Oper Berlin verzichtete auf die Texte und auch auf jegliche Filmeinspielungen. Er ließ stattdessen auf Leuchtschriftbändern[49] zur Musik die Nachricht von den Attentaten des 11. September ablaufen.[50]

Der starken Wirkung von Text und Musik kann sich der Zuschauer hier kaum entziehen. Es ist ihm weder im Brechtschen Sinne möglich, sich distanziert-reflexiv gegenüber dem Geschehen zu verhalten, noch die traditionelle Haltung des Opernrezipienten im Sinne eines emotionalen Genießens einzunehmen. Die Musik verdoppelt bewusst den Text, und in diese Richtung könnte man auch die rein illustrativ wirkende Inszenierung von Christof Nel interpretieren. An Beispielen aus Nonos zweitem Musiktheater-Werk *Al gran sole carico d'amore* könnte man zeigen, wie trotz der immer komplexer werdenden Musik-Text-Netze die unmissverständliche Botschaft bestehen bleibt.[51]

---

47 Nono, *Intolleranza*, S. 17. Auszüge des von Nono vorgesehenen Textes: „Anmeldung nötig! / Eintritt verboten! / [...] bescheinigen beglaubigen/ beurkunden belegen/ [...] proibito défendu / verboten forbidden / Achtung: / Sondermeldung! / Mutter von dreizehn Kindern war ein Mann. / Vierundachtzigjährige bringt Drillinge zur Welt. / [...] Geheimnisvoller Flugkörper überfliegt die südwestliche Zone. / Unsicherheit und Verblüffung unter den Karriere-Diplomaten. / [...] Die dritte Atombombe explodiert in der Wüste von Cocasson. / Atomstaub nähert sich unserem Gebiet. / Voraussichtliche Steigerung der Radioaktivität."
48 Z.B.: „Papst Johannes Paul II. wird in Santo Domingo in der Dominikanischen Republik eine Messe halten. Anlass ist der 500. Jahrestag der Entdeckung Amerikas und des Beginns der Evangelisierung Südamerikas."
49 Die Technik der Zuspielungen erschien ihm als überholt. Vgl. „Radikale Menschenliebe", o.S.
50 Die Kritiken der Berliner Inszenierung betonen die Aktualität von Nonos Werk, vgl. Wolfgang Schreiber, *Der Mensch in seiner Erniedrigung*, in: *Süddeutsche Zeitung* 17.9.2001 und Eleonore Büning, *Musiktheater als ein einziger Aufschrei*, in: *Frankfurter Allgemeine Zeitung*, 17.9.2001 sowie Claus Spahn, *Die Marxfee erzählt*, in: *Die Zeit*, 13.5.2004 (über eine Werkschau in Köln und eine Aufführung von *Al gran sole carico d'amore* in Hannover aus Anlass des 80. Geburtstages von Nono).
51 Dass Nonos Musiktheater als politisch aufgenommen wurde, zeigt die Reaktion einiger Störer im Publikum bei der Uraufführung von *Intolleranza 1960* im Teatro La Fenice in Venedig im April 1962, von der Carla Henius berichtet. „Die Faschisten machen organisierten Skandal – einige werden von der Polizei verhaftet, als sie in ihrem Logen grad riefen: ‚Viva la polizia!'

Wird in Nonos *Intolleranza 1960* der Text stets im Sinne einer unmissverständlichen Botschaft ausgewählt, so steht in Manzonis *Per Massimiliano Robespierre* die kritische Auseinandersetzung mit den Ideen der Titelfigur im Vordergrund. Die Nonoschen Protagonisten sind zwar echte Opernfiguren in dem Sinne, dass sie als Repräsentanten eines individuell erfahrenen verallgemeinerbaren Schicksals vorgeführt werden, aber sie tragen keine Namen: Flüchtling, Algerier, Gefolterter. Luigi Dallapiccolas anonymisierter *Prigioniero* wird hier Maßstäbe gesetzt haben. Manzoni führt den Gedanken der Verallgemeinerung noch weiter, in *Atomtod* treten auf „Donna I, II" oder „Uomo I, II". In *Per Massimiliano Robespierre* zeigt die Besetzung der Titelfigur mit einem „Quartetto Robespierre" und einem Sprecher auch musikalisch eine Entindividualisierung an.

Schon die Präposition im Titel macht schließlich deutlich, dass es nicht um eine Geschichte über einen Protagonisten Robespierre geht, sondern um eine kritische Auseinandersetzung mit den Ideen.[52] Das Werk ist unterteilt in „Percorsi" und „Scene", die – hier ist Manzoni noch radikaler als Nono – Handlung und Charaktere auflösen. Es gibt in diesem Werk zahlreiche Passagen mit gesprochenem Text. Am Schluss des „Percorso C" im ersten Teil wird von verschiedenen Sprechern Zitat an Zitat gereiht (ohne Musik).[53] Die Vermittlung eines Inhalts, eines Sinns scheint hier im Vordergrund zu stehen. Das ‚agitatorische' Moment tritt gegenüber dem inhaltlichen zurück,[54] und das heißt auch, dass das Publikum sich zunächst weniger dem unmittelbaren Eindruck überlassen kann. Doch wir erinnern uns, dass Manzoni ausdrücklich die musikalischen Mittel privilegiert. Ähnlich wie bei Nono wird der Text zersplittert, vertikal aufgeteilt.[55] Die Vernetzung der einzelnen musikalischen Komponenten (und der gesprochene Text ist hier mit gemeint) bringt eine Wirkung hervor, die sich nicht allein aus der Bedeutung der Worte ergibt. Viel-

---

Sie pfiffen von Anfang an, schmissen auch Stinkbomben. Keiner von uns, die wir das Stück inzwischen doch gut kennen, kapiert, wie man darin eine primitive Verherrlichung des Kommunismus sehen kann. […]. Ob wir nun politisch engagiert oder ahnungslos oder wirklich dumm sind, ändert überhaupt nichts an der ganz irrationalen Sicherheit, dass wir es hier mit einem Meisterwerk zu tun haben und dass der Mann, der es komponierte, Vertrauen bis zur Selbstverleugnung verdient. Verdi war doch auch kein realitätsferner *Nur*-Musiker. Eine auffällige Temperamentsverwandtschaft mit Nono." *Carla Carissima. Carla Henius und Luigi Nono. Briefe, Tagebücher, Notizen*, Hamburg 1995, S. 99.

52 Vgl. Manzoni, *Scritti*, S. 100–101.
53 Manzoni, *Per Massimilano Robespierre*, S. 62a–c, „L'infame Robespierre". Die Zitate stammen von Hegel, Heine, Schopenhauer, Baudelaire, Adorno, Büchner, Alfieri, um nur einige Autoren zu nennen.
54 Die Libretto-Collage setze sich zusammen aus Zitaten aus Artikeln, Briefen, Gedichten und Reden Robespierres, aus Äußerungen von Zeitgenossen über ihn, literarischen Auseinandersetzungen (Büchner, Anouilh), historischen Texten u.a.
55 Noller, *Engagement und Form*, S. 230, bezeichnet diese Technik als „Intarsienmusik".

mehr wird der Hörer gleichermaßen ‚eingelullt' und aufgeschreckt durch ein unentwirrbares Dickicht von Klängen und Worten – Sprecher, Sprechchor, Chor und das Quartetto Robespierre verarbeiten eine Unmenge an Text.[56]

Im Vergleich der beiden Werke wird deutlich, dass Nono in seinen Botschaften klarer ist; Manzoni nimmt zu seinen Texten eine distanziertere Position ein. Nono hat sich in den späten 1970er Jahren selbst gefragt, ob die unmittelbare politische Stellungnahme in der Avantgarde-Musik wie zum Beispiel *La fabbrica illuminata* die von ihm gewünschte Wirkung tatsächlich erzielen könne. Das Ergebnis seiner selbstkritischen Überlegungen war eine introspektivere, der immer komplexeren Klangdifferenzierung gewidmete Musik[57] und auf dem Gebiet des Musiktheaters sein spätes Meisterwerk *Prometeo*, das er eine „Tragedia dell'ascolto", eine ‚Tragödie des Zuhörens', nannte.[58] Seine engagierte Haltung hat sich indes nicht geändert.[59] Aber vielleicht hat er den Widerspruch zwischen seiner Existenz und seinem in Gramscis Utopie wurzelnden Anspruch als Künstler nicht mehr ertragen. Diese Utopie einer kulturellen Hegemonie bleibt auch im Kontext der Achtundsechziger-Bewegung ein berechtigtes Ziel.[60] Wenn Nono sich auch gefragt haben mag, ob die Utopie einer unmittelbaren politischen Stellungnahme in der Avantgarde-Musik überhaupt noch einen Platz hat, so muss man sich heute vor einem Engagement verneigen, das in Vollendung ästhetischen und politischen Anspruch

---

56 Beispielsweise zu Beginn des zweiten Teils (Secondo Tempo), Percorso D/ Weg D: „Bisogna armare il popolo"/ „Man muss das Volk bewaffnen". Manzoni, *Per Massimiliano Robespierre*, S. 63–96.

57 Zur Suche nach dem neuen Klang vgl. z.B. Ingo Metzmachers Erinnerungen an seine Begegnung mit Nono, in: Ingo Metzmacher, *Keine Angst vor neuen Tönen. Eine Reise in die Welt der Musik*, Berlin 2005, S. 124–135.

58 „Hören ist sehr schwierig. Sehr schwierig in der Stille die Andern zu hören. [...] Wenn man hören kommt, versucht man oft sich selbst in den Andern wiederzufinden. Seine eigenen Mechanismen, System, Rationalismus wiederzufinden, im Andern. Statt die Stille zu hören, statt die Andern zu hören, hofft man noch einmal sich selbst zu hören. Dies ist eine Wiederholung, welche akademisch, konservativ, reaktionär wird. Das ist eine Mauer gegen die Ideen, gegen das, was man heute noch nicht erklären kann." In einem Genfer Vortrag vom 17. März 1983, *L'erreur comme nécessité*, in: *Révolution* Nr. 169 (27. Mai / 2. Juni 1983), S. 50f., dt. zitiert nach Jürg Stenzl, *Luigi Nono*, Reinbek bei Hamburg 1998, S. 105.

59 Die 68er-Bewegung erlebte er in Venedig mit. Vgl. Nonos Bemerkungen dazu in *Eine Autobiographie des Komponisten*, S. 91 sowie Nono, *Musik und Revolution*, S. 111.

60 Vgl. zur facettenreichen Gramsci-Rezeption Kallscheuer, *Antonio Gramscis intellektuelle und moralische Reform des Marxismus*, S. 588f. Kallscheuer schreibt u.a., „die einzigartige Bedeutung des Theoretikers Gramsci" zeige sich „bereits darin, dass er sich vorschnellen Rubrizierungen entzieht. Denn auch innerhalb der Theoriegeschichte marxistischen Denkens muss Gramscis Werk zwangsläufig durch die gängigen Raster fallen. [...] Gramsci war der Theoretiker, der unter den Marxisten wohl als erster die Autonomie der kulturellen Dimension sozialer Konflikte und politischer Herrschaft in bisher kaum überbotener Weise zum zentralen Thema seiner Analysen [...] machte."

mit der Tradition der italienischen Musik und deren Fortentwicklungen nach 1945 verbindet.

Der Kulturbegriff Gramscis ebenso wie die anvisierte Rolle des Intellektuellen setzen voraus, dass Kunst erkennen will. Damit benennt Gramsci eine genuin (gesellschafts-) politische Funktion. [61] Dass sich die Botschaften einer Komposition wie *Intolleranza 1960* oder *Per Massimiliano Robespierre* durch das komplexe Verhältnisses von Text, Musik und Bühne mitteilen, könnte die Nuancen des „engagée" im Musiktheater beschreiben. Das „ästhetische Erleben" gewinnt so eine weitere Facette hinzu. „Tutti sono filosofi" – „Alle sind Philosophen", nicht indem sie denken, sondern indem sie hören.

---

61 Vgl. hierzu die Überlegungen in Santucci, *Antonio Gramsci*, S. 166ff., aber auch Kallscheuer, *Antonio Gramscis intellektuelle und moralische Reform des Marxismus*, S. 595, der diesen ‚idealistischen' Zug in Gramscis Konzeptionen immer in Bezug zur praktischen Funktion setzt. Gramsci pflegt also gewissermaßen einen ‚praktischen Idealismus'.

Musica impura
Hans Werner Henzes *Der langwierige Weg in die Wohnung der Natascha Ungeheuer* und die Studentenbewegung

Arnold Jacobshagen

Unter der Überschrift „Die Knaben zwischen Marx und Mao stehen in Berlin auch auf der Bühne" veröffentlichte die *Bild-Zeitung* am 4. Oktober 1971 einen Beitrag über die „Uraufführung eines tönenden kommunistischen Manifestes". Darin heißt es:

„Der Komponist ist der Salon-Kommunist Hans Werner Henze. Der Textdichter ein Überzeugungstäter, ehemaliger Berliner Soziologie-Student, Vorbestraft. Wegen schwerem Landfriedensbruch. Neun Monate Gefängnis. (Bedauerlicherweise musste er sie nie absitzen.) Die Stadt, der er die Fensterscheiben einwarf, gibt nun Steuergelder dafür aus, dass sein Revolutionsgeschrei statt auf der Straße auf der Bühne stattfindet. Musische Resozialisierung. Durch seine Taten gehen nicht mehr die Scheiben entzwei, sondern nur noch die Ohren."[1]

Der gesamte Artikel über Henzes *Der langwierige Weg in die Wohnung der Natascha Ungeheuer* füllt zwei Spalten und leitet von der Uraufführungskritik nahtlos in eine Generalschelte der angeblich kommunistisch unterwanderten Westberliner Senatspolitik über. Es dürfte nicht eben häufig vorgekommen sein, dass sich die *Bild*-Zeitung in dieser Breite und Grundsätzlichkeit einem Werk der Neuen Musik widmete. Der Autor des Artikels war kein gewöhnlicher Konzertkritiker, sondern der damalige Chefredakteur Peter Boenisch, der einige Zeit später unter Kanzler Helmut Kohl zum Regierungssprecher der Bundesrepublik Deutschland erhoben werden sollte.

Boenischs pointierte Kritik an der Verwendung von Steuergeldern für „akustischen Landfriedensbruch" zur „musischen Resozialisierung" von „Salonkommunisten" und „vorbesträften Soziologiestudenten" liefert einige Stichworte

---

[1] Peter Boenisch, *Meine Meinung. Die Knaben zwischen Marx und Mao stehen in Berlin auch auf der Bühne*, in: *Bild-Zeitung*, 4. Oktober 1971.

für eine Auseinandersetzung über das höchst ambivalente Verhältnis zwischen Neuer Musik und gesellschaftlicher Avantgarde, als welche sich die 68er-Bewegung verstand.

Die Protest- und Studentenbewegungen der 1960er und 1970er Jahre haben in den letzten Jahren in den historischen und Kulturwissenschaften zunehmende Aufmerksamkeit erfahren.[2] Beruhte die bisher schon uferlose Achtundsechzigerliteratur primär auf subjektiven Erinnerungen von ehemaligen Aktivisten und Betroffenen, so hat sich die Forschung erst in jüngster Zeit im Zuge einer Historisierung der Ereignisse mit veränderten Fragestellungen dem Thema genähert.[3] Geprägt von der so genannten „linguistischen Wende" haben die Literaturwissenschaften begonnen, den studentischen Sprachgebrauch zu untersuchen. Die De-Standardisierung der Sprache – von Joachim Scharloth trefflich als „Kommunikationsguerilla" bezeichnet – folgte demnach einer Strategie der Subversion etablierter symbolischer Ordnungen.[4] Nach dem „linguistic turn" lenkten die „cultural turns"[5] den Blick auf kultur- und mediengeschichtliche Aspekte der Protestbewegungen. Aus der Ablehnung traditioneller Rituale entwickelten sich neue Formen öffentlicher Performanz; alternative Verhaltens- und Kleidungsstile, neue Formen des Zusammenlebens, veränderte Geschlechterrollen, eine betont lässige Körperhaltung und der Sprachgebrauch verdichteten sich zu einem Habitus der Informalität. Diese Prozesse der Neuordnung von Zeichensystemen und der Entgrenzung etablierter kulturellen Codes wiederum waren von zentraler Bedeutung für die sogenannte Postmoderne (ein Begriff, der freilich ebenso einer Historisierung unterworfen ist wie einer Differenzierung bedarf).[6]

In der musikwissenschaftlichen Literatur finden die gesellschaftlichen Umbrüche der 1960er Jahre bislang vor allem für die populäre Musik große Beachtung.[7] Forschungsansätze zum Verhältnis von Avantgardemusik und Protest-

---

2   Die jüngste Zusammenschau des aktuellen Forschungsstandes bietet der Band von Martin Klimke und Joachim Scharloth (Hrsg.), *1968. Handbuch zur Kultur- und Mediengeschichte der Studentenbewegung*, Stuttgart/Weimar 2007.
3   Vgl. Ingrid Gilcher-Holtey, *Die 68er Bewegung*, München 2001; Ron Eyerman/Andrew Jamison, *Social Movements. A Cognitive Approach*, University Park/Pennsylvania 1991.
4   Joachim Scharloth, *Kommunikationsguerilla 1968. Strategien der Subversion symbolischer Ordnung in der Studentenbewegung*, in: *Musikkulturen in der Revolte*, hrsg. von Beate Kutschke, Stuttgart 2007 (in Druckvorbereitung).
5   Hierzu siehe Doris Bachmann-Medick, *Cultural Turns. Neuorientierungen in den Kulturwissenschaften*, Reinbek bei Hamburg 2006.
6   Zum Verhältnis von Studentenbewegung und Postmoderne vgl. Roman Luckscheiter, *Der postmoderne Impuls. Die Krise der Literatur um 1968 und ihre Überwindung*, Berlin 2001.
7   Hierzu u. a. Lorenz Durrer, *Born to be wild. Rockmusik und Protestkultur in den 1960er Jahren*, in: Klimke/Scharloth (Hrsg.): *1968*, S. 161–174 sowie die Beiträge von Christophe Pirenne und Rainer Dollase in vorliegendem Band.

bewegung bilden dagegen bislang eher die Ausnahme.[8] Generell scheint weiterhin die Tendenz vorherrschend, Kompositionen dieser Zeit gewissermaßen „materialimmanent" zu analysieren, anstatt beispielsweise die Intermedialität von Musik, Literatur und neuen performativen Praktiken in ihren Wechselwirkungen mit veränderten kulturellen Symbolsystemen aus einer interdisziplinären Perspektive zu betrachten.

Am Beispiel von Hans Werner Henzes musikalischem Bühnenwerk *Der langwierige Weg in die Wohnung der Natascha Ungeheuer*, das am 17. Mai 1971 im Teatro Olimpico in Rom uraufgeführt und am 28. September 1971 an der Deutschen Oper Berlin erstmals in Deutschland gespielt wurde, lassen sich einige Anstöße in die zuletzt skizzierte Richtung geben. Ästhetische Grenzüberschreitungen finden sich in diesem Werk auf den unterschiedlichsten Ebenen. Obwohl es sich formal um die Vertonung eines Gedichtzyklus' für eine Stimme und eine größere Zahl von Instrumenten handelt, wären die Bezeichnungen „Orchesterlieder" oder „Kantate" irreführend, und auch mit Musiktheater hat das Stück nur partiell etwas zu tun. Der Untertitel „Show mit 17" bildet gewissermaßen den kleinsten gemeinsamen Nenner für einen kollektiven performativen Akt, der mit traditionellen musikalischen Gattungen kaum etwas zu tun hat. Stilistisch kann diese Entgrenzung anhand des Begriffs der „Musica impura" – der „unreinen Musik" – konkretisiert werden, den Henze – unter Berufung auf Pablo Nerudas „Poesia impura" – bereits in den 1950er Jahren entwickelt und vor allem in den 1970er Jahren programmatisch verwendet hat.[9] Wie Peter Petersen hierzu hervorgehoben hat, stellte Henze zunächst der „abstrakten, rein musikalischen Kunstauffassung der Serialisten seine auf bildliche Vorstellungen bezogene und Assoziationen auslösende Musik gegenüber".[10] Auch Henzes notorisch „unsaubere" Handhabung der Zwölftontechnik erscheint dabei als bewusste Opposition gegen Systemzwang. Besonders charakteristisch ist aber vor allem die Montage und Collage von heterogenem musikalischem Fremdmaterial, das in der Partitur gewissermaßen eine Verunreinigung, einen

---

8 Vgl. Beate Kutschke, *Politische Avantgardemusik. Kontinuität und Diskontinuität einer Idee*, in: *Kontinuitäten – Diskontinuitäten. Musik und Politik in Deutschland zwischen 1920 und 1970*, hrsg. von Heinz Geuen und Anno Mungen, Schliengen 2006, S. 163-181; dies., *Angry Young Musicians. Gibt es eine Sprache der musikalischen Avantgarde für 1968?* in: Klimke/Scharloth (Hrsg.): *1968*, S. 75–186; dies., *Neue Linke und Neue Musik. Kulturtheorien und künstlerische Avantgarde in den 1960er und 70er Jahren* (Musik – Kultur – Gender, 2), Köln/Wien 2007.

9 Hans Werner Henze, *Musica impura – Musik als Sprache*, in: ders., *Musik und Politik. Schriften und Gespräche 1955–1975*, München 1976, S. 186–195.

10 Peter Petersen, *Tanz-, Jazz- und Marschidiome im Musiktheater Hans Werner Henzes. Zur Konkretisierung des Stilbegriffs „musica impura"*, in: *Musiktheorie* 10/1 (1995), S. 73–86. Vgl. auch ders., *Hans Werner Henze. Ein politischer Musiker. Zwölf Vorlesungen*, Hamburg 1988, S. 139–146, sowie ders., *Von Mahler zu Henze. Versuch über musikalischen Realismus*, in: *Das Gustav-Mahler-Fest Hamburg 1989. Bericht über den internationalen Gustav-Mahler-Kongress*, hrsg. von Matthias Theodor Vogt, Kassel 1991, S. 375–384.

Verfremdungseffekt bzw. einen „idiomatischen Querstand" bewirkt. Ungeachtet der Abstufungen zwischen Verschmelzung und schroffem Kontrast ist die prinzipielle Offenheit und „Durchlässigkeit" der musikalischen Sprache somit ein bestimmendes Merkmal der Musica impura bei Henze. Zugleich verbindet sich hiermit ein semiotisches Konzept von Musik, das Henze in zahlreichen Schriften und Interviews kommentiert hat und das als Gegenentwurf zu einer musikalischen Autonomieästhetik zu verstehen ist.[11] Dabei bildet der „Zusammenhang zwischen intendiertem Sprachcharakter von Musik und deren Öffnung auf Aspekte der Lebenswelt" die Grundlage „für einen gelingenden musikalischen Kommunikationsprozess".[12]

Natascha Ungeheuer verwirklicht diese Ideen in paradigmatischer Weise. Zu den in diesem Werk collagierten und semiotisierten Materialien zählen u. a. Fragmente aus Verdis *Aida*, eines Foxtrotts, zweier Militärmärsche, einer Free-Jazz-Paraphrase von Gunter Hampel, der 2. Englischen Suite und einer Orgeltoccata von Bach, der 5. Symphonie von Mahler oder der 6. Symphonie von Henze sowie das BACH-Motiv, ferner Stilzitate und -parodien.[13] Der Titel des Werkes bezieht sich (obwohl dies seinerzeit aus juristischen Erwägungen ausdrücklich in Abrede gestellt wurde) auf eine lebende Person, nämlich die damals in einer Kreuzberger Wohnung residierende Künstlerin Natascha Ungeheuer.[14] Der Person Natascha Ungeheuer und ihrer multimedialen Kunst ist in der Henze-Literatur bislang keine Beachtung geschenkt worden. Dabei sind ihre Bilder zumal im Kontext der Protestbewegungen sehr aufschlussreich. Sie handeln zumeist von gesellschaftlichen und privaten Utopien, die naiv bis neoexpressiv und überaus detailreich inszeniert werden und aufgrund dieser Zeichenfülle zu sehr umfassenden Interpretationen Anlass geben könnten.[15] Daneben wirkte sie in Kreuzberger Straßentheatern, worauf Henzes Werk als

11 Vgl. Henze, *Musik und Politik*, sowie die von Henze herausgegebenen Sammelbände *Die Zeichen (Neue Aspekte der musikalischen Ästhetik II)*, Frankfurt/Main 1981, und *Die Chiffre – Musik und Sprache (Neue Aspekte der musikalischen Ästhetik IV)*, Frankfurt/Main 1990.
12 Siegfried Mauser, *Henzes Requiem und die Ästhetik einer „musica impura"*, in: *Im Laufe der Zeit. Kontinuität und Veränderung bei Hans Werner Henze*, hrsg. von Hans-Klaus Jungheinrich, Mainz 2002, S. 55.
13 Zur Analyse vgl. Ernst H. Flammer, *Politisch engagierte Musik als kompositorisches Problem dargestellt am Beispiel von Luigi Nono und Hans Werner Henze*, Baden-Baden 1981, S. 202–218.
14 Die Deutsche Oper Berlin sah sich in der Ankündigung der Deutschen Erstaufführung zu folgender Stellungnahme veranlasst: „Natascha Ungeheuer gibt es. Sie lebt in Kreuzberg. Mit der Figur aus diesem Werk hat sie nur den Namen gemein, auf den Gastón Salvatore einmal stieß, und welchen er losgelöst von der Person, die ihn trägt, als Metapher benutzte."
15 Einen guten Überblick über ihre Werke der 1970er und 1980er Jahre bietet der Katalog der Berliner Ausstellung *Natascha Ungeheuer: Malerei* (6. Juni bis 1. August 1993, Kleine Orangerie, Schloss Charlottenburg), hrsg. vom Bezirksamt Charlottenburg, Kulturforum in der Villa Oppenheim, Berlin 1993. Vgl. auch ihre Illustrationen zu Johannes Schenks *Fisch aus Holz* (1967), *Bilanzen und Ziegenkäse* (1968) und *Die Stadt am Meer* (1980), zu Wolf Biermanns *Das Märchen von dem Mädchen mit dem Holzbein* (1979) sowie zu Volker von Törnes *Kopfüberhals* (1979).

gleichsam „instrumentales Theater", hierin durchaus Mauricio Kagel vergleichbar, Bezug zu nehmen scheint.[16]

In seiner 1996 erschienen Autobiographie behauptet Henze, die Person Natascha Ungeheuer seinerzeit gar nicht gekannt zu haben. Auch sein Freund und Textdichter Salvatore habe sie nicht gekannt, sondern nur gewusst, „dass es damals bei den linken Studenten irgendwie ‚in' war und als besondere Auszeichnung und als Privileg angesehen wurde, bei Natascha Ungeheuer in Kreuzberg eingeladen zu sein".[17] Der Kultstatus, den die Malerin in der Kreuzberger Szene genoss, wird beispielsweise auch in Erasmus Schöfers Zeitroman *Ein Frühling irrer Hoffnung* ironisiert, in dem sie als „Natalja Ungemach" begegnet. Schöfers Roman verdanken wir eine pittoreske Schilderung ihrer Wohnung, aus der hier einige Auszüge zitiert seien:

„In der Küche neues Grausen. Die schwarze Schreibmaschine auf dem veraschten Kohleherd neben dem zweiflammigen Propankocher, Apfelsinenkisten mit Tüten und Dosen, Geschirr und Bestecken, Plastik und Blech gemischt. Panteon einst glorreicher Flaschen. Auch auf dem Küchentisch benutzte Teller und Tassen, Zwiebelschalen, Brot, Rama, ein Stück Speck, Marmelade, Dose Nes, Krümel, der Extra-Dienst und die DR, [...]. Nataljas Zimmer nebenan eine durcheinander gelebte Mischung von Chagall und Zille: Nataljas magisch-realistische Gemälde, der Besenstil mit ihren orientalisch prächtigen Kleidern, die umfangreiche Bettenmatratze, die hundertfarbigen Töpfe Tuben Gläser Pinsel Stifte, der zierliche Schminktisch und die Biedermeierkommode, als Schnäppchen vom Sperrmüll in Steglitz erklärt wie der mächtige, das Tohuwabohu verdoppelnde Spiegel. Nataljas Bilder darin wie Edelsteine in einer Schotterlawine. [...] Unvorstellbar, in dieser Verwahrlosung mehr als eine Nacht zu verbringen."[18]

Im Vorwort der gedruckten Partitur zu Henzes Werk wird Natascha Ungeheuer als „die Sirene einer falschen Utopie" bezeichnet. Eine Verführerin, deren Wohnung in Kreuzberg ermüdeten und halbentschlossenen Revolutionären Zuflucht bot. Ihre Wohnung stehe für die Versuchung, das emanzipatorische Bewusstsein aufzugeben und in die alte Bourgeoisie zurückzukehren. Natascha verspreche den zaudernden Revolutionären die „beiden möglichen Formen von

---

16 Zu Kagel siehe den Beitrag von Björn Heile im vorliegenden Band. Zu Henzes experimentellem Musiktheater vgl. Arnold Jacobshagen, *Vergangenheit am Schlachtensee. Hans Werner Henze zwischen Oper und „imaginärem Theater"*, in: *Experimentelles Musik- und Tanztheater*, hrsg. von Frieder Reininghaus und Katja Schneider (Handbuch der Musik im 20. Jahrhundert, 7), Laaber 2004, S. 136–140.
17 Henze, *Reiselieder mit böhmischen Quinten. Autobiographische Mitteilungen 1926–1995*, Frankfurt/Main 1996, S. 372.
18 Erasmus Schöfer, *Ein Frühling irrer Hoffnung. Die Kinder des Sisyfos. Zeitroman*, Köln 2001, S. 323f.

Ratlosigkeit [...]: entweder die der einsamen Avantgarde in den vier Wänden oder die der Sozialdemokratie".[19]

Bereits die Andeutungen aus dem Vorwort geben zu verstehen, dass wir es weniger mit einem „kommunistischen Manifest" – als welches der Kritiker Boenisch das Stück missverstehen wollte – als vielmehr mit einer Parodie auf bestimmte Tendenzen innerhalb der Studentenbewegung zu tun haben. Tatsächlich erscheint *Natascha Ungeheuer* als ein weithin ironischer Gegenentwurf zum revolutionären Pathos, das in einigen anderen „politischen" Kompositionen aus jenen Jahren vorherrscht, nicht zuletzt auch solchen von Henze selbst.

Die Kritiker der Uraufführung haben die Titelfigur durchaus kontrovers interpretiert. Heinz-Josef Herbort zufolge sei Natascha „ein romantisch verspieltes junges Mädchen, das Männer mit Reluzzerhabitus liebt, dem aber die Konsequenz nicht geheuer ist: die Angst vor der revolutionären Praxis".[20] Der nicht besonders ortskundige Wiener Kritiker Herbert Schneiber indes äußerte sich geringschätzig über die „gottlob nicht sichtbar werdende Prostituierte Natascha Ungeheuer in dem eher ärmlichen Berliner Stadtteil Kreuzberg, der von der eleganten, satten Kurfürstendammgegend offenbar ebenso mühevoll zu erreichen ist wie von des Komponisten Wohnsitz im grünen Grunewald".[21]

Die Irrungen der zitierten Kritikerurteile resultieren – wie bereits bei Peter Boenisch – aus dem offenkundigen Missverständnis, dass es sich bei *Natascha Ungeheuer* um ein politisches Bekenntniswerk handele. Doch schon der Untertitel „Show mit 17" suggeriert keine ausschließlich ernsthaften politischen Absichten, sondern deutet eher auf einen pubertären Irrweg, wenngleich „siebzehn" zunächst auf die Anzahl der Mitwirkenden und nicht auf das Alter des verführungsgefährdeten Studenten verweist, um dessen Westberliner Odyssee es hier geht. So führt den namenlosen Protagonisten eine satirisch-heitere und doch trostlose Irrfahrt vom „Anhalter Bahnhof bei einer Blockade" über die „Kaiserin-Augusta-Straße" (zu den verfremdeten Klängen des *Aida*-Triumphmarsches) in die „Vergangenheit am Schlachtensee", ehe er die „unbesorgten Betten der Keithstraße" hinter sich lässt, um endlich sein Ziel doch noch zu verfehlen, die Wohnung der Natascha Ungeheuer in Kreuzberg. Die Musik dieser Milieustudie aus dem „grauen, nasskalten Westberlin" jener Tage behandelt die heterogenen, polystilistischen Klangsequenzen mit einer gleichsam „filmischen Schnitttechnik", deren Eigenart Henze selbst erläutert hat:

---

19 Hans Werner Henze, *Der langwierige Weg in die Wohnung der Natascha Ungeheuer. Show mit 17*, Partitur Mainz 1971, o. S. Man könnte Nataschas „Ratlosigkeit" durchaus auch auf die bildnerischen Arbeiten Natascha Ungeheuers beziehen, die sich mit durchaus traditionellen Mitteln in „magisch-realistischen" Illusionen zu verlieren scheint.
20 Heinz-Josef Herbort, *Sirene einer falschen Utopie*, in: *Die Zeit*, 2. Oktober 1971.
21 Herbert Schneiber, *Henzchen klein ging nicht allein*, in: *Kurier Wien*, 30. September 1971.

DEUTSCHE OPER BERLIN

DIENSTAG, DEN 28. SEPTEMBER 1971

Beginn: 20.00 Uhr   Ende: gegen 22.30 Uhr

ZYKLUS DES 20. JAHRHUNDERTS 8. ABEND

Deutsche Erstaufführung

HANS WERNER HENZE

Der langwierige Weg in die Wohnung der Natascha Ungeheuer

— Show mit 17 —

Gedicht von Gastón Salvatore

Musikalische Leitung: Bernhard Lang

Stimme . . . William Pearson

Schlagzeug: Stomu Yamash'ta

Gunter Hampel group:
Gunter Hampel - Willem Breuker - Willem van Manen - Arjen Gorter

Mitglieder des Orchesters der Deutschen Oper Berlin:

Klavierquintett:
Hans-Georg Kaiser, Flöte - Adolf Stiller, Klarinette
Cees van Schaik, Violine und Viola - Siegfried Joppien, Violoncello
Frank Maus, Klavier

Hammond-Orgel: Philipp Moll

Blechquintett:
Hans-Martin Edelhoff, Horn - Lajos Bara, Trompete - Arno Lange, Trompete
Wilhelm Domroese, Posaune - Ernst Giehl, Baryton

Natascha Ungeheuer gibt es. Sie lebt in Kreuzberg. Mit der Figur aus diesem Werk hat sie nur den Namen gemein, auf den Gastón Salvatore einmal stieß, und welchen er losgelöst von der Person, die ihn trägt, als Metapher benutzte.

Verlag: B. Schott's Söhne, Mainz

Das Tonband wurde in den Studios der Technischen Universität Berlin produziert. Tonmeister: Rüdiger Rüfer, Assistenz: Rainer Esche

Stimmen auf dem deutschsprachigen Band:
Dieter Schidor, Gastón Salvatore, Hans Werner Henze, Elfriede Irral

Pause

Abbildung 1: Besetzungszettel zur deutschen Erstaufführung von Henzes *Der langwierige Weg in die Wohnung der Natascha Ungeheuer*.

Abbildung 2: Pressestimmen zur deutschen Erstaufführung von Hans Werner Henzes *Der langwierige Weg in die Wohnung der Natascha Ungeheuer*.

„Man könnte in dieser Partitur von Kameraführung sprechen. Es gibt immer wieder den Kontrasteffekt von Bilderfolgen, die auf den ersten Blick (oder beim ersten Hören) inkompatibel scheinen. Der Rhythmus dieser Bilder erhält seine Sinnfälligkeit weniger aus dem Text als aus den hinter ihm durchschimmernden Farben und Formen des Schauplatzes, dieser gusseisernen Gitterwelt, den U-Bahn-Schächten, den Bretterbuden, Treppen, Markthallen, Baustellen. (Das Notenbild der Partitur selbst hat etwas von der Graphik von Landkarten, Bauplänen, Lochkarten, Elektrokardiogrammen, Fluchtlinien.) Der Zoo ist omnipräsent. Der Protagonist nimmt auf seiner Reise die Gestalt des Pelztieres an, eines Bibers, der durch die Schächte und Hallen treibt, über Rolltreppen gleitet, in Kanäle taucht und in Abwässer, der auf Wassertürme klettert."[22]

Salvatores disparate Gedichte, die Textbausteine politischer Schriften ironisch mit uferlosen inneren Monologen collagieren, schildern keine lineare Handlung. Offen bleibt daher auch, wohin der jugendliche Odysseus am Ende zurückkehrt: in eine der beiden sozusagen „bürgerlichen" Formen der Ratlosigkeit oder aber in das wiedererlangte Bewusstsein seiner revolutionären Mission.

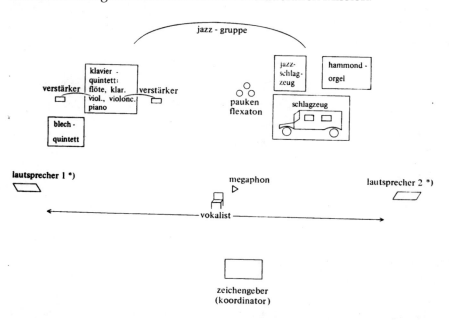

Abbildung 3: : *Der langwierige Weg in die Wohnung der Natascha Ungeheuer*, © Partitur Schott-Verlag, Mainz 1971, S. XI.

22 Henze, *Natascha Ungeheuer – Ein Versuch über den Realismus* (1971), in: ders., *Musik und Politik*, S. 155–164, hier S. 161.

Die siebzehn Mitwirkenden sind ein Vokalist, ein Schlagzeuger, ein Hammondorgelspieler sowie die Mitglieder eines Klavierquintetts, eines Blechbläserquintetts und einer Free-Jazz-Formation.[23] Dazu kommen noch elektronisch erzeugte Klänge, ein stereophones Tonband, Verstärker und Lautsprecher. Der Vokalist erscheint – in scharfer Opposition zum Ritual des traditionellen Konzerts – in einem bunten Hemd, einer alten Armee-Jacke und einer enormen bunten Brille. Gelegentlich entblößt er auch seinen Oberkörper. Beim Vortrag der elf Gedichte bewegt er sich singend, flüsternd, schreiend, gestikulierend oder tanzend im Vordergrund. Links dahinter befindet sich die Blechkapelle, „in korrekter bürgerlicher Kleidung", doch mit schief sitzenden Helmen auf den Köpfen. Henze verglich diese Kapelle mit einem „Treffen von alten Landsern": „Sie sind (...) Heimschutz, Werkschutz, Wach- und Schließgesellschaft. Traurige Kalauer sind zu hören, (...) Neue Sachlichkeit, alte Sachlichkeit. Rührselig Kaiserlich-Schnauzbärtiges, aber das alles ist aggressiv und verletzend geworden."[24]

Auf der anderen Seite agiert ein sonnenbebrillter Schlagzeuger im Overall. Kaugummi kauend bringt er mannigfache, meist improvisierte Klänge aus den exakt bezeichneten Materialien eines präparierten Autowracks hervor. Daneben bedient er Pauken, Flexaton und Jazz-Schlagzeug, bläst auf einer Mundharmonika und setzt durch das gelegentliche Abbrennen von Weihrauchstäbchen auch olfaktorische Akzente:

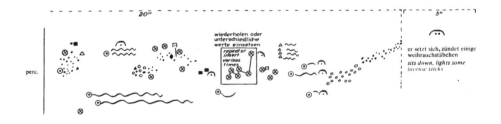

Abbildung 4: *Der langwierige Weg in die Wohnung der Natascha Ungeheuer*,
© Partitur Schott-Verlag, Mainz 1971, S. 17.

23 Henze äußerte hierzu, bei ihm stehe „der Free Jazz in diesem Stück für die zärtlichen Dinge, für die Freiheit, also für bestimmte Vorstellungen von Freiheit, die keineswegs marxistisch sind", und der Jazz habe „unter den Möglichkeiten des Musikmachens, wie sie in diesem Stück dargestellt werden, die positivste Interpretation von mir zugesprochen bekommen". Vgl. *Interview mit Hans Werner Henze*, in: *Jazz Podium* 24/4 (1975), S. 17. Zur Rolle des Free Jazz im gesellschaftlichen Umbruch um 1968 siehe auch den Beitrag von Nina Polaschegg in vorliegendem Band.
24 Ebd., S. 162.

Rechts dahinter steht eine Kinoorgel, die immer wieder mit Walzer-, Foxtrott- und Marschfragmenten zu hören ist und eine reale musikalische Gebrauchswelt repräsentiert. Zwischen den einzelnen Formationen erklingen Tonbandeinspielungen von Stimmen, Straßenlärm, Beat- und Militärmusik, Autohupen und anderen Klangaufzeichnungen, bisweilen auch die verzerrte Stimme der fernen „Sirene" Natascha. Links gegenüber sitzen in blutverschmierten Arztkitteln und teilweise mit Gipsverbänden versehen die Musiker des Klavierquintetts. Sie spielen in der Besetzung von Schönbergs *Pierrot lunaire*, dessen moribunde Klangwelt Henzes musizierende Ärzte offenbar als Parodie eines an sich selbst erkrankten, verbürgerlichten Intellektuellendaseins aufs Korn nehmen (also die „Elfenbeinturmavantgarde" als die zweite der erwähnten Formen der Ratlosigkeit, neben der Sozialdemokratie, die man vielleicht in den Blechbläsern lokalisieren darf).

In Nr. 5, der „Einleitung in die schwierige Bourgeoisie", komponiert Henze für das Quintett einen langsamen Walzer, der sich als Beispiel für die „unsaubere" Reihenverwendung anführen ließe und zugleich eine Webernsche Stilkopie in parodistischer Funktion darstellt:[25]

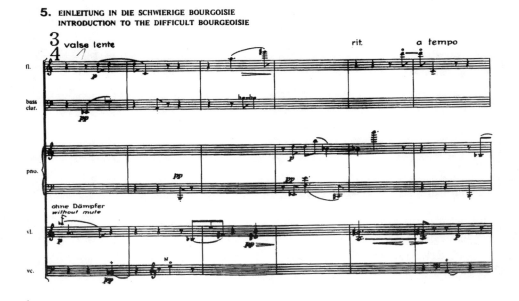

Abbildung 5: *Der langwierige Weg in die Wohnung der Natascha Ungeheuer*,
© Partitur Schott-Verlag, Mainz 1971, S. 31.

25 Hierzu Flammer, *Politisch engagierte Musik*, S. 203.

Durch den Text dechiffrierbar ist eine ähnliche Parodie in der als „Deutsches Lied" titulierten Nummer 8, die uns in „Kreuzberger Wohngemeinschaften und leere haschischdurchflorte Fabrikhallen" versetzen soll. Der Textanfang „Du liegst halbwegs bei unveröffentlichten Spätlesern des kommunistischen Manifests" ist in ein Zwölftonfeld eingebettet, das jedoch durch traditionelle Satzverfahren wie Vorhaltsbildungen und die Ausnützung konsonanter Intervalle gleichsam verkitscht wird. Die Vokallinie bildet wiederum eine „unsaubere" Reihe. Im fahlen Klangbild des getragenen Satzes erhält jedes einzelne Wort seine exponierte Bedeutung: das „Du" als allgemeine Anredeform und omnipräsentes Universalpronomen der 68er; „liegst" repräsentiert die generell horizontale Ausrichtung des Körpers als Zeichen des informellen Habitus; „halbwegs" signalisiert die Unentschlossenheit und Halbherzigkeit der bürgerlichen Heimkehrer; „bei unveröffentlichten Spätlesern" deutet auf künstlerische Impotenz, intellektuelle Rückständigkeit und süßlichen Alkoholgenuss (womöglich handelt es sich aber auch um eine persönliche Spitze des Suhrkamp-Autors Salvatore gegen einen der Künstlerin verbundenen Kreuzberger Literaten); und schließlich „des Kommunistischen Manifests" als Emblem der dogmatischen „alten" Linken.

Abbildung 6: *Der langwierige Weg in die Wohnung der Natascha Ungeheuer*,
© Partitur Schott-Verlag, Mainz 1971, S. 61.

Hans Werner Henze und die Studentenbewegung

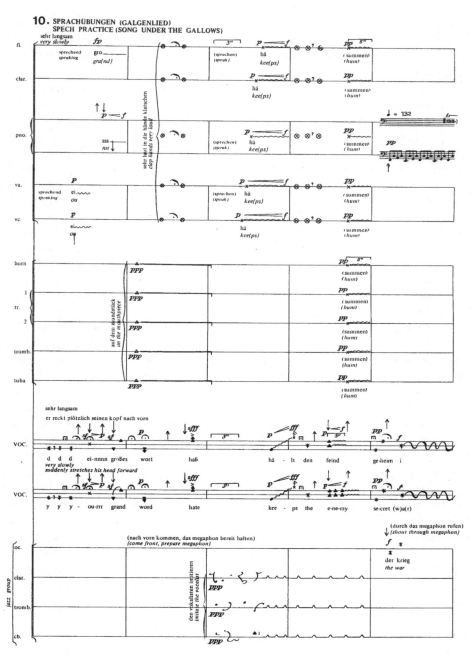

Abbildung 7: *Der langwierige Weg in die Wohnung der Natascha Ungeheuer*, © Partitur Schott-Verlag, Mainz 1971, S. 81.

In der Nr. 10 (Abbildung 7) bilden die Instrumentalisten einen Vokalchor, der sprechend, flüsternd, murmelnd, klatschend, summend und pfeifend die Äußerungen des Vokalisten kommentiert, die erste kollektive Sprachkomposition in Henzes Œuvre.

In der Mitte des Bühnenhintergrundes ist die Free-Jazz-Truppe postiert, deren Mitglieder ebenso wie der Organist „phantasievolle, sehr bunte Gewänder" tragen. Das produktive Ineinandergreifen von populärer Musik und sogenannter Hochkultur bringt weitere für Henze ungewöhnliche kompositorische Verfahren hervor, nämlich die aleatorische Anlage größerer Kompositionsabschnitte und die graphische Notation von improvisatorisch geprägten Satzverläufen. Treibende Kraft ist hierbei die Free-Jazz-Formation. Besonders bemerkenswert in diesem Zusammenhang ist ein Ausschnitt aus der „Einleitung in die schwierige Bourgeoisie" (Nr. 5), in dem die Jazzband über „We move" von Gunter Hampel improvisiert (ab T. 112).[26] Die übrigen Instrumente treten mit genau festgelegten Rhythmen, jedoch lediglich relativen Tonhöhen hinzu. Die Orgel hat eine Improvisation im Toccata-Stil auszuführen, wobei das Instrument in sehr raschen durchlaufenden Achtelnoten als eine Art Cluster-Schlagzeug einzusetzen ist. Nach und nach gehen alle Spieler in immer freiere Improvisationen über. Die Art und Weise der Improvisation wird in mehrfacher und differenzierter Weise gelenkt: durch graphische Zeichen, die lediglich einen relativen Tonhöhenverlauf vorgeben, durch verbale Ausdrucksangaben und durch eine präzise, auf Höhepunkte und Ruhepunkte zielende zeitliche Organisation. Die Improvisation über „We move" erklingt zu den Worten „diese Trennungen von allem was schön ist" und bezieht sich somit auf die Destruktion des schönen Scheins. Zugleich wird die „We move"-Paraphrase mit einem anderen musikalischen Idiom in Beziehung gesetzt, nämlich einem längeren Bach-Zitat: in T. 92 spielt das Klavier den Beginn der Englischen Suite Nr. 2 in a-Moll, allerdings in halbierten Notenwerten und metrisch versetzt. Henze selbst hat davon gesprochen, er habe Bach zitiert, „um an das Protestantische der Berliner Mental-Szenerie zu erinnern".[27] Also auch hierbei handelt es sich um eine Parodie, die dem Protest der Studentenbewegung gegenüber Autoritätsgläubigkeit – hier der musikalischen Autorität Johann Sebastian Bachs – entspricht. Ausgehend von Bach gestaltet Henze nun einen musikalischen Prozess, der sukzessiv zur freien Improvisation aller Stimmen führt. Bereits nach zwei Takten treten die Bläser im gleichen Achtelrhythmus, jedoch mit lediglich relativen Tonhöhen hinzu. Der strenge Achtelrhythmus wird nun aber durch Auslassen einzelner Taktzeiten zunehmend löchriger, „off-beatiger". Damit be-

---

[26] Vgl. hierzu die Analyse von Hans-Joachim Erwe, *Spuren der Improvisation in jazzinspirierter Kunstmusik*, in: *Jazz und Avantgarde*, hrsg. von Jürgen Arndt und Werner Keil unter Mitarbeit von Kerstin Jaunich und Ulrike Kammerer, Hildesheim 1998, S. 194–221.
[27] Henze, *Natascha Ungeheuer – Ein Versuch über den Realismus (1971)*, S. 163.

ginnt die – für die 1960er und 1970er Jahre nicht ungewöhnliche – Metamorphose von Bach zum Jazz (also zu „We move") und darüber hinaus schließlich zur völligen Indetermination.

Henzes *Natascha Ungeheuer* ist eines der relativ wenigen Beispiele von Werken der Neuen Musik, die unmittelbar aus dem Kontext der Studentenbewegung hervorgegangen sind und zugleich wesentlich auf diese Bezug nehmen. Dabei kommt es hier wie kaum jemals zuvor in Henzes Werk zu einer Entgrenzung traditioneller Gattungen, stilistischer Codes, performativer Praktiken und insgesamt des bis dahin vom Komponisten verwendeten musikalischen Materials. Avancierte Stilmerkmale wie die Theatralisierung der Musiker oder die Einbeziehung von elektronisch erzeugten Klängen und „Musique concrète" sind dabei keineswegs bloß Vehikel einer musikalischen Ästhetik, die politischen Fortschrittsdrang und avancierte Materialbehandlung möglichst schlüssig zu vereinen suchte, sondern vielmehr zugleich Mittel der Ironie, der Parodie und Persiflage. Musikhistorisch und phänomenologisch kann Henzes Auseinandersetzung mit der Studentenbewegung somit am Übergang von der informellen Musik der 1960er Jahre zur Polystilistik der Postmoderne verortet werden. Gleichwohl blieb *Natascha Ungeheuer* – ungeachtet des eingangs erwähnten gewaltigen Medienechos – zweifellos ein isoliertes Experiment. Keines der verwendeten kompositorischen Verfahren war damals grundsätzlich neu, und die scheinbar wahllose Akkumulation von Stilmitteln ist mitunter als eklektisch getadelt worden. Ebenso augenfällig ist eine bemerkenswerte Unbekümmertheit der Konstruktion, die zweifellos von der großen Eile zeugt, in der das Werk entstand.[28]

Indes führt die in der Idee der Musica impura postulierte Durchlässigkeit unterschiedlichster Stile in *Natascha Ungeheuer* zu der „postmodernen" Konsequenz, dass prinzipiell alle musikalischen Idiome auf engstem Raume horizontal oder auch vertikal miteinander in Beziehung gesetzt werden können. Diese vollständige Subversion der musikalischen Idiomatik ließe sich in der Tat – mit Peter Boenisch – als „akustischer Landfriedensbruch" bezeichnen. Die Utopie, die hierin zugleich in Analogie zu den Protestbewegungen der späten 1960er Jahre zum Ausdruck kommt, ist eine doppelte: zum einen die einer Revitalisierung der Ausdrucksmöglichkeiten durch avantgardistische Strömungen innerhalb der populären Musik, vertreten vor allem durch den Free Jazz, und zum anderen die der kollektiven Improvisation als einer gewissermaßen „herrschaftsfreien" musikalischen Kommunikation. Die multimediale Theatralisierung wiederum rückt das Werk in die Nähe postdramatischer Ästhetiken, in denen nicht mehr Rollendarsteller, sondern selbstreferentielle Performer agie-

---

[28] Zu diesen Aspekten der Henze-Kritik siehe etwa die Studie von Christian Martin Schmidt, *Über die Unwichtigkeit der Konstruktion. Anmerkungen zu Hans Werner Henzes 6. Sinfonie*, in: Melos, 2 (1976), S. 275–280.

ren, die szenischen Mittel sich verselbständigen und der für die Moderne prägende Gegensatz von Illusion und Desillusionierung gegenstandslos geworden ist.[29] Eine besondere ästhetische Qualität gerade dieses Werkes scheint dabei in der Ökonomie der Mittel zu liegen, die Henzes „musica impura" nicht nur mit Nerudas Poetik, sondern auch mit dessen Vorstellung einer „arte povera", einer mittellosen Kunst auf der Straße, in Einklang bringt, vergleichbar den spontanen Formen öffentlicher Performanz seitens der Studentenbewegung. Bezeichnend ist hierfür der Partiturhinweis, das Werk könne nicht nur auf Konzertpodien, sondern auch in Sporthallen und auf öffentlichen Plätzen aufgeführt werden: ein Indiz für die utopische Hoffnung einer Überwindung der gesellschaftlichen Isolation der Neuen Musik.

In ihrer Festrede zur Verleihung des Bundesverdienstkreuzes an Peter Boenisch am 11. Juli 2003 konstatierte die Beauftragte der Bundesregierung für Kultur und Medien Christina Weiss eine bemerkenswerte Parallele zwischen der Achtundsechzigerbewegung und der *Bild*-Zeitung:

„Vielleicht ist es nicht allzu ketzerisch, zu behaupten, dass die damalige *Bild*-Zeitung und die Achtundsechziger zwei Seiten ein und desselben historischen Prozesses waren: Nämlich der allmählichen Ablösung überkommener Eliten in der jungen Bundesrepublik. Boulevardisierung der Medien – das bedeutet bis zu einem gewissen Grade ja auch Demokratisierung. Und in Schimpfwörtern wie ‚Massenblatt' klingt der indignierte Ton der alten Oberschicht an, die ihr Meinungsmonopol gerne behalten hätte."[30]

Wie dem auch sei: Eine der postulierten „Demokratisierung der Medien" gemäße „Boulevardisierung der Neuen Musik", für die Henzes *Natascha Ungeheuer* immerhin eine Art Versuchsanordnung bildet, ist trotz *Bild*-Zeitung und Achtundsechzigerbewegung auf breiter Front auch weiterhin nicht absehbar.

---

29 Hierzu siehe Hans-Thies Lehmann, *Postdramatisches Theater*, Frankfurt/Main 1999.
30 Presse- und Informationsamt der Bundesregierung (Hrsg.), *Rede der Staatsministerin Dr. Christina Weiss, Beauftragte der Bundesregierung für Kultur und Medien, anlässlich der Verleihung des Großen Verdienstkreuzes des Verdienstordens der Bundesrepublik Deutschland an Peter Boenisch*, Pressemitteilung vom 11. Juli 2003.

Between „Old Left" and „New Left": The *Notenkrakersactie* and Its Implications for the Dutch Early Music Movement

Kailan R. Rubinoff

The *Notenkrakersactie*, or „notecrakers action" of November 17, 1969 ranks as one of the most notorious incidents in 20th-century Dutch musical culture. That evening, a group of composers and young musicians disrupted a concert by Amsterdam's Concertgebouw Orchestra, just as conductor Bernard Haitink was about to give the downbeat. The *Notenkrakers*, planted throughout the concert hall, set off noisemakers, unfurled a banner, and dropped pamphlets onto the audience; they then attempted to begin a dialogue with the orchestra members and the public using a megaphone. At issue, the *Notenkrakers* asserted, was the Orchestra's „undemocratic" structure, the authoritarian decision-making process of its board of directors, and its conservative programming (which, under Haitink, emphasized such German Romantics as Bruckner and Mahler). In their pamphlets, they charged that the Orchestra was a „commercial export rather than as an artistic centre," and willingly allowed itself to be exploited by such corporations such as KLM airlines, Philips, and United, an international television company.[1] As the Netherlands' premiere musical ensemble, supported by public funds, they argued that the Orchestra should perform more music by contemporary Dutch composers. Ultimately, the *Notenkrakers*' calls fell on deaf ears: the protestors were heckled by audience and orchestra members alike, and they were soon ejected from the hall by the police. The concert proceeded as planned. Later, the five key composers associated with the *Notenkrakersactie*, Louis Andriessen, Reinbert de Leeuw, Misha Mengelberg, Peter Schat and Jan van Vlijmen – though he himself was not actually present and had only reluctantly supported the protest – were sanctioned by the Society of Netherlands

---

[1] From *The Nutcracker Information Bulletin*, cited in Rudy Koopmans, *On Music and Politics: Activism of Five Dutch Composers*, in: *Key Notes* 4, no. 2 (1976), p. 19-36, here: p. 23.

Composers (*Genootschap van Nederlandse Componisten*); five unions of orchestral musicians also threatened a boycott of their music.[2]

Even before the *Notenkrakersactie*, however, this group of composers had already garnered considerable publicity. Known as „The Five", all of them had studied with Kees van Baaren, the former director of the Royal Conservatory in The Hague, and one of the Netherlands' first serial composers. Their experimental approach to composition, coupled with – in the case of Andriessen and Schat especially – their outspoken leftist political views placed them at the vanguard of both new music and social activism alike. Symptomatic in this regard were the *Politiek-demonstratief experimenteel* („political-demonstrative experimental", or PDE) concerts organized by Andriessen, Mengelberg and Schat. The first of these concerts was held in late May 1968, shortly after the infamous Paris demonstrations, in Amsterdam's Carré theatre. Both the timing and the politicized aspect of the event alarmed the police, who surrounded the building: the program book and the walls of the venue were decorated with quotes and images of Fidel Castro, Che Guevara and other prominent Marxists.[3] Moreover, just a few months prior to the *Notenkrakersactie*, the Five had collaborated on an opera, *Reconstructie*, which had its premiere at the 1969 Holland Festival. *Reconstructie*'s stylistic eclecticism, unconventional orchestration and its overtly political theme were considered shocking by audience members and the press alike. The score was a pastiche of classical, jazz and pop music, using keyboards, winds and electronic instruments, and the libretto, co-written by Dutch political writer Harry Mulisch and Hugo Claus, again had an overtly Marxist stance: the story of Don Juan is used as an allegory to reconstruct the murder of Che Guevara, and it implicitly critiques U.S. involvement in Latin America.

In light of The Five's association with a radically politicized „New Left" movement, it is not surprising that the *Notenkrakers*' protest attracted such at-

---

2   This summary of the *Notenkrakersactie* is based on several accounts, including: Robert Adlington, *Louis Andriessen: De Staat*, Burlington, VT 2004, p. 17; Koopmans, *On Music and Politics*, p. 24; Leo Samama, *Muziek en het onbehagen in de cultuur in de jaren zestig*, in: *Een muziekgeschiedenis der Nederlanden*, ed. Louis Peter Grijp, Amsterdam 2001, p. 743-748; Leo Samama, *Zeventig jaar Nederlandse muziek 1915-1985: Voorspel tot een nieuwe dag*, Amsterdam 1986, p. 259-262; Kevin Whitehead, *New Dutch Swing*, New York 1999, p. 69-70; Truus de Leur, *Bernard Haitink, de eerste jaren (1959–1974)*, in: *Historie en kroniek van het Concertgebouw en het Concertgebouworkest 1888–1988*, vol. 2, ed. HJ Van Royen, Zutphen 1989, p. 95–150, here: p. 133–134; Peter Peters, *De Notenkrakers en de politiek: Geëmanicipeerde arbeiders en dissonanten*, in: *Mens en Melodie* 49, nos. 11-12 (November/December 1994), p. 610-617; Jacqueline Mineur, *Actie Notenkraker: Componisten tegen het Concertgebouworkest*, Unpublished dissertation, Utrecht University, 1989; and Wouter Paap, *Muziek en maatschappijkritiek*, in: *Mens en melodie* xxv, no. 5 (May 1970), p. 129-131.
3   For more detailed accounts of the PDE concerts, see Adlington, *Louis Andriessen*, p. 13-16; Whitehead, *New Dutch Swing*, p. 67-69; and Samama, *Zeventig jaar Nederlandse muziek*, p. 260-261.

tention and ire from the public. Still, critics, scholars, and even the composers themselves, have disagreed as to the *Notenkrakersactie*'s ultimate meaning and impact. Peter Schat felt, in the protest's aftermath, that „Nothing is the same any more, and nothing will stay the same."[4] Critic Peter Peters wryly remarked that, „The *Notenkrakersactie* grew in the past twenty-five years into the constituting myth of the Netherlands' musical life."[5] Likewise, Pay-Uun Hiu takes an affirmative view of the event, and credits the *Notenkrakers* with „germinating the seeds" of the unique Dutch „ensemble culture" which blossomed in the 1970s, with a variety of specialised ensembles being established for the performance of new music, live electronics, jazz and improvisation.[6]

On the other hand, Jan van Vlijmen distanced himself from the political goals of the *Notenkrakers*, and felt that the protest „didn't achieve a thing". „The Concertgebouw," he remarked in 1976, „is still run the way it was in the twenties."[7] Certainly, there was good reason for Van Vlijmen's scepticism at the time: while independent ensembles for contemporary music were indeed springing up, there were still twenty-one professional orchestras in the Netherlands in 1981 – of which fourteen were financed directly by the federal government; another five public broadcasting orchestras received government financing indirectly.[8] The symphonic programming, for the most part, remained fairly conservative.

Not surprisingly, Bernard Haitink's biographer, Simon Mundy, was also quick to downplay the *Notenkrakersactie*:

> The affair of the 'Nutcraker Movement' was the single most ludicrous episode of Haitink's period as conductor. It was, in reality, a little local spin-off from the student revolts that had swept Europe the previous year and penetrated into most areas of academic and cultural life. This particular one had not started in Amsterdam at all, but in Tilburg, where the students had objected to what they regarded as the dull and middle-aged programme policy of the Brabant Symphony Orchestra.[9]

Mundy is correct to point out that the *Notenkrakersactie* was not a unique or isolated event, in that it was part of a series of protests against conservative orchestral programming in the Netherlands throughout 1969 and 1970. However, by asserting that the episode was little more than a pale imitation of the 1968 student revolts elsewhere in Europe, he ignores the important history of an in-

---

4   Cited in Koopmans, *On Music and Politics*, p. 31.
5   Peters, *De Notenkrakers en de politiek*, p. 610.
6   Pay-Uun Hiu, *Eigenwijze ensembles en een eigenwijze ensemblecultuur*, in: *Een muziekgeschiedenis der Nederlanden*, ed. Louis Peter Grijp, Amsterdam 2001, p. 757-764, here: p. 758.
7   Cited in Koopmans, *On Music and Politics*, p. 33.
8   Roel Pots, *Cultuur, koningen en democraten: Overheid & cultuur in Nederland*. Nijmegen (2) 2002, p. 365 and p. 557 n. 1.
9   Simon Mundy, *Bernard Haitink: A Working Life*, London 1987, p. 66.

digenous Dutch protest movement – known as Provo – to which the *Notenkrakers* were closely connected.

Provo – from *provocatie*, or provocation – was a youth movement active in the mid-1960s; the Provos sought to playfully mock establishment figures and prominent institutions in the Netherlands' orderly, conservative and dull post-war society. Predominantly pacifist and non-violent, the Provos used sit-ins, pamphlets and happenings to challenge the monarchy (for example by disrupting the 1966 royal wedding with smoke bombs), protest police brutality, and champion environmental causes. The height of Provo activities was between 1965–67, though more radical anarchist and Marxist outgrowths remained active well into the 1970s.

By the late 1960s, the goals and methods of the Provo had spread from humorous nuisance activities to more serious causes, such as anti-Vietnam protests, labour disputes and student uprisings. The artistic community was also becoming involved in the burgeoning protest movement.[10] In June 1969, a few months prior to the *Notenkrakersactie*, a group of some sixty visual artists had occupied the *Nachtwachtzaal* (Night Watch gallery) of the Rijksmuseum, and that October, theatre students launched the *Actie Tomaat* by throwing tomatoes on the stage of Amsterdam's *Nederlanse Comedie*.[11] Visual and performing artists alike voiced many common demands: they sought more input into the programming of exhibitions and performances, greater financial security, and increased government funding for their activities.

Seen in this context, then, how does one interpret the *Notenkrakersactie*? Was it just an annoyance, as Mundy would have it, symptomatic of the *zeitgeist*, and a mere copycat of the truly radical political protests of 1968? Or was it in fact a symbolic event, a watershed which marked the arrival – albeit belatedly – of a bona fide Dutch, post-war musical avant-garde? The problem is that neither explanation of the *Notekrakersactie*'s outcome is entirely satisfactory, particularly when one takes into account the nearly simultaneous development of another side of Dutch musical culture: the rise of the Early Music movement in the Netherlands. By the late 1960s, such leading Dutch performers as Gustav Leonhardt, Frans Brüggen and Anner Bijlsma were gathering international attention and critical acclaim for their performances and recordings of Baroque music on period instruments. Between 1950 and 1970, the audience for Baroque music in the Netherlands mushroomed, and the proportion of Baroque music on Dutch

---

10 *Notenkraker* Peter Shat himself had even lived in the same house as some of the Provo organizers, who met in his basement. He was also present at the Berkeley protests at People's Park, which were in part inspired by the Provo. See Koopmans, *On Music and Politics*, p. 32.

11 For more on these protests, see Pots, *Cultuur, koningen en democraten*, p. 295-297 and James C. Kennedy, *Building New Babylon: Cultural Change in the Netherlands During the 1960s*, Ph.D. diss., University of Iowa 1995, p. 253-254.

concert programs nearly *quadrupled*.[12] By the mid-1970s, students interested in specializing in the recorder, harpsichord, Baroque violin and other instruments were flocking to the Netherlands in droves to study in the Dutch conservatories.[13] Given the turbulent atmosphere in the Netherlands' artistic life, and calls for rejuvenation in all sectors, how then does one account for the fact that „old music" and „new music" were coming to the forefront in the same place, at the same time?

In part, it was the reform-minded political climate of the 1950s and early 1960s which set the stage for the more turbulent era of the Provos and *Notenkrakers* later that decade. As the historian James C. Kennedy has documented, during the post-war period, academics, political leaders and clergy alike called for reform to the economic, technology and educational sectors. Many felt that the Netherlands was „backwards" in many respects and behind other nations, and they sought to create a more progressive and modern Dutch society. The „dominant public discourse" of political, religious, and cultural leaders, Kennedy notes, was a „rhetoric of *vernieuwing*", or renewal.[14] By the end of the 1960s, this rhetoric had become even more acute among the younger generation. In the words of historian J. C. Hans Blom, „trusted patterns of life and thought were broken, traditional values were now openly questioned. Everything from the past seemed to have no future."[15] But here we return to the central paradox of Dutch musical culture in the late 1960s. With the *Notenkrakers* and their supporters rallying to promote *new* music – particularly new *Dutch* music – it is altogether astonishing that *early* music, in particular the music of J.S. Bach and other Baroque composers – was not outright rejected by young people, along with the 19th-century orchestral repertoire. If „everything from the past seemed to have no future," how could there be a simultaneous revival of interest in music composed prior to 1800, historical instruments and historical performance practices?

In part, the Dutch Early Music community's overwhelming success can be explained by its curious espousal of both a backwards-looking historicism and a progressive grounding in social democratic political ideals – in other words, what might be termed the „Old Left." The beginnings of this historical approach to performance can be traced long before the turbulent 1960s: the revival of interest in the music of J.S. Bach in the late 19th century is often taken as a

---

12 Erik Beijer and Leo Samama, *Muziek in de Nederlanden van 1100 tot heden*, Utrecht/Zutphen 1989, p. 116.
13 Marie Leonhardt, *The Present State of Music in Northern Europe, In Particular the Netherlands*, in: Early Music 4, no. 1 (January 1976), p. 50-53.
14 Kennedy, *Building New Babylon*, p. 22.
15 J.C.H. Blom, *The Netherlands Since 1830*, in: *History of the Low Countries*, ed. J.C.H. Blom and E. Lamberts, trans. James C. Kennedy, New York 1999, p. 397-460, here: p. 445.

useful benchmark. The Dutch conductor Willem Mengelberg and the Amsterdam Concertgebouw Orchestra played an important role in this regard. By 1899, Mengelberg had turned the Palm Sunday performance of Bach's *St. Matthew Passion* into an annual event[16] – a tradition that has continued largely uninterrupted to this day, though in a radically different form from Mengelberg's large-scale, Romantic interpretation of this work. Indeed, the Passion season would become a veritable institution in the Netherlands, as the Bach performance tradition spread from the Concertgebouw to other, rival, ensembles, notably the Nederlandse Bachvereniging (Dutch Bach Society), which was established in 1921. By the late 1920s, increasing interest in historical performance practice led to calls for unabridged Passion performances; gradually, there was a move towards greater textual fidelity, a reduction of performance forces to emulate 18th-century choirs and orchestras, and, eventually, the employment of historical instruments in the early 1970s.[17]

The institutionalization of this Bach Passion tradition doubtlessly helped to make the Dutch public more familiar with Baroque music. However, it was a grassroots amateur movement – closely allied with socialist organizations – which was largely responsible for popularizing both Early Music and historical instruments in the Netherlands. The *Arbeiders Jeugd Centrale* (AJC, or Workers Youth Movement) was established in 1918 by the Social Democratic Workers Party (SDAP, or *Sociaal-Democratische Arbeiderspartij*) and the Dutch Federation of Trade Unions (NVV, or *Nederlands Verbond van Vakverenigingen*). Musical activity, in addition to folk dancing and drama, were seen by the AJC as a means to foster cohesion within their constituency, while also providing youths with a healthy social outlet. Piet Tiggers (1890-1968), who began work as musical director of the AJC in the mid-1920s, sought to develop a new form of music-making and learning, and endow music with a new social function. He criticized the elitism of the 19th-century concert repertoire; community music-making, he felt, could instead involve all people, regardless of musical ability – thereby upholding socialist ideals. In addition to singing, instruments such as violins, viols, lutes, guitars, and especially the soprano recorder were used – the latter because it was inexpensive and easy to learn. Large quantities of instruments and music editions were initially imported to the Netherlands from

---

16 The first performance of the *St. Matthew Passion* in the Netherlands took place on April 22, 1870 in Rotterdam, and there were sporadic performances thereafter, but it was not until Mengelberg that it became an annual tradition.

17 For a survey of these trends, see Emile Wennekes, *Het past ons niet de voorschriften van het genie te verwaarloozen: De Nederlandse Bachvereniging 75 jaar jong*, in: *Tijdschrift voor Oude Muziek* 12, no.1 (February 1997), p. 8-11; and Wennekes, *Over traditie en vernieuwing, romantische vervalsing en liturgische soberheid: De Nederlandse Bachvereniging versus het Concertgebouworkest*, in: *De Matthäus-Passion: 100 jaar passietraditie van het Koninklijk Concertgebouworkest*, ed. Christian Martin Schmidt et al., Bussum/Amsterdam 1999, p. 100–109.

Germany. The AJC's repertoire consisted originally of folk tune arrangements, but it gradually grew to include Renaissance and early Baroque music, since a good deal of 16th- and 17th-century ensemble music was suitable for amateurs.[18] The AJC, and the *Vereniging voor Huismuziek* (Society for Amateur Music) which grew out of it,[19] was associated with some of the first professional recorder players and pedagogues in the Netherlands, including Joannes Collette and Kees Otten – Frans Brüggen's teacher.

The institutionalization of these socialist goals took on a new impetus during the post-war reconstruction effort, as the SDAP and their successor, the Labour Party (*Partij van de Arbeid*, or PvdA), formed a key component of several consecutive coalition administrations. Even though the KVP (*Katholieke Volkspartij*, Catholic People's Party) headed the federal government from 1958 to 1965, in coalition with other confessional parties, important progressive social welfare legislation continued to be implemented. As Robert H. Cox has observed, „In part, it was competition with the left that prompted the right-of-center Catholic party to become a proponent of welfare reform."[20] The rise of the socialist movement was seen as threatening by the confessional parties, which had traditionally had a stranglehold on Dutch political and cultural life: socialism, with its emphasis on equalizing class differences, could cut across a Dutch population highly polarized on religious lines (with the predominantly Protestant, Dutch Reformed parties dominating in the northern part of the country, and the Catholics the majority in the south). Thus, by adopting many of the policies advocated by the Labour Party in an attempt to trump the socialists, Catholic and Protestant leaders alike were shifting towards the left by the mid-1960s.[21] The unprecedented economic growth during the 1950s fuelled government investments in infrastructure and institutions, but it was also channelled to social and cultural programs.

Perhaps nowhere was the federal government's aforementioned goal of „*vernieuwing*" more dramatic than in the education sector. Foreseeing the strains the Dutch Baby Boomer generation would place on existing schools, col-

---

18 See André van der Louw, *Rood als je hart: 'n geschiedenis van de AJC*, Amsterdam 1975, p. 101-102; Jolande Van der Klis, *Oude muziek in Nederland: Het verhaal van de pioneers 1900-1975*, Utrecht 1991, p. 91-95; Van der Klis, *Beurt onze vlaggen: De gezamenlijke roots van huismuziek en oude muziek*, in: *Tijdschrift voor oude muziek* 6, no. 2 (May 1991), p. 7-11; and Van der Klis, *Een gezonde muzikale activiteit: De gezmenlijke roots van huismuziek en oude muziek (deel 2)*, in: *Tijdschrift voor oude muziek* 6, no. 3 (August 1991): 8-10.
19 Established in 1951, this organization is still in existence today. See also Wouter Paap, *Huismuziek in Nederland*, in: *Mens en melodie* 25, no. 12 (December 1970), p. 67-69.
20 Robert H. Cox, *The Development of the Dutch Welfare State: From Workers' Insurance to Universal Entitlement*, Pittsburgh/London 1993, p. 135.
21 Kennedy, *Building New Babylon*, p. 283-4; Thomas R. Rochon, *The Netherlands: Negotiating Sovereignty in an Interdependent World*, Boulder 1999, p. 44-48.

leges and universities, major changes were made to the education system at the primary, secondary and postsecondary levels. Remarkably, music education was a key priority among the new curriculum and institutional initiatives implemented in the postwar years, beginning with the first post-war Minister of Education, Arts and Sciences, Gerardus van der Leeuw (1890-1950). The philosophy of Van der Leeuw, a theology professor and Bach enthusiast, was shaped by a mixture of Calvinism, nationalism and social democratic ideals: he believed that music and arts programs were important to the development of a Dutch national identity and as such should be supported by the state. The arts, he felt, would serve as a buffer against what he believed to be encroaching threats to the rapidly-changing post-war society: fascism and communism, but also the „irresistible temptations" of an Americanized popular culture, and the „moral decay" promoted by sport, movies, sensationalist journalism and the radio.[22] The growing population of young people was seen as particularly vulnerable to such influences.

This line of thinking continued to shape arts, education and cultural policy well into the 1950s. After 1947, the federal government took over the financing of community music schools and conservatories, which previously had been run by private organizations or supported with municipal funding.[23] This made music lessons affordable and accessible not only to the wealthy, but to all members of Dutch society. As such, the number of state-funded community music schools rapidly increased from 20 in 1954 to 72 in 1965.[24] John Daniskas, who was appointed in 1954 as the State Inspector for Musical Education, supervised professional and general music education programs, and ensured that music schools complied with newly-designed government examination and diploma regulations.[25] His writings, like those of Van der Leeuw, also emphasize social democratic ideals and the role of music in shaping personality development in children. In a 1959 article outlining his approach to music education policy, he noted that, „Musical culture is not only an aesthetic speciality for the people who frequent the concerts and the opera, but also a fundamental medium for the harmonious and healthy development of the body, the soul and the spirit of the young people."[26]

---

22 Kees Schuyt and Ed Taverne, *1950: Welvaart in zwart-wit*, Nederlandse Cultuur in Europese Context vol. 4, The Hague 2000, p. 408.
23 Pots, *Cultuur, koningen en democraten*, p. 238, 284.
24 Ibid., p. 285.
25 This was a position which he would hold until his retirement in 1974. See Carol K. Luxenberger, *The Developing Role of the Recorder in the Conservatories and Music Schools of the Netherlands From Post-World War II to 1980*, Ed.D. Diss., University of Houston 1997, p. 125.
26 John Daniskas, *Some Aspects of Music Education in the Netherlands*, in: *Canon* 12, no. 11 (1959), p. 344-348, here: p. 344.

It was the creation of the new Ministry of Culture, Recreation and Social Work (Cultuur, Recreatie en Maatschappelijk Werk, or CRM) in 1965 which truly was a defining moment in the creation of the Dutch welfare state, however. At this time, the federal government's arts programs were shifted from the old Ministry of Education, the Arts and Sciences, and cultural policy became even more clearly associated with social welfare policy. As a 2003 federal document on cultural policy put it,

> The establishment of the Ministry of Culture, Recreation and Social Work in 1965 marked a turning point in the way 'welfare' and welfare policy were perceived. Until then welfare policy had largely been corrective in nature, the aim being to counteract imbalances within society; during the sixties the aim of welfare policy increasingly became to prevent such imbalances occurring in the first place.[27]

For music education, one implication of the ministerial shift was that *all* conservatories were placed on an equal footing, and granted full federal financing for the first time – not only the Royal Conservatory in The Hague, which had previously had an exclusive status.[28] Although management of the professional music schools eventually shifted back to the Ministry of Education and Sciences, other aspects of arts education programming were shared between the two ministries, and as such music policy continued to be shaped by social welfare ideals.

Another result of the ministerial shift was a major overhaul of the public school system, implemented through a sweeping educational reform package known as the Mammoetwet („Mammoth Law"). Remarkably, the newly-devised primary curriculum also included a general music education program, one which was modeled on the pedagogical approach of the *huismuziek* and folk music societies.[29] The recorder became the primary tool for classroom music instruction, and it soon became ubiquitous in Dutch elementary schools.

Because general music programs in the public schools were expanding, the new pedagogical approach required the training of a different kind of music in-

---

27 Ministerie van Onderwijs, Cultuur en Wetenschap, *Cultural Policy in the Netherlands*, Zoetermeer/The Hague 2003, p. 191.
http://www.minocw.nl/english/doc/2003/culturalpolicy2003nl.pdf Online version, accessed 11 January 2006.
28 Mathilde Boon and Annelies Schrijnen-van Gastel, *Arts in Research: The Structural Position of Research in Post-Secundary [sic] Music and Drama Education*, Amsterdam/The Hague 1981, p. 21-22.
29 The Mammoetwet was actually a series of laws reforming educational policy from 1963 through 1968. The most important of these, the Secondary Education Act, took effect in August 1968 (see Boon and Schrijnen-van Gastel, *Arts in Research*, p. 22). The music appreciation program, known as *Algemeen Vormend Muziekonderwijs* (General Formative Music Education, or AVM) and the recorder instruction method were modelled on the pedagogical techniques developed by Willem Gehrels. See Pots, *Cultuur, koningen en democraten*, p. 285 and Luxemberger, *The Developing Role of the Recorder*, p. 108-118.

structor. As the demand for qualified recorder teachers increased, most of the Dutch conservatories began to offer instruction on this instrument. Under Daniskas, the instrument would receive the ultimate status of legitimacy: incorporation into the state conservatory exam system, first with the education diploma in 1955, but eventually followed by the prestigious soloist's diploma in 1961. This gave the recorder the same status as mainstream orchestral and keyboard instruments. The harpsichord, which had been taught at the Amsterdam Conservatorium since 1928, was also increasing in popularity as well. It was clear that interest in historical instruments was spreading and growing across the country.

Thus, by the mid-1960s, socialist ideals about making music accessible to all had already been absorbed, adopted and institutionalized by the government-financed public schools, community music schools and professional conservatories. Historical instruments such as the recorder, lute, viola da gamba and harpsichord were proving to be effective mediums for the new pedagogical methods, which emphasized participation by all, regardless of talent or ability level. This created a large body of amateur musicians among the Dutch population who were both familiar with Baroque and Renaissance music, as well as period instruments – and it is these amateur music lovers who would form the core audience for the more professionalized period-instrument ensembles, such as the Leonhardt Consort, Quadro Hotteterre, and Musica da Camera, which emerged at the end of the decade.[30]

Moreover, Dutch educational institutions were producing a new generation of music audiences who, fed on a steady diet of social democratic ideals, would be sympathetic to the *Notenkrakers* and their challenge to the elitism of Classical music institutions. If the more overtly „New Left" Marxist political views propounded by the PDE concerts, *Reconstructie* and the *Notenkrakers* made older audiences uncomfortable, it was in part because the explicit mixing of political goals and social criticism with an „independent" art form like music remained unpalatable – even to social democrats, and those associated with the „Old Left." As Wouter Paap, critic and editor of the national music journal *Mens en Melodie* remarked, the *Notenkrakers'* „illegal" and „heartless" disruption of the Concertgebouw concert had come off very badly because it challenged the „reverence for the work of art and the respect for the interpreters which is deeply felt by Dutch music lovers."[31] He also noted that a number of the per-

---

30 Even as late as 1992, a study commissioned by the Ministry of Welfare, Health and Cultural Affairs and the Utrecht Early Music Festival showed that approximately half of the audience members were themselves performers or singers. See René Verhoeff, *Het puliek van de oude muziek: Een onderzoek naar de samenstelling van het publiek van het Holland Festival Oude Muziek Utrecht in vergelijking met het publiek van reguliere concerten*, Rijswijk 1992, p. 55.
31 Paap, *Muziek en maatschappijkritiek*, p. 129.

formers involved in The Five's overtly political works and the PDE concerts did not share the composers' political views.[32] He suggested that it was „principally in the education world, where the ideas of renewal are all abuzz, one could trust that a methodical and legal approach" would allow musicians to truly reap the benefits of a more socially-engaged art. „In this regard," he concluded, „we will shortly see what will happen with the conservatories!"[33]

Ultimately, two people associated with the *Notenkrakers* successfully mediated between these two generational and ideological factions: the recorder player Frans Brüggen, and Jan van Vlijmen. Just as Paap predicted, the conservatories would indeed be at the forefront of renewal initiatives, and once again Early Music would play a pivotal role. Van Vlijmen, who took over as director of the Royal Conservatory in The Hague in 1971, ushered in major changes to the school's program offerings and facilities. Not only did he strengthen programs in contemporary and electronic music, but, sensing a clear student demand in the area of historical performance, he was also responsible for developing the Early Music Department in the early 1970s. Under his direction, such important figures as the Kuijken brothers, Lucy van Dael and Marius van Altena were hired, expanding the offerings from recorder and harpsichord to viola da gamba, Baroque violin, flute and other wind instruments, and voice.

Frans Brüggen, the renowned recorder player and long-time teacher at the Royal Conservatory, was another figure who was able to reach out to Dutch audiences across differences in age, musical taste and political viewpoint. He frequently associated with composers, and encouraged them to write new music for his instrument. On recitals, he often performed works by Andriessen and other members of The Five, and he was featured in the premiere of *Reconstructie*, where he performed a solo on an amplified contrabass recorder. Although Brüggen strove to raise the technical standards of his instrument and sought to disassociate himself from the instrument's *huismuziek* roots, he was nevertheless cognizant that amateurs made up the core component of his audience. During the 1969 Utrecht „Motion Weeks," for example, Brüggen was invited to play in an outdoor performance amongst jazz, pop and classical musicians. His program included such „Early Music" offerings as Telemann and Bach, and 17th-century Dutch composer Van Eyck, along with recently composed works like Berio's *Gesti*, and Andriessen's *Sweet*. His audience, however, was just as diverse as the music itself. As one reviewer put it,

---

32 Even a more liberal critic, Ernst Vermeulen, made a point of highlighting *Reconstructie*'s „artistic qualities" and the innovative aspects of the musical score *despite* its political overtones. See Ernst Vermeulen, *The 1969 Holland Festival*, in: *Sonorum Speculum* 40 (Autumn 1969), p. 31-41, here: p. 38-41.
33 Paap, *Muziek en maatschappijkritiek*, p. 131.

Frans Brüggen can depend upon a public of his own, consisting predominantly of young people. There are scraps of children amongst them who are just up to the stage of their descant recorder. There are those who can already produce a fine sonata on the treble recorder. There are amongst them music teachers on whose faces General Musical Education [*Algemene Muzikale Vorming*] can be read. And then there are the hippies who recognize in Frans Brüggen the type of musician who answer their ideal completely, namely a bird who takes a high flight without assuming the air of an artistic genius.[34]

It is no doubt this broadness of approach which accounted for Brüggen's success with such disparate groups of the Dutch public.

Ultimately, the most dramatic results of the *Notenkrakersactie* would only become apparent during the 1970s, when many of the reforms in the educational and cultural sectors would be more fully implemented. Under the administration of Prime Minster Joop den Uyl (PvdA, 1973-77), the vast expansion of the welfare state meant that spending on the arts and arts education increased dramatically. As such, more funding to arts groups across the board meant that a greater representation of musical subcultures – including both New Music and Early Music ensembles – would receive support. However, the true challenge to the hegemony of the symphony orchestras – the greatest hope of the *Notenkrakers* and Early Musickers alike – would only be attempted in the mid-1980s under the more conservative Lubbers administration. At this point, the rationale for orchestra reform would be financial, and not ideological: the idealistic vision of a fully government-supported and diverse music scene in the Netherlands would prove to be fiscally unsustainable.

---

34 Wouter Paap, *Frans Brüggen and the recorder*, in: *Sonorum Speculum* 42 (Spring 1970), p. 9-16, here: p. 12-13. This article in the more internationally-oriented journal *Sonorum Speculum* was a reprint of the Dutch original, which appeared as: Paap, *Frans Brüggen en de blockfluit*, in: *Mens en Melodie* xxiv, no. 12 (December 1969), p. 361-364.

II. Populäre Musik

Utopia as a form of protest: The case of Progressive Rock

Christophe Pirenne

Introduction

In addition to its other qualities, art is frequently attributed the power of prescience, because it allows us a window on the world, both present and future. By anticipating the events to come, art is supposed to provide the key to understanding, beyond merely trivial questions that hold no value. Thus the personal fantasies of soul star Usher in *One Day You'll Be Mine* (1997) or the morbid irony of AC/DC in *[I feel] Safe in New York City* (2000), while suggesting a different future, should not be included among those works whose lyrics and music contain the seeds of a world in transition.

In this article we will examine to what degree progressive rock, one of the most symbolic musical genres of the second half of the sixties and the first half of the seventies anticipates the movements of 1968. Can we find in the music, in the lyrics or in the attitudes, elements that can be interpreted as symptoms of the youth protest movements of 1968? To expand upon this question, could we argue that progressive rock can be considered a key player in this evolution? Did it lead to the development of alternative cultures and new social movements? And finally, how did progressive rock respond to these developments? What can it teach us about the consequences of 1968?

Progressive rock as a musical genre

As its name suggests, progressive rock was born out of a desire amongst certain rock musicians to expand the boundaries of the art they were attempting to create. The term itself first appeared in 1966, ironically as part of the pre-promotion materials for the Beach Boys' *Pet Sounds* album. This was a somewhat inglorious inception for prog rock, for the Beach Boys only serve to remind us of pop music at its most commercially trivial; they would seem to epitomize the „popular" in „pop". Of course, *Pet Sounds* went considerably beyond pure entertainment. For our purposes it should be stated that, fast on the heels of *Pet Sounds*, the label of „progressive" was attached to a wide array of rock albums, among which some of the most notable include the first Incredible String Band album (June 1966), *Freak Out* by Frank Zappa (July 1966), *Fresh Cream* by Cream (December 1966), *Da Capo* by Love (February 1967), *Are You Experienced?* by The Jimi Hendrix Experience (May 1967), *Sgt Pepper's Lonely Hearts Club Band* by The Beatles (June 1967), and *The Piper at the Gates of Dawn* by Pink Floyd (August 1967).[1] Despite a wide variety of stylistic approaches, these albums seem to have been lumped together according to their adherence to one or more of the following criteria:

    1. the integration (to differing degrees) of pop, jazz, folk, classical and ethnic music into a rock setting,

    2. the use of a wide variety of instruments and in particular keyboards,

    3. an approach based on knowledge and skills outside of prevailing musical norms, and one which challenged the boundaries of form and sound,

    4. music as performance rather than improvisation,

    5. lyrics containing some literary value,

    6. concept albums often involving long multi-layered compositions,

    7. an elaborate presentation of the final product with the sleeve and cover contributing to the conceptual nature of the music.

While the mid- to late 1960s saw an increasingly defined progressive rock genre in musical terms, one still in use today, the timing of the movement, and thus the groups at the heart of its development, have since been the subject of considerable debate and modification. Three theories which focus on chronological questions have come to the fore. The first attests that the era of progressive rock coincides neatly with that of rock.[2] From the sixties to today, from Pink Floyd to Radiohead, „as long as there are musicians who choose to go beyond the pop norm, and as long as their music gets in the hands of fans who want to listen to something adventurous, progressive rock will be with us."[3] In this perspective, it is not the style that matters, but the creative approach. The problem is that this conception of the „adventurous" artist is quite hard to define, and when one looks to Lucky's progressive discography, it is impossible to find the names of „adventurous" rappers or DJs. The other two theories point to strict chronologies, respectively 1966–1973 (Middleton, Whiteley, Moore)[4] and 1969–1977

---

1   For more on aspects of progressive rock's taxonomy and terminology, see Christophe Pirenne, *Le rock progressif anglais: 1966-1977*, Paris 2005.
2   Jerry Lucky, *The Progressive Rock Files*, Burlington 1998.
3   *Ibid.*, p. 148.
4   Richad Middleton, *Studying Popular Music*, Milton Keynes 1990; Allan Moore, *Rock: The Primary Text*, Buckingham 1993; Sheila Whiteley, *The Space Between the Notes: Rock and the Counter-Culture*, London 1992.

(Macan, Martin, Stump).⁵ Without attempting to summarize these arguments or explain the variations, it simply needs pointing out that „1968" was in both cases considered as pivotal, as either a year of upheaval for the genre in the first theory or one of departure in the second. What were these upheavals and why did they come about?

The prescience of progressive rock

Perhaps the first sign that progressive rock was constituting a genre of its own was the opposition of certain groups labeled „progressive" to the popular music mainstream. While various elements on society's fringes were mobilizing against the bourgeoisie, rock musicians were likewise attempting to break down barriers and escape from the models imposed upon them, in order to display a side of popular music that could pursue goals other than mere pleasure-giving entertainment. The binary division between classical and pop was to a large extent re-examined, involving new taxonomies within rock and the creation of a space between rock and classical music.

Here is one of several examples of this systematic reclassification of pop music, as suggested by a journalist at *Melody Maker* in 1970: „Popular Music has now split into three general categories: Teenybopper pop [...], R&B [...] and Progressive Pop. Musically, this is certainly the most fascinating and recent development. It is music meant for a wide audience but which is intended to have more permanent value than the six weeks in the charts and the forget it music of older pop forms [...]. We now in fact have popular music which ranges from the musically illiterate to that which has pretension to be art."⁶

The record labels followed the trend of „prog rock as art". Nearly every major created its own progressive label. Among the more well known of them is Harvest, created by EMI in June 1969. According to its founders „The new record label is devoted exclusively to what can be generally referred to as „progressive music."⁷

In this constitution of new taxonomies, the rapprochement of popular and classical music was considered as pivotal. Even the more traditionally conservative branches of classical music appeared to have accepted this new hybridity,

---

5   Edward Macan, *Rocking the Classics: English Progressive Rock and the Counterculture*, Oxford: Oxford University Press, 1997. Bill Martin, *Listening to the Future: The Time of Progressive Rock: 1968-1978*, Chicago 1998. Paul Stump, *The Music's all that Matters: A History of Progressive Rock*, London, Quartet Books, 1997.
6   Bob Dawbarn, *The greatest shake-up pop has known*, in: *Melody Maker*, 16 August 1969, p. 15.
7   Malcolm Jones, [quoted in the booklet of the CD Box set adjoining the Harvest 30th Anniversary Collection, published initially in 1970], *Harvest Festival*, EMI, 1999, p. 26.

as demonstrated by their increasing participation in rock-classical musical fusion. In particular we can highlight *Concerto for Group and Orchestra* by Deep Purple (1970), the collaboration of Pierre Henry and Spooky Tooth on *Ceremony* (1970), the concerts given by Elephant Memory and The American Symphony on *Brahms with a Beat*, or the recording by Deutsche Grammophon of The Siegel-Schwall Band alongside The San Fransisco Symphony Orchestra conducted by Seiji Ozawa. Classical record companies used these developments for the promotion of their production. CBS for instance, upon the release of Bernstein's *Mass*, attached a sticker to the record cover indicating „File under: Popular – Progressive / Contemporary".[8]

Of course, the link between the „popular" and the „serious" worlds is not a creation of the late sixties. The 1940s saw the „launch" of a genre known as „progressive jazz", and a decade later emerged a further progressive genre, known as „third stream". It is, however, possible to distinguish progressive rock from these other breakaway genres by its undeniable commercial and critical success, as I will demonstrate in the following paragraph.

In the late 1960s, musicians' testimonials indicate that there was a belief that this time was the right time. Note, for instance, the ambitious claim of Jon Anderson of the group Yes: „Rock music of today [i.e. the progressive rock of Yes] will become the classic electric music of tomorrow."[9] When Greg Lake, of the trio Emerson, Lake and Palmer, was asked if the compositions of his band could be considered as part of the twentieth-century classical repertoire, he answered: „I'd like to think it. I'd like it to be so! We try to invent new forms, new styles."[10] Even the annual rankings in the rock press were rethought to reflect more closely the successes of these „new forms". In 1966, the New Musical Express's ranking was split up in nine categories: „World Male Singer, World Female Singer, World Vocal Group, World Musical Personality, British Male Singer, British Female Singer, British Vocal Group, British Instrumental Unit, Best British Disc."[11] In addition to the fact that the best record of the year could only be a 45rpm – a format completely irrelevant for progressive rock artists whose main medium was the 33rpm – we can also note that the instrumentalists were neglected completely. It was only in 1971 that the rankings even began to acknowledge these musicians. As in the classical charts, new categories were added to allow readers the possibility of electing the „best" guitarist, bass player, drummer, keyboard player, arranger and producer.[12] Each new category

---

8   This sticker was an advice for the record shop owners, incitating them to classify the record both in classical and in progressive rock shelves.
9   Jon Anderson, *The State of Rock*, in: *Melody Maker*, 25 September 1971, pp. 24–25.
10   Greg Lake, quoted by Jacques Chabiron, *Et Lake parla*, in: *Rock and Folk*, june 1973, pp. 51–53.
11   *New Musical Express*, 10 December 1966.
12   *New Musical Express*, 30 January 1971.

directly benefited progressive rockers. Emerson, Lake and Palmer for example, who in 1970 won in four categories, would ultimately triumph seven times with the new system. Rock music was becoming more serious and the press had to reflect this development.

Given that prog rock's critical recognition and widespread acceptance as a genre appeared only at the very beginning of the seventies, it seems evident that this development was a consequence of new musical trends that emerged earlier, particularly in certain pivotal albums from 1966 and 1967 which had been labeled „progressive". From the modal explorations of the Incredible String Band to the eclectic compositional approach of Frank Zappa, from the new musical and lyrical sounds developed by Pink Floyd to the rich instrumental mixes of the Beatles and the Beach Boys, each of these musicians share an openness to stylistic experimentation, confidence in their instrumental technique, and the willingness to consider themselves as composers rather than mere musical entertainers. In this sense they all seem to anticipate some of the most ambitious aims of 1968: the need to break down cultural barriers, the establishment of a musical community, the belief that youth could unite contradictory artistic approaches into a newly heterogenous style, one that would surpass all previous styles. For a brief moment, a Platonic view of the music and the world was largely shared by the press, the public and the musicians. According to them, people should walk together in the same artistic direction to sow the seeds of a better world.

Next to the musical innovations, there is another aspect of early progressive rock which seems to anticipate the 1968 riots. This is the struggle of progressive rock artists against the culture industry as described by the Frankfurt School. These musicians strived for a certain economic independence, or at least they recognised the need to avoid having their artistic decisions determined by the requirements of the mass-market. Simon Frith and Howard Horne explained this attitude of progressive rock as a reflection of hippy influence.[13] The musicians strove for creative autonomy in the face of unscrupulous record executives upon signing a commercial record contract. But unlike progressive rockers, hippy musicians desired to control each stage of the creative and commercial undertaking, whereas the former had a tendency to separate art from business. Claiming a certain romantic attachment to the artistic process, the progressive rock musician brandished his talent and inspiration as a sacred pillar unaffected by the narrow requirements of market conformism. Witness for example the approach taken by two groups present on the London scene, Pink Floyd and The Deviants, both of whom played in the same clubs during the same period. The former – belonging to the progressive rock camp – accepted

---

13   Simon Frith, Howard Horne, *Art into Pop*, London 1987, p. 58.

the contract offered by EMI without the slightest remorse, while the latter – following the policies of hippy musicianship – used underground methods to record, produce, market and sell their first album.

The separation between creative and economic issues was one of the early strengths of progressive rock. But this deterministic vision, one which assimilates existing economic processes rather than inventing new ones, was far from a revolution. Very quickly, the acceptance of the rules of capitalism was considered by many as one compromise too many; this ushered in a wave of unforgiving criticism.

The legacy of 1968: Utopia as a form of protest

Certain commentators have ascribed an optimistic outlook to progressive rock in terms of its musicians' perception of 1968 and their commitment to progress. Edward Macan, for example, concludes his book by stating: „Above all, progressive rock, like the period which gave rise to it, was optimistic. The whole underlying goal of progressive rock – to draw together rock, classical, jazz, folk and the avant-garde styles into a new metastyle that would supersede them all – is inherently optimistic".[14] The term „optimism" is perhaps not the most appropriate. Progressive rock musicians were ambitious, utopians, but rarely optimists. They show self-confidence in their abilities and in their works, they were convinced that they had the ability to reach their artistic goals (cf. supra), but this confidence was somehow narcissic and was hardly reflected in the lyrics and the imagery of their works. When they chose to speak of humankind or when they dealt with a socially-relevant topic, the tone was very often pessimistic. One does not have to look beyond the many symbolic albums of the progressive rock genre to locate this pessimism; it is, for instance, readily apparent in such albums as *Days of Future Passed* (1967) by the Moody Blues, *In the Court of the Crimson King* (1969) by King Crimson, *Aqualung* (1971) by Jethro Tull, *Tarkus* (1971) by Emerson, Lake and Palmer, and *The Lamb Lies Down on Broadway* (1974) by Genesis.

All these records – including *Days of Future Passed* released as early as 1967 – seem to tell us that „1968" was a failure. Their hope in a better world had collapsed. From the boring everyday life, depicted in *Days of Future Passed* to the unfriendly society of *Aqualung*, nothing seems to have changed. Even the general topics like war (*In the Court, Tarkus*), immigration (*The Lamb*), religion (*Aqualung*), received a pessimistic treatment. Many progressive albums of the very end of the sixties and the beginning of the seventies evince an enormous

---

14 Edward Macan, *Rocking the Classics*, p. 222. Similar statements can be found in Bill Martin, *op. cit.*, 1998, p. 7. John Covach expressed the same opinions at the conference *Composition and Experimentation in British Rock: 1966-1976* held in Cremona in October 2005.

disappointment. To escape these contemporary concerns, which remain unresolved to the present day, the post-68 progressive rock tried to find salvation in utopia. Progressive rock's ideal was a future reconstructed from elements of the past and from terrestrial or extraterrestrial civilizations, but this vision no longer reflected the desire to establish an alternative society per se.

Record covers have provided us with a visual testimony of these fantasies, the most obvious examples of which are those designed by Roger Dean for the group Yes. Dean's vision of utopia, like that of Yes's musicians, involved a blend of eclectic techniques (inks, watercolours, oil paints, gouache, photography, and enamel painting) and themes through which realism and fantasy are combined. The illustrations found on the album covers *Fragile*, *Close to the Edge* and *Yessongs* (1972 and 1973 respectively) project an ethereal landscape upon which various figurative elements co-exist in a fragile harmony. From the context of a humanity limited in aspirations, time and space, Roger Dean suggests a possible world view rich in alternatives, which can even be interpreted as a symbolic homage to the failure of the 1968 revolutions.

The lyrics themselves bear witness to the existence of different utopias, in that they provide a means of confronting a range of contemporary issues through allusion. The use of myth and science fiction narratives, which often employed fable or allegory, allowed musicians to subscribe indirectly to one or another of their ideal world fantasies instead of presenting an entirely new vision. For Jon Anderson, the vocalist of Yes, this became a mystical-imaginary quest for Utopia, whereas for Lennon and McCartney it was a somewhat tortuous journey through a hallucinogenic maze. Others in turn refer to the wisdom of non-Western or ancient civilisations.

Conclusion

In contrast to commonly-held opinion, progressive rock's creative reflection of socio-cultural change in the late 1960s and early 1970s does not focus entirely on the notion of progress. At a time when many voices in the rapidly-changing Western societies were extolling the virtues of individual pleasure-seeking and instant gratification, artists working in the field of popular music tended to pursue their own form of hedonistic (materialistic?) decadence. In resisting such temptations, progressive rockers demonstrated a more measured response to social change, preferring instead to satisfy the intellect rather than the senses; they even promoted such old-fashioned ideas as prolonged contemplation and introspection. In light of this, progressive rock can be considered as a musical metaphor for the wider ideological debate taking place in civil society – the co-existence of a longing to return to past values, a desire to maintain a certain status quo, and an active pursuit of modernistic ideals.

Rezeptionseinstellungen zur Rock- und Jazzmusik nach 1968

Rainer Dollase

Empirische Sozialforschung ist ein Beitrag zur Geschichtswissenschaft: eine Aussage, die erst seit dem Aufkommen einer voluminösen und ubiquitären Markt- und Meinungsforschung einen gewissen Sinn macht. Heutige Umfragen bilden das Material für die Historiker in der Zukunft. Mit der musikhistorischen und musikwissenschaftlichen Aufarbeitung der Achtundsechziger und ihren Folgen im musikalisch-kulturellen Bereich gewinnen alte Umfragedaten aus Konzertbefragungen einen neuen, nunmehr eher historischen Stellenwert.

Zwischen 1974 und 1986 sind von dem Autorentrio Rainer Dollase, Michael Rüsenberg und Hans J. Stollenwerk drei Untersuchungen erschienen: *Rock People*, *Das Jazzpublikum* und *Demoskopie im Konzertsaal*.[1] In dem Buch *Rock People* ging es um Konzertbefragungen in den Rockkonzerten von Nektar, Ekseption, Deep Purple, Santana und Franz K. im Erhebungszeitraum 1972/73, also dem ominösen Jahr 1968 noch relativ nah. Befragt wurden 1.846 Personen. In *Jazzpublikum* wurden 996 Besucher in zeitgenössischen Jazzkonzerten[2] sowie 490 Mainstream-Jazzkonzertbesucher untersucht. In der *Demoskopie im Konzertsaal* wurden in den Jahren 1979 bis 1983 insgesamt 2.011 Personen in sehr unterschiedlichen Konzerten befragt.[3]

Die in den genannten Studien ausgewerteten Daten, insbesondere aus dem Rock- und Jazzpublikum, sollen hier zu Grunde gelegt werden. Allerdings muss man vorsichtig sein bei der Auffassung der erhobenen Daten als rein historische Ergebnisse, die sich später so nicht wiederholen ließen. Schmücker hat mit demselben Fragebogen wie im *Jazzpublikum* eine Publikation *Das Jazzkonzertpublikum* vorgelegt und darin eine Vielzahl unserer Ergebnisse, obwohl er in

---

1   Rainer Dollase, Michael Rüsenberg und Hans J. Stollenwerk, *Rock People oder Die befragte Szene*, Frankfurt/Main 1974; *Das Jazzpublikum*, Mainz 1978; *Demoskopie im Konzertsaal*, Mainz 1986.
2   Jazzfestival Moers, Yosuke Yamashito Trio und Jazz Live in Dortmund.
3   Jazzhaus, Boney M., Klaus Hoffmann, Peter Alexander, London Symphony Orchestra, Beethovens *Fidelio* (in Premiere und Abonnementvorstellung), Jethro Tull, Wolf Biermann, das Orlando-Quartett, das Gürzenich-Orchester und Maria Hellwig.

ganz anderen Konzerten befragt hat, wiederholt.[4] Es gab nur wenige signifikante Unterschiede zwischen der Erhebung in den 1970er Jahren und der Erhebung in den 1990er Jahren. Roland Hafen hat Teile des Fragebogens aus *Rockpublikum* übernommen, allerdings nicht in Konzerten wiederbefragt, sondern in einem normalen Publikum, und findet folglich einige Abweichungen, auch einige größere.[5] Und schließlich hat Neuhoff die *Demoskopie im Konzertsaal* in den 1990er Jahren wiederholt und findet auch im Großen und Ganzen ähnliche Ergebnisse, wenngleich in einigen Randinformationen, z. B. Alter, Geschlechtszusammensetzung und ähnliches, doch Unterschiede festzustellen sind.[6] Wenngleich die Historizität bzw. transhistorische Gültigkeit der Ergebnisse also nicht zweifelsfrei feststeht, sollen die Daten jedoch im Zusammenhang mit Erinnerungen aus der Zeit benutzt werden, um zu Hypothesen über die Achtundsechziger und ihre Folgen anzuregen.

Die Jahre 1968 bis 1978 – ein Ohrenzeuge berichtet

Das Erzählen über die Vergangenheit ist mit Sicherheit eine wichtige Quelle der Geschichtswissenschaften, zugleich aber – und das müsste die Psychologie mahnend hervorheben – ist die Erzählung über die vergangenen Zeiten auch immer eine höchst subjektive, nicht repräsentative und durch vielfältige Motive verzerrbare, aber auch unbewusst gefilterte und veränderte Berichterstattung über die Vergangenheit. Wenn also im Folgenden etwas über die Achtundsechziger und ihre Auswirkungen im Bereich der Unterhaltungsmusik ausgesagt wird, so steht der allgemeine Lebenseindruck einer segmentalen, individuellen Biographie im Vordergrund, deren einzige Hervorgehobenheit die Tatsache der Bezüge zur Rockszenerie bzw. die Tatsache der Durchführung empirischer Untersuchungen zum Erleben und Verhalten der Rockmusikkonsumenten ist.

Die Ursache für die Achtundsechzigerrevolution lag bekanntlich nicht in hoher Arbeitslosigkeit oder einer besonders hohen Zuwanderungsrate. Solche kruden materiellen Probleme gab es in dieser Zeit nicht. Trotz einer Konjunkturdelle in der Mitte der 1960er Jahre, die angesichts heutiger und auch früherer

---

4   Fritz Schmücker, *Das Jazzkonzertpublikum. Das Profil einer kulturellen Minderheit im Zeitvergleich*, Münster 1993.
5   Roland Hafen, *Hedonismus und Rockmusik: Eine empirische Studie zum Live-Erlebnis Jugendlicher*, Dissertation Paderborn 1992.
6   Hans Neuhoff, *Die Altersstruktur von Konzertpublika. Querschnitte und Längsschnitte von Klassik bis Pop in kultursoziologischer Analyse*, in: *Musikforum* 53/2 (2001), S. 64-83. Ders., *Wandlungsprozesse elitärer und populärer Geschmackskultur. Die „Allesfresser"-Hypothese im Ländervergleich USA/Deutschland*, in: *Kölner Zeitschrift für Soziologie und Sozialpsychologie* 53/4 (2001), S. 751-772. Vgl. auch Dollase, *Wer sind die Musikkonsumenten?* in: *Musik und Kulturbetrieb*, hrsg. von Arnold Jacobshagen und Frieder Reininghaus, Laaber 2006. S. 115–142.

Probleme – etwa in der Weimarer Zeit – eigentlich nicht der Rede wert gewesen wäre, sind materialistische Deutungen der Achtundsechziger-Revolte höchst fragwürdig. Aus unserer Erinnerung handelt es sich um eine Befreiung von kultureller Repression, die viele Leute erreichte, die den „Muff von tausend Jahren unter den Talaren" beseitigen wollten, die die repressive Sexualmoral als nicht mehr zeitgemäß empfanden und die ein freieres Leben gegen das Establishment, die Generation der Erwachsenen, die Deutschland nach dem Zweiten Weltkrieg im Wirtschaftswunder wieder aufgebaut hatten, durchsetzen wollten. Der anfängliche Protest begann 1965 mit einem Aufbegehren gegen den Zustand unserer Universitäten, einer „Bildungskatastrophe", die der Wissenschaftler Georg Picht ein Jahr zuvor analysiert hatte.[7] Musikalisch wird diese Zeit von den Beatles markiert, die mit ihrer veränderten Haartracht (sie wurden als Pilzköpfe bezeichnet) ein Signal für die Befreiung aus kultureller Repression setzten.

Dennoch wäre es aus der Erinnerung heraus nicht sinnvoll, die Jahre um 1968 mit den Beatles beginnen zu lassen, gab es doch zahlreiche Vorläufer. Anfang der 1960er Jahre waren „Beatniks" und „Gammler" prominent, zwei im Gefolge des Existentialismus entstandene Aussteigerbewegungen. Und noch früher – etwa seit Mitte der 1950er Jahre – galt das Aufkommen der Rock'n' Roll-Musik und die Popularität von Elvis Presley oder Bill Haley als revolutionär. Der Film *Saat der Gewalt*, der den Klassiker *Rock around the clock* enthielt, führte in den 1950er Jahren zur Auslösung der Halbstarkenkrawalle in den großen Städten, bei denen Kinos demoliert und Autos angezündet wurden. Nach dem Zweiten Weltkrieg war es das erste Mal, dass im Zusammenhang mit Musik eine derartige Protestreaktion der Jugendlichen entstanden war.

Generell muss für die gesamte Zeit zwischen den Halbstarkenkrawallen und den beginnenden 1980er Jahren mit einer veränderten Kultur davon ausgegangen werden, dass nicht alle Bevölkerungsteile tiefgreifend revolutioniert wurden. Unterhaltungsmusik war in den 1960er und 1970er Jahren in erster Linie Jugendmusik, die gesellschaftlichen Veränderungen waren ein Medienereignis. Wenngleich jeder von den Studentenprotesten, den Krawallen, den veränderten Lebensformen, der Befreiung der Sexualität via Fernsehen erfahren hatte, blieb es in der Provinz ruhig. Man konnte durchaus im Jahre 1968 in Deutschland studieren, ohne jemals an einem „Sit In" oder einer Demonstration teilnehmen zu müssen. Nur einige wenige Hochschulen wie jene in Berlin oder Frankfurt galten als Speerspitzen der Aktivitäten. Insofern war die Achtundsechziger-Revolte also zunächst eine Medienerscheinung und eine Angelegenheit für Intellektuelle. Es dauerte relativ lange, bis diese Revolte als Befreiung von kultureller Repression große Bevölkerungskreise erreichen konnte. Dabei ging es keineswegs um

---

7 Georg Picht, *Die deutsche Bildungskatastrophe*, Olten 1964.

einen Aufbruch zu mehr Disziplin, Leistungsfähigkeit, Werten, sondern um eine Befreiung des tiefenpsychologischen „Es" aus den Klauen von Vorschriften und Ordnungen. Sekundärtugenden wie Fleiß, Ordnung und alles, was Menschen diszipliniert und reglementiert, wurden geächtet, weil man irrigerweise annahm, dies würde zu einer autoritären, „faschistischen" Gesellschaft führen.

Zwei Strömungen sind für diese Zeit typisch: Einerseits ein kultureller Protest und zum anderen ein politischer Protest. Der kulturelle Protest ist durch „Sex, Drugs & Rock'n' Roll" zu kennzeichnen. Er äußerte sich in einer radikal gewandelten Mode, in gewandelten Umgangsformen, in einer Informalisierung und Entkrampfung der sozialen Bezüge und wurde geeint durch einen Affront gegen Bürgerlichkeit, insbesondere Spießbürgerlichkeit. Aus ihm entstand u. a. die Hippie-Bewegung, die Wohngemeinschaftsbewegung, aber auch die Drogenszene.

Der politische Protest richtete sich gegen den Kapitalismus. Er wollte den Menschen aus der Knechtschaft der Arbeit befreien, er setzte sich für Frieden ein, kämpfte insbesondere gegen den Vietnameinsatz der US-Amerikaner, setzte sich für Demokratisierung in der gesamten Gesellschaft ein. Die beiden Strömungen waren voneinander nicht unabhängig. In den Medien gab es stets gewisse Solidarisierungen zwischen diesen beiden Zweigen des Protestes. Aber es wurde der kulturelle Protest auch vom politischen Protest aus und umgekehrt bewertet. Neue Rockgruppen, die ihre erste LP im Rundfunk vorstellten, wurden stets gefragt, was sie denn mit ihrer Musik erreichen wollten: Sie mussten dann pflichtgemäß antworten, dass sie das Bewusstsein bzw. die Gesellschaft verändern wollten. Es dauerte Jahre, bis diese Phrase von kritischen Journalisten und Wissenschaftlern hinterfragt wurde, inwiefern denn über kulturellen Protest überhaupt materielle, politische Veränderungen möglich wären. Umgekehrt sah sich der politische Protest einer Kritik seiner informellen Ausprägungen, seines Macht- und Machogehabes ausgesetzt. Wenn man sich nicht selbst ändert, so ein Credo, kann man auch nicht die Gesellschaft ändern.

Aus der wechselseitigen Bewertung entstanden Bewertungskriterien bzw. Forderungen an die Musik. Im Gefolge der Achtundsechziger-Revolution musste sich insbesondere der progressive Pop harscher Kritik unterziehen. Gut war es, wenn er nicht kommerziell war, d. h. sich nicht gut verkaufte. Man musste damit eine Veränderung des gesellschaftlichen Bewusstseins erreichen und Musik durfte nie gefällig sein, weil sie in einer gefälligen Funktion die Leute eher einlullt und sie an der Veränderung der Gesellschaft hindert. Der Komponist Hans-Werner Henze sagte in diesen Jahren: „Musik ist die beste Parteiarbeit, die ich machen kann." Schlecht war Musik dann, wenn sie kommerziell war und wenn sie Spaß machte. Begeisterungskundgebungen, wie sie heute in Konzerten üblich sind (z. B. enthusiastischer Applaus, das Anzünden von Feuerzeugen, das Mitsingen, das Handclapping usw.), galten in gewissen Kreisen als kommerziell geprägt und nicht geeignet, den Bewusstseinszustand einer Gesellschaft zu verändern.

Bereits in den 1970er Jahren entstanden Widersprüche durch die Zweiteilung der Bewegung, aber auch durch die Realität. Es wurde ziemlich schnell deutlich, dass die Achtundsechziger-Bewegung auch zahlreiche Opportunisten und Zeitgeistsurfer angezogen hatte, die in der Revolte ein beliebtes Partythema, einen Anlass für Profilierung im kleinen Kreis und das Gefühl erzeugen konnten, man sei bei einer großen Bewegung „Adabei". Sehr schnell wurden solche Partyrevoluzzer als oberflächlich erkannt. Der Spruch „links reden, rechts leben" entstand in jener Zeit. Ein SDS-Führer, dem ein ganzer Straßenzug als Eigentum gehörte, war schließlich nicht sonderlich glaubwürdig. Die Protestkultur von Hippie bis Punk wurde in immer schnellerem Tempo kommerzialisiert, d. h. die Mode, Kultur und Industrie bemächtigte sich der alternativen Lebensentwürfe und Protestsignale, um damit Kommerz zu machen. Schnell stellte sich übrigens auch heraus, dass der Arbeiter, für den der politische Ast der Achtundsechziger-Revolution so wortreich und intensiv kämpfte, ganz anders war, als man eigentlich vermutet hatte, und dass sich Arbeiter die entmündigte Befreiung stellenweise auch verboten haben bzw. mit Unverständnis auf bestimmte popkulturelle Erscheinungen der Alt-Achtundsechziger reagierten. Spätestens Ende der 1970er Jahre war klar, dass sich durch die Achtundsechziger-Revolte politisch nichts änderte und dass der „lange Marsch durch die Institutionen" eigentlich nur die Eröffnung individueller Karrieren zu Professoren und Ministerialräten bedeutete. Das Aufkommen der Berufsverbote verbitterte einige, von denen wiederum einige auch Zeiten beim Kommunistischen Bund Westdeutschland und anderer radikalen Organisationen doch so gut überstanden haben, dass sie in späteren Bundeskabinetten Minister werden konnten.

Die Folgen dieser widersprüchlichen Entwicklungen sind noch heute zu besichtigen. Eine politische Resignation und Anpassung, das Hoffähigwerden von politischem und kulturellem Opportunismus auf der einen Seite und auf der anderen Seite die Entwicklung einer starken esoterischen Szene von Aussteiger- und Spontitheorien, die zum Teil in den Anfängen der Grünen Partei weiterlebten, und schließlich die politische Radikalisierung in der RAF, die das bekannte Ende in verbrecherischen Taten hatte. Der theoretisch letzte Grund für die Radikalisierung war die Einsicht in die Unmöglichkeit der Realisierung von Utopien. Utopien, die dann in einem entscheidenden Endstadium nicht mehr an die Realität angepasst werden konnten.

Die Musik war anfänglich eine treibende Kraft, später indes nur noch Begleitmusik. Sie transportierte in Texten und im kulturellen Habitus den Protest gegen die Repression, gegen die Sekundärtugenden, gegen die Formalisierung der sozialen Bezüge; als solche ist sie auch langfristig wirksam gewesen. Die sexuelle Befreiung hat zu mittel- und langfristigen Veränderungen der Gesetzeslage geführt – vergessen wir nicht, dass Ehebruch ebenso wie Homosexualität ein Straftatbestand war. Auch die Entwicklung der Bundesrepublik Deutschland zu einem kollektiven Freizeitpark, der Verlust der Anstrengungsbereitschaft in Schule und Universitäten, der durch die internationalen Vergleichsuntersuchungen erst seit Ende der 1990er Jahre ins Bewusstsein der Öffentlichkeit gerückt wurde, war schon in den 1970er Jahren festzustellen. Bereits die *Second International Mathematic & Science Study* (SIMSS) im Jahre 1974 brachte völlig katastrophale Ergebnisse für die Leistungsfähigkeit des deutschen Schulsystems, die bedeutend schlechter war als in den 1990er oder 2000er Jahren. Deutschland belegte bei kleinen wie bei großen Schülern letzte und vorletzte Plätze. Die Befreiung aus Konsumterror, aus Leistungszwängen, aus Anstrengung, aus schulischen Zwängen, aus dem engen Areal von sekundären Tugenden u. a. war die langfristige Folge der Achtundsechziger-Poprevolte.

Welche Folgen haben aber die Achtundsechziger für die Musik gehabt? Aus der Sicht unserer Forschung wurde die Funktionalisierung von Musik und Kultur falsifiziert, d. h. Musik war nur Musik: eine auch vorher schon vorhandene Erkenntnis, die sich am Ende dieser wilden Jahre für die vorübergehend Betörten wieder einstellte. Musik eignet sich nicht dazu, eine Gesellschaft zu ändern, sondern sie ist Begleitmusik einer kulturellen Revolte gewesen, wenngleich sie mit Elvis, Bill Haley oder den Beatles initiale Zeichen für den Beginn auf der Bühne setzte.

Warum ins Konzert?

Schon Anfang der 1970er Jahre konnten wir bei den Befragungen im Rockpublikum zeigen, dass viele der Gründe, die im Feuilleton der Zuhörerschaft von Rockkonzerten zugeschrieben wurden, in deren subjektiven Erleben keine Entsprechung hatten. Der popkulturelle Interpretationsrahmen von der „Bewusstmachung" und der „gesellschaftlichen Veränderung" durch Musik kam in den Kognitionen der Zuhörer nicht richtig an. Gefragt, warum sie ins Popkonzert gingen, da doch die Platten der Gruppen meist auch im Handel verfügbar sind, gibt es in erster Linie (von 74% bis 45%) folgende Antworten: „Weil ich im Konzert besser beurteilen kann, ob eine Gruppe wirklich gute Musik macht" oder „Weil zur Beurteilung einer Gruppe der Gesamteindruck aus Show, Aussehen und der musikalischen Darbietung wichtig ist" und „Weil ich im Konzert besser in Stimmung kommen kann als alleine zu Hause", „Weil man manche Gruppen einfach gesehen haben muss" und „Weil ich im Konzert Freunde und Gleichgesinnte treffe". Nur eine Minderheit von 8% wollte zeigen, dass sie Anhänger dieser Gruppe sind. Ganz wenige, nämlich nur rund 5%, konzedierten, dass sie durch die Musik aggressiver bzw. sexuell erregt werden – durchaus Wirkungslegenden, die der Musik im Feuilleton gerne zugeschrieben wurden. Das subjektive Erleben der Rockkonzertbesucher war durchaus nüchterner und umschreibt letztlich das, was ein eigenständiges musikalisches Erlebnis auch in Zukunft sein wird: der Besuch eines Konzertes, die Authentizität der Aufführung, das Dabeisein, dem eine elektronische Aufführung nichts Adäquates entgegenzusetzen hat. Ganze 17% der Befragten gaben zu, selbst „durch die Musik zu gesellschaftskritischer Haltung geführt" zu werden, was aber zugleich bedeutet, dass dies für 83% der Konzertbesucher nicht zutrifft.

Fan einer Gruppe waren nur wenige, zwischen 2% und allerdings 32% bei Deep Purple in Köln, während sich in Essen, einer typischen Arbeiterstadt, nur 13% als Fan dieser Gruppe bezeichneten. Die Kritik dieser Einstellungen bzw. dieser Aussagen über die Innenwelt der Rockkonsumenten Anfang der 1970er Jahre monierte damals, dass den Befragten die wirklichen „wahren Gründe" ihres Konzertbesuches und auch nicht die „wahren Wirkungen" bewusst seien. Es könnte – auch wenn man das nicht eingesteht – dennoch eine aggressive, gesellschaftskritische bzw. sexuell stimulierende Wirkung von der Rockmusik ausgehen. Diese Kritik ist spekulativ und typisch für eine Zeit, in der der Befragte mit seiner „Meinung" nicht ernst genommen wurde, denn die Ideologen wussten es besser.

Zur psychologischen Theorie der Unterhaltungsmusikrezeption

Auch psychologische Theorien müssen sich in einer Rahmentheorie der Entwicklung der Musikkulturen verankern. In Anlehnung an George H. Lewis befinden wir uns im Übergang zwischen Stufe 4 und Stufe 5 der industriellen Kulturmuster, d. h. Geschmackskulturen entwickeln sich korrelativ mit der sozialen Schichtung bzw. der Stufe 5, dem postindustriellen Kulturmuster; die Geschmackskulturen sind nicht mehr korrelativ zur sozialen Schichtung, weshalb sie besser als „Taste Cultures" oder Kulturklassen bezeichnet werden sollen.[8] Psychologisch interessant ist es, wie es dazu kommen konnte. Einen ganz entscheidenden Anteil haben elektronische Medien bzw. die Erfindung der Tonaufzeichnungen. Mit der Entwicklung von Plattenspielern wurde eine psychologische Konditionierung der Musik, d. h. eine assoziative Verkettung möglich, die früher unmöglich war: Musik wurde früher in bestimmten Kontexten gespielt, sie war an Kirchen, an Höfe, an die technischen Mittel der Bänkelsänger gebunden. Mit der in beliebigen Kontexten – so z. B. im samstäglichen Wannenbad – möglichen Aufführung konnten beliebige emotionale Assoziationen zur Musik hergestellt werden. Dadurch konnte die musikalische Ausdruckssprache nicht mehr gleichsam wie im Duden festgelegt werden, sondern die individuellen Konnotationen erdrückten die historischen Denotationen: ein Requiem konnte zur Unterhaltungsmusik werden. Die technische Verfügbarkeit aller Musik bedingt eine individuelle Aneignungsmöglichkeit und Konditionie-

---

8   George H. Lewis, *The sociology of popular culture*, in: *Current Sociology* 26/3 (1978), S. 19.

rung von Kultur, gleichzeitig aber ist der Verlust der kollektiven Aneignungskontrolle und die Zunahme individueller Konditionierungen festzustellen. Hierdurch entsteht eine gewisse Entkoppelung von Kultur und Individuum. Eine individuelle, mutwillige Konditionierung ist möglich. Die Intentionen des Komponisten und Interpreten müssen so nicht von den Rezipienten und Konsumenten verstanden werden, denn die Rezipienten erschaffen sich die Bedeutung musikalischer Werke selbst.

Infolge der Achtundsechziger-Revolte konnte man in der Musik allerdings noch Reste einer Korrelation von Bedeutung mit der sozialen Schichtung feststellen. Das postindustrielle Kulturmuster war noch nicht erreicht. Es gab eindeutige Korrelationen zwischen Musikgeschmack und sozialer Schicht. Diese an sich banale Erkenntnis wurde von der offiziellen Musikwissenschaft wie auch vom Feuilleton allerdings immer in einer Richtung interpretiert: Die „da oben" haben den richtigen, den anspruchsvollen Geschmack, denen „da unten" kann man bestenfalls huldvoll die Sehnsucht nach dem Guten und Wahren in der Unterhaltungsmusik unterstellen. Dort finden sie es nach Lesart der besseren Menschen zwar nicht, aber man könnte sie qua Bildung dorthin führen. Der Gebildete, der Intellektuelle glaubte, dass er den richtigen Zugang zur Musik habe und dass das einfache Volk durch die primitive Musik – ähnlich wie durch Religion – dumm und benebelt gehalten würde. Der Schlager von Peter Alexander *Die kleine Kneipe* wurde dann flugs so interpretiert, als würde die Erkenntnis der wahren Klassenlage bei Arbeitern durch diese Musik behindert, gleichwohl sie ihre Sehnsucht nach dem besseren Leben ausdrücken können. Niedrige U-Musik wurde als Beitrag zur Flucht aus der Realität gedeutet.

Die Symbolgläubigkeit des Intellektuellen, die ja hier auf den unteren Stand projiziert wurde, wurde zuerst wohl von Carl Einstein in seinem posthum veröffentlichten Werk *Die Fabrikation der Fiktionen* beschrieben. Dort heißt es: „Die Intellektuellen waren in die Worte, den Glauben an das Abstrakte versponnen. Sie wähnten gleich Feticheuren, eine neu gedichtete Formulierung ändere die Wirklichkeit ab. Um an den Erfolg der Fiktionen glauben zu können, versuchten die Intellektuellen das Tatsächliche zu vergessen oder auszuschalten. Sie wähnten, es genüge, eine Photographie zu durchbohren, um das Original zu Tode zu bringen."[9] In der Analyse der seichten Unterhaltungsmusik wird dieser „Bias" der Intellektuellen nun flugs in die Adepten und Konsumenten der Unterhaltungsmusik projiziert. Diese seien es, die mit Hilfe der Musik aus den Nöten des Alltags fliehen würden.

Die Umkehrung dieser Eskapismusthese: Die Intellektuellen flüchten sich qua Musik und einer unterstellten Funktion und Wirkung aus der Realität, konnten wir mit den Daten unserer Untersuchungen belegen. Wir konnten mit-

---

9   Carl Einstein, *Die Fabrikation der Fiktionen*, Reinbek bei Hamburg 1973, S. 71.

tels Clusteranalyse drei Funktionen unterscheiden: die Hintergrundfunktion, die Symbolfunktion und die Entspannungsfunktion. Die Hintergrundfunktion heißt: „Musik ist reine Unterhaltung", „höre ich meist als Hintergrund", und „sie hat keine besondere Bedeutung für mich". Symbolfunktion heißt: „sie dient meiner Bildung und Weiterbildung", „ist unverzichtbarer Teil meines Lebens", „ist Ausdruck meiner Lebensform", „gibt mir Anregung zum Nachdenken" und „ist für mich ein Mittel zum Protest". Die Entspannungsfunktion bedeutet: „Musik ist Ablenkung vom Stress", „ist eine Art Trost, wenn ich Probleme habe" und „Musik erfreut und entspannt mich".

Mit diesen drei Funktionsclustern gelang die Widerlegung der Eskapismusthese, die lautete, dass die ästhetischen Vorlieben der „Low Culture" der Flucht aus der Realität dienen, sie hätten die Funktion einer Ersatzbefriedigung. Dieser Mechanismus trifft empirisch eher auf die „High Culture" zu; ihre Anhänger nutzen den ästhetischen Konsum nach eigenen Angaben häufiger zur Problembewältigung. Menschen der „Low Culture" sehen Kulturprodukte deutlich nüchterner. Das kann man sowohl an der Menge der Probleme zeigen, die etwa in „High-Culture"-Konzerten im Vergleich zu „Low-Culture"-Konzerten angegeben werden. Das kann man auch daran zeigen, dass etwa die durchschnittliche Anzahl kultureller Interessen mit der durchschnittlichen Anzahl der Probleme, die die Konsumenten der Musik angeben, kovariiert. Viele Probleme haben die Besucher von Konzerten der Liedermacher, etwa Hoffmann, Biermann, aber auch von klassischer Musik. Probleme und kulturelle Interessen sind besonders niedrig im Volksmusik- und Schlagerpublikum. Das Volksmusik- und Schlagerpublikum beschreibt sich selber gerne als „sehr gesellig", „achtet stark auf Ordnung" und „hält sich eher für genügsam". Ganz anders das Publikum in „High-Culture"-Konzerten. Dort ist man „weniger gesellig", „achtet nicht ganz so stark auf die Ordnung" und „hält sich selbst für eher anspruchsvoll". Je mehr Probleme man hat, umso mehr ist Musik „eine Art Trost, wenn ich Probleme habe". Und das gilt insbesondere wieder für klassische und moderne, ernsthafte Musik der Liedermacher, für Rockmusikpublika und für Jazzpublika. Volksmusik- und Schlagerpublika haben – den Erhebungen zufolge – durchaus weniger Probleme und kreuzen zu deutlich geringeren Prozentsätzen an, dass Musik für sie eine „Art Trost" sei. Musik ist stattdessen „reine Unterhaltung" und hat keine „Bildungs- und Weiterbildungsfunktion", behaupten ausgerechnet Schlager- und Volksmusikpublika. Insbesondere die Zuhörer progressiver neuer Musik, aber auch jene in Klassikkonzerten, bestreiten, dass Musik reine Unterhaltung sei und reklamieren stärker, dass sie ihrer Bildung und Weiterbildung dienen. Schlager- und Volksmusikpublika glauben nicht, dass das Wort „wertvoll" für ihre Musik gilt, sondern eher das Wort „unterhaltsam". Die anderen halten ihre Musik für „wertvoll", aber für weniger „unterhaltsam".

Fazit

Die wesentliche Folge der Achtundsechziger-Revolte für die Unterhaltungsmusik war eine symbolische Funktionalisierung von Musik, die dazu führte, dass man der Musik allerlei Wirkungen für die Veränderung der Gesellschaft unterstellte. Und zwar nahezu ausschließlich bei einem kleinen Teil der Schüler, Studenten, Intellektuellen. Diese These lag nahe, da der popkulturelle Protest zeitlich und möglicherweise auch kausal für die Aufbrechung kultureller Symbole verantwortlich gewesen war. Eine Befreiung von den Zwängen der herkömmlichen Gesellschaft stand im Vordergrund und führte rein optisch auch dazu, dass seit Bill Haley und Elvis Presley gegen den braven Kodex der Unterhaltungsmusikvorführungen verstoßen wurde. Es wurde massiv versucht, Musik mit Protest und Politkonditionierungen zu versehen. Das geschah rein argumentativ durch Bewertungskriterien, durch die Anpassung an solche Bewertungskriterien, so dass man am Ende mit einer Überfrachtung des musikalischen Konsums an gesellschaftsverändernden Funktionen rechnen musste. Zugleich gab es auch im kulturellen Bereich eine stellvertretende Sorge für die „Low Culture", der man den eigenen Eskapismus, die eigene Symbolgläubigkeit unterstellte. Unsere Studien zeigen eine Widerlegung dieser unterstellten Eskapismusthese für die „Low Culture". Für diese ist Musik reine Unterhaltung, sie haben an den Konditionierungsprozessen in Richtung Wirkung und Funktionen nicht teilgenommen und dafür wenig Verständnis gezeigt, so dass als Fazit die These in gewisser Weise bestätigt werden konnte, dass die Auswirkungen der Achtundsechziger auch eine Falsifizierung der Funktionsattributionen an Musik darstellen. Am Ende war allen klar: Mit Musik ändert man die Gesellschaft nicht, Musik ist nur Musik und als solche ein Reiz, ein lebenswichtiger Reiz für die Menschen in allen Schichten und Kulturen. Musik hat heute eine unendliche Vielzahl von möglichen Funktionen. Sie ist beliebig konditionierbar hinsichtlich ihrer Kontexte und Assoziationen. In der aktuellen Rechtsrock-Szenerie wird gar versucht, sie mit rechtsextremistischem Gedankengut zu verkoppeln. Die Diversität der Assoziationen und Konditionierungen macht es heute eher unmöglich, von einer einheitlichen Wirkung der Musik auszugehen. Die Musik- und Medienwissenschaft hat mit dem Uses- and Gratification-Ansatz oder dem Agenda-Setting-Ansatz längst Wege beschritten, die tatsächliche Funktion der Musik aus den Kennzeichen der Rezipienten und ihrer Situation zu erschließen und nicht absolutistisch umgekehrt aus den musikalischen Zeichen. Die eigentliche Folge der Achtundsechziger-Bewegung war somit die funktionelle Aufladung des Musikkonsums und seine funktionelle Ernüchterung.

„Die Musik gehört dem Volk"
Musik in der Lebenswelt der K-Gruppen

Andreas Kühn

Einleitung

„Johnny, was willst Du eigentlich bei den Scherben? Die können Dir gar nix beibringen außer Drogen nehmen und Strom-Gitarre spielen. Die sind absolut Stulle",[1] kolportiert das Ex-Ton, Steine, Scherben-Mitglied John Banse ein Gespräch mit maoistischen Kadern im Berliner Georg-von-Rauch-Haus, in dem die KPD/ML einmal wöchentlich einen Arbeiter-Sänger-Kreis veranstaltete, der fortwährend dem Spott des undogmatischen Teils der Bewohner ausgesetzt war.[2] Augenscheinlich haben wir es mit zwei konkurrierenden Entwürfen von Politik zu tun, dem undogmatischen auf der einen und dem „marxistisch-leninistischen" auf der anderen Seite. Diese politischen Entwürfe artikulierten sich auch im Bereich der Rezeption wie der Eigenproduktion von Musik, um die es – bezogen auf die K-Gruppen – im Folgenden gehen wird.

Die Musik war ein wichtiger Faktor in der Lebenswelt der maoistisch-stalinistischen Parteigründungen im Fahrwasser der Studentenrevolte in den späten 1960er Jahren. „Einige singen die Internationale, andere Street fighting man", bemerkte der Schriftsteller Peter Paul Zahl in seinem „Schelmenroman" *Die Glücklichen* treffend.[3] Die K-Gruppen sangen die *Internationale*, so zum Abschluss nahezu jedes Teach-Ins in der TU Berlin.[4] Im ersten Teil der vorliegenden Studie wird die Rezeption von Musik auf dem Terrain der K-Gruppen näher beleuchtet, während der zweite Teil sich ihrer Eigenproduktion durch die verschiedenen maoistischen Parteien der BRD widmet. Schablonen für beide Teile sind der Bezug auf kulturelle *patterns* der Weimarer Republik, der Faktor

---

1 Zit. nach Kai Sichtermann, Jens Jobler, Christian Stahl, *Keine Macht für Niemand. Die Geschichte der Ton, Steine, Scherben*, Berlin 2003, S. 173.
2 Vgl. Gespräch mit Jürgen Bacia am 1. Dezember 2005.
3 Peter-Paul Zahl, *Die Glücklichen. Ein Schelmenroman*, Berlin 1997, S. 112.
4 Vgl. Gespräch mit Jürgen Bacia am 4. Januar 2006.

des Imaginären sowie die Instrumentalisierung von Musik. Die Republik von Weimar schwang in der Geschichte der K-Gruppen – einem *Basso continuo* gleich – immer mit. Welcher ideen- und kulturgeschichtlicher Bezüge bediente man sich und welchem Zweck dienten sie? Die Rückbesinnung auf die Weimarer Republik verweist zugleich auf einen weiteren wichtigen Topos in der Geschichte der K-Gruppen, nämlich den der Imagination. Nicht die politische Bühne der Bundesrepublik der 1970er Jahre, sondern die rückwärts gewandte Imagination von Großkämpfen und das kontrafaktische Szenario eines heraufbrechenden Faschismus waren der Orientierungsrahmen, in dem sich die K-Gruppen-Anhänger bewegten. Welche Rolle spielte die Musik in diesem Zusammenhang? Schließlich gilt es zu beachten, dass der Musik in der Lebenswelt der K-Gruppen keine ästhetische, sondern eine praktische Funktion zugewiesen wurde. Das Aufspüren von Modalitäten der Disziplinierung und der Distinktion sind in diesem Zusammenhang ebenfalls von großer Bedeutung.

I.

Anlässlich des Besuches von Leonid Brežnev in der Bundesrepublik veranstaltete die KPD am 20. Mai 1973 einen Kulturkongress unter dem Motto „Die Kunst gehört dem Volk!"[5] Der Musikwissenschaftler Konrad Boehmer beklagte Erfahrungen, die er in der von der KPD wie von den anderen maoistischen Parteien als „sozialimperialistisch"[6] eingestuften Sowjetunion habe machen müssen: „[...] als ich vor zwei Jahren in Moskau [...] nach Massenliedern suchte", so Boehmer, „wies die Verkäuferin mich in die Schlagerabteilung, wo ich den gleichen sentimentalen Dreck kaufen konnte, den unsere imperialistische musikalische Massenkultur tagtäglich über das Proletariat ausschüttet."[7] Implizit verwies Boehmer auf die tragende Säule in der Musikrezeption der K-Gruppen: das dichotomische Konstrukt einer Massenmusik auf der einen und einer individualistisch-bürgerlichen Musikkultur auf der anderen Seite, in der maoistischen Diktion als Elemente des „Kampfes zweier Linien" kategorisiert.[8] Die Autoren der *Kommunistischen Volkszeitung* (*KVZ*), des Zentralorgans des Kommu-

---

5 Anonym, *Die Kunst gehört dem Volk! Nieder mit der revisionistischen Kulturpropaganda! Protokoll des Kulturkongresses der KPD in Dortmund am 20. Mai 1973*, Dortmund 1973.
6 Zum Sozialimperialismusvorwurf vgl. Andreas Kühn, *Stalins Enkel, Maos Söhne. Die Lebenswelt der K-Gruppen in der Bundesrepublik der 70er Jahre*, Frankfurt/Main 2005, S. 101-107.
7 Konrad Boehmer, *Gegen die revisionistische und sozialimperialistische Musikkultur*, in: Anonym, *Kulturkongress*, S. 153-164, hier S. 156.
8 Vgl. *Bericht über das Treffen zur Beratung unserer Aufgaben in der Kulturarbeit am 30.11./1.12. in Mannheim*, Archiv „APO und soziale Bewegungen", Fachbereich Politik- und Sozialwissenschaften der Freien Universität Berlin (ehem. ZI 6) [APO-Archiv], 7. 1 KBW ZK Juni 1974 – Februar 1975.

nistischen Bundes Westdeutschland (KBW), brachten diese Betrachtungsweise auf den Punkt, indem sie exklamierten, dass die Musik „Klassengefühle" ausdrücke, weshalb die „Arbeiterklasse" die „bürgerliche Musik kritisieren" müsse.[9] In Ermangelung einer proletarischen Musikkultur[10] vollzogen die verschiedenen maoistischen Organisationen der Bundesrepublik einen Rückgriff auf die Arbeitermusik der Weimarer Republik. Beispielhaft hierfür steht das Bekenntnis der KPD/ML zur Arbeitermusik der 1920er Jahre, geäußert anlässlich des Todes von Ernst Busch. Als dieser 1980 starb, feierte ihn die Organisation als das „singende Herz der Arbeiterklasse", dessen Propaganda für den Kommunismus im Jahr 1980 genauso aktuell sei wie in den 1920er Jahren. Unvergessen seien seine Stücke nach Texten von Becher, Brecht und anderen, „unvergessen seine ungeheure, fast brutale Eindringlichkeit".[11] Für den KBW manifestierte sich die bürgerliche E- und U-Musik als Attacke der Bourgeoisie auf die Arbeiterklasse, da sie dazu diene, die Klasseninteressen der Arbeiter durch Werkimmanenz zu unterminieren, und so gesellschaftliche Widersprüche verschleiere.[12] Die Verfasser rekurrierten auf musiktheoretische Überlegungen Hanns Eislers, der 1931 vor der „Gefahr der ordinären Kunstauffassung, die [...] aus den großen Schichten der Bourgeoisie in die Arbeiterschaft" einfließe, warnte. Eisler erblickte insbesondere in der Unterhaltungsmusik, welche dem Hörer keinerlei Aufmerksamkeit abverlange, eine Gefahr für das Proletariat.[13] Musik wurde als Teil des Klassenkampfes begriffen und musste in dieser Form sublimiert werden. Detlef Siegfried machte jüngst darauf aufmerksam, dass die Hinwendung zu einer vermeintlich proletarischen Musik und die rigiden Vorgaben, die innerhalb der K-Gruppen auch den Musikgeschmack ihrer Angehörigen zu dirigieren suchten, als Affekte auf den Hedonismus der antiautoritären Studentenbewegung um 1968 zu lesen sind.[14]

Die Musikkritik der K-Gruppen konstituierte sich in diesem Zusammenhang ex negativo; man polemisierte gegen jegliche Form von Musik, die nicht aus maoistischer Produktion oder aus den Zeiten der Republik von Weimar bzw. aus China stammte. Besonders Pop-, Rock- und Schlagermusik brandmarkte

---

9 Anonym, *Die Musik drückt Klassengefühle aus. Die Arbeiterklasse muß die bürgerliche Musik kritisieren*, in: Kommunistische Volkszeitung 09/1974, S. 16.
10 Vgl. Werner Fuhr, *Proletarische Musik in Deutschland 1928-1933*, Göppingen 1977, hier das unpaginierte Vorwort.
11 Anonym, *„Proleten, fallt nicht auf den Schwindel rein". Zum Tod von Ernst Busch*, in: Roter Morgen 25/1980, S. 15.
12 Anonym, *Klassengefühle*, ebd.
13 Hanns Eisler, *[Die Kunst als Lehrmeisterin im Klassenkampf]*, in: ders., Schriften I. Musik und Politik 1924-1948, Leipzig 1973, S. 120-130, hier S. 127.
14 Detlef Siegfried, *„Einstürzende Neubauten." Wohngemeinschaften, Jugendzentren und private Präferenzen kommunistischer „Kader" als Formen jugendlicher Subkultur*, in: Archiv für Sozialgeschichte 44/2004, S. 39-66, hier S. 56.

man in der Mitte der 1970er Jahre ausnahmslos. Selbst Bob Dylan leistete in den Augen der Maoisten der „Bourgeoisie" durch seine „resignativen Stücke" einen hervorragenden Dienst, da er die „Empörung der Massen in allen Bereichen der Gesellschaft auf eine bürgerliche Linie" lenke und den „Kampf gegen die eigentliche Ursache gesellschaftlicher Misere, den Kapitalismus", ignoriere.[15]

Zum Tode Elvis Presleys vermerkte die KVZ lapidar: „Er starb am 16.8. in seinem Bett an Herzversagen, nicht weil er zu viel gearbeitet, sondern weil er zu viel gefressen hat." Presleys „Abgang" gehe den „US-Bourgeois" nahe, da sie mit seiner Person die Hoffnung verknüpft hatten, die „Gegensätze in ihrem Lande in einem frühen Stadium abfangen zu können, um sich der Verwirklichung ihrer Weltherrschaftsträume ganz und gar hinzugeben."[16] Ähnlich urteilte die *Rote Fahne* über den Tod des Sängers: Die „von der kapitalistischen Unterhaltungsindustrie aufgebauten ‚Idole', die in jungen Jahren oder im besten Alter als hemmungslose, geisteskranke und zu keiner nützlichen Tätigkeit mehr fähige Kreaturen" stürben, müssten „als Fäulniserscheinungen des Imperialismus entlarvt werden".[17] Insbesondere Rockgruppen aus der „sozialimperialistischen" DDR, wo in den Augen der K-Gruppen eine „bürgerliche Musik-Kultur"[18] dominierte, wurden regelmäßig mit Polemik und Spott überzogen. Als 1977 die „Puhdys" eine Tournee durch die Bundesrepublik antraten, titelte das maoistische *Bravo*-Surrogat *Kämpfende Jugend*: „Puhdys-Tournee: Hofsänger auf Reisen",[19] und der Liedermacher Franz Josef Degenhardt avancierte wegen seiner DKP-Mitgliedschaft schlicht zum „Hofsänger der Revisionisten".[20]

Der Anspruch einer Wiederbelebung der Weimarer Arbeiterkultur einerseits und die popkulturelle Sozialisation der eigenen Mitglieder andererseits ließen früh Widersprüche aufbrechen. Auf einem KBW-Kongress zur Beratung der Aufgaben der Organisation in der Kulturarbeit manifestierten sich einerseits der „Kampf zweier Linien" und andererseits ein für die gesamte K-Gruppen-Szene zu attestierender habitueller Proletkult. Die Teilnehmer erörterten die Frage, ob Popmusik, welche zweifelsohne Millionen von Jugendlichen anspreche, für die revolutionäre Kulturarbeit genutzt werden könne. An dieser Frage schieden sich die Geister der Teilnehmer: „Mehrere Genossen", heißt es in dem Bericht wörtlich, „erklärten rundheraus, sie hätten es versucht, aber es ginge nicht." Die Kritisierten hätten sich in einer Weise über Pop-Musik geäußert, „die zeigte, dass sie sich mit dieser Richtung der bürgerlichen Massenkultur

---

15 Anonym, „*Kann noch trinken, hoch die Tassen...*". *Kritik der bürgerlichen Popmusik*, in: Kommunistische Volkszeitung 22/1974, S. 16.
16 Anonym, *Die Unersetzbarkeit des Elvis Presley*, in: Kommunistische Volkszeitung 35/1977, S. 16.
17 Anonym, *Zum Tode von Elvis Presley*, in: Rote Fahne 34/1977, S. 11.
18 Anonym, *Bürgerliche Musik-Kultur in der DDR*, in: Kommunistische Volkszeitung 09/1974, S. 16.
19 Anonym, *„Puhdys"-Tournee: Hofsänger auf Reisen*, in: Kämpfende Jugend 03/1977, S. 28.
20 Anonym, *Franz Josef Degenhardt in Lüneburg: Pfiffe für den Hofsänger der Revisionisten!*, in: Rote Fahne 22/1973, S. 8.

nicht auseinandergesetzt haben und auch die Frage, warum so viele Jugendliche, vor allem auch die Arbeiterjugend, diese Musik hört, nicht untersucht hatten". Der Protokollant monierte, dass die betreffenden Genossen die populäre Musik rundweg ablehnten und auf diesem Weg eine „Missachtung gegenüber den Empfindungen der Massen, die sie mit dieser Musik verbinden", offenbarten. Darüber hinaus hätten sie erklärt, „dass sie das Radio abdrehen würden", und ein Intellektueller habe sogar stolz geäußert, „dass er davon nichts verstehe, also auch nicht verstehen will." Stattdessen sei das Ziel die „Kultur der Arbeiterbewegung der 20er Jahre aufzuwärmen, was dann auch Ergebnisse aufgewärmten Kaffees brachte".[21]

Diese schrittweise Öffnung vollzog die KPD nicht mit. In dem 1977 erschienenen Sammelband *Wir warn die stärkste der Partein ... Erfahrungsberichte aus der Welt der K-Gruppen*[22] thematisieren Ehemalige auch Fragen der Musik. Ein einstiges Mitglied des Kommunistischen Oberschülerverbands (KOV) berichtet über Rockmusik:

„[...] wenn ich zu irgendjemand hinkam, zu normalen Leuten, und hörte diese Platten, fühlte ich mich automatisch wie auf der Reise. Diese Musik sprach mich wieder an, ich war ganz perplex. Ich hörte weniger Ernst Busch und die Vereinigten Arbeiterchöre mit Erich Honecker am Schlagzeug – es gibt wirklich so eine Platte, Agitprop mit Schalmeien. Aber ich war dann doch nicht drauf aus, diese Stimmung einreißen zu lassen. Dementsprechend wurde ich auch, nachdem ich Selbstkritik geleistet hatte, in die Regionale gewählt."[23]

Die Passage verdeutlicht exemplarisch, dass auch die Musik in der Lebenswelt der K-Gruppen Disziplinierungsfunktion nach innen und Distinktionsfunktion nach außen hatte.

Große Wirkungsmächtigkeit entfaltete die revolutionäre Peking-Oper auf dem kulturellen Feld der K-Gruppen. Ein Gastspiel in der Bundesrepublik im Oktober 1976 entfesselte Begeisterungsstürme in der maoistischen Subkultur. Das Ensemble gastierte mit dem „revolutionären modernen Tanzdrama ‚Die Rote Frauenkompanie'" in verschiedenen Städten Westdeutschlands. Dargestellt wurde die Periode des „Zweiten Revolutionären Bürgerkriegs" von 1927 bis 1937. Unter der „korrekten Führung der Kommunistischen Partei Chinas" entsteht die „Rote Frauenkompanie" und erstarkt im Verlaufe des Stückes, in dem besonders „das kämpferische Leben der Volksmassen, die, von den Mao-Tse-Tung-Ideen geleitet, voll stürmischer Begeisterung die Revolution mach-

---

21 *Aufgaben in der Kulturarbeit*, ebd.
22 Anonymes Autorenkollektiv, *Wir warn die stärkste der Partein ... Erfahrungsberichte aus der Welt der K-Gruppen*, Berlin 1977.
23 Anonym, *Das Mao-Männchen im Hinterkopf – Ängste und Erfahrungen eines Kader-Gymnasiasten*, in: ebd., S. 8-22, hier S. 12.

ten", für Verzückung in den Reihen der Rezipienten sorgte.[24] Insbesondere die Fokussierung auf Heldenfiguren wie Arbeiter, Bauern und Soldaten, welche die klassischen Charaktere wie „Kaiser, Könige, Generäle und Kanzler, Gelehrte und aufgedonnerte Schönheiten von der Bühne verjagten", beeindruckte die Autoren des KPD/ML-Zentralorgans *Roter Morgen*.[25] Die Aufführung in Hamburg kommentierte das Blatt im typisch optimistisch-emphatischen Stil der ML-Bewegung: „Dieses großartige Bühnenstück der chinesischen Genossen", so die Verfasser, habe die Zuschauer restlos enthusiasmiert, weshalb sie „an vielen Stellen begeistert Beifall" geklatscht hätten, „so als zu Beginn des zweiten Aktes das finstere Bühnenbild [...] durch das farbenprächtige, zukunftsweisende Bild und das lebendige Leben in den befreiten roten Stützpunkten abgelöst" worden sei. „Begeisterten Beifall" habe es auch gegeben, als ein gefangener „Politkommissar mutig Widerstand leistete, alle Bedrohungen, Intrigen und Bestechungsversuche des Klassenfeindes durchkreuzte und heldenhaft in den Tod ging". Das Bühnenstück bedeute „eine einmalige Synthese, in der eine Reihe von Grundaussagen und Prinzipien des Marxismus-Leninismus mit der Tanzkunst, der Musik, dem Bühnenbild, der Gestik und der Kostümierung harmonisch zu einem Ganzen verschmolzen"[26] seien.

Anhand des Geschilderten kristallisieren sich zwei Hauptfaktoren der Musikrezeption in der Lebenswelt der K-Gruppen heraus: zum einen der Bezug auf die Musikkultur der 1920er Jahre – hier besonders der Rekurs auf Brecht und Eisler – und zum anderen die dem maoistischen Bezugsrahmen geschuldete Identifikation mit der Peking-Oper.

Bezogen auf Faktoren der Sublimierung bzw. das Entgegenwirken einer Entsublimierung im Kampf gegen die bürgerliche Kultur war die Musik Disziplinierungs- und Distinktionsfaktor zugleich. Letztendlich aber mussten die K-Gruppen auf nahezu verschüttete Traditionen zurückgreifen oder aber sich an exotischen Formen orientieren. Dies wiederum widersprach ihrem Hauptziel, die Arbeiterklasse zu mobilisieren, da die revolutionäre Peking-Oper als Soundtrack für die angestrebte Revolution in Deutschland denkbar ungeeignet war. Insofern spielte von Beginn der marxistisch-leninistischen Organisationsphase an die Eigenproduktion von Musik eine ebenso wichtige Rolle.

---

24 Anonym, *Peking-Oper gastiert in der Bundesrepublik*, in: *Roter Morgen* 40/1976, S. 12.
25 Anonym, *Es lebe die revolutionäre Peking-Oper*, in: *Roter Morgen* 43/1976, S. 12.
26 Anonym, *Tournee der Peking-Oper beendet. Grosse Begeisterung bei allen Aufführungen*, in: *Roter Morgen* 45/1976, S. 12.

II.

Die Eigenproduktion von Musik durch die K-Gruppen fand hauptsächlich in Agit-Prop-Trupps statt, die nach dem Vorbild der Weimarer KPD gebildet wurden. Das Programm dieser Gruppen beschränkte sich nicht auf Musikdarbietungen, sondern integrierte auch Spielszenen. Die maoistischen Agit-Prop-Trupps erhoben den Anspruch, ihre Auftrittsprogramme in Diskussionen mit Arbeitern und durch das Studium der Verhaltensweisen von „Kapitalisten, Gewerkschaftsbonzen, Verräter[n] in den Reihen der Arbeiterklasse, vor allem aber fortschrittliche[n] und revolutionär kämpfende[n] Arbeitern" zu erarbeiten.[27] Das Hauptbetätigungsfeld waren Straßen und öffentliche Plätze. Hier stellten die Akteure „Stücke zur Faschisierung, zur RGO,[28] zu den Betriebsratswahlen, zur bürgerlichen Kultur usw. zur Diskussion".[29] Am 18. März 1978 veranstaltete die KPD/ML unter dem aus dem Film *Kuhle Wampe* entliehenen Motto *Wem gehört die Welt*[30] ein Arbeitertheater-Festival in der Dortmunder Westfalenhalle, an dem elf Agit-Prop-Trupps aus der gesamten Bundesrepublik teilnahmen. Das Ereignis war als Wettstreit konzipiert; Preise wurden unter anderem in den Kategorien „Neugeschriebenes Lied" und „Traditionelles Lied" vergeben. Im Bereich des selbstgeschriebenen Liedes gewann die Bremer Gruppe „Rote Reporter", die das „Schleyer-Lied" vortrug, dessen Text leider nicht überliefert ist, welches aber nach Aussagen der Veranstalter „den Nagel auf den Kopf" getroffen habe. Kein Werktätiger weine „diesem Herrn Schleyer eine Träne nach", was die „Roten Reporter" durch ihre schwungsvolle Darbietung eindrucksvoll untermauert hätten. Der Preis für das traditionelle Lied ging an die Dortmunder „Roten Raketen", welche ein altes Stück des „Bergarbeiterführers Heinrich Kämpchen" wiederentdeckt hatten, nämlich das um 1890 verfasste „Glück auf".[31] Groteskerweise brüsteten sich die Verfasser mit der „Wiederentdeckung" des wohl bekanntesten Bergarbeiterliedes überhaupt, welches als internationales Knappenlied bekannt wurde, zur offiziellen Verbandshymne der Bergarbeiter avancierte und noch heute zum Repertoire verschiedenster

---

27 Anonym, *„Unser Platz ist die Straße!" Arbeitertheater-Festival in Dortmund*, in: *Roter Morgen* 08/1978, S. 9.
28 RGO ist die Abkürzung für die Revolutionäre Gewerkschaftsopposition der KPD in der Weimarer Republik.
29 Anonym, *„Unser Platz ist die Straße!"* in: *Roter Morgen* 08/1978, S. 9.
30 Vgl. Bertolt Brecht, Hanns Eisler und Slatan Dudow, *Kuhle Wampe oder Wem gehört die Welt*, London 1998 [1932].
31 Anonym, *„Nicht Mitleid, sondern Kampf muß unsere Parole sein!"*, in: *Roter Morgen* 12/1978, S. 10-12, hier S. 10.

Sängergruppen und Chöre, insbesondere im Ruhrgebiet, gehört.[32] In einem Kommentar zur Preisverleihung wurde ausdrücklich darauf hingewiesen, dass „traditionelle Lieder der deutschen und internationalen Arbeiterbewegung" zum unverzichtbaren Repertoire der Agit-Prop-Trupps in den Reihen der KPD/ML gehörten und dass die Prämierung des Stückes „Glück auf!" mit Sicherheit „auch andere AP-Trupps anregen" werde, „aus dem reichen Vorrat der deutschen Arbeiter- und Volkslieder noch andere schöne und singbare Lieder wiederzuentdecken".[33]

Den ersten Preis in der Gesamtwertung, eine Gastspielreise durch Albanien, gewann das „Rote Sprachrohr" aus Hamburg, den zweiten Preis, ein Episkop,[34] das „Rote Sprachrohr" aus Kiel.[35] Als dritten Preis übergaben die Veranstalter der „Pfeffermühle" aus Bochum ein Akkordeon, unter anderem für die traditionellen Lieder „Mein Vater wird gesucht" und „Die rote Front wächst an".[36] Am 15. Juli 1978 brach der Agit-Prop-Trupp „Rotes Sprachrohr" Hamburg zu seiner dreiwöchigen Gastspieltournee nach Albanien auf.[37] Das Tourneeprogramm beinhaltete das „Rationalisierungslied", eine Szene aus einem eigenen Stück über den Hamburger Hafenarbeiterstreik und die Pantomime „Der Bulle mit dem biederen Gesicht". Beendet wurde es mit dem Absingen „revolutionärer Lieder der Arbeiterbewegung".[38] Das Beispiel des Arbeitertheater-Festivals in Dortmund verdeutlicht, wie intensiv die deutschen Maoisten sich an Theaterkonzeptionen und Medientheorien aus der Weimarer Republik, namentlich denen Brechts und Eislers, orientierten. Die Patenschaft und eminente Bedeutung Eislers für die K-Gruppen lässt sich anhand einer Ausgabe der *Sozialistischen Zeitschrift für Kunst und Gesellschaft*, herausgegeben von der KPD-nahen „Vereinigung Sozialistischer Kulturschaffender", der unter anderem Konrad Boehmer, Wolfgang Hamm und Friedrich Rothe angehörten, belegen.[39] Der Band aus dem Jahr 1973 fasst die in der KPD geführte Theoriediskussion der frühen 1970er Jahre zusammen. Mit dem Satz „Erben heißt nicht besitzen, son-

---

32 Vgl. Erhard Schütz, *„Niemand kann sich freuen wie ein guter Arbeiter." Von der Arbeiterliteratur zur Literatur der Arbeitswelt und zur Arbeitswelt der Literatur. Tagung Arbeitswelt und Literatur in Bad Münstereifel*, o. J., http://www.kurt-schumacher-akademie.de/_data/Schuetz.pdf, S. 7.
33 Anonym, *Nicht Mitleid, sondern Kampf*, ebd.
34 Ein Episkop ist ein optisches Gerät zur Auflichtprojektion, ähnlich einem Overhead-Projektor.
35 Die Namen der Gruppen verweisen ebenfalls auf die Weimarer Republik; im Tonfilm *Kuhle Wampe* von Bertolt Brecht, Hanns Eisler und Slatan Dudow präsentiert eine Agit-Prop-Truppe gleichen Namens das *Einheitsfrontlied*.
36 Vgl. Anonym, *Nicht Mitleid, sondern Kampf*, S. 10ff.
37 Vgl. Anonym, *Agitprop-Trupp „Rotes Sprachrohr" auf Albanien-Tournee*, in: *Roter Morgen* 30/1978, S. 8.
38 Vgl. Anonym, *Generalprobe für die Albanientournee. Agitprop-Trupp „Rotes Sprachrohr"*, in: *Roter Morgen* 29/1978, S. 8.
39 *Hanns Eisler. Musik im Klassenkampf*, Sozialistische Zeitschrift für Kunst und Gesellschaft 20/21 (1973).

dern handeln"⁴⁰ erklären die Verfasser Eisler gleichsam zum *spiritus rector* zu schaffender Arbeitermusik und machen die eingehende Beschäftigung mit seinen theoretischen Überlegungen zur *conditio sine qua non* eigener Musikproduktion. Man müsse „Eisler als Kämpfer für die Arbeiterklasse ehren, um von ihm für die gegenwärtigen Klassenauseinandersetzungen und die Rolle der Musik darin zu lernen".⁴¹ Ebenso deutlich verweist das angeblich von einer Wetzlarer Jungarbeiterin verfasste Parteilied der KPD/ML, „Zum Klassenkampf jetzt aufgewacht",⁴² auf die 1920er Jahre und die Beschäftigung mit Eisler. Hier heißt es unter anderem:

> Von Hass das heiße Herz beseelt
> Von Arbeit hart der Arm gestählt
> Steht der Prolet und blickt nach vorn
> Dem Volke Lieb' – dem Feinde Zorn!
>
> Für uns hat nur noch eines Sinn:
> Vorwärts! Zum Sozialismus hin!
> Die Arbeit hat uns stark gemacht
> Zu siegen in der letzten Schlacht.
>
> Wer geht voran, wer trägt die Fahne?
> Wer macht die dunkle Nacht uns hell?
> Das sind der Zukunft getreue Kämpfer,
> Das ist die KPD/ML!⁴³

Auf der textlichen Ebene – für die K-Gruppen wie für Brecht die Ebene, welche die Musik zu dominieren, die „einen Wortlaut zu befördern und gleichzeitig jede Ohrenlust auszuschließen"⁴⁴ habe – stechen verschiedene Topoi hervor. Zum einen wird der Faktor Arbeit in einer Weise ästhetisiert, die auf den von Helmut Lethen – früher selber Maoist – herausgearbeiteten Kältediskurs⁴⁵ der 1920er Jahre verweist. Die fordistische Schablonenhaftigkeit von durch Arbeit hart gestählten, stark gemachten Armen, von Proleten, die unbeirrt nach vorne blicken, fließt ein in den kalten Charakter des „futuristischen Gerätemenschen"⁴⁶ und führt hin zum „avantgardistischen Habitus der Kälte".⁴⁷ In der

---

40 Anonym, *Von Eisler lernen*, in: ebd., S. 15-28, S. 27.
41 Ebd.
42 Vgl. Anonym, *Zum Klassenkampf jetzt aufgewacht!*, in: Roter Morgen 32/1973, S. 8.
43 Ebd.
44 Hans Christian von Herrmann, *Sang der Maschinen. Brechts Medienästhetik*, München 1996, S. 127.
45 Helmut Lethen, *Verhaltenslehren der Kälte. Lebensversuche zwischen den Kriegen*, Frankfurt/Main 1994.
46 Ebd., S. 13.

Arbeiterliteratur der 1920er Jahre ist der maoistische Kader der 1970er Jahre bereits präfiguriert: Der kommunistische Kader ist eine „kalte Persona", sein Handorakel der Leninismus; die Distanz bestimmt sein Dasein, und die Moral erschöpft sich im Überlebenskampf inmitten eines Zustands allgemeiner Bedrohtheit.[48] Und doch ist die Veränderbarkeit dieses Zustands sein Movens: „Ändre die Welt, sie braucht es", exklamiert der Kontrollchor in Brechts *Maßnahme*,[49] jenes „Stücks des vollendeten Totalitarismus" (Gerd Koenen), und so marschieren die Protagonisten im Zweivierteltakt einer eschatologisch glorifizierten Zukunft entgegen, was den nächsten Topos induziert: Diverse radikale Jugendbewegungen der Weimarer Republik einten sich in der Dominanz des Zukunftsparadigmas, welches sie als junge Generation maßgeblich zu gestalten und zu bestimmen trachteten. Rusinek verweist in diesem Zusammenhang auf die „Alleinvertretungsanmaßung und Aufopferung für das Volk",[50] die sowohl für die Studenten der Freiheitskriege, die „1968er" als auch die K-Gruppen, nachweisbar sei.[51] In der Tat findet sich die dichotomische Motivik eines Vertretungsanspruchs für das ganze Volk als positive Schicksalsgemeinschaft, im Hass gegen „die Kapitalisten" geeint, auch in dem Parteilied der KPD/ML.

Ein Beitrag des politischen Fernsehmagazins *Report aus München*, ausgestrahlt am 10. Oktober 1977,[52] beinhaltet eine Sequenz, in der eine Agit-Prop-Gruppe der KPD/ML das Stück in einer Fußgängerzone darbietet. Anhand dieser Sequenz ist es möglich, auch über Musik und Gestus Aussagen zu treffen.

Musikalisch handelt es sich um einen Marsch; das imaginierte Proletariat marschiert gleichsam nach vorne, ständige fordistische Bewegtheit suggerierend, die wiederum mit dem Motiv des Maschinenmenschen korrespondiert. Der Gesichtspunkt musikalischer „Schönheit", gleichsam die Gefühlsebene, ist der Nützlichkeit untergeordnet.[53] Beide Aspekte, den Marschrhythmus und die Funktionalität, hatte bereits Hanns Eisler im Sinn, der die Musik durch präzise Artikulation statt melodische Schönheit, Marschrhythmus statt Tanzrhythmus und die Unterordnung der Musik unter den Text diszipliniert wissen wollte.[54] Das Stück war keine Eigenkomposition, sondern sollte nach der Melodie des

---

47 Ebd., S. 14.
48 Vgl. ebd., S. 170.
49 Bertolt Brecht, *Die Maßnahme. Lehrstück.*, Frankfurt/Main 1998, Vers 163.
50 Bernd A. Rusinek, *Der Kult der Jugend und des Krieges. Militärischer Stil als Phänomen der Jugendkultur in der Weimarer Zeit*, in: *Der verlorene Frieden. Politik und Kriegskultur nach 1918*, hrsg. von Jost Dülffer und Gerd Krumeich, Essen 2002, S. 171-197, hier S. 196.
51 Ebd., S. 196f.
52 Friedhelm Brebeck, *„Wir sind in einer schwierigen Lage"*. Beitrag für das Fernsehmagazin *Report aus München*, ausgestrahlt am 10. Oktober 1977.
53 Werner Fuhr verortet diese Unterordnung der ästhetischen unter die funktionale Ebene als Charakteristikum „proletarischer Musik"; vgl. Fuhr, *Proletarische Musik*, S. 186.
54 Vgl. von Herrmann, *Sang der Maschinen*, S. 126.

österreichischen Arbeiterliedes „Wir sind das Bauvolk" gesungen werden,[55] welches wiederum russische Wurzeln hat. Die Präsentation schließlich rekurriert abermals auf Überlegungen Hanns Eislers. Es scheint fast, als hätten die Interpreten Eislers *Ratschläge zur Einstudierung der Maßnahme* als Leitfaden für die eigene Darbietung genutzt. Hier heißt es unter Punkt 2:

„Anzustreben ist ein sehr straffes, rhythmisches, präzises Singen. Der Sänger soll sich bemühen, ausdruckslos zu singen, d. h. er soll sich nicht in die Musik einfühlen wie bei einem Liebeslied, sondern er soll seine Noten referierend bringen, wie ein Referat in einer Massenversammlung, also kalt, scharf und schneidend."[56]

Für die Eigenproduktion von Musik durch die K-Gruppen galt, was auch die übrigen Aspekte ihrer Lebenswelt kennzeichnete: Die Republik von Weimar stand Pate, ja sie schwang ostentativ immer mit. Die spröden Überlegungen Bertolt Brechts oder Hanns Eislers kamen den Faktoren von Imagination, Disziplinierung und Distinktion, wie sie auf dem Terrain der K-Gruppen vorherrschten, entgegen und konnten durch die Akteure problemlos absorbiert werden.

Fazit

Die Welt der K-Gruppen fußte auf der Imagination. Nicht der politische Raum der 1970er Jahre, sondern die postmortale Konstruktion von Großkämpfen der Weimarer Republik war ihr Antrieb. Und auf diesem wieder aufgeforsteten Boden Weimars spielte die Musik eine wichtige Rolle. Sie war einerseits Disziplinierungsinstrument und ermöglichte auf der anderen Seite einen beträchtlichen Distinktionsgewinn. Die Rückbesinnung auf klassische Arbeiterlieder, Weimarer Agit-Prop und die revolutionäre Peking-Oper war Affekt auf die hedonistische Studentenbewegung und Gegenstand des in der maoistischen Szene ausgefochtenen „Kampfes zweier Linien". Die Ablehnung bürgerlicher E- und insbesondere U-Musik entsprach zwar nicht der musikalischen Sozialisation der ehemals studentenbewegten maoistischen Kader, doch zwangen diese sich, den Rückgriff in die Weimarer Musikhistorie zu vollziehen, um so zur angestrebten Revolution beizutragen. Bezogen auf Überlegungen Brechts und Eislers entstand eine alle Bereiche der Darbietung umfassende, funktionale, auf den Fetisch der Dialektik ausgerichtete Agit-Prop-Kultur, die verschiedene Topoi aus der Kulturdiskussion Weimars integrierte: Der Kältediskurs spielte ebenso eine Rolle wie die Persona des fordistischen

---

55 Vgl. Anonym, *Zum Klassenkampf*, ebd.
56 Hanns Eisler, *Einige Ratschläge zur Einstudierung der Maßnahme*, in: Ders., *Musik und Politik*, S. 168.

Gerätemenschen, all das vor der Kulisse eines aufbegehrenden Faschismus. Das in der *Maßnahme* so nachdrücklich formulierte Paradigma einer Veränderbarkeit der Welt – auch durch die Nutzbarmachung von Musik – mündete in eschatologische Erwartungen einer zu gestaltenden Zukunft, die wiederum Teil des imaginären Raumes war, in den auch die Musik in der Lebenswelt der K-Gruppen einzuordnen ist.

„Hoch die Rote Note!"
Eine linke Blaskapelle um 1970[*]

Peter Schleuning

Die Studentenbewegung zeigte in Freiburg im Breisgau eine Besonderheit, die womöglich auch andernorts bestanden haben mag und für die Ausbildung praktischer Musikarbeit von Bedeutung war: Einige aus dem SDS und aus dessen Umfeld waren an Kultur interessiert. Daraus entstand eine Blaskapelle durch die Initiative von Universitäts- und Musikhochschulstudenten, wobei die Ersteren sich bereits in einer Improvisationsgruppe zusammengefunden hatten, begeistert von den Neuerungen des Free Jazz, während die Anderen schon theoretische Schulungskurse und politische Aktionen im Interesse einer besseren Musikausbildung durchgeführt hatten. Der Kontakt der beiden Gruppen führte im Zusammenhang mit der Vietnam-Demonstration im Januar 1973 in Bonn zu der Entscheidung, gemeinsam eine Bläsergruppe zu bilden. Man hatte dort erlebt, wie die Lebendigkeit der demonstrierenden Massen unter den eingelernten Slogans und Parolen gelitten hatte. Lustige Einfälle der „Sponti"-Fraktion wurden von Ordnern unterdrückt. Gesang war weitgehend außer Gebrauch. Die *Internationale* oder das *Solidaritätslied* waren bei fast allen Teilnehmern unbekannt. Das Ergebnis dieser Riesendemonstration war das Bild einer sterilen, trüben Ordentlichkeit. Der leitende Gedanke bei der Gründung der Blaskapelle war demnach, linke Lieder unter die Massen zu bringen und deren Gesang anzuleiten und zu begleiten.

Nach der Studentenbewegung von 1968 war die Parole von der Rekonstruktion der Arbeiterbewegung ausgegeben worden und hatte zur Begründung zahlreicher, sich selbst als „Arbeiterparteien" bezeichnenden Gruppen geführt. Wir Musiker hatten uns daraufhin mit Texten von Brecht und von Eisler be-

---

[*] Der Text reflektiert einen älteren Aufsatz des Autors zum Thema und stellt eine aus der historischen Distanz weitgehend veränderte Sichtweise der Vorkommnisse dar. Vgl. Peter Schleuning, „Hoch die Rote Blaskapelle!" Über die Entwicklung und Arbeit einer linken Freiburger Blaskapelle aus der Sicht des Tubaspielers, in: *Anschläge 4. Zeitschrift des Archivs für Populäre Musik*, Jg. 1, Bremen, Dezember 1978, S. 43–64.

schäftigt und begannen nun, Liederbücher mit dem Musikrepertoire der 1920er und 1930er Jahre zu beschaffen, u. a. solche aus dem Berliner Arbeiterlieder-Archiv der DDR unter Leitung von Inge Lammel.

Neben der Wiederbelebung des Liedgesanges war ein weiteres Ziel, eine Diskussion darüber anzuregen, inwieweit die alten Lieder für die gegenwärtige politische Praxis noch geeignet seien und wie sich eine neue Produktion politischer Lieder ausnehmen könnte. Die letztere Frage konnte sich auf einen Freiburger Liedermacher berufen, Walter Moßmann, der zuvor schon, nun aber verstärkt, die Entwicklung des politischen Liedes der Bundesrepublik mitbestimmte, zwar nicht in der Kapelle mitspielte, aber neue Lieder unterschiedlicher Zielsetzung mit unserer Bläserbegleitung vortrug.[1]

Eine weitere heute noch bekannte Person begleitete die politisch-ästhetischen Diskussion über Liedkultur und Bläsergruppe von außen her, nämlich der spätere Autor der *Männerphantasien*, Klaus Theweleit, eine der treibenden Kräfte der Improvisationsgruppe, nicht aber der Blaskapelle, aus der er sich nach anfänglicher Teilnahme schnell zurückzog. Das Spielen nach Noten und die festgefügte musikalische Struktur der Liedsätze erschienen ihm zu „autoritär". Im Unterschied zu mir – ob zu meinem Vorteil, ist fraglich – konnte er das Nebeneinander von Improvisieren und Notenspiel für sich nicht in Einklang bringen. Seine Bemühungen, die Kapelle auch zu improvisatorischer Praxis, einem freien Spiel ohne Noten zu animieren, scheiterten, vor allem an dem verständlichen Widerstand der Musikhochschüler.

Die Gründung der Kapelle stand von Anbeginn unter dem Unstern eines historischen Fehlers. Denn wir waren allesamt, ohne uns gründlich zu informieren, davon ausgegangen, dass die KPD der Weimarer Republik Blechblasorchester eingesetzt hatte, um so mit gehöriger Lautstärke die Macht der Arbeiterbewegung im Sinne des Proletkult zu demonstrieren. Und so fühlten wir uns, wenn wir möglichst lautstark und auch nicht immer ganz tonrein spielten, in den Fußstapfen der alten, aufrechten Proletarier, ein Irrtum, den man als musikalisches Seitenstück so vieler anderer Fehler bei der Rekonstruktion der Arbeiterbewegung – auch bei der Gründung der Arbeiterparteien durch bürgerliche Intellektuelle – beobachten konnte oder im Nachhinein erkennen kann. Dass es vor allem Schalmeienkapellen gewesen waren, die einst den Liedgesang begleitet hatten, vor allem im Rotfront-Kämpferbund, die Blechmusik dagegen den eher rechten Parteien zugehörte, wurde uns erst wesentlich später klar, mir z. B. 1978 während einer Gorleben-Demonstration in Hannover, wo ich eine

---

[1] Beispiele dieser Zusammenarbeit, aber auch der Fragen um historische und zeitgenössische Lieder finden sich in dem von Walter Moßmann und mir geschriebenen Buch „*Wir haben jetzt die Schnauze voll!" Alte und neue politische Lieder. Entstehung und Gebrauch, Texte und Noten*, Reinbek 1978, ²1980.

straff organisierte Schalmeienkapelle der neuen KPD hörte.[2] Man sollte sich bewusst machen, dass wir – fast alle in den Bahnen der „hohen" Kunstmusik ausgebildet und bewandert – die Merkmale des Niederen und Ordinären, die für unsere musikalische Erfahrungswelt an der Blasmusik hafteten, nun, wo es galt, musikalisch den Kampf der Unterdrückten zu unterstützen, zu Kennzeichen des Kraftvollen und Ursprünglichen umdeuteten.

Einsätze und K-Parteien

Am 1. Mai 1973 zog in dem vom DGB organisierten Freiburger Umzug zum sogenannten Kampftag der Arbeiterklasse unsere zwölfköpfige Blaskapelle mit und spielte nicht nur während des Marsches, sondern auch während der der Schlusskundgebung folgenden Versammlung des Bundes Kommunistischer Arbeiter (BKA), einer der Gründungsorganisationen des Kommunistischen Bundes Westdeutschland (KBW). Die Kapelle marschierte in der Mitte des Zuges und organisierte – im Wechsel mit den Mai-Parolen und ausgerüstet mit Textblättern – den Gesang. Es waren die Eisler-Lieder *Roter Wedding, Solidaritätslied, Einheitsfrontlied,* dann das vom Jahrhundertbeginn stammende, auf das *Andreas-Hofer-Lied* zurückgehende *Lied der Jugend,* auch *Bandiera rossa, Die Internationale* und eine von Theweleit auf die Maiparolen umgedichtete Fassung des *Linken Marsches* von Majakowski und Eisler. Überraschung und Begeisterung der Demonstrations-Teilnehmer waren groß. Eine neue Ära linker Kulturarbeit schien angebrochen zu sein, zumal am Abend ein Lehrlingstheater auftrat und sich eine Zusammenarbeit zwischen unserer Kapelle und einer Lehrlings-Rockgruppe anbahnte. „Hoch die linke Blaskapelle!" wurde immer wieder skandiert, und schon bald wurden wir nach dem Vorbild der *Roten Raketen*, des *Roten Sprachrohrs* und anderer Agitpropgruppen der 1920er Jahre *Rote Note* genannt, sehr zu unserem Missfallen, wenn auch ohne große Gegenwehr. Zweifel solcher Art, vor allem bei der Vorstellung, vom KBW nach dessen Planungen „eingesetzt" zu werden, kamen schon an jenem 1. Mai auf, als bei der Abendveranstaltung unser Vorschlag, über die Verwendbarkeit älterer Arbeiterlieder zu diskutieren, nicht aufgegriffen wurde – angeblich aus Zeitgründen.

Während früher Planungen von Auftritten zu Demonstrationen und Protestzügen – seien sie vom KBW aus organisiert worden oder von den Hochschul-Asten – hatten wir uns oft bei der Vorplanung und bei der Wahl neuer

---

[2] Inzwischen ist diese Seite der Arbeiterbewegung durch eine umfangreiche Untersuchung von Werner Hinze aufgeklärt worden: *Schalmeienklänge im Fackelschein. Ein Beitrag zur Kriegskultur der Zwischenkriegszeit*, Hamburg 2002. Auch ein Mitglied der Blaskapelle, Werner Fuhr, hat sich dieser Fragen wissenschaftlich angenommen: *Proletarische Musik in Deutschland 1928–1933*, Göppingen 1977.

Lieder wie der *Warschawjanka* oder des *Konintern-Liedes* mit dem Argument der Organisatoren auseinander zu setzen, unsere Musik sei ungeeignet für ernste Anlässe und Ziele, da sie zu sehr nach Karneval klinge, Klamauk und Unordnung unterstütze, was letztendlich dem Erreichen des Proletariats zuwiderlaufe, da eher studentischer, also bürgerlicher Alternativ-Kultur entsprungen. Sogar das gegenteilige Argument klang zuweilen an: Unsere linken Lieder verschreckten die noch nicht für die „Bewegung" Gewonnenen und hinderten sie, sich anzuschließen, da ihnen unsere Positionen durch musikalische Tatsachen „unterschoben" erscheinen könnten, anstatt dass sie zunächst einmal vorgestellt und diskutiert würden.

War die Kapelle schon auf Grund dieser Einwände dagegen gefeit, einen militaristischen Eindruck zu vermitteln, so gewann sie im Zusammenhang mit der allgemeinen Unsicherheit, ob sie mehr bei Partei- oder eher bei „Sponti"-Gesinnung anzusiedeln sei, mit wachsender Zahl von Einsätzen und von deren unterschiedlichen Zielen und Orten eine gewisse Leichtigkeit im Umgang mit ästhetischer Neugier und im Ausprobieren akustischer Neuheiten, dann auch bei der Liedwahl. So traten wir bei einer Kirchenaustritts-Aktion anlässlich des Protestes der Freiburger Frauengruppe gegen den § 218 mit umtexierten Versionen von Chorälen auf, sehr zum Mißfallen vieler Freiburger Hörer: *Geh aus, mein Herz, und suche Freud; Jesu, meine Freude; Was Gott tut, das ist wohlgetan*. Dabei marschierten wir im Spielen, weit auseinander gezogen, um den Freiburger Rathausplatz mit seinen teilweise aus einem Kreuzgang bestehenden Häusergeviert herum und erzeugten dabei eine betäubende Echo- und Raumwirkung, deren Eindruck uns noch lange beschäftigte, wenn wir ihn auch an anderen Orten nicht wieder hervorbringen konnten. Uns allen, die wir mit E-Musik zu tun hatten, war bewusst, dass wir – wenn auch von einem anderen Ausgangspunkt her – einem Teil jener Art der Neuen Musik nahe geworden waren, die sonst „Musik im Raum" hieß oder Wandelkonzert.

Diese Möglichkeit, durch instrumentale Musik kommentierend eine selbständige Interpretation politischer Ereignisse vorzunehmen, konnten wir nur selten nutzen, nicht nur auf Grund unseres mangelnden musikalischen Problembewusstseins, sondern auch wegen fehlender Zeit und Übung. Denn bei mehr derartigen Aktionen hätten wir auf unseren Instrumenten wesentlich geübter sein müssen als bei lediglich begleitenden, also für das Hören nicht im Vordergrund stehenden Liedsätzen. Was dann das Frankfurter Sogenannte Linksradikale Blasorchester zustande brachte, etwa in seiner *Tagesschau* und anderen Stücken, hätten wir niemals erreichen können. Zwar übten wir den Instrumentalsatz *Die Fabriken*, eine Paraphrase über das *Solidaritätslied* aus dem Film *Kuhle Wampe* von Brecht/Eisler/Dudow. Aber wir spielten das Stück nur einmal öffentlich, nicht nur weil wir unserer musikalischen Qualität misstrauten, sondern auch, weil wir uns der Absicht und der Möglichkeit solcher rein instrumentaler Einsätze nicht sicher waren. Selbst ich als Musikwissenschaftler in der Promotionsphase vermochte nicht zu erkennen, dass wir inmitten eines Problems zwischen der Vermittlung von vokal orientierter und „absoluter" Musik steckten, das spätestens seit Beethovens IX. Sinfonie die Gemüter beschäftigt und gespalten hatte und zumindest auf dem Feld der E-Musik weiter virulent geblieben war. Der Grund: Wohl die meisten von uns 68ern gingen davon aus, dass wir in einer vollkommen neuen politisch-gesellschaftlichen Situation waren – Rekonstruktion der Arbeiterbewegung hin und her! – und wenig davon angetan waren, uns in einer Tradition von immer wieder auftretenden, wenn auch jeweils unterschiedlich gestalteten Umbrüchen zu sehen, auch musikalischen. Die Lektüre von Richard Wagners *Kunstwerk der Zukunft* von 1849 hätte uns dabei um einige Gedanken reicher machen können. Doch lehnten wir als Adorno-Leser solche Hilfe ab, falls wir überhaupt an sie dachten.

In den Jahren 1975/76 wurden wir zum festen Bestandteil von Demonstrationen, Veranstaltungen und Festen organisierter und nicht-organisierter Gruppen. Bei großen Studentenfesten bildete die Blaskapelle mit ihrem Spiel einen Höhepunkt, die *Internationale* und die Eisler-Lieder spielend, nun angesichts der neuen politischen Entwicklungen im europäischen und außereuropäischen Ausland aber auch *Comandante Che Guevara, Ballata della Fiat, Le Déserteur, Alerta!, A Cantiga e una arma*. Das angetrunkene Mitgröhlen, der Ruf nach der „Kapelle" und Anklänge an das bayerische Bierzelt machten manchem und mancher in der Blaskapelle zunehmend Schwierigkeiten, allerdings auch die Tatsache, dass wir den Ereignissen und Anlässen mehr oder weniger hinterher liefen, beliebig einsetzbar waren, anstatt die Orte und Gelegenheiten unseres Spielens nach einem von uns bestimmten Rahmen aussuchen und selbst bestimmen zu können. Da wir nicht in eine Organisation eingebunden waren, hätten wir in einem längeren Diskussionsprozess eine gemeinsame Basis politischer Selbstbestimmung anstreben müssen. Entweder fehlte uns dazu – wie zu ernsthaftem Üben – die Zeit, oder – wozu ich eher neige – der Mut. Denn eine Auseinandersetzung über unsere politischen Standpunkte hätte entweder ein allgemeines Schwanken ohne einen gemeinsamen Nenner ergeben können oder ein Auseinanderklaffen, welches eine gemeinsame musikalische Praxis verhindert hätte. Ich vermute, die letztere Variante wäre das Ergebnis gewesen, da einige – wenn auch die wenigsten – Mitglieder eine marxistische Schulung hinter sich hatten.

Oft fühlte ich mich, wenn ich bei einem lauten Fest hinter meiner Tuba saß, mehr wie in der „Mätthäser-Bierstadt" als auf einer politisch motivierten Veranstaltung. Und die anschließenden Gespräche zwischen den Kapellmitgliedern verliefen auch wenig befriedigend und zögerten Auseinandersetzungen über die gemeinsame ideologische Basis heraus, vor allem dann, wenn angeführt wurde, man dürfe doch ruhig auch mal „richtig fröhlich und ausgelassen sein". Das konnte ich zwar bestätigen, andere auch, aber es führte zu keiner Klärung der schwelenden Probleme.

Liedauswahl und Spieltechnik

Schon vor dem 1. Mai 1973 bestand zwischen den beiden Herkunftsgruppen ein Meinungsunterschied darüber, was ein „schöner" Klang der Kapelle sei. Bereits die erwähnte Verweigerung gegenüber frei gespielten Liedbegleitungen zeigte diese Diskrepanz. Es wurden stets drei- bis sechsstimmig komponierte Sätze nach Noten gelernt und gespielt. Nur die einfachsten Lieder, auf höchstens drei Akkorden basierend, wurden ohne Noten begleitet, etwa *Bandiera rossa* oder *KKW-Nein-Rag*, eine Moßmannsche Textparodie auf ein Lied von Phil Ochs.

Dass die Kapelle einen recht rauhen und unordentlichen Klang hervorbrachte, lag an mangelnder Übung, nicht etwa an einem „antiautoritären" oder jazzorientierten Tonideal. Ich erinnere mich, wie in den späteren und vielleicht wichtigeren Jahren der Blaskapelle, nämlich während des Kampfes gegen das Kernkraftwerk Wyhl 1975/76, bei einem Informationstag der Badisch-Elsässischen Bürgerinitiativen ein gut gekleideter Herr eine Weile meinem knarrenden Tubaspiel zuhörte, dann aber in einer Spielpause an mich herantrat und meinte: „So kann man aber keinen Bass spielen. Der gehört ganz sanft gespielt." Ich war fast die gesamten dreieinhalb Jahre meiner Mitgliedschaft der einzige Bass-Spieler, pflegte mein ordinäres Gedröhne aber nicht nur wegen dieser Mangelsituation, sondern auch wegen der schon erwähnten Vorstellung von Stärke und Macht. Zudem werden alle Bläser und Bläserinnen wissen, dass das Ideal der Blasmusik, nämlich ein gleichmäßiges und wohlklingendes *piano*, eine langfristige Übung und Disziplin voraussetzt. Letztere gab es zu Zeiten um 1970 nur in Zirkeln der Marxschen *Kapital*-Lektüre und der erzwungenen Verteilung von Flugblättern vor den Werkstoren der Ausgebeuteten.

Die Konzentration auf Liedsätze anstatt auf freies, notenungebundenes Spiel hatte recht schwerwiegende Folgen für die Kapelle. Mitglieder, die nicht regelmäßig übten oder nur begrenzt Noten lesen konnten, entfernten sich bald. Dies löste einen meist unausgesprochenen Konflikt aus über den ursprünglichen Anspruch, dass alle Interessierten und politisch Motivierten mitmachen dürften, auch wenn sie Anfänger auf dem Instrument oder im Notenlesen seien. Dieses „antiautoritäre" Selbstverständnis ging schnell zugrunde, wurde jedoch auf seine Ursprungsfehler nicht durchleuchtet. Die Folge war wiederum nicht Aufklärung, sondern ein diffuses schlechtes Gewissen.

Zusätzlich war die Kapelle, wenn ein Einsatz zu einem baldigen Termin anstand, jedoch nicht genug Sätze zu geeigneten Liedern zur Verfügung standen, gelähmt. Es musste erst ein Satz geschrieben, dieser dann geübt werden, und schließlich mussten dann im entscheidenden Moment alle die richtigen Noten auf der sogenannten Marschgabel haben – ein Vorgang, der auch nach Jahren selten schnell genug vonstatten ging. Das Auswendiglernen von Stimmen wäre sinnvoll und notwendig gewesen, setzte sich aber nicht als allgemeine Praxis durch. Zeitmangel und Spezialisierung zeitigten darüber hinaus ein Autoritätsproblem, welches nicht zu gering zu veranschlagen ist und ein zentrales Merkmal für fast alle jene Arbeitsgruppen und Kollektive war – bis hin in die Wohngemeinschaften.

Da überlieferte politische Lieder und ihr Satzspiel Hauptbestandteil der Musikpraxis waren, aber dazu keinerlei bläsergerechte Sätze bekannt waren, mussten die Sätze selbst hergestellt werden – von mir. Denn ich war der Einzige, der nach zwanzigjährigem Theorie- und Satzlehreunterricht auf schnelle Art halbwegs gut klingende Sätze herzustellen vermochte. Genau wie die gesamte Kapelle manche folgenschweren Probleme aus der Zeit des Anfangsenthusiasmus nicht wahrnahm, so bemerkte auch ich viel zu spät die Konsequenzen meiner Situation als Kapellen-Komponist, die ich bei mir und anderen Spezialisierten oder zumindest schnell Arbeitenden auch in anderen Gruppen wahrnehmen konnte, seien es Lehrergruppen, Bürgerinitiativen oder selbst die Improvisationsgruppe. Es entwickelte sich ein unausgesprochener Widerspruch zwischen der Absicht kollektiver Praxis und der Notwendigkeit, dass ich als Einziger neu geschriebene Sätze mitbrachte und in der Probe auch die entsprechenden Anweisungen für die Ausführung gab. Diese Diskrepanz wurde nicht etwa angesprochen oder weiter behandelt, wie es damals auch bei anderen und schwerer wiegenden Beziehungsproblemen der Fall war, sondern sie wurde behandelt wie vieles Andere seit Gründung der Kapelle: Am Anfang war die Tat! Sozusagen zum gruppendynamischen Ausgleich zu meinem musikalischen Übergewicht wurde einer Posaune spielenden Frau die Aufgabe zugeteilt, die Einsätze zu geben.

Atomkraft? Nein Danke!

Einen neuen Anfang für die Blaskapelle bedeuteten die Platzbesetzung gegen den Bau eines Bleichemiewerkes dicht am Rhein beim elsässischen Marckolsheim am 20. September 1974 und dann all die folgenden Aktionen gegen die Planung von Kernkraftwerken und Kernenergie in der Region, ob in der Schweiz (Kaiseraugst), in Frankreich (Fessenheim) oder in Deutschland (Gerstheim, Heiteren, vor allem eben Wyhl). Die Fragen um sogenannte unpolitische oder um oktroyierte Einsätze, überhaupt die Fragen nach deren Auswahl, waren auf einmal unwichtig geworden: Die Kapelle hatte Mühe, überhaupt den wichtigen Ereignissen der nahen Volkskämpfe im Kaiserstuhl und seiner Umgebung politisch und musikalisch zu folgen. Denn es entstand eine vollkommen neue Situation: Es gab nicht mehr ausschließlich den intellektuellen Hintergrund der städtischen studentischen Linken, sondern bestimmend war plötzlich die Landbevölkerung mit ihren Sorgen um den Weinbau, und das mit ihrer angestammten Musikkultur, die alles Andere war als das, was bisher zum Repertoire und zum musikalischen Horizont der Kapelle und der gesamten musikinteressierten Linken gehört hatte. Man musste sich damit auseinandersetzen und möglichst schnell mit einem Bläsersatz und dessen Einübung darauf reagieren, dass Schunkellieder und Marschmusik zu Protestliedern umgedichtet wurden – statt „Mit fünfzig fängt das Leben an" nun „In Wyhl, da steht ein Freundschaftshaus" –, und dass Hymnen wie das *Deutschlandlied* und das *Badnerlied* nicht aus Gründen der Ideologie abzulehnen waren, sondern, wollte man den Umweltkampf unterstützen und begleiten, unter Zurückdrängung kritischer Gedanken unbedingt zu begleiten waren: „Das schönste Land in Deutschlands Gau'n, das ist mein Badner Land, es ist so herrlich anzuschaun und ruht in Gottes Hand" – dies ohne Umdichtung.

Viele dieser Lieder verbreiteten sich über Flugblätter, über gemeinsamen Gesang auf Großkundgebungen und durch Vorsingen bei Veranstaltungen der Badisch-Elsässischen Bürgerinitiativen sowie in der im April 1975 gegründeten „Volkshochschule Wyhler Wald", die mit ihren wöchentlichen und jahrelangen Veranstaltungen eine wohl weltweit einmalige selbstorganisierte Unterhaltungs- und Belehrungsinstitution wurde. Die Vortragenden aus den USA und Japan jedenfalls kannten aus ihren Ländern – selbst angesichts der dort ebenso drohenden oder bereits eingetretenen Umweltkatastrophen – nichts Vergleichbares. Hier trat die Kapelle als Unterstützerin städtischer und ländlicher, alemannisch singender Protestler auf.[3]

In dieser besonderen Situation entwickelte sich in der Kapelle eine neue, ungezwungene Spiel- und Aktionsform. Sie zeigte sich beispielhaft während eines Informationstages der Bürgerinitiativen Ende 1975 in Freiburg. Die Kapelle wanderte den ganzen Tag über durch die Fülle von Straßentheater, Wein- und Ess-Ständen, Einzelakteuren und -sängern, frei von Anweisungen und Einsatzterminen, fand sich nach Bedarf der Sänger zusammen oder lief spielend und tanzend durch die Hauptstraße, löste sich in Einzelgruppen auf, traf sich wieder und begleitete einen Kaiserstühler mit dessen Liedern am Weinstand, war also nicht im Focus einer politischen Kundgebung, sondern Bestandteil einer durch die Straßen drängenden und sich informierenden Menge.

Der Umgang und die Zusammenarbeit mit den ländlichen Sängern und den Bürgerinitiativen führte in der Kapelle zu einem Abrücken von den kommunistischen Organisationen, deren Teilnahme an diesen tatsächlich einmal zu Recht so genannten Volkskämpfen sich darauf beschränkte, zum Unmut der Landbevölkerung auf den Großkundgebungen am Rheinufer die *Kommunistische Volkszeitung (KVZ)* zu verteilen und darin zu behaupten, auf den Dörfern gebe es starke Zellen der Partei, dies stets beängstigend für die Dorfbevölkerung, da die Propaganda der Landesregierung, der gesamte Widerstand sei fremdgeleitet, von eingeschleusten Kommunisten angefacht, so hätte bewahrheitet scheinen können.

---

[3] Mehrere Schallplatten-Aufnahmen wurden herausgebracht im Trikont-Verlag, München, darunter die Doppel-LP *Dreyeckland* mit einem ausführlichen Kommentarheft des Autors.

Eine linke Blaskapelle um 1970

Abbildung: Die Freiburger Blaskapelle *Rote Note* mit dem Sänger Buki

In solchen Zusammenhängen hätten wir als ideologische Lockmittel wirken können. Diese Gefahr, immer schon mit unserer musikalischen Arbeit verbunden, die sich leicht für unterschiedlichste Zwecke funktionalisieren ließ und sich damit an eine der wichtigsten Aufgaben und Verführungen des Komponierens und Musizierens durch die Musikgeschichte anschloss, erlebten wir deutlich genug beim Rückmarsch von einer Demonstration gegen das elsässische Kernkraftwerk Fessenheim. Ausschreitungen drohten. Die Ordner forderten uns auf, wir sollten spielend weitermarschieren: „Dann gehen die Leute auch mit." Endlich einmal reagierten wir mit einer kurzfristigen Diskussion, nicht mit einer Musik. Ergebnis: Wir spielten keinen Ton. In diese beginnende Atmosphäre der Lockerung gehört auch die allmähliche Aufteilung der Satzkompositionen auch an Andere. Die Mitgliederzahl nahm zu. Ein Trompeter stieg auf Tuba um, so dass das Bass-Problem gemildert wurde, und wir bekamen – ein Wunder für eine Blaskapelle – einen begabten Trommler, begabt deshalb, weil der nicht nur die schweren Taktteile mitschlug und den Rest durchschnarren ließ, sondern weil er bei gewährleisteter Unterstützung des Grundtaktes improvisierte und damit eines des Desiderate der Kapelle lebendig hielt.

Die Kapelle erlebte, bevor ich mich von ihr trennte, eine Zusammenballung ihrer Erfolge und ihrer Zweifel, begeistert begrüßt als *Rote Note*, auf dem Frankfurter Römerberg 1976 während des Pfingstkongresses des Sozialistischen Büros gegen Repression, also einer Sache, die nicht mehr nur regional, sondern national von Bedeutung war. Offenbar fühlten wir uns „in die Pflicht genommen", wie es bei Aufträgen aus der oberen Etage heißt, und wir folgten dem zu unserem eigenen Schaden. Denn wir wurden vorgeführt, durften u. a. die *Internationale* begleiten, hatten keinerlei Erfolg in unserer Zusammenarbeit mit dem Sänger Walter Moßmann: *Ballade von der Billigung der Welt* (Brecht/Eisler) und *Ballade vom schwangeren Mann* (Moßmann). Die Widersprüche in der Blaskapelle nahmen daraufhin wieder zu: „Nie wieder!", so die einen. Die anderen waren beeindruckt von Berichten vieler Kongressbesucher, die Fest und Programm wunderbar und stärkend gefunden hatten, den Einsatz der Kapelle außerordentlich. So saß die Kapelle ernüchtert wieder in Freiburg. Der nationale Durchbruch, den manche vielleicht fantasiert hatten, war nicht gelungen. Aber wie hätte er auch gelingen können – für welches Ziel, für welchen Inhalt? „Links" ist weder Inhalt noch Ziel, mit dem man Kulturarbeit machen kann, wenn nicht konkrete Ziele und Bedürfnisse anstehen und benannt werden können. Man kennt den Untergang vieler Musikschaffender unter der Prämisse dieser allgemeinen Formel, von Wolf Biermann bis Hannes Wader.

Rückblick

Ein Aufsatz, den ich nach meinem Wegzug aus Freiburg in der Zeitschrift *Anschläge* veröffentlichte[4] und der in der Tendenz in Vielem dem jetzigen Text entspricht, hat bei den in Freiburg verbliebenen Kapellmitgliedern Protest ausgelöst. Er sei zu überheblich und zu negativ. Dies wurde im Folgeband der Zeitschrift auch so formuliert. Meine Absicht, am Beispiel unserer Blasmusik neben allem Positiven auch bedenkliche Seiten der Studentenbewegung zu charakterisieren, wurde vielleicht erkannt, aber nicht akzeptiert. Doch fühlte ich mich während der Anfänge meiner Tätigkeit an der Carl-von-Ossietzky-Universität Oldenburg seit 1976 in meiner Sichtweise in Einigem bestätigt. Dort wurde wiederum eine Blaskapelle begründet mit dem schönen Namen *Oldenburger Syndrom*, bestehend aus Studierenden des Faches Musik und neben mir noch einem weiteren Lehrenden, der mein Bass-Spiel mit der Posaune verstärkte. Wir traten im norddeutschen Raum auf, vor allem bei Demonstrationen in Oldenburg, Bremen und Hannover gegen Mittelkürzungen an den Universitäten, drohende Fachschließungen und Ähnliches, vor allem aber gegen Bau oder Betrieb der Kernkraftwerke Unterelbe/Brokdorf und Unterweser/Esensham sowie gegen den Bau des Zwischenlagers Gorleben im Wendland. Während dieser Aktionen bis in die Mitte der 1980er Jahre konnte man manches

---

4 Schleuning, *„Hoch die Rote Blaskapelle!"*, a. a. O.

wahrnehmen, das zum fast vollständigen Untergang der linken Blaskapellen führte. *Fast* vollständig! Es wäre eine Untersuchung wert, deren Restbestände ausfindig zu machen und zu dokumentieren und die Gründe für deren anhaltende Tradition ausfindig zu machen. In Bremen z. B. erhält sich seit mindestens zwanzig Jahren die Blaskapelle *Lauter Blech*, welche erst vor kurzer Zeit bei einer Aktion der Behinderten-Gruppe *Blaumeier* aufgetreten ist.

Wir bedienten uns weitgehend aus meinem Freiburger Bestand an Bläsersätzen. Wenig Brauchbares ergab sich, auch in Lehrveranstaltungen zu Volkskultur und zu Musiktheorie, auch aus der Aufforderung, neue Lieder und dazu gehörende Sätze herzustellen. Umtextierungen älterer Lieder blieben selten und konzentrierten sich – etwas zugespitzt gesagt – auf den Austausch der Worte „Wyhl" und „Brokdorf", was nicht immer schöne Silbenverteilungen ergab. Auch war eine zunehmende Distanz der Demonstrationsteilnehmer gegenüber Liedgesang zu spüren. Schon das Verteilen von Textblättern löste oft Befremden, ja Missmut aus. Das von dem Soziologen Ziehe ausgerufene Phantom des Neuen Sozialisationstyps NST[5] schien hin und wieder in lebenden Individuen aufzutreten, also eines Lernenden, der nicht mitarbeitet, sondern sich bedienen und unterhalten lässt – als „oraler Lutscher", wie man im Jargon sagte. Die Alternativbewegung als Reaktion auf die strengen Anforderungen der Studentenbewegung, vergleichbar Sturm und Drang bzw. Romantik gegenüber der Aufklärung, nahm Gestalt an und zeigte sich auch im Widerstand gegen den kollektiven Gesang mehrstrophiger Lieder, der nun nicht mehr unbewusst und eher positiv wie vordem, sondern bewusst und mit deutlicher Abwehr an den vielstrophigen Choralgesang der Gemeinde oder der Konfirmandengruppe gemahnte. Wesentlich beliebter waren demgemäß einfachste formelhafte Melodien mit Kurztext wie das Kinderlied „We don't need no education" aus dem Zyklus *The Wall* von der Rockgruppe Pink Floyd, umtextiert zu „Wir woll'n keine Kernkraftwerke", oder der endlos gesungene Brokdorf-Kanon „Wehrt euch, leistet Widerstand gegen das Atomkraftwerk im Land". Dessen Beliebtheit vermochte ich weder durch wörtliche noch durch schriftliche Hinweise zu hindern, er gehe zurück auf den Kanon „He, ho, spann den Wagen an" aus der rechten Ideologieecke des frühen 20. Jahrhunderts, ja er sei in den Jungenschaften der 1950er Jahre auf den Text gesungen worden „Blut, Blut! Räuber saufen Blut!"

Die Blaskapelle begann offensichtlich in manchen Köpfen als Symbol für die doktrinären und autoritären Züge der linken Bewegung zu gelten, wenn nicht als Assoziations-Objekt zu den sterbenden K-Gruppen. Vor allem aber stand ihr Klang im Widerspruch zu dem, was die Jugendkultur der 1980er Jahre musikalisch ausmachte und was dem Klangideal der nachwachsenden Demonstrationsteilnehmer

---

5 Thomas Ziehe, *Warum sich mir die Feder sträubt. Bedenken über den Zusammenhang Neue Lebensformen - Neuer Sozialisationstyp*, in: *Ästhetik und Kommunikation*, H. 34, Dezember 1978, S. 49–54.

entsprach. Die ehemalige Vorstellung, mit der Blasmusik an proletarische, zumindest volkstümliche Musikkultur anzuschließen, wurde abgelöst von dem Eindruck, es werde Blasmusik an falscher Stelle eingesetzt. Die Kapellen waren alt geworden.

Für die Wandlung in Herstellung und Wahrnehmung dieser Musik gab es innerhalb der Kapelle ein Beispiel, welches geeignet war, einer der Auslöser für das Enden dieser gemeinsamen öffentlichen Musik zu werden. Es gab da einen ausgezeichneten Klarinettisten, heute Klezmer-Musiker, der sich als Pazifist weigerte, Märsche mitzuspielen, seien sie auch noch so geschickt umtextiert, darüber hinaus auch jede Musik, die durch punktierte Rhythmen marschartig wirkte. Beide Kriterien betrafen einen beträchtlichen Teil des Freiburger und vor allem Wyhler Repertoires. Einige Mitglieder waren nicht ohne Sympathie für diese Haltung. Sie stand jedoch in einem zerstörerischen Widerspruch zu der Auffassung meines Kollegen, der dem Kommunistischen Bund Nord (KB Nord) nahe stand, der daher gerade solch straffe, vorwärts strebende Musik schätzte und selbst geringes improvisatorisches Abweichen vom Notentext rügte. Dies war aber schon immer meine Lieblingspraxis gewesen. Ein weiteres Kriterium zu Selbstauflösung der Kapelle war, dass der Mangel an Übungsdisziplin nun zu Zeiten von NST und Alternativbewegung selbst bei Musikstudenten teilweise jenen Mangel übertraf, der schon in Freiburg öffentliches Auftreten und öffentliches Ansehen belastet hatte.

Wenn man heute die Demonstrationen etwa gegen Einführung von Studiengebühren wahrnimmt, führt das Abwechseln von Lautlosigkeit, trockenen Parolen, Sprechchören und einfachem Lärm mit Trillerpfeifen u. ä. in der erinnernden Wahrnehmung zu widersprüchlichen Gedanken. Das Bedürfnis nach Gesang ist keineswegs zurückgegangen – im Gegenteil –, wie die Kultur der aus universitären Kursen und selbstständigen Gründungen hervor gehenden studentischen A-cappella-Ensembles und wie der Zulauf zum Gesangsunterricht zeigen, letzterer nicht nur ausgelöst durch neue Prüfungsordnungen. Öffentliche Konzertauftritte sind dabei stets das Ziel. Jedoch findet sich eine deutliche Abgrenzung zu einer öffentlichen politischen Aussage gesanglicher Art. Dass die öffentliche und damit auch die mediale Musikkultur unpolitischer geworden ist, ist eine Binsenwahrheit. Dass sie jedoch – wie auch jene vom NST der 1980er Jahre, gemeint als Deutung einer allgemeinen Entwicklung – in ihrem Hang zur Generalisierung blind und bequem ist, beweist der Boom des politischen Kabaretts, Teil der so genannten Comedy. Nicht einfach zu verstehen ist – nimmt man ökonomische Gründe aus –, warum heutzutage das politische Interesse der Studentenschaft und hier im speziellen Falle deren öffentlicher musikalischer Äußerung derart deutlich abgenommen hat. Dass es so gut wie keine linken Blaskapellen mehr gibt, ist dabei uninteressanter und im Blick auf das Gesamtproblem untergeordnet gegenüber der Frage, warum eine öffentliche Äußerung der Studierenden zu ihrem Problemen – ob musikalisch oder nicht – kaum noch stattfindet.

Die Anfänge musikalischen Protests in der Bundesrepublik und der DDR: Ausländische Einflüsse im politischen Lied

Holger Böning

Nach 1945 war den Deutschen nach Singen nicht zumute, das traditionelle Volkslied galt als zerklampft und nachhaltig diskreditiert, neue Lieder gab es kaum. In seiner *Kritik des Musikanten* schrieb Theodor W. Adorno 1956: „Nirgends steht geschrieben, dass Singen not sei."[1] Walter Moßmann und Peter Schleuning – Sänger politischer Lieder der eine, Musikwissenschaftler der andere – sprachen von einer „adornitischen Schweigezeit" und von „ideologiekritischer Gesangsverweigerung".[2] Während in der DDR der ideologischen Beeinflussung und Erziehung mittels Musik und Gesang Aufmerksamkeit geschenkt wurde und Lieder entstanden, mit denen Autoren und Komponisten Begeisterung für den Neuaufbau entfachen sollten, spielten politische Lieder in der restaurativen Bundesrepublik praktisch keine Rolle.[3] Die fünfziger Jahre drängten die Auseinandersetzung mit gesellschaftlichen Alternativen oder Utopien in den Hintergrund. Die alten Marsch- und Kampflieder der Arbeiterbewegung waren vergessen oder hatten ihre Anziehungskraft vollständig verloren – zu Recht sprach Biermann auch für die DDR von einer „dreimal verlogenen Museumskunst".[4] Irgendwie, so stellte Hanns Eisler Anfang der 1950er Jahre fest, hatte sich ein „Reif über das Genre der Kampf- und Massen-

---

1 Theodor W. Adorno, *Kritik des Musikanten*, in: ders., *Dissonanzen. Musik in der verwalteten Welt*, Göttingen 1956.
2 Walter Moßmann und Peter Schleuning, *Alte und neue politische Lieder. Entstehung und Gebrauch, Texte und Noten*, Reinbek bei Hamburg 1978, S. 337.
3 Die Kürze dieses Aufsatzes lässt keinen Raum für detaillierte Literaturnachweise. Weitergehendes und Forschungsliteratur finden sich in Holger Böning, *Der Traum von einer Sache. Aufstieg und Fall der Utopien im politischen Lied der Bundesrepublik und der DDR*, Bremen 2004 und Lutz Kirchenwitz, *Folk, Chanson und Liedermacher in der DDR. Chronisten, Kritiker, Kaisergeburtstagssänger*, Berlin 1993.
4 Wolf Biermann, *Affenfels und Barrikade. Gedichte, Lieder, Balladen*, Köln 1986, S. 97f.

lieder im Marschrhythmus gelegt durch Missbrauch der Barbaren. [...] Man brauchte eine Entwöhnungszeit."[5]

Der Boden für neues Nachdenken, das seine Niederschläge auch in der Musikkultur finden sollte, wurde seit dem Ende der fünfziger Jahre gelegt. Der Antikommunismus nach innen und außen war zur allgemein akzeptierten Leitlinie staatlicher Politik in der Bundesrepublik geworden, abweichende Stimmen waren ohne parlamentarische Vertretung. In der Abgrenzung von sozialdemokratischen Traditionen und marxistischen Positionen durch die SPD liegen wesentliche Gründe für die um 1960 einsetzende Entstehung erster Anfänge einer Außerparlamentarischen Opposition (APO), die nicht nur die innenpolitischen Auseinandersetzungen in der zweiten Hälfte der 1960er Jahre ganz wesentlich prägen sollte, sondern durch die erstmals auch wieder eigenständige politische Lieder und so etwas wie eine musikalische Protestkultur entstanden.

Sichtbar wurde diese Außerparlamentarische Opposition in der Ostermarschbewegung, die nach englischem Vorbild 1960 mit einem Marsch von Hamburg zum Raketenübungsplatz Bergen-Hohne ihre deutschen Anfänge besaß. Unterstützt durch wichtige Intellektuelle, wurden erstmals wieder zentrale Dogmen der bundesrepublikanischen Politik in Frage gestellt. Auf den Märschen sangen die Demonstranten vom christlichen Choral bis zum Arbeiterlied so gut wie alles, was ihnen bekannt war; insbesondere bediente man sich der Vorlagen der anglo-amerikanischen Folkmusik, zahlreiche Lieder waren Übersetzungen aus dem Englischen oder Amerikanischen. Melodien wie „Over in the Glory Land", „Down by the Riverside" oder „We shall overcome" erfreuten sich großer Beliebtheit. Als Instrumente wurden Trommeln, Gitarren und Banjos genutzt. Zahlreiche Skifflegroups und Folkloregruppen von Laien entstanden, die in oppositionellen Veranstaltungen auftraten und den Ostermärschen ihren Stempel aufdrückten. Besonders engagiert war dabei das 1958 gegründete „Komitee Volkskunst gegen den Atomtod". Zu den wichtigsten Dichtern und Sängern der Ostermarschbewegung wurden Gerd Semmer, Dieter Süverkrüp und Fasia Jansen, auch Hanns Dieter Hüsch mit seiner *Carmina Urana – vier Gesänge gegen die Bombe*, jenes 1959 vom Westdeutschen Rundfunk in Auftrag gegebene, aber nie ausgestrahlte Tonspiel. Die pazifistisch-antimilitaristischen Gefühle vieler Demonstranten drückte das eigens für die Ostermärsche geschriebene, berühmte Biermann-Lied „Soldat Soldat" aus: „Soldaten sehn sich alle gleich / Lebendig und als Leich." Auch französische Chansons wurden rezipiert: „Ihr sogenannten Herrn, ich sage Euch ganz offen, die Wahl ist schon getroffen: Ich werde desertieren!" Das war eine Zeile des Liedes „Der Deserteur" von Boris Vian, von Gerd Semmer ins Deutsche übersetzt.

---

5 Bertolt Brecht, *Journale 2 (1941–1945)*, in: *Werke. Große Berliner und Frankfurter Ausgabe*, Bd. 27, Frankfurt/Main 1995, S. 293.

Die Anfänge musikalischen Protests 183

Abbildung 1: Peter Rohland (1933-1966) war einer der wichtigsten Initiatoren der Waldeck-Festivals. Als erster sang er in den frühen 1960er Jahren in Deutschland wieder jiddische Lieder und machte das Publikum durch seine Interpretationen von Vaganten- und Handwerkerliedern, Zigeuner- und Revolutionsliedern mit verschütteten Traditionen bekannt. Programmatisch waren 1966 seine Worte in der ersten Ausgabe der Zeitschrift *Song*: „Ich glaube, es ist an der Zeit, den Nebel auseinanderzublasen, mit dem die Romantiker und völkischen Ideologen unsere Volkslieder umgeben haben. Es ist an der Zeit, neben den Liedern von Schwartenhälsen, der armen Jüdin und dem Deserteur auch die Lieder der Revolution von 1848, der Arbeiterkämpfe und die Lieder aus den Konzentrationslagern mit dem Begriff ‚Deutsches Volkslied' zu verbinden. Wir müssen diesen Begriff endlich berichtigen. Deutsche Volkslieder haben weder mit ‚Volksseele' noch mit ‚ewigen Werten' etwas zu tun. Es sind einfach Lieder, die den ganzen Aspekt des menschlichen Lebens umfassen, von der äußersten Sentimentalität bis zur harten oder derben Darstellung."

Abbildung 2: Franz Josef Degenhardt mit seinem fast sprichwörtlich gewordenen *Spiel nicht mit den Schmuddelkindern* ist der poetischste unter den Sängern, die mit ihren Liedern den Wandel um 1968 vorbereiteten und seit den frühen 1960er Jahren den Auffassungen und Gefühlen einer Generation Ausdruck zu geben vermochten, die Protest und gesellschaftlichen Aufbruch tragen sollten.

Für die Geschichte des Politischen Liedes ist wichtig, dass erstmals wieder neue Lieder entstanden, die auf den Straßen gesungen wurden. In ihnen lässt sich verfolgen, wie ganz langsam die deutsche Vergangenheit und mit ihr Parallelen zur Gegenwart entdeckt wurden. Zur Aufweichung der Feindbilder kam nach und nach Kritik an der eigenen Regierung, deren Friedensbeteuerungen nicht mehr umstandslos geglaubt wurden und die man in der geschichtlichen Kontinuität zweier Weltkriege sah.

Von einer größeren Resonanz über den Kreis der Demonstranten hinaus kann allerdings nicht gesprochen werden. Gerd Semmer sprach 1962 von der Apathie jener Menschen, die planmäßig von der aktiven Demokratie abgedrängt und deren Aktivitäten oft missbraucht worden seien. Die Bundesrepublik war in diesen Jahren eine erstaunlich entpolitisierte Gesellschaft, in der die große Masse der Bevölkerung weder Vergangenheit noch Zukunft interessieren. Durchblättert man beispielsweise die Jahrgänge 1960 bis 1965 der *Bild*-Zeitung, dann verwundert, welch marginale Rolle die großen politischen Themen und Entwicklungen spielen. Dem entspricht das kulturelle Klima. In Elternhäusern und Schule ist angesichts der populär werdenden Beat-Musik von „langhaarigen Affen" und „Negermusik" die Rede; ihre Anhänger will man in Arbeitshäuser stecken. Der an Märschen geschulte Musikgeschmack ist aggressiv. Ende 1965 klagt selbst die *Bild*-Zeitung, es komme immer häufiger vor, dass Jugendlichen mit langen Haaren gewaltsam der Schopf gestutzt werde.[6]

Die subversive Kraft der Beat-Musik und ihre Bedeutung für die Herausbildung einer neuen jugendlichen Musikkultur in einer Zeit, in der Musik dazu taugte, der für die individuelle Entwicklung so wichtigen Wir-Ihr-Einteilung vehement Ausdruck zu verleihen, ist hier nicht das Thema, obwohl es zur Entstehung des frühen musikalischen Protests natürlich Berührungspunkte gibt. In der Bundesrepublik wie in der DDR sind es jedenfalls vor allem ausländische Einflüsse, die in der Kollision mit einer nicht zuletzt durch den Nazismus geprägten Musikkultur ihre Wirkung entfalten.

Für die Entstehung eines nun massenwirksamen musikalischen Protests ist an erster Stelle auf Teile der bündischen Jugend hinzuweisen, deren Internationalität sich traditionell in weltweiten Fahrten und der Rezeption fremder Musikkulturen ausdrückte. Wichtig war hier ein studentischer Arbeitskreis, der sich seit dem Ende der fünfziger Jahre auf der Burg Waldeck traf, wo man zu dieser Zeit bereits seit Jahren Negrospirituals, Railroadsongs, Rebetika, Skiflemusik, jiddische Balladen, südamerikanische und afrikanische Musik sowie die ersten Lieder von Mikis Theodorakis hören konnte. Zu dem Arbeitskreis gehörte Peter Rohland, der von 1963 bis zu seinem Tode 1966 Chanson und Folklore in Deutschland wie kaum ein anderer bereicherte, oder Diethart Kerbs, von

---

6 *Bild* vom 14. Januar 1966.

dem die Initiative zum ersten Open-Air-Festival der Bundesrepublik ausging. Angeregt durch die „Free Speech Movement" und die in enger Verbindung damit stehende Songbewegung besonders an den kalifornischen Universitäten, angetrieben auch durch die Frage, warum es in Deutschland keinen Yves Montand oder Georges Brassens, keinen Pete Seeger und keine Joan Baez gab, wurde die Konzeption für die Festivals auf der Burg Waldeck entwickelt.[7] Am Pfingstsamstag 1964 trafen sich hier gut vierhundert Zuhörer, um einem guten Dutzend Sängerinnen und Sänger zu lauschen. „Chanson Folklore International – Junge Europäer singen", so lauten Titel und Motto der Veranstaltung. Die Organisatoren wollen einen „Ort der größtmöglichen Freiheit für den Andersdenkenden" bereitstellen, gesungen wünscht man sich das „Lob der Inkonsequenz" und der „offenen Résistance für die Toleranz". Das bescheidene Ziel ist eine „Demokratisierung ganz Europas", auch will man durch Aufweichung der „zementierten Fronten der Furcht" engere Beziehungen zu Osteuropa herstellen. Früh formuliert ist dies das Programm einer künftigen deutschen Ostpolitik.

Das Festival schafft eine produktive Atmosphäre des Singens und Diskutierens, in der junge Künstler sich ausprobieren können und Resonanz erhalten. Rund um die Uhr wird wie in einem Rausch gesungen und gestritten. Auch in den folgenden Jahren vielleicht am wichtigsten, dass deutsche Musiker und ihre ausländischen Gäste sich gegenseitig befruchten. Die Weltmusik bleibt bis 1968 wichtiger Bestandteil der Programme. Die US-Amerikaner Russ Sansom und Shields Flynn tragen Hillbillysongs und von amerikanischen Zigeunern erlernte Flamencos vor, die Pontocs aus Neuss spielen südamerikanische Lieder. Hedy West, Colin Wilkie, John Pearse, Shirley Hart, René Zosso, Juan & José oder Phil Ochs finden den Weg zur Waldeck, Ivan Rebroff und Katja Ebstein singen internationale Folklore, Hai und Topsy, die schwedischen Folksänger, aus rumänischen Tänzen entstandene israelische Lieder, und das Schnuckenack Reinhardt Ensemble begeistert mit virtuoser Musik. Ein wesentliches Ziel der Veranstalter, über das Lied einen Anschluss Nachkriegsdeutschlands an Europa und die Welt herzustellen, wird Wirklichkeit: Die große Folkbewegung der siebziger Jahre hat hier ihre Anfänge. Rundfunk und Fernsehen tragen zu einer vorher kaum vorstellbaren Resonanz bei. Wiederentdeckt werden die zahllosen Handwerkerlieder, Bettlerlieder, Klagelieder der Armen, Weberlieder, Spottlieder auf die Obrigkeiten, Soldatenklagen in Liedform und jiddische Lieder. Ein junges Publikum entdeckte, dass es neben jenen alten, unsingbar gewordenen Liedern und den Verstand vernebelnden Gemeinschaftsgesängen, die jede in-

---

7 Zur bündischen Jugend und zu weiterer Literatur siehe Hotte Schneider (Hrsg.), *Die Waldeck. Lieder, Fahrten, Abenteuer; die Geschichte der Burg Waldeck von 1911 bis heute*, Potsdam 2005.

dividuelle Denk- und Kritikfähigkeit auszulöschen vermögen, auch noch andere Lieder gab, die zu singen Spaß machte.[8]

Von nachhaltigen Folgen war der erst kurz vor dem ersten Festival gefasste Entschluss, auch dem Chanson Raum zu geben, einem Genre, das nach Überzeugung der Veranstalter „in Deutschland längst noch nicht genug beachtet und gepflegt wird."[9] Im deutschsprachigen Raum gab es – anders als in den USA und in Frankreich – fast keine Sänger, die selbstgeschriebene und selbstvertonte Lieder vorgetragen hätten. Die Festivals auf der Burg Waldeck werden zur Wiege des neuen deutschen Chansons; schnell bürgert sich der Begriff „Liedermacher" ein. Nahezu alle Sängerinnen und Sänger, die in den folgenden Jahren und Jahrzehnten die Konzertsäle füllen sollten, fanden im Hunsrück erstmals ein größeres Publikum: Franz Josef Degenhardt, Walter Hedemann, Hanns Dieter Hüsch, Joana, Reinhard Mey, Walter Moßmann, Christoph Stählin, Rolf Schwendter, Dieter Süverkrüp, Hannes Wader, Kristin Bauer-Horn, Michael Wachsmann, Schobert und Black. Durch Fasia Jansen, Sängerin der Ostermärsche, kommt mit der „Ballade vom Briefträger William L. Moore" auch ein Lied Wolf Biermanns gegen den Rassismus zu Gehör. Erstmals nach 1945 entstehen wieder in größerer Zahl Lieder in deutscher Sprache, die das aktuelle Zeitgeschehen begleiten und reflektieren. Das Publikum ist erstaunt und begeistert, was sich in der deutschen Sprache ausdrücken lässt. Es ist eine eigene Art von Dialektik, dass viele dieser Lieder in der Muttersprache unter dem Einfluss ausländischer Vorbilder entstanden waren, etwa George Brassens und Boris Vian, Bob Dylan, Pete Seeger, Joan Baez oder Woody Guthrie.

Es ist während der ersten Festivals auf der Waldeck die Freude an poetischen Texten und an der Ausdruckskraft, die Dichtern mittels ihrer Muttersprache möglich wird, die das Publikum eint. In den Liedern ist zunächst eine leise, oft noch verklausulierte Gesellschaftskritik zu vernehmen – erste seismographische Vorboten von 1968. Hier wären beispielhaft Walter Moßmann und Franz Josef Degenhardt zu nennen. Fast im Handumdrehen gewinnt letzterer ein nach Hunderttausenden zählendes Publikum von liberalen Intellektuellen und Studenten. Es sind jene Teile einer jüngeren Generation, die während der Spiegelaffäre gerade erstmals protestiert haben und ein diffuses Unbehagen angesichts einer restaurativ erstarrten Gesellschaft empfinden, die sich am Ende der Adenauer-Ära in der Übergangszeit zur Großen Koalition befindet. Es ist zumeist noch keine aggressive Kritik, die Degenhardt formuliert, sondern die Beschreibung genau beobachteter Erscheinungen, die ihm gelingt wie kaum einem anderen. Bald thematisieren seine Lieder die Generation der Mütter und Väter, die sich einge-

---

8 Von großer Bedeutung und Wirkung war hier Wolfgang Steinitz, *Deutsche Volkslieder demokratischen Charakters*, 2 Bde, Berlin 1955 und 1962.
9 Aus der Begrüßungsrede von Diethart Kerbs, in: Hein und Oss Kröher, *Rotgraue Raben. Vom Volkslied zum Folksong*, Heidenheim/Brenz 1969, S. 64–66.

richtet hat in neuem Wohlstand und ihren Kindern die Vergangenheit verweigert. Die Zeit des Faschismus, das Mitwirken dort in hoher oder niedriger Position, gehört ebenso zu den Tabuthemen wie die Wiedereinsetzung der Täter in alle ihre Ämter. „Ihre Kinder haben Angst", so schreibt Degenhardt in dem Lied „*Häuser im Regen*", „Angst vor den Vätern auf Büfetts in Trauerrahmen./ Denn wer weiß, was die korrekt verwaltet haben." Andere Sänger folgen. In seinem Monumentallied über den deutschen Michel singt Dieter Süverkrüp sarkastisch: „Gaskammerdiener kommt ins Loch – für ein, zwei, drei, vier, fünf, sechs Woch." Berühmt werden Degenhardts Senatoren und Notare, die mit ihren Wahlsprüchen „Alles mit Maß und mit Ziel" gut durch die Zeiten kommen, „zwischen den Zeilen Widerstand leisteten, damals" und die Vergangenheit mit dem Satz kommentieren „Nur Auschwitz, das war ein bisschen zu viel."

Unter dem Einfluss einer zunehmenden Politisierung und Radikalisierung, die zuvor bereits in der US-Folkmusik zu beobachten war, entstehen Lieder, die einen ganz neuen, nun international orientierten Blick auf die eigene Gesellschaft werfen. Entdeckt wird deren Verflechtung mit diktatorischen Regimes; der Putsch in Griechenland und die Zustände im Iran werden zu Studienfällen dafür, was der Westen unter „Freier Welt" versteht. Die Großmacht USA mit ihrer Rassentrennung erscheint in neuem Licht. Im Vietnamkrieg sind die Parolen von Freiheit und Demokratie so offensichtlich ins Unrecht gesetzt, dass die antikommunistisch geprägten Rechtfertigungsversuche für diesen Krieg an Glaubwürdigkeit verlieren. Die Ereignisse in Südostasien und die Notstandsgesetze tragen bei den wichtigsten Liedermachern und zeitgleich in der Außerparlamentarischen Opposition zu rasanter Radikalisierung bei. Der Bundesrepublik erwächst erstmals nach dem KPD-Verbot wieder eine Fundamentalopposition, die über gesellschaftliche Gegenentwürfe nachdenkt.

Die mit der Burg Waldeck eng verbundenen Anfänge des musikalischen Protests in der Bundesrepublik sind nicht nur selbst von internationalen Einflüssen inspiriert, sie strahlen ihrerseits in alle Welt aus und geben Impulse für die Gründungen des Cambridge Folk-Festivals, des Winipeg Folk-Festivals in Kanada und des Turiner Folk-Festivals. John Pearse berichtet über die zahlreichen Gäste aus den USA: Sie trugen die Botschaft der Waldeck „zurück in ihre Colleges und Universitäten und heizten die Unruhe an, die dort schon gärte. Junge sozialistische Aktivistinnen und Aktivisten wie Phil Ochs, Hedy West und William Kotzwinkle kehrten von der Waldeck zurück und stimmten ein in das lauter werdende Murren – und plötzlich war da Woodstock, eine unumstößliche Front gegen den Krieg in Südostasien … und die Erkenntnis, dass es einer Generation, die zusammensteht, möglich war, etwas zu verändern."[10]

---

10 John Pearse, *Die Waldeck-Festivals und die Folgen*, in: *Köpfchen. Ausblicke – Einblicke – Rückblicke*, 4/2003, S. 3f. sowie 1/2004, S. 3f.

Für die Wirkungen des musikalischen Protests in Deutschland selbst gibt es zahlreiche Belege. Überall entstehen neue Folklore- und Liedermacherfestivals. Die größten sind Interfolk Osnabrück, die Internationalen Essener Songtage, das Nürnberger Bardentreffen, ein Liedermachertreffen in Ingelheim, das Open-Ohr-Festival in Mainz sowie zahlreiche mittlere und kleinere Festivals. Auch gründen sich in praktisch allen größeren Städten Folkclubs.

Für die Rezeption bei größeren Teilen der Bevölkerung empfiehlt sich erneut ein Blick in die *Bild*-Zeitung. Hier ist um die Mitte der 1960er Jahre deutlich zu spüren, dass ein Teil der Jugend von Neuem erfasst wird, das den Durchschnittsdeutschen irritiert und seinen Ausdruck ganz besonders in der Musik und damit einhergehend in einer kritischeren Haltung gegenüber der eigenen Gesellschaft findet. Erstmals am 16. Januar 1966 benutzt das Blatt den Begriff „Protest-Song". Bisher habe man geglaubt, so heißt es in einem Bericht, dass es in Deutschland niemals Protest-Songs wie in Amerika geben würde. Vorgestellt wird ein Lied von Petra Prinz und Benno Quick, das die allein auf größeren Wohlstand orientierte Lebenshaltung der Deutschen kritisiert. Vierzehn Tage später liest man unter der großen Schlagzeile „Protest in Deutsch" über die achtzehnjährige Lee Bach aus Cuxhaven, die wie die „amerikanische Königin der Volksmusik Joan Baez" allabendlich gegen Gefühlskälte und Krieg ansinge. Von nun an hat die *Bild*-Zeitung ein ständiges Thema. Bald wird der Protest als modisch und allein auf persönlichen Profit orientiert diffamiert.[11] Beklagt wird die Nachahmung prominenter Sänger wie Bob Dylan, Barry McGuire, Donovan und Joan Baez; gegen sie setzt die Zeitung die schwäbische Gruppe The Chatles mit einem Lied gegen die Mauer.[12]

Erstmals wird hier eine größere Leserschaft mit den Anfängen musikalischen Protests in der Bundesrepublik bekannt gemacht, artikuliert von längst vergessenen Sängern; auch in der Sicht der *Bild*-Zeitung erscheint er inspiriert von ausländischen, insbesondere von US-amerikanischen Einflüssen. Bereits im ersten Halbjahr 1966 kann von einer Breitenwirkung gesprochen werden, die das Thema in dem Massenblatt dauerhaft präsent macht. Wichtig sind für die Breitenwirkung auch die durch die Waldeck inspirierten Rockgruppen wie Floh de Cologne, Lokomotive Kreuzberg, Hotzenplotz, Was tun? und schließlich die legendären Ton Steine Scherben. Sie tragen dazu bei, dass die in der Studentenbewegung entwickelte Utopie eines freieren, selbstbestimmten Lebens auch außerhalb der Außerparlamentarischen Opposition populär wird.

Nur kurz kann hier abschließend auf die Anfänge musikalischen Protests in der DDR eingegangen werden. Sie liegen – Biermann ist ein Sonderfall – in der

---

11 Auch unehrlich sei er, schließlich sei Amerikas Protest-Lady Nr. 1 Joan Baez „noch nicht auf die Idee gekommen, ihre Millionen den unterdrückten Negern zur Verfügung zu stellen". Siehe *Bild* vom 9. Juni 1966.
12 *Bild* vom 3. Juni 1966.

sogenannten Singebewegung, die mit ihren selbstverfassten und -komponierten Liedern eine Abkehr von den von oben verordneten Massenliedern darstellt. Zum Verhältnis zwischen „Staatsmusik, Musik von oben" und Singebewegung äußerte sich der Komponist Andre Asriel, selbst Autor solcher von „Berufsdichtern und Berufskomponisten fürs Volk" geschaffener Lieder der 1950er Jahre:

„Als die Singebewegung begann, war das ein wichtiger Schritt voran. Da hat das Volk diese Sache gewissermaßen in die eigenen Hände genommen und das gemacht, was die früheren Lieder eigentlich auch sein sollten: nämlich Lieder, die aus dem Volk kommen. Ob das falsch war, dass damals die Komponisten und Dichter das gemacht haben, was weiß ich. [...] Wir dachten, das wäre unsere Pflicht und es wäre nützlich."[13]

Ihre Anfänge erlebt die Singebewegung mit den so genannten Hootenanny-Veranstaltungen, die der kanadische, in der DDR lebende, von Pete Seeger und Woody Guthrie beeinflusste Sänger Perry Friedman anregt und erstmals 1960 veranstaltet. In diesen improvisierten Konzerten, in die das Publikum programmatisch einbezogen und der Eigeninitiative der Teilnehmer großer Raum gegeben war, haben angloamerikanische Folkmusik und neue Protestsongs ebenso ihren Platz wie deutsche Lieder, Volkslieder, Folklore aus aller Welt und die Lieder der Arbeiterbewegung; im Mittelpunkt steht die Freude am Singen, jeder kann gleichberechtigt zum Programm beitragen. Aus der Veranstaltungsreihe „Treff mit Perry" in Berlin entwickelt sich Anfang 1966 in Berlin der erste Hootenannyklub, mitbegründet von Bettina Wegner, Uta Schorn, Reinhold Andert und Jörn Fechner. Hier liegt die Keimzelle der Singebewegung, der – spontan und eigeninitiativ entstanden – zwar bald ein organisatorisches Korsett verpasst wird, die in der Folge mit mehreren tausend Singeklubs und intensiven Diskussionen über neue Lieder aber ein wichtiges kritisches Potential entwickelt. Aus dieser Singebewegung geht nicht nur eine sehr lebendige Musikthea-

---

13 *„Locker und sicher, nicht laut und verkrampft." Gespräch mit dem Komponisten Andre Asriel.* Moderation: Maren Köster, in: *Festival Musik und Politik*, hrsg. von Lied und soziale Bewegungen e.V. Berlin 2005, S. 25-32, hier S. 32. Wie schwer es Komponisten in Ost und West angesichts des musikalischen Massengeschmacks hatten, verdeutlicht die Antwort Asriels auf die Frage, ob ihm aus seiner musikalischen Handschrift Probleme erwachsen seien: „Es gab schon die eine oder andere Reibung, zum Beispiel, weil viele der deutschen Chorleiter es einen Verstoß gegen den deutschen Nationalcharakter fanden, dass man versucht, ‚Negermusik' einzuschleusen. Ich bin auch ein paar Mal mit dem Einen oder Andern aneinander geraten, wenn es dem zu jazzig wurde. Ich war nach Deutschland gekommen und dachte, jetzt wollen wir also Jugendlieder schreiben. Wie müssten die aussehen. Eines war mir absolut klar: Sie dürfen nicht aussehen wie die Nazi-Lieder. – Ja, mach aber was dagegen. Die Nazi-Lieder standen auch im Vier-Viertel-Takt. Und die waren auch in Dur und Moll und hatten bestimmte volksliedhafte Wendungen. Das einzige, was mir dazu damals einfiel, war das Einschleusen bestimmter lockerer Gestik, lockerer Harmonik, die auch ein bisschen aus dem englischen Schlager stammt: und der Rhythmik, die schlendernder war als die der Nazi-Lieder, die ja sehr [klopft energisch auf den Tisch] mit Schaftstiefeln daherkamen. Das war mein Problem, zu versuchen, nicht steif, sondern locker zu sein."

terszene hervor, sondern ihr entstammen auch zahlreiche erfolgreiche Solisten wie Hans-Eckardt Wenzel, Barbara Thalheim, Bettina Wegner, Gerulf Pannach, Stephan Krawczyk, Gerhard Gundermann oder Steffen Mensching.

Beispielhaft für die Entwicklung eines Teiles der Singebewegung steht das Werk der Singegruppe Karls Enkel und ihrer beiden Hauptakteure Wenzel und Mensching. Alles in ihren Programmen und Liedern kreist um Verlust, Bewahrung und Wiedergewinnung der Utopie, die mit dem Sozialismus verbunden war. Ernüchterung angesichts von Erstarrung und Bewegungslosigkeit der gesellschaftlichen Verhältnisse in der DDR ist das Ende:

> Alles umsonst. Die alte Welt steht wieder
> In vollem Glanz, und wir sind tief im Dreck.
> Was bleibt, sind Tote, Daten, ein paar Lieder,
> Ein schöner Traum, ein nicht erfüllter Zweck.[14]

---

14 David Robb, *Zwei Clowns im Lande des verlorenen Lachens. Das Liedertheater Wenzel & Mensching*, Berlin 1998, S. 89.

Gesänge der Ungehorsamen.
Der Weg des griechischen Rebetiko von der Unterwelt in den Untergrund

Daniel Koglin

Eines der auffälligsten Merkmale der Epoche um 1968 ist die umfassende Politisierung verschiedenster, auch privater Lebensbereiche. Im vorliegenden Beitrag möchte ich diese Entwicklung am Beispiel des griechischen Rebetiko nachzeichnen, eines volkstümlichen Liedgenres, das dem städtischen Milieu Griechenlands entstammt. Lieder dieses Typs sind vermutlich während der zweiten Hälfte des 19. Jahrhunderts im ägäischen Raum aus verschiedenen Strömen mündlicher Überlieferung hervorgegangen, jedoch war das Genre seither immer wieder starken Wandlungen unterworfen. Es ist schon allein darum schwierig, wenn nicht unmöglich, die Musik und die Texte der unter dem Gattungsbegriff „Rebetiko" vereinten Lieder stilistisch oder inhaltlich auf einen gemeinsamen Nenner zu bringen, der für den gesamten Entwicklungszeitraum gültig wäre. Und doch gibt es da etwas, das diese Lieder umweht, dank dessen sie stets auf mehr oder weniger geheimnisvolle Weise als zusammengehörig empfunden wurden: Ich meine die Aura des Rebellischen, den Geist plebejischen Aufbegehrens gegen herrschende Machtstrukturen, seien sie politischer, gesellschaftlicher oder wirtschaftlicher Art. Mit schöner Regelmäßigkeit wird das Rebetiko bis heute als Musik sozialer Außenseiter definiert, die – so lautet das gängige Credo – am Rande der etablierten Gesellschaft, mitunter auch der Legalität im rechtsstaatlichen Sinn lebten und deren Lieder ebendiese marginale Existenz besingen.[1]

Das Rebetiko unterscheidet sich in einem Punkt wesentlich von Genres wie dem Tango, dem Jazz, dem Flamenco oder dem Fado, die alle einmal in den

---

[1] Vgl. dazu etwa Olivier Revault d'Allonnes, *L'art contre la société. Une culture dominée: Le rebetiko*, in: ders., *La création artistique et les promesses de la liberté*, Paris 1973, S. 143–178; Catherine Butterworth und Sarah Schneider (Hrsg.), *Rebetika: Songs from the Old Greek Underworld*, Athen 1975; Gail Holst, *Road to Rembetika: Music of a Greek Subculture*, Limni 1975; Ilias Petropoulos, *Songs of the Greek Underworld: The Rebetika Tradition*, übersetzt von Ed Emery, London 2000.

besseren Kreisen ihrer Ursprungsländer verpönt waren, heute aber zu international anerkannten Kunstformen avanciert sind: Das Rebetiko hat zwar bisweilen auch Tonkünstler der Ernsten Musik wie Nikos Skalkottas, Manos Chatzidakis oder Mikis Theodorakis inspiriert; jedoch gelang es der Gattung insgesamt nicht, sich Zutritt zur Ruhmeshalle der Ars musica zu verschaffen. Rebetiko ist einfach nicht länger Rebetiko, sobald sein raubeiniger Sound – als Symptom einer einst anrüchigen Herkunft – sich verflüchtigt.

Charakteristisch ist der Fall des Multi-Instrumentalisten und Busuki-Virtuosen Manolis Chiotis (1921–1970). Er ist als einer der mythischen Heroen in die Geschichte des Rebetiko eingegangen, weil er in den 1950er Jahren das elektrisch verstärkte Busuki mit vier statt, wie bisher üblich, drei Doppelsaiten etablierte, darauf eine rapide, gitarrenähnliche Spieltechnik entwickelte und seine Lieder mit rhythmischen, melodischen und harmonischen Schemata aus dem Jazz und der populären Musik Lateinamerikas anreicherte. Seine Initiativen (die sogleich viele Nachahmer fanden) seien jedoch, so ist oft zu hören, letztendlich am Absterben der Rebetiko-Tradition mitschuldig gewesen.

Ähnlich verhält es sich mit einer anderen legendären Figur des Nachkriegs-Rebetiko: mit Vasilis Tsitsanis (1915–1984). Feuilletonisten, die das Rebetiko ob seiner morgenländisch-araberskenhaft ausschweifenden Melodik ablehnten, hielten seine Lieder durchaus für salonfähig, ja rühmten sie gar als ‚aristokratisch' und ‚dorisch' in ihrer edlen Simplizität. Dank dieser Qualitäten, so ihre Argumentation, könne auch der kultivierte Hörer sich an ihnen erfreuen. Genau deshalb aber bestritten viele Zeitgenossen, unter ihnen auch Tsitsanis selber, dass es sich dabei noch um ‚Rebetiko' im eigentlichen Sinn handle. Seine Lieder seien doch eher *laïká*, Lieder des einfachen Volkes (*laós*) – also Lieder für alle, nicht bloß für Kiffer und Kriminelle.

Dennoch kam es nur wenige Jahre nach dem vermeintlichen Ende des Rebetiko, Mitte der Sechzigerjahre, zu einem Revival, deren Protagonisten der Gattung neuen rebellischen Lebensatem einhauchten. Dabei spielten soziale, politische und ökonomische Tendenzen, die für die gesamte Ära von 1968 kennzeichnend sind, eine ausschlaggebende Rolle. Deren Einfluss auf die ideologische Entwicklung des Rebetiko als Ausdruck ungehorsamer Individuen soll im Folgenden näher betrachtet werden.

Eine Reihe von Liedern des Rebetiko thematisiert bestimmte Seiten eines recht abenteuerlichen Lebensalltags mit einer Offenheit, die uns auch heute noch in Staunen versetzen kann. Ein seltenes Beispiel für ein Stück dieser Überlieferung, das buchstäblich im letzten Augenblick noch die Aufnahme in die akustische Museumsvitrine – sprich auf CD – geschafft hat, sei als Exempel vorgestellt. Es handelt sich um ein im Jahr 2000 in Nikäa, einem Vorort von Piräus, erstmals aufgenommenes Zeïbekiko-Lied, das auf die Verhältnisse im Hafenviertel von

Piräus – einem der Hauptzentren der Rebetiko-Tradition – anspielt, wie sie etwa in den 1930er Jahren geherrscht haben mögen.[2] Der Sänger und Busuki-Spieler, der bei der Aufnahme von einem Kollegen auf dem Baghlamas (einer verkleinerten Form des Busuki) begleitet wurde, ist vor zwei Jahren verstorben. In deutscher Sprache lassen sich die Verse folgendermaßen wiedergeben:

> Unter der Priester-Mole gegenüber vom Vrachas
> Kifften zwei *mánges*[3] in einer verschlissenen Barke
> Vom vielen Rauchen blieb kein Haschisch übrig
> Es waren der ‚Doktor' der *mángas* und Nondas der *dervísis*[4]
> Galoschen trägst du, *mángas*, und einen roten Gürtel[5]
> Und gut gelaunt stolzierst du durch die Truba[6]

Das Lied, das ich ausgewählt habe, ist in zweifacher Hinsicht Rebetiko-typisch. Zum einen in Bezug auf seine klanglich-musikalische Seite (auf eine ohnehin unzulängliche Transkription sei verzichtet und der interessierte Leser auf den im Handel erhältlichen Tonträger verwiesen): den neunzeitigen Zeïbekiko-Rhythmus – den wohl charakteristischsten der griechischen populären Musik –, die Melodieführung, die Singweise sowie die Besetzung mit Busuki und Baghlamas. Zum anderen auf textlicher Ebene: Geschildert werden Szenen aus dem Leben junger Draufgänger zu einer Zeit, die romantischeren Gemütern heute als griechische Belle Époque erscheinen mag: Der idealtypische *mángas* verstand es, das Leben – bereichert um Sex, Drogen und Rebetiko – auszukosten. Überdies unterschied er sich, die obigen Verse bezeugen es, von den braven Bürgern durch seine Kleidung und einen Jargon, der nur Eingeweihten verständlich war.

Es spielt kaum eine Rolle, ob die beiden Herren, denen wir die Aufnahme des obigen Lieds verdanken, in ihrer Jugend wirklich Haschisch geraucht, Galoschen getragen oder den Umgang mit Damen der Halbwelt gepflegt haben.

---

2 Track 21 der CD *Mortika: Rare Vintage Recordings from a Greek Underworld*, Arko Records 2005.
3 Ein *mángas* (Pl. *mánges*) galt unter seinesgleichen als cleverer, hartgesottener und erfahrener Bursche, der sich nichts gefallen ließ, der aber auch keiner Hinterlist bedurfte, um an sein Ziel zu kommen. Für Angehörige des Mittelstands und der Oberschicht war das Wort *mángas* allerdings meist kein Ehrentitel: Sie verstanden darunter junge Männer aus einfachen sozialen Verhältnissen, die das zügellose, unstete Leben eines Bohemien führten, regelmäßig Haschisch rauchten und manchmal gar mit illegalen Praktiken wie Zuhälterei oder Schwarzhandel ihr Brot erwarben.
4 Ein *dervísis* war ein in seinen Kreisen besonders angesehener *mángas*. In der griechischen Alltagssprache bezeichnet das Wort hingegen – wie auch im Deutschen – den Derwisch, also das Mitglied einer muslimischen Bruderschaft.
5 Galoschen und eine lange, rote Schärpe als Gürtel (bisweilen steckte ein Messer darin) galten als typische Bekleidungsstücke eines *mángas* noch zu Beginn des 20. Jahrhunderts, wie ihn etwa die Figur des Stavrakas im traditionellen griechischen Schattentheater *karagiózis* darstellt.
6 Die Truba war das Vergnügungs- und Rotlichtviertel im Hafen von Piräus.

Nur wenige Musiker des Rebetiko entsprachen voll und ganz diesem Stereotyp, soweit uns biographische Quellen darüber zu unterrichten vermögen. Viel wahrscheinlicher wurden wahre Begebenheiten in den Liedern des Rebetiko zwar nach- und weitererzählt, dabei aber stilisiert und mythisch überhöht. Wichtig ist hierbei, dass Lieder, die von Haschischorgien und Bordellbesuchen handelten, pars pro toto, dem Ansehen all jener Musiker schadeten, die mit dem Rebetiko in Verbindung gebracht wurden: Das Busuki war damals das Emblem des sozialen Abschaums. Auch hier traf zu, was Howard Becker in seiner einschlägigen Studie beschrieben hat, nämlich dass „possession of one deviant trait may have a generalized symbolic value, so that people automatically assume that its bearer possesses other undesirable traits allegedly associated with it".[7]

Daher nimmt es kaum wunder, dass ein Großteil des konservativen, bürgerlichen Establishments die gesamte Liedgattung Rebetiko mit Kriminalität und Drogenkonsum gleichsetzte und in Bausch und Bogen verurteilte. Es galt als die Musik der ‚Unterwelt' im sozialen wie im juristischen Sinn. Aber auch der linken Opposition war das Genre ein Dorn im Auge und viele ihrer Vertreter forderten nachdrücklich seine Unterbindung. Alekos Xenos, Komponist mit geistigem Führungsanspruch, bezeichnete das Rebetiko, im Februar 1947 in der linken Zeitung *Rizospastis*, als ein Gebilde „aus den melodischen Rückständen des türkischen Besatzers" sowie aus diversen „Melodismen", die Matrosen aus türkischen Häfen nach Piräus eingeschleppt hätten. Das Rebetiko, so der Tonsetzer weiter, werde von den Ärmsten der Armen, vom „Lumpenproletariat" in Bordellen, Spelunken und Haschisch-Höhlen gesungen. Und bis heute, sei hinzugefügt, scheuen sich die Kulturverantwortlichen Griechenlands bisweilen, Lieder zu übertragen, die unverblümt den Handel mit Rauschgiften besingen. Unlängst etwa sorgte die Selbstzensur eines Fernsehsenders für Entrüstung unter den griechischen Rebetiko-Fans: Der Programmdirektor des Senders hatte es für nötig erachtet, bestimmte ‚bedenkliche' Wörter in einem Rebetiko-Lied, das auf sachkundig-satirische Weise vom Drogenschmuggeln erzählte, mit Pfeifgeräuschen zu übertönen.[8]

Gehörte das Rebetiko kurzum allein den Randexistenzen der Gesellschaft, der Hefe des Volkes, dem Lumpenproletariat ohne Klassenbewusstsein? Bedenkt man, dass Haschisch-Songs Anfang der 1930er durchaus ein Stück musikalischen Mainstreams, ja eine regelrechte Modekrankheit gewesen sein müssen,[9] so wirkt diese Auffassung gelinde gesagt einseitig. In den Jahren nach

---

7 Howard S. Becker, *Outsiders: Studies in the Sociology of Deviance*, New York 1973, S. 33.
8 Am 29. Oktober 2005 während eines Auftritts des Rebetiko-Sängers Agathonas Iakovidis in einer Sendung des TV-Kanals *Alpha*.
9 Wie Dionisis Maniatis in seiner Studie *I fonografitzídes [Das Grammophon und seine Zeit]*, Athen 2001, S. 248f., dargelegt hat, stammten von den insgesamt 181 Rebetiko-Liedern mit Haschisch-

dem Zweiten Weltkrieg ging der Anteil entsprechender Lieder an der gesamten Rebetiko-Produktion zwar zurück[10] und bald darauf wurde es auf dem Markt vollends still um das Genre überhaupt – jedoch nur vorübergehend: Anfang der Sechziger entdeckten studentische Bewunderer die ältere Generation von musizierenden *mánges* der Vorkriegszeit wieder, zuvörderst den in Piräus lebenden Busuki-Spieler und so genannten ‚Patriarchen des Rebetiko' Markos Vamvakaris (1905–1972), und verhalfen ihnen dadurch zu einer ‚zweiten Karriere'.

Zu dieser Zeit fanden die Bemühungen von Mikis Theodorakis, ein volkstümliches Kunstlied zu schaffen, welches Anklänge an das Rebetiko und das dörfliche Volkslied mit poetischen und politisch engagierten Texten verband, viele Anhänger unter der Studentenschaft. Der Versuch einiger junger Dissidenten, das Vorkriegs-Rebetiko wieder zu Tage zu fördern, musste in einer Epoche der „Theodorakis-Monokultur" zunächst wie ein „kultureller Umsturzversuch" wirken, schrieb jüngst einer jener Wiederentdecker, der damals einer linken Jugendorganisation angehörte.[11] Man hatte sich damals sowohl gegenüber dem etablierten Bürgertum wie auch der traditionellen Linken zu behaupten, der das Rebetiko ungeeignet schien zur Stärkung von Klassenbewusstsein und Kampfmoral der Arbeiterschaft.

Dennoch gelang es dieser Hand voll junger Menschen, einen Schneeball ins Rollen zu bringen, der in den nächsten beiden Jahrzehnten zur Lawine anwachsen sollte. Dabei wirkte die Militärdiktatur unter General Papadopulos (1967–1974) letzten Endes beschleunigend, mochte sie auch anfangs ein retardierendes Moment darstellen. Wie es von einem solchen Regime zu erwarten ist, wurden politisch getönte Lieder und Haschisch-Verse verboten und auch das Rotlichtviertel in Piräus umgehend geschlossen. Der Schriftsteller und Volkskundler Ilias Petropulos, der 1968 eine umfangreiche Anthologie von Rebetiko-Versen ohne Genehmigung der staatlichen Zensurbehörde herausbrachte, erhielt eine fünfmonatige Haftstrafe wegen Verbreitung ‚pornographischen' Materials – und wurde damit zum Märtyrer. Im Grunde dürften die Militärs dem Rebetiko wohl weniger wegen moralisch verderblicher Inhalte misstraut haben, als vielmehr wegen seines Vermögens, die Geister des Widerspruchs und der Gemeinschaft zu beschwören.

---

thematik, die bis 1937 aufgenommen wurden und deren Verfasser namentlich bekannt sind, immerhin 15 sogar aus der Feder von Komponisten, die sich sonst der leichten Unterhaltungsmusik westeuropäischen Zuschnitts verschrieben hatten und mit der Lebenswelt der *mánges* wenig anzufangen wussten.

10 Laut einer Schätzung in Stathis Damianakos, *Kinoniolojía tu rebétiku [Soziologie des Rebetiko]*, neue Ausgabe, Athen 2001, S. 181, bezogen sich 20% der von 1922–1940 aufgenommenen Rebetiko-Lieder auf den Haschischgenuss, wogegen nur 5% der Lieder aus der Periode 1940–1953 entsprechende Aussagen enthielten.

11 Nearchos Jeorjiadis, *Anazitóndas ton Márko Vamvakári [Auf der Suche nach Markos Vamvakaris]*, in: *Laïkó Traghúdhi* 11 (2005), S. 26–38, hier S. 35.

Mehr und mehr Studenten wandten sich fortan dem Rebetiko zu, doch lockte sie nicht nur das Verbot: Sie fanden darin eine Authentizität, eine Urwüchsigkeit, die die gelehrten Verse von Theodorakis' Liedzyklen vermissen ließen. Die Lieder der alten Meister waren ihnen das klingende Manifest einer volkstümlichen Bohème, deren Vertreter außerhalb der etablierten Gesellschaftsordnung lebten, darob aber nicht dumpf resignierten, sondern ihren unkonventionellen Modus vivendi gegen alle Reglementierungsversuche der Obrigkeit zu behaupten vermochten. Der draufgängerische *mángas* entpuppte sich als hedonistisch-antibürgerlicher Partisan, der den jugendlichen Traum von totaler Freiheit zu leben schien, indem er die staatlich verordnete Ruhe störte, ohne sich und anderen die Disziplin und Askese des Revolutionärs abzuverlangen.

So wurde das Rebetiko während der Militärdiktatur zu einer Art Protestsong umfunktioniert, gleichsam von der ‚Unterwelt' in den ‚Untergrund' verlagert – obwohl und gerade weil seine Texte keinerlei subversive (und damit zensierbare) politische Botschaften aussprachen, ja selbst Gesellschaftskritik, wenn überhaupt, nur sehr indirekt anklingen ließen. Von einer soziokulturellen Randgruppe wechselte das Rebetiko zugleich in eine intellektuelle über: Systemkritische Erforscher der griechischen Volkskultur entdeckten das Rebetiko in den 1960er und 1970er Jahren für sich, neben Petropulos insbesondere der Soziologe Stathis Damianakos, dessen wegweisende, marxistisch fundierte *Soziologie des Rebetiko* 1976 in Athen erschien. Das Rebetiko erlebte eine ideologische Aufwertung. Es wurde – wie Jeff Titon über das amerikanische Blues-Revival der 1960er Jahre schrieb – zum Gegenstand eines „stylized revolt against bourgeois values".[12] Man assoziierte das Rebetiko nicht mehr vorwiegend mit bestimmten ‚illegalen' oder ‚abnormen' Verhaltensweisen, sondern wesentlich allgemeiner und abstrakter mit einem weltanschaulichen Nonkonformismus, der Exzentrizität und Unabhängigkeit einschloss, jedoch vom konkreten Habitus des *mángas* immer mehr sich ablöste. Und mit einem kulturellen Bewusstsein, das auf seine ‚orientalische' Herkunft Wert legte und dabei zur ‚westlichen' Lebensweise auf Distanz ging.

Nach dem Fall der Junta schlugen sich entsprechende Ansichten verstärkt in der Presse nieder.[13] Ende des Jahres 1974 schrieb Kostas Vergopulos in der linken Tageszeitung *Avji*: „Das Rebetiko ist ein Ausdruck der griechischen Volkskultur. Es vereinigt in seinem Schoß Elemente aus dem Dionysos-Kult des anti-

---

12 Jeff Todd Titon, *Reconstructing the Blues: Reflections on the 1960s Blues Revival*, in: *Transforming Tradition: Folk Music Revivals Examined*, hrsg. von Neil V. Rosenberg, Urbana 1993, S. 220–240, hier S. 225.

13 Kostas Vlisidis, *Ópsis tu rebétiku [Aspekte des Rebetiko]*, Athen 2004, S. 67–164, analysiert die Rebetiko-Debatte in der linken Presse Griechenlands während der Jahre 1946–1988. Seine Studie zeigt vor allem eines: wie stark ‚die Linke' sich am Thema Rebetiko entzweite.

ken Griechenland, dem byzantinischen Mystizismus und dem Derwischtum der Türkenzeit und steht im Gegensatz zur im heutigen Griechenland vorherrschenden Ideologie, die von Westeuropa und Nordamerika bestimmt wird."[14] Im Rebetiko, heißt es weiter, betrete die seit jeher von fremden Mächten verfolgte griechische Kultur erneut die Bühne der Geschichte – und zwar im sozialen Abseits, getragen von Subjekten, die die neugriechische Gesellschaft ins Lumpenproletariat abgedrängt habe. Dennoch liege die eigentliche Stärke des Rebetikos nicht so sehr im Außenseitertum seiner Schöpfer begründet, als vielmehr und wesentlich grundlegender in der Randstellung der „rebetischen Weltanschauung und Ideologie".

Dank dieser Trennung von Lebensweise und Ideologie konnte der *mángas* fortan als geistiges Vorbild dienen, ohne dass man sein Gebahren sich anzueignen brauchte. Daher wurde seine ‚unbeugsame' Haltung nun sogar politiktauglich. Der in Piräus geborene Rebetiko-Sänger und Busuki-Spieler Marinos Gavriil (1919–1977) empfahl der griechischen Regierung in einem seiner Lieder, einen entsprechenden außenpolitischen Kurs einzuhalten:

> Ich werde Hellas nach Rebetiko-Manier regieren
> Und lauter *mánges* in die Ministerien delegieren
> Die Nationalversammlung muss mir Red' und Antwort stehen
> Und alle offnen Fragen kläre ich im Handumdrehen
> Amerikaner, Engländer, Germanen und Franzosen
> Lasst unser Hellas sich in Ruh' von seinem Schmerz erholen
> Ich schließe eure Stützpunkte, die NATO werd' ich meiden
> Dann könnt ihr machen was ihr wollt, wir spiel'n die ersten Geigen

Das Lied erschien im Jahre 1977 auf LP, zu einer Zeit, als Griechenland aus Verärgerung über das Verhalten der Bündnispartner im Zypernkonflikt mit der Türkei (1974) bereits aus dem Nordatlantischen Bündnis ausgetreten war. Trotz seines diktatorischen Gestus ist es von einer Satire weit entfernt. Politische Ansichten sind darin nicht ironisch-spaßhaft kaschiert, sondern durften direkt ausgesprochen werden – wohl weil sie sich auf einen gemeinsamen äußeren Widersacher bezogen und deshalb systemkonform waren. Unverkennbar hatte das Revival und die damit verbundene Ideologisierung auch Rebetiko-Musiker der älteren Generation nicht unberührt gelassen.

Freilich wohnte einer der zahlreichen Widersprüche der Protestbewegungen der Sechziger- und Siebzigerjahre auch dem Rebetiko-Revival inne: die Dialektik von Kapitalismuskritik und Kommerz. Während der ersten zehn, fünfzehn

---

14 Die soeben zurückgetretenen Generalissimi waren, wenigstens verbreiteten Gerüchten zufolge, vom amerikanischen Geheimdienst zum Staatsstreich ermutigt worden bzw. handelten im Einvernehmen mit der US-Regierung.

Jahre nach der Diktatur begannen viele Studenten in ihrer Begeisterung, selbst Busuki spielen zu lernen und versorgten die Musikszenen griechischer Universitätsstädte mit einer rasch anwachsenden Zahl von Laien-Orchestern. Deren Mitglieder wollten „authentisches" Rebetiko spielen, daher benötigten sie Neuauflagen von älteren Aufnahmen aus der Schellackproduktion. Die Folge: Ein abgestorbener Zweig der Plattenindustrie trug wieder neue Blüten. Einige der damaligen Neulinge wie Eleftheria Arvanitaki oder Jorgos Dalaras, die mit Rebetiko-Aufnahmen ihr Debüt machten, sind heute international bekannte und hoch dotierte Starsänger. Dennoch ist das Rebetiko nicht zur Pop Art oder zur Massenware geworden. Es ist kein revolutionärer Chic, sondern hat eine dauerhafte Nische im griechischen Musikbusiness erobern können, mag diese auch zwangsläufig nicht völlig frei von den Einwirkungen der Marktgesetze bleiben.

Das Rebetiko unserer Tage hat seine nonkonformistische Aura keineswegs verloren, jedoch hat sich deren Akzent erneut verschoben. Wohl unterhalten linke Kreise nach wie vor gute Beziehungen zur Rebetiko-Szene: Alljährlich werden beim Festival der Kommunistischen Jugend Griechenlands auf dem Athener Universitätsgelände gut besuchte Rebetiko-Konzerte organisiert. Und die Zentrale der Kommunistischen Partei KKE beherbergt in ihrem Untergeschoss einen Rundfunksender, der ein Mal pro Woche ein Exklusivprogramm zum Thema Rebetiko ausstrahlt. Jedoch ist der Begriff ‚Rebetiko' nicht mehr so stark politisch konnotiert wie in den Revival-Jahren. Erhalten hat sich der Topos vom Widerstand gegen die Moden und die Massenproduktion der spätkapitalistischen Konsum- und Leistungsgesellschaft – ungeachtet der grundsätzlichen Marktgängigkeit von Haschischliedern: „In unserer bewegten Zeit mit ihren echten wie künstlich erzeugten Krisen der Werte und Visionen", resümierte vor ein paar Jahren der prominente Musikfeuilletonist Panos Jeramanis, „stellen die Lieder des Rebetiko in ihrer Einfalt, aber auch durch ihre Essenz eine Art Widerstand gegen jede Form von Establishment dar."[15]

Das rebellische Potenzial des Rebetiko impliziert allerdings keine utopische Zukunft, sondern verweist auf eine nunmehr idealisierte Vergangenheit: Heutige Hörer empfinden Rebetiko-Lieder einerseits als stark, spontan, dynamisch, rebellisch, tiefsinnig und ernst; sie spüren die vorwärts drängende, ‚Barrikaden stürmende' Kraft dieser Musik also durchaus. Andererseits beurteilen sie sie – man könnte sagen ‚im Rückblick' – als schlicht, authentisch, volkstümlich, orientalisch und traditionell. Dies ergab eine Befragung, die ich kürzlich in Athen durchgeführt habe und in deren Verlauf sechs als gattungstypisch eingestufte

---

[15] Panos Jeramanis, *Rebétiko ke metá to 2000! [Rebetiko auch nach 2000!]*, in der griechischen Tageszeitung *Ta Nea*, 24. Juli 1999.

Lieder sowie das Genre Rebetiko insgesamt mittels eines Polaritätsschemas[16] hinsichtlich ihrer emotionalen Bedeutung zu bewerten waren.

Obwohl intellektuelle Rebetiko-Liebhaber heute weder finanzielle Not leiden noch gesellschaftlicher Verachtung ausgesetzt sind, nutzen sie die ungezähmte Sprache der Underdogs von damals, um ihrer Abneigung gegen den Konformitätszwang des modernen Entertainment Ausdruck zu verleihen. Der Ruch von Unbeugsamkeit, die sich nun gegen das materielle und konzeptuelle Diktat der ‚westlichen' Fun-Kultur richtet, macht das Rebetiko attraktiv für „eine Vielzahl von Jugendlichen, die sich dem Unterhaltungsangebot der dominanten Ideologie widersetzen."[17] Doch erfordert dies kein Vertrauen in eine ungewisse Zukunft, in theoretische Lösungsvorschläge, denn altbekannte Identifikationsmuster stehen bereit: Der lustvoll-renitente, ganz im Hier und Jetzt lebende und stets individualistische *mángas* scheint darum heute, da revolutionäre Bewegungen und Utopien entschieden an Zugkraft verloren haben, aktueller denn je.

---

16 Ein Polaritätsschema besteht aus einer Liste mit antonymen Adjektiven (z. B. hell–dunkel, schnell–langsam, angenehm–unangenehm), die je paarweise durch eine sechs- bis siebenstufige Skala miteinander verbunden sind. Auf jeder Skala soll der oder die Befragte durch Ankreuzen festhalten, wie stark ihr gefühlsmäßiger Eindruck von einem zu bewertenden Gegenstand mit einem der beiden Adjektive an den Skalenenden übereinstimmt. Die Methode, auch ‚semantic differential' genannt, wurde durch Charles Osgood, George Suci und Percy Tannenbaum, *The Measurement of Meaning*, Urbana 1957, bekannt.

17 Panajotis Kunadis, *Rebétiko traghúdhi: Istorikí kinoniolojikí proséngisi [Der historische und soziologische Zugang zum Rebetiko-Lied]*, in: *Parádhosi ke Téchni* 34 (Juli 1997), S. 26–30, hier S. 30.

Lui e lei: A new woman's identity and the rewritten male-female relationship in the musical imagery of Francesco Guccini[*]

Emanuela Ersilia Abbadessa

Francesco Guccini made his debut in 1967 with the LP *Folk beat no. 1*. Four years earlier, the veteran US sociologist of the American feminist movement, Betty Friedan, had already published her work *The Feminine Mystique*[1] and, by 1967, had founded the National Organization for Women (NOW), of which she remained president until 1970. Though perhaps lacking the forcefulness that was to typify the years after 1968, even in Italy, women's claims focused mainly on the concept of „liberation" as the awareness of their own sexuality and on the idea of rebellion against the subordinate role of women, both within the family and in the world of work. The fundamental points of the protest, essential to an understanding of the attitude the singer-songwriter from Modena takes toward the political motions of the women's movement, are: 1. rejection of a female model that claimed to be, on the one hand, the loving „angel" of hearth and home and, on the other, the seductive mistress; 2. confirmation of equal rights not only in theory but in law; 3. rejection of the sharp distinction between „male" and „female" tasks (i.e. „domestic" in the first case and „intellectual" or pertaining to the world of work in the second); 4. redefinition of every aspect of life in terms of parity and equality between the sexes; 5. the demand for men and women to receive equal pay for equal work; 6. the battle for a mindset that would lead to „informed motherhood" and, therefore, the legalisation of abortion and campaigns to raise and spread awareness of contraception. In Germany, France and the Netherlands, abortion was liberalised around the mid-

---

[*] English translation by Stephen Coway and Adriano Elia.
[1] Betty Friedan, *The Feminine Mystique*, New York 1963.

Seventies but in Italy the debate was extremely heated because of interference from the Catholic Church. The Italian Parliament's decision to legalise abortion in 1978 was the second victory for the feminist and progressive front following, as it did, the success of the „No" vote in the 1974 referendum on divorce.

In looking at the world „through a woman's eyes", Guccini seems to take all these claims to heart, stating them afresh in his own typical style, at times reminiscent of the minstrel ballad. In fact, most of his compositions can be traced back to the ballad since, instead of giving direct clues to their meaning, they aim simply to „tell the story" through personal experiences. Born in Modena in 1940 and brought up in Pavana, a village in the Pistoia Province of the Appenine Mountains, Francesco Guccini has been performing on stage at well-known bars in Bologna and in private clubs for friends for over 30 years.[2] He taught at the Dickinson College in Bologna for more than 20 years and was a winner of the Librex-Guggenheim Eugenio Montale award (Verse and Music Section); he is a novelist (*Vacca d'un cane, Cròniche epafániche,*[3] *Macaronì, Cittanova Blues*), cartoon film writer (Magnus's *Lo sconosciuto*) and film actor (Ligabue's *Radiofreccia*, Pieraccioni's *Ti amo in tutte le lingue del mondo*). Although a singer, his viewpoint is firstly that of a local from the provinces,[4] an educated „mountain man" who is not just a singer but one who knows how to use music to dispel illusion.[5] For Guccini, music is a *divertimento*.[6] He is a man who

---

2 See also Michele Antonellini, Io, giullare da niente, ma indignato. L'universo tematico di Francesco Guccini, Foggia 2004, p. 10. About the evolution of the idea of Guccini „performer by chance" see the remarks by Paolo Jachia, Francesco Guccini. 40 anni di storia, romanzi, canzoni, Roma 2002, pp. 102–103.
3 The double meaning of the title has been discussed by Antonellini (Io, giullare da niente, p. 18).
4 See Roberto Cotroneo, Senza chiedersi perché, in: Francesco Guccini, Stagioni, a cura di Valentina Pattavina, Torino 2000; Francesco Guccini, „Io sono un montanaro, un montanaro d'Appennino", in: Stefania Bettinelli, Francesco Guccini e Pavana, Besnate/Varese 2002.
5 This issue has been discussed in several contributions (see Antonellini, Io, giullare da niente, pp. 10–11). A well-known comment by Eco about Guccini has often been mentioned: „Guccini is perhaps the most learned songwriter around: his poetry is very much erudite, an inlay of references" (Umberto Eco, E' il poeta che traccia il microsolco, in: L'Espresso, 17 February 1980; this statement has been republished in the above-mentioned book edited by Pattavina, with the addition of some remarks by Guccini: „Eco made a blunder about me: he praised a song of mine because „the verb 'amare' [to love] rhymed with Schopenhauer." But this is an assonance, not a rhyme. Also, I used 'amare' not as a verb, but as an adjective, meaning bitter, unsweetened things. Venial sins. It's nice, once in a while and on such trivialities, to correct Eco." Francesco Guccini, Annotazione, in: Guccini, Stagioni, p. 292.
6 Cotroneo, Senza chiedersi perché p. VI. To back up the idea of the songwriter's little creativity when it comes to harmony in his songs, Antonellini quotes some words by Guccini himself (see Antonellini, Io, giullare da niente, p. 13). Moreover, an invaluable source of information is repre-

watches what is happening to *women*, a spectator who knows how to write love songs as well as warped and wretched stories.[7]

To return to the story of Guccini's relationship to woman and to the new, changed woman, we can start with the roots (a term dear to the singer-songwriter) of that relationship. What is interesting on the first album are a few hints of an „old macho" attitude – but be careful! They are only there because of the irony or self-irony[8] that is often to be found in Guccini's work. The song is *Talkin' Milano*[9] in which, falling back into a dreamland, the hero dreams he is Bob Dylan and then Barry McGuire,[10] in the company of two sex symbols like Ursula Andress and Brigitte Bardot: two women who are „not common"! Still recalling his „roots" and memories of the war and post-war years, the woman in *Il 3 dicembre del '39* is a mother who transforms herself to adapt to the times of the changing political regimes.

It was in 1970 that Guccini put forward some *topoi* of his thoughts on the male-female relationship. This is the year of *Due anni dopo*, a work full of ideas on the current state of the women's cause, which Guccini sees „reaching screaming pitch" whenever it is confronted with the everyday reality in which „ordinary women" find themselves. This is the case in *Il compleanno*, the song whose arrangement, featuring the accordion, the choice of specific intervals and a tri-syllabic rhythm, suggests a very effective French-style setting which is emphasised in the lyrics' references to the girl's dress (of French design) and Chanel perfume; at the time both were part of a middle-class myth that considered Paris as a kind of Mecca of fashion:

---

    sented by lengthy excerpts from some interviews with Guccini made by Catherine Danielopol, *Francesco Guccini, burattinaio di parole*, Bologna 2001.
7 Ibid., pp. V, IX.
8 See also *Il bello*, from *Opera buffa*, 1973, in: Guccini, *Stagioni*, pp. 82–83.
9 See *Talkin' Milano*, from *Folk Beat n. 1*, in: Guccini, *Stagioni*, p. 12.
10 If everyone knows Bob Dylan, the same cannot be said of the now forgotten Barry McGuire who, towards the end of the Sixties, was reasonably famous. When he was a kid he played in a *country-folk-gospel* band based on vocals, The New Christy Minstrels, that was quite successful also in Italy under the name Minstrels, and participated in the Festival di Sanremo first together with Wilma Goich and then with Bobby Solo. With the latter, in 1965, he won the competition with the song *Se piangi, se ridi*. Barry soon left the band; being excited himself by student protest, he changed his look and started playing songs by Bob Dylan and then by P. F. Sloan such as *You were on my mind*, which was so successful that the Italian band Equipe 84 made a cover version entitled *Io ho in mente te*.

Non è proprio il giorno del tuo compleanno,
però è di domenica e le feste si fanno
e di sera tuo padre vuol stare a guardar la T.V.
Hai messo il vestito modello francese
che è quasi costato la paga d'un mese,
l'amica ti ha detto dov' è il parrucchiere
che è caro, ma è tanto bravino.

[…] su *Grazia* hai imparato a ricevere gli ospiti, e ormai
aspetti che inizi la grande giornata,
la sala migliore è di già illuminata,
ti guardi allo specchio, sei un po' emozionata
perché lui verrà.

[…] l'amica migliore ti ha copiato il vestito,
e attorno a sé sparge il suo fascino e odor di Chanel.
[…] hai visto che lui la tua amica ha baciato
e da te non verrà.

[…] L'amica migliore ti ha già salutato,
appena lei è uscita anche lui se n'è andato,
ti ha appena guardato per correre fuori con lei.[11]

This young woman is just a girl watched by the singer-songwriter who, almost like the writer of *Bohème*-type stories, opens a window onto a „truth", pointing out the difference between the world seen on television and the young woman's ordinary situation.[12] The contention has far-reaching echoes only in the media reports and the myths in which the girl believes are anchored in a tradition in which she must be „sweet", „ready to please" and must „be silent" like one of the icons on show in women's magazines.

---

11 *Il compleanno*, from *Due anni dopo*, 1970, in: Guccini, *Stagioni*, pp. 29–30.
12 However, it should be pointed out that when his second album was released Guccini felt himself rather far away from the „political song" tout court; as he then put it about his second album: „They wanted to stick to the protest song trend that for me was already over. Actually, I was writing more agitated and personal songs." *Dialogo con Francesco Guccini*, in: Jachia, *Francesco Guccini*, p. 34.

In dealing with the subject of abortion, in 1976 (the year when the debate was at its height), Guccini returns to the events experienced by a young woman who, like the one in *Il compleanno*, is neither a mistress nor a partner. The story was inspired by various tales told by acquaintances and becomes a manifesto for legal abortion. The song is *Piccola storia ignobile*:

> Ma che piccola storia ignobile mi tocca raccontare,
> così solita e banale come tante,
> che non merita nemmeno
> due colonne su un giornale,
> o una musica, o parole un po' rimate,
> che non merita nemmeno l'attenzione della gente
> quante cose più importanti hanno da fare.
> Se tu te la sei voluta a loro non importa niente
> te l'avevan detto che finivi male.
>
> Ma se tuo padre sapesse qual è stata la tua colpa
> rimarrebbe sopraffatto dal dolore,
> uno che poteva dire: *Guardo tutti a testa alta*;
> immaginasse appena il disonore!
> Lui, che quando tu sei nata mise via quella bottiglia
> per aprirla il giorno del tuo matrimonio;
> ti sognava laureata, era fiero di sua figlia
> se solo immaginasse la vergogna!
>
> [...] Dimmi allora quel che hai fatto chi te l'ha mai messo in testa
> o dimmi dove e quando l'hai imparato.
> Ché non hai mai visto in casa una cosa men che onesta
> e di certe cose non s'è mai parlato.
> [...] E di lui non dire male, sei anche stata fortunata
> in questi casi, sai, lo fanno in molti.
> Sì, lo so, quando lo hai detto, come si usa ti ha lasciata
> ma ti ha trovato l'indirizzo e i soldi.
> Poi, ha ragione, non potevi dimostrare che era suo
> e poi non sei neanche minorenne.
> Ed allora questo sbaglio è stato proprio tutto tuo
> noi non siamo perseguibili per legge.

E così ti sei trovata come a un tavolo di marmo,
desiderando quasi di morire,
presa come un animale macellato stavi urlando,
[...] Ma che piccola storia ignobile sei venuta a raccontarmi
non vedo proprio cosa posso fare.
[...] Se tu te la sei voluta cosa vuoi mai farci adesso
e i politici han ben altro a cui pensare.[13]

By using the adjective „ignobile", the title of the song presents a strong stance against „politicians who have plenty of other things to think about", because getting pregnant is in no way ignoble. The song paints a picture of the anguished situation in which the subject finds herself. The lyrics use a climax which, from the introduction to the story the girl gives him, reaches the highpoint of the drama in the image of the young woman undergoing an illegal abortion. This song depicts a catholic lower middle-class couple whose daughter has been taught a set of values that prohibit pre-marital relationships; she is the pride of her parents whose dream for her is a degree and a suitable marriage. The singer-songwriter who tells the story addresses the girl as if he himself held those very principles so beloved by her parents. He asks her where on earth she has learnt to behave in such an immoral way; which of her friends has put those ideas into her head. It is taken for granted that a young, sexually active woman would never wish to have a sexual relationship with her boyfriend and, worse, the storyteller asks her to make amends since „good women" only do „certain things" in order to fulfil their conjugal duties and they do not experience any pleasure. The storyteller goes on to defend the boy, i.e. the father of the baby that is to be aborted, who cannot be blamed at all: it's only to be expected that a boy who gets a girl pregnant must leave her (the boy cannot even be certain that the child is his because a girl who „gives herself" before marriage is, according to this point of view, of dubious moral character and therefore might have „slept with anybody"); the young man in the song is better than other boys because he has given the girl money for the abortion and the address where she can go to have it done in secret. From the sixth octave the song takes on an especially dramatic note. The description of the abortion is crude, the girl is treated like „a butchered animal" (before the law was passed,

---

13 See the footnote to the lyrics of *Piccola storia ignobile*, from *Via Paolo Fabbri 43*, 1976, in: Guccini, *Stagioni*, pp. 114–115.

many women suffered serious consequences from abortions performed by people who were not doctors, in unhygienic surroundings, using any instrument to hand, such as knitting needles or the like). The last verse returns to the storyline and includes the singer-songwriter's emphatic „j'accuse".

In this case too, Guccini establishes a line of communication between the young people he sings about and his „male point of view". Communication only seems to fail when the woman is the man's partner. Now, it is helpful to note that *Ophelia* is dedicated to a woman in an imaginary „other world" and it is not by chance that the story is modelled on Shakespeare's unlucky lover. This is a song which, finding it impossible to begin to communicate with the opposite sex, looks back in time to find the reasons for the lack of communication by re-writing them in a sort of „fantasy" past in which an unhappy love affair (like Isolde's[14]) leads to the woman being „transformed". In *Ophelia,* the verses seem intended to create impressions that will evoke a kind of femininity that is *sedes sapientiae*. The arrangement, which uses harpsichord, horns and flute, tends to create an ancient-sounding rhythmical mood. The only other case in which the woman is a *consolatrix afflictorum*, is the recent *Cirano*, in which the swordsman cools his invective only when thinking of the woman he loves:

> Dentro di me sento che il grande amore esiste,
> amo senza peccato, amo ma sono triste,
> perché Rossana è bella, siamo così diversi;
> a parlarle non riesco, le parlerò coi versi.
> [...] non voglio rassegnarmi ad essere cattivo
> tu sola puoi salvarmi, tu sola e te lo scrivo
> [...] Non ridere, ti prego, di queste mie parole,
> io sono solo un'ombra e tu, Rossana, il sole.[15]

We must now examine the „Guccini couple": here the author only appears to be in open dialogue with the woman since, in fact, communication seems always to be fleeting and to alternate between feeling and anxiety, between affection

---

14 About all of the other literary references see Jachia, *Francesco Guccini*, p. 46.
15 If above we referred to the woman idealised by Guccini with the same epithets addressed to the Virgin, the same applies to Cirano, where Rossana is defined „dolcissima signora", „sweetest lady", another typical way of addressing the Mother (cfr. Cirano, from *D'amore, di morte e di altre sciocchezze*, 1996, in: Guccini, *Stagioni*, pp. 249–251).

and dissatisfaction.[16] By means of short „flashes" reminiscent of the similar kind of progression loved by the *nouvelle vague*, *Lui è lei* (arranged for a small *ensemble* of harp and strings) uses a single lyric to narrate the whole song cycle of a love affair that starts and ends in the inevitable downward spiral prescribed by daily routine:

> Lui e lei,
> s'incontrano nel giorno mentre la città d'attorno sembra nuova.
> Lui e lei,
> riscoprono le cose che credevano perdute nella noia. [...]
> Lui e lei,
> riempire di sospiri lunghe pause di pensieri
> mentre il suono del silenzio li accompagna.[17]

In *Vedi cara* Guccini enters into the discussion personally, addressing his own piercing cry for help to the woman in the midst of a silence dictated by a breakdown in communication:

> Vedi cara è difficile spiegare
> è difficile parlare dei fantasmi
> di una mente.
>
> Vedi cara
> tutto quel che posso dire
> è che cambio un po' ogni giorno
> e che sono differente.
>
> Vedi cara
> certe crisi son soltanto
> segno di qualcosa dentro
> che sta urlando per uscire.
>
> Vedi cara
> certi giorni sono un anno

---

16 See also Danielopol, *Francesco Guccini*, pp. 53–54.
17 *Lui e lei*, from *Due anni dopo*, in: Guccini, *Stagioni*, p. 24.

certe frasi sono un niente
che non serve più sentire.
[…] Non capisci
quando cerco in una sera
un mistero d'atmosfera
che è difficile afferrare.

Quando rido
senza muovere il mio viso
quando piango senza un grido
quando invece vorrei urlare.
Quando sogno
dietro a frasi di canzoni
dietro a libri e ad aquiloni
dietro a ciò che non sarà.

[…] Cerca dentro
per capir quello che sento
per sentir che ciò che cerco
non è il nuovo, libertà![18]

It is easy to imagine this man with a partner absorbed in her own changes; the man has the usual difficulty in putting his inner feelings into words with the same nonchalance that women often seem to achieve; this man finds himself trying to express the inexpressible, obliged to describe his own *mal de vivre* in abstract phrases such as „some words have no meaning", admitting that it is impossible to explain and maybe also impossible to understand.

The autobiographical impression that *Vedi cara* makes on the listener is not so obviously present in *L'orizzonte di K. D.* which is based on Guccini's love life: „In January 1969, I got together with Eloise, an American, but without giving up Roberta, my other sweetheart: a rare example of consistent feelings. In 1970, I joined her in the United States but then, disappointed by the experience, I decided to come home. That's when I came to write *L'orizzonte di K. D.*, where K. D. are the initials of Karen Donne, Eloise's sister. Actually, Karen had nothing to do with it. Out of discretion or pride, I didn't want to address the song to

---

18   *Vedi cara*, from *Due anni dopo*, Guccini, *Stagioni*, pp. 38–40.

Eloise, or perhaps I should say I addressed it to her by pretending to be speaking to another woman. I also grew a long beard, let my hair grow even longer and took on a habit of wearing strange scarves that I picked up all over the place. Despite what you might think, returning to Italy wasn't painless. After the first few days of enthusiasm, a strong feeling of melancholy, touched with a little anguish, crept in. I missed Eloise. I've kept the beard. I've never shaved since then. Perhaps I'm afraid to see what's underneath and my daughter's even more afraid than I am. I'll stay like this forever now, so as not to shock her. I'll keep my real features hidden."[19]

This cryptic song omits the story of the changing personal circumstances; there is nothing about Eloise or her sister or about the writer's partner (and first wife), Roberta. Back in Bologna and in the midst of a breakdown, Guccini withdraws into a solipsism that excludes the women. Hence the „all-male" songs such as *Canzone di notte*, whose main character must „clothe himself with silence" in order to pretend that he is alone, whilst the only females present are the „tarts on the streets".

After his breakdown, Guccini again looks to the past to find the reasons for the lack of communication. The song in question is *Incontro*:

> E correndo mi incontrò lungo le scale:
> quasi nulla mi sembrò cambiato in lei;
> la tristezza poi ci avvolse come miele,
> per il tempo scivolato su noi due.
> Il sole che calava già,
> rosseggiava la città,
> già nostra e ora
> straniera e incredibile e fredda;
> come un istante déjà vu
> ombra della gioventù
> ci circondava la nebbia. [20]

---

19   Footnote to *L'orizzonte di K. D.*, from *L'isola non trovata*, Guccini, *Stagioni*, 1970, pp. 49–50. This incident was also mentioned in a different way by Jachia, *Francesco Guccini*, pp. 49–50. With regard to this song see Andrea Sanfilippo, *Francesco Guccini. Storie di vita quotidiana. Un'autobiografia poetica*, Foggia 2004, pp. 115–116.
20   Cfr. *Incontro*, from *Radici*, in: Guccini, *Stagioni*, pp. 71–72. See also Sanfilippo, *Francesco Guccini*, pp. 133–137.

The use of the conjunction „and" to open the song is strange and almost leads one to believe this is the continuation of a debate left in mid-air shortly beforehand, intended to make the listener feel he has stumbled into a real situation that existed at some time or other and at which he is now a spectator,[21] despite his will. The end of the piece also seems as if it could continue, because the tonic closing note does not correspond to the last syllable of the last verse but is placed in an instrumental coda that gives the impression of something that is „running quickly away" like the views seen from a train that are described in the lyrics. The narrative is well-constructed by a number of *enjambements* which are stressed by the use of short ascending scales. These sometimes force the singer, who has a deep vocal register, to strain for a clear tone, even in the middle to high range. There are many autobiographical allusions: the male character is Guccini himself and he has „been away" for some time (the journey to the USA). The song is a description of the meeting between Francesco and his friend Betty Frea, who was once in love with him but married an American, who hanged himself one Christmas night.[22] Guccini emphasises the difference between men and women in the last two verses of the fourth strophe, which describe how the woman friend sums up „ten years in a few words" and how he chooses not even to tell his story, keeping all those years shut away „in a simple greeting".

The „everyday rooms" in which the male character lives are always empty. In continuously moving Husserlian-like tempo, the writer addresses the „girl who is going away". If in *Piccola storia ignobile* the singer-songwriter uses rhetoric to play the public censor, in other cases his male outlook is wholly contained in *Canzone delle ragazze che se ne vanno* in a manner that is paternalistic. In 1974, the years of „commitment and disorder", girls are different from the women of his earlier relationships: these new girls are the object of the singer-songwriter's envy because they have yet to read all the books he has read and have yet to realise that they are looking for a „book that does not exist". Like a father who wants to pass on his experiences to his children so that they may avoid the same sufferings, Guccini knows that another reason why he envies these modern „girls in full flower" is precisely because he himself can no longer feel those same pains. Then the picture of „I, the singer" changes and it is the man who asks himself what part he might have played in the girls' fantasies.[23]

---

21 Cfr. Danielopol, *Francesco Guccini*, p. 54.
22 Cfr. footnote to *Incontro*, in: Guccini, *Stagioni*, p. 72; Jachia, *Francesco Guccini*, pp. 66–68.
23 *Canzone delle ragazze che se ne vanno*, from *Stanze di vita quotidiana*, 1974, in: Guccini, *Stagioni*, pp. 108–109.

As the Seventies come to an end, the man, increasingly alone, again withdraws into a night (*Canzone di notte n. 2*[24]) that excludes all that is female, finding company only in wine and male friends. The woman reappears „tra krapfen e boiate":[25] *Canzone quasi d'amore* (where „quasi" is used as protection from a full-blown love affair that may well collapse) could be the continuation of *Vedi cara*. Here again the man cannot find the words to express things that should be understood without needing to be said. There's a feeling of emptiness.[26]

Amerigo is the album in which much of Guccini's relationship to women becomes clear.[27] The return to the „forever beloved" American woman is obvious. In *100 Pennsylvania Avenue* there is a difference between the male „Guccini" character, who is disconcerted by communication with women, and the imaginary American husband with Eloise as she was then.[28]

The lyrics of *Eskimo* are significant for the purposes of this analysis. The „*eskimo*" [parka] is the jacket worn in 1968, which contrasts with the middle-class girl's smart „*paletot*" [coat]; it is not a banner, but the symbol of an ethical unity that will stand as the mark of the defeat of an entire generation's ideals.[29] The song reminds one of the years when sexual liberation had given a new boost to the demands of the feminists without, however, managing to have any direct effect on the minor, personal experiences of the women encountered by Guccini. The woman in the song is Roberta,[30] who represents the kind of woman who was barely touched by the movements to gain a new mindset and who ends up by becoming a sort of betrayal of the values of a generation.[31]

---

24 *Canzone di notte n. 2*, from *Via Paolo Fabbri 43*, in: Guccini, *Stagioni*, pp. 116–118. Also *Canzone di notte n. 2*, like *Incontro*, opens with the conjunction „e", this time justified by the fact that another song entitled *Canzone di notte* had been previously written, and therefore this one was to the author like a continuation.
25 The reference is to the *incipit* of *Via Paolo Fabbri 43*, the song that gave the title to the 1976 LP.
26 *Canzone quasi d'amore*, from *Via Paolo Fabbri 43*, in: Guccini, *Stagioni*, pp. 125–126.
27 Jachia agrees on this point. See Jachia, *Francesco Guccini*, pp. 100–118.
28 „E immagino tu e lui, due americani sicuri e sani, un poco alla John Wayne / portare avanti i miti kennedyani e far scuola agli indiani: / amore e ecologia lassù nel Maine." *100 Pennsylvania Avenue*, from *Amerigo*, 1978, in: Guccini, *Stagioni*, pp. 134–135 (See Sanfilippo, *Francesco Guccini*, pp. 110–114).
29 About the jacket that became a symbol of a generation and of a protest movement, see Francesco Guccini, *Cittanova Blues*, Milano 2003, p. 81. About the experiences of that time see Paolo Jachia, *cit.*, pp. 114–115.
30 About the autobiographical references see Sanfilippo, *Francesco Guccini*, pp. 97–107.
31 Ibid., p. 99. „Questa domenica in settembre / non sarebbe pesata così / l'estate finiva più nature / vent'anni fa o giù di lì. / [...] / Ma tu non sei cambiata di molto / anche se adesso è al vento quello che / io per vederlo ci ho impiegato tanto / filosofando pure sui perché. // Ma tu non sei cambiata di tanto / e se cos'è un orgasmo ora lo sai / potrai capire i miei vent'anni allora? /

Now we can take a look at how sex is treated. Guccini's language is always that of a man who says nothing, or says far less than a woman would say; sex is more sung about than practised and, perhaps, put into the lyrics with a surplus of irony that makes it something other than one would imagine: *Fantoni Cesira*, *La fiera di San Lazzaro* and *Talkin' sul sesso*[32] are full of sex and irony. The latter is a song which, when all is said and done, is not really about sex, because Guccini ironically sings of his plans for sex education in middle schools, striking a blow at a society which, in 1973, considers the contraceptive pill „ungodly and harmful"[33] and fears approval of the divorce law. Guccini denounces the familiar, insincere middle-class Catholic little Italy:

Italia per bene, ti sveglia, ti desta
intendi l'orecchio, solleva la testa!
I giovani d'oggi han scoperto (oh vergogna)
chi porta i bambini non è la cicogna!
(Fatto anticattolico e comunista!
Il Ministero delle cicogne è in crisi!).[34]

E i quasi cento adesso capirai? // Portavo allora un eskimo innocente / dettato solo dalla povertà / non era la rivolta permanente / diciamo che non c'era e tanto fa. / Portavo una coscienza immacolata / che tu tendevi a uccidere però / inutilmente ti ci sei provata / con foto di famiglia o paletot. // E quanto son cambiato da allora / e l'eskimo che conoscevi tu / lo porta addosso mio fratello ancora / e tu lo porteresti e non puoi più. // Bisogna saper scegliere in tempo / non arrivarci per contrarietà: / tu giri adesso con le tette al vento / io ci giravo già vent'anni fa. // (...) Tu li aspettavi ancora ma io già urlavo / che Dio era morto, a monte, ma però / contro il sistema anch'io mi ribellavo, / cioè, sognando Dylan e i Provos. / [...] / Forse ci consolava far l'amore / ma precari in quel senso si era già / un buco da un amico, un letto a ore / su cui passava tutta la città. // L'amore fatto alla boia d'un Giuda / e al freddo in quella stanza di altri e spoglia: / vederti o non vederti tutta nuda / era un fatto di clima e non di voglia. // E adesso che potremmo anche farlo / e adesso che problemi non ne ho / che nostalgia per quelli contro un muro / o dentro a un cine o là dove si può. // E adesso che sappiamo quasi tutto / e adesso che problemi non ne hai / per nostalgia lo rifaremmo in piedi / scordando la moquette stile e l'hi-fi. / [...] / Ed io che ho sempre un eskimo addosso / uguale a quello che ricorderai / io come sempre, faccio quel che posso / domani poi ci penserò se mai. (...).", *Eskimo*, from *Amerigo*, in: Guccini, *Stagioni*, pp. 138–139. The phrase „Dio era morto" is a reference to a famous song by Guccini, *Dio è morto*, which was also interpreted by I Nomadi.
32 It is no coincidence that all three songs are taken from a work such as the cabaret-oriented *Opera buffa* (1973), dealing with evenings spent with friends, rather than from more usual market-oriented LPs.
33 *Talkin' sul sesso*, from *Opera buffa*, in: Guccini, *Stagioni*, p. 93.
34 „Good and decent Italy, wake up! Wake up! Lend an ear! Raise your head! It's a disgrace! The youth of today have discovered that it's not the stork that brings babies! (It's Communist and against the Church and the Ministry for Storks is in a panic!)"

The Italy Guccini attacks in his song is an Italy that opposes the achievement, by means of sexual liberation, of a level-headed attitude to sex; he concludes with the revolutionary idea:

> Basta l'amore! Fate la guerra!
> (Sano rimedio per questa terra).[35]

If Guccini's male character has, to a certain extent, had to sort things out with the „new woman" he finds confronting him, Guccini's modern couple seems to suffer the problems caused by the negative changes in middle-aged woman today – at this point she is almost used as an archetype to symbolize the explosion of an independence which, thanks to a misinterpretation of liberty, seems even to exclude any possibility of interpersonal relationships. Listening to *Quattro stracci* – in which Guccini admits to describing as many as five former female partners[36] – we ask ourselves what happened to the struggles for equality and sexual liberation; Guccini might be describing any one of the new middle-aged women who are split between a career and the consumption of those identical, useless, super-glossy magazines that nowadays put being on the Left on a par with frequenting the trendiest sushi bars. After high-fashion Paris, „Yoga, herbs, psychology and homeopathy"[37] are the new false myths pursued by a partner who has kept her middle-class habits and sees family ties as central to the conservation of obsolete ideas. With this woman too, discussion is impossible, as is the sexual relationship with a man who, partner though he may be, has no real idea of what to do and no knowledge of the mysteries of female masturbation. So, with his pen in his hand and a cigarette on his lips, the man who grew up without maturing is once again alone, left looking out of the window at the wall outside, unable to do anything except label the partner who missed her chance of becoming a new woman – the woman it's impossible to talk to – as the „virgin who dreams of being a whore".

---

35 „Down with love! Make war! (That's the best cure for this world)."
36 Footnote to *Quattro stracci*, from *D'amore, di morte e di altre sciocchezze*, in: Guccini, *Stagioni*, p. 243.
37 Ibid., p. 242.

Vom Kriminellen- über das Laien- zum Autoren-Lied:
Die Musik der russischen Tauwetterzeit aus heutiger Perspektive

Elena V. Müller

Die Bezeichnung „Tauwetter" für die wohl liberalste Zeit in der sowjetischen Geschichte zwischen stalinistischer Diktatur bis 1953 und der so genannten Stagnation unter Brežnev ab 1964 leitet sich aus dem Titel eines in den Jahren 1954 bis 1956 verfassten Romans von Il'ja Erenburg[1] (1891-1967) ab. Dort werden Ansätze einer zaghaften Liberalisierung der sowjetischen Gesellschaft nach dem Tod Stalins beschrieben. Diese Bezeichnung hat sich inzwischen sowohl in Russland selbst als auch in der westlichen historischen Forschung etabliert. Nach dem 2. Weltkrieg konnte man ähnliche, zum Teil völlig unerwartete Liberalisierungs- und Demokratisierungstendenzen überall auf der Welt und keinesfalls nur im Westen beobachten. Als Beispiele dafür sind die antikolonialen Kämpfe oder die Bürgerrechtsbewegung im Süden der USA zu erwähnen, die zeitlich weit vor den 1968er Studentenrevolten lagen und das geistige Klima für diese vorbereiteten. Dies gilt auch für das russische „Tauwetter", denn im Jahr 1968, das als Chiffre für die Protestbewegungen der Jugend im Westen steht, markiert der Einmarsch der überwiegend sowjetischen Truppen zur Niederschlagung des Prager Frühlings bereits das Ende der Liberalisierungspolitik und das Scheitern der Hoffnungen auf einen „Sozialismus mit menschlichem Antlitz". Die Protagonisten dieser kurzen Liberalisierungsphase werden im Russischen daher als „šestidesjatniki" (die Sechziger) bezeichnet, im Unterschied zu den „Achtundsechzigern" im Westen.

Während der Herrschaft Iosif Stalins (1879-1953) wurde der totalitäre sowjetische Staat vor allem durch den „Archipel GULag" geprägt[2], ein weit ver-

---

1 In vorliegendem Text wird die wissenschaftliche Transliteration der russischen Namen verwendet. Auf die Eindeutschung der Namen wird verzichtet, daher „Erenburg" und nicht „Ehrenburg".

2 An dieser Stelle eine kleine Literaturauswahl zur GULag-Thematik: Aleksandr Solženicyn, *Archipelag GULag*, Paris 1973, der als Klassiker der GULag-Forschung gilt; Anne Appelbaum, *GU-*

zweigtes Netz von Strafgefangenenlagern, die fast das gesamte Territorium der Sowjetunion umfassten und sich besonders in den östlichen, wenig erschlossenen und an Bodenschätzen reichen Gegenden des Landes konzentrierten. Den Großteil der Häftlinge des GULag bildeten Menschen, die wegen Nichtigkeiten, dem Erzählen politischer Witze, nicht linientreuen Kunstwerken oder geringfügigen Diebstählen staatlichen Eigentums zu langen Haftstrafen verurteilt wurden und unter unmenschlich harten Bedingungen Schwerstarbeit verrichten mussten. Viele von ihnen erlebten das Ende ihrer Strafe nicht.

Das GULag-System etablierte sich in der zweiten Hälfte der 1930er Jahre, in der Zeit des „großen Terrors", als kaum ein Sowjetbürger sich sicher fühlen konnte, da die Verhaftungswelle selbst die oberste Staats- und Parteiriege erreichte. Ende der 1940er Jahre kam es zur zweiten großen Verhaftungswelle als abruptes Ende der Lockerungstendenzen während des 2. Weltkriegs. Besonders rigide wurde die offizielle Kontrolle im Bereich der Kunst, was zu deren Erstarrung und zum Schwinden ihrer Akzeptanz in der Bevölkerung führte. Erst nach Stalins Tod, als sich Nikita Chruščev, den die meisten Forscher und Zeitzeugen auch als persönlich gutmütig beschreiben, im internen Machtkampf im Politbüro durchsetzte, kam es zum Ende des GULag-Systems und die Häftlinge kehrten in das normale Leben zurück. Nach den berühmten öffentlichen und geheimen Reden Chruščevs auf dem 20. Parteitag der KPdSU im Februar 1956 wurden die in der Gesellschaft bereits deutlich spürbaren Liberalisierungs- und Demokratisierungstendenzen auch staatlicherseits unterstützt.

Vor allem auf dem Gebiet der Kunst kam es zu einer radikalen Erneuerung, getragen durch junge Menschen in einer Aufbruchstimmung. Der stalinistische Kanon und die Doktrin des „sozialistischen Realismus" wurden de facto beiseite gefegt. Stattdessen versuchte man die Tradition der historischen Avantgarde wiederzubeleben. Junge Dichter wie Andrej Voznesenskij oder Evgenij Evtušenko (beide geboren 1933), die sich deutlich an Vladimir Majakovskij (1893–1930) und anderen Avantgarde-Autoren orientierten, vermochten in diesen Jahren bei ihren Lesungen ganze Fussballstadien zu füllen, die gegenstandslose Malerei wurde wiederentdeckt, ganz Moskau und Leningrad diskutierten über die Aufführungen der jungen experimentellen Theater. Die neuen Regisseure und Schauspieler veränderten dramatisch das Antlitz des sowjetischen Kinos. In dieser Zeit begann auch das Dreigestirn der sowjetischen modernen E-Musik Alfred Schnittke (1934–1998), Edison Denisov (1929–1996) und Sofja Gubajdulina (geboren 1931) sein Wirken, ermöglicht durch die Veränderungen in der kulturpolitischen Atmosphäre.

Lag. A History, New York u.a. 2003; Jörg Baberowski, *Der rote Terror. Die Geschichte des Stalinismus*, München 2003.

Die Sehnsucht nach der wahren Kunst der Massen als Opposition zur pompösen, vielfach mit dem Barock verglichenen[3] offiziellen Kunst und Literatur des Spätstalinismus trieb viele Künstler in dieser Zeit an. Aus ihr ging unter anderem das Genre hervor, das im Zentrum dieses Aufsatzes steht, das Laienlied (Russisch: samodejatel'naja pesnja). Es erschien als Opposition zur üblichen Popmusik, im Russischen „estrada" genannt,[4] als eine neue Form der urbanen Folklore. Sie zeichnete sich durch betonte Einfachheit in der musikalischen Begleitung aus, die meist nur mit der Gitarre erfolgte. In den Texten werden der einsame Held, ein durch reine Liebe verbundenes Paar oder eine eingeschworene kleine Kameradschaft dem Rest der Gesellschaft gegenüber gestellt. Genauso gepriesen wird die unberührte reine Natur gegenüber der dekadenten Stadt und der technokratischen Zivilisation.

Diese Lieder wurden mit Vorliebe in studentischen Kreisen vorgetragen, denn die Studentenschaft, die Intelligencija von Morgen, war wie im Westen in der 1960ern die wichtigste Trägerschicht des Liberalisierungsprozesses. Auch abends am Lagerfeuer, nach anstrengenden Wanderungen durch die Natur, die gerade in dieser Zeit als Ausdruck für die Sehnsucht nach der Freiheit in Mode kamen, wurden diese Lieder gesungen. Ein typisches Beispiel für das Genre ist Aleksandr Gorodnickij (geboren 1933), ein Physiker, der bis heute die Liedermacherei als Hobby betreibt.

Neben der Suche nach der authentischen Kunst und adäquaten Ausdrucksformen für die junge Generation, die das Laienlied in eine historische Nähe zur Musik der Beatniks und Hippies bringt, gab es auch eine spezifisch russische Quelle für dieses Genre: die Folklore der Berufskriminellen. Es mag verwundern, aber gerade in der stalinistischen Diktatur blühte ein Berufskriminellentum, das seine eigene Gegenkultur zu entwickeln vermochte.[5] Dazu gehörte neben eigenen Gesetzen, einer Geheimsprache und dem gepflegten dekadenten Lifestyle auch ein Liedgut von besonders sentimentalen, herzzerreißenden und auch entsprechend vorgetragenen Geschichten der Berufsverbrecher und die Klagelieder der in ihrer Darstellung natürlich unschuldig Inhaftierten. In einem der bekanntesten dieser Lieder mit dem Titel *Nina* geht es um die 18-jährige stolze Tochter eines Staatsanwalts, die sich in einen Berufskriminellen verliebt und zu dessen Komplizin wird. Die melodramatische Geschichte endet vor Gericht, wo sich die beiden nach der Verurteilung leidenschaftlich verabschieden, und der Vater, der die Anklage vertreten hat, in Tränen ausbricht.

---

3   Vom „barocken Charakter" der spätstalinistischen Kultur spricht beispielsweise Katerina Clark in ihrer exzellenten Studie *The Soviet Novel. History as Ritual*, Chicago 1981.
4   Zu der offiziellen sowjetischen Massenkultur siehe Richard Stites, *Russian Popular Culture. Entertainment and Society since 1900*, Cambridge 1992.
5   Varlam Šalamov, *Očerki prestupnogo mira*, in: ders., *Levyj bereg*, Moskau 1989, S. 446–543.

Das Kriminellenlied geht auf die Anfänge der russischen Massenkultur zurück, die vorrevolutionäre Kultur der russischen Bourgeoisie und des Kleinbürgertums. Diese sentimentalen städtischen Romanzen und Chansons der Jahrhundertwende wurden von sowjetischen Kulturfunktionären und den linken Avantgardekünstlern abgelehnt, verhöhnt und sogar verboten.[6] In der Gegenkultur der Berufskriminellen, die sich als Opposition zum kommunistischen Regime verstanden, wurde diese Tradition dagegen gepflegt. Der überzeichnete Sentimentalismus entsprach wohl der Seelenverfassung der so genannten „Diebe im Gesetz".[7] Einige Romanzen aus der Zeit der letzten Jahrhundertwende konnten mit gewissen Textverzerrungen in der kriminellen Gegenkultur sogar bis in die 1960er Jahre überleben. Die Folklore der russischen Berufskriminellen ist vergleichbar mit anderen typischen Beispielen der Folklore des gesellschaftlichen Untergrunds, wie dem Flamenco in Spanien, dem Fado in Portugal, dem Tango in Argentinien oder dem Rebetiko in Griechenland.

Die Wege der Berufskriminellen und der Intelligencija-Vertreter, der Trägerschicht der Liberalisierung der 1960er, hatten sich im GULag gekreuzt. Viele Opfer der stalinschen Massenverhaftungen waren von der inneren Freiheit der Berufskriminellen beeindruckt, waren fasziniert von der Macht, die diese selbst hinterm Stacheldraht besaßen, und übernahmen einiges von deren Habitus.[8] Bei der Rückkehr in das normale Leben brachten auch die politisch Inhaftierten die im GULag erworbene neue Lebenseinstellung mit in die Gesellschaft. Der Aufenthalt im GULag adelte die Menschen nachträglich, machte sie in den Augen der anderen zu Opfern des Diktators und verlieh ihnen eine moralische Autorität.

Die Übernahme krimineller Folkloreelemente, des Kriminellen-Jargons und der berüchtigten Mutterflüche auch von Jüngeren, die persönlich keine GULag-Erfahrung mehr hatten, geschah als ein Zeichen der Solidarisierung mit den Opfern, als Anklage an das reformunfähige kommunistische Regime. Viele Studenten stilisierten nun eigene Lieder in den Texten und der Vortragsweise bewusst als Kriminellenlieder.

Wie bereits oben erwähnt, dauerte diese Liberalisierungsperiode in der sowjetischen Geschichte nur kurz. Auch die russischen „šestedisjatniki" hatte ihren Marsch durch die Institutionen, die meisten der Intelligencija-Angehörigen konnten sich in der Gesellschaft des „entwickelten Sozialismus" der Brežnev-Jahre mehr oder weniger erfolgreich etablieren, wenn sie sich von jeglicher politischer Betätigung fernhielten. Nur wenige, die sich explizit politisch engagier-

---

6 Stites, *Russian Popular Culture*, S. 27ff.
7 Als „Diebe im Gesetz" wurden im Russischen im 20. Jahrhundert besonders angesehene Größen der kriminellen Unterwelt bezeichnet. Heute gelten solche Persönlichkeiten eher als „Autoritäten".
8 Varlam Šalamov, *Očerki*; Anatolij Žigulin, *Černye kamni*, Moskau 1988.

ten, wie beispielsweise Aleksandr Solženicyn, gerieten in einen offenen Konflikt mit den Machthabern, erlitten Repressalien und wurden schließlich zur Emigration gezwungen. Insgesamt haftete den „šestidesjatniki" das Image von realitätsfernen Idealisten an. Bemerkenswert bleibt, dass sie während der Perestrojka keine Persönlichkeit hervorgebracht haben, die mit solchen prominenten osteuropäischen Bürgerrechtlern wie Alexander Dubček oder Vaclav Havel vergleichbar wäre, sondern nach der nächsten gesellschaftlichen Öffnungsperiode von der jüngeren und skrupellosen Generation der so genannten „Neurussen"[9] kampf- und gnadenlos in das gesellschaftliche Abseits gedrängt wurde.

Auch der Traum von der neuen wahren Kunst der Massen war rasch ausgeträumt. Die Experimente in dieser Richtung verliefen in Russland genauso unbefriedigend wie im Westen. Unter den Laienliedermachern trat eine Professionalisierung ein. Diejenigen, die gut texteten, komponierten und/oder sangen, konnten in dem Genre weiter erfolgreich wirken. Den größten Erfolg verbuchten in der sprachorientierten russischen Gesellschaft diejenigen, die gute Texte schrieben und sich als Dichter innerhalb der Intelligencija-Subkultur etablierten. Als Elemente des Laienlieds blieben bei ihnen der Vortrag in einer informellen Umgebung, z. B. in den Wohnungen von Freunden, und die einfache Gitarrenbegleitung; auch deshalb haben die Aufnahmen, die in der Regel auf private Mitschnitte zurückgehen, in der Regel eine auffallend schlechte Qualität. Die Dichter grenzten sich dabei bewusst von der offiziellen Poesie ab, die sich unter Brežnev erneut unerträglich pompös gab. Aus dem Laienlied erwuchs das Autorenlied, eine besondere Form der gesungenen und rezitierten Dichtung, die weniger auf Formexperimente und mehr auf die Verständlichkeit ihrer kritischen Inhalte setzte. Wie bereits im kriminellen und im Laienlied wurde in den Texten oft das Individuum, der konkrete Mensch dem als unmenschlich empfundenen „System" gegenübergestellt.

Unter den Lieder-Autoren kann man drei herausragende Persönlichkeiten nennen, die hauptsächlich in den 1970ern wirkten: Bulat Okudžava (1924–1997), Aleksandr Galič (1918–1977) und Vladimir Vysockij (1938–1980). Bulat Okudžava, im Hauptberuf Dichter und Schriftsteller, ist der Lyriker unter den Lieder-Autoren mit einer starken Individualisierung, Stille und Melancholie in seinen Werken. Sein lyrisches Subjekt ist ein desillusionierter jedoch nicht verzweifelter „šestidesjatnik", der nach wie vor die Gemeinschaft der Freunde und die Reinheit der Jugend leise beschwört. In einem seiner bekanntesten und po-

---

9 Der amerikanische Journalist David Satter schreibt in seinem 2003 erschienenen Buch *Darkness at Dawn. The Rise of Russian Criminal State*, dass mit dem in Russland selbst oft verwendeten Terminus „Neurussen" diejenigen bezeichnet werden, die unter den neuen ökonomischen Bedingungen zu riesigen Reichtümern gekommen sind und – so nehmen die Russen selber gemäß Satter an – sich in ihrer Psychologie von den „alten Russen" unterscheiden. Vgl. Satter, *Darkness at Dawn*, New Haven 2003, S. 315.

pulärsten Lieder spricht er die Zuhörer als „Freunde" an und ruft sie dazu auf, sich an den Händen zu fassen, „um nicht allein unterzugehen".

Aleksandr Galič, ein erfolgreicher Drehbuchautor, ist der Epiker unter den Lieder-Autoren. Im Gegensatz zu Okudžava wurde er bewusst politisch aktiv, verkehrte in Dissidentenkreisen, nahm Repressalien auf sich. 1975 wurde er zur Emigration gezwungen und übte eine Tätigkeit als Moderator bei Radio Free Europe[10] aus. Die meisten seiner Lieder sind Geschichten über die Absurditäten der sowjetischen Realität. So soll der Protagonist eines seiner Lieder auf einer organisierten Friedenskundgebung eine Rede gegen die „israelische Soldateska" halten und stolpert beim Ablesen des unmittelbar vor seinem Vortrag erhaltenen Textes über unpassende Passagen des Textes wie „ich als Frau und Mutter". Sein Auftritt endet jedoch ohne Skandal, denn die Zuhörer sind bereits gegen solche Veranstaltungen immun geworden und hören überhaupt nicht zu, was da genau gesagt wird.

Vladimir Vysockij ist im kulturellen Gedächtnis der Russen ohne Zweifel die Person, die dem Genre Autoren-Lied seinen Stempel am deutlichsten aufprägte. Als talentierter Schauspieler des Moskauer Taganka-Theaters, das zu der Zeit unter der Intelligencija einen Kultstatus hatte, gestaltete er seine Lieder als Ein-Mann-Stücke, in denen er gleichzeitig als Textautor, Regisseur, Hauptdarsteller und Komponist fungierte. Sein stark emotionalisierter Vortrag unterschied sich grundlegend von dem laienhaften Sprechgesang Galičs und dem melancholischen Gesang Okudžavas. Wie bei Galič war der Konflikt des Individuums mit dem System sein Hauptthema, jedoch handelte es sich bei Vysockij weniger um konkrete kommunistische Funktionäre als um das „System" als solches. Unter seinen Protagonisten, mit dessen Zunge er spricht, finden sich einfache Trinker von ganz unten neben sowjetischen Spitzensportlern, Bergsteigern, die den Geist der 1960er in unzugänglichen Gebirgen weiterleben ließen, oder die einfachen Frontkämpfer aus dem 2. Weltkrieg. Vysockij gelang es, zum wahren Volkskünstler der 1970er zu avancieren, den enttäuschten Menschen in der Zeit der Stagnation eine Stimme zu geben und die verschwommenen Sehnsüchte der russischen Seele zu verbalisieren:

Und die Menschen murrten und murrten weiter,
Denn Menschen wollen Gerechtigkeit:
„Wir waren doch als erste in der Schlange,–
Aber die, die hinter uns waren, essen bereits!"

---

10 Radio Free Europe wurde vor allem während des Kalten Krieges von den USA finanziert und produzierte Sendungen in osteuropäischen und zentralasiatischen Sprachen, die über Kurzwelle ausgestrahlt wurden.

Abbildung: Vladimir Vysockij

Man hat ihnen erklärt, um den Streit zu vermeiden:
„Wir bitten Euch, ihr Lieben, geht weg!
Denn die, die essen, sind doch Ausländer,[11]
Und ihr, mit Verlaub, wer seid ihr denn schon?"[12]

In den 1980ern, nach dem Tod von Vysockij und Galič, verlor das Autorenlied seine Aktualität. Die nachfolgende Generation wählte die ursprünglich aus dem Westen importierte Rockmusik als ihr Protestgenre. In dieser Zeit entdeckte kurioserweise endlich auch die Sowjetmacht das Laienlied und versuchte, es dem westlichen Rock als authentisches russisches Genre gegenüberzusetzen. Im ganzen Land entstanden Clubs des Laienlieds und wurden staatlich gefördert.

---

11 Weiter folgen Strophen, die das gleiche Thema mit „den Delegierten", also den einheimischen Privilegierten, statt den „Ausländern" variieren. Mit „den Ausländern" sind die in Valuta zahlenden und deshalb hofierten Touristen aus kapitalistischen Ländern gemeint.
12 Vladimir Vysockij, *Sočinenija*, Bd. 1, Moskau 2001, S. 110.

Die ersten Schallplatten von Vysockij, Jurij Vizbor und Okudžava wurden herausgegeben und mit großem Erfolg verkauft. Die nachfolgende Generation belächelte die „šestidesjatniki" und ihre naive Musik; die Underground-Rocker versuchten sich durch besonders laute und harte Töne deutlich vom nunmehr opportunen Autorenlied abzugrenzen.

Aus heutiger Perspektive erscheint mir der Beitrag des Laien- und Autorenlieds zur musikalischen populären Kultur im Russland des 20. Jahrhunderts nicht hoch genug zu schätzen zu sein. Durch dieses Genre wurde eine Individualisierung und Modernisierung des Liedguts möglich, die die erstarrte spätstalinistische Kultur und später die offizielle Kultur der brežnevschen Stagnationszeit nicht leisten konnte. Das Laienlied und seine Weiterentwicklung als Autorenlied ermöglichten die Anpassung der russischen Kultur an die Bedürfnisse der modernen postindustriellen Gesellschaft. Die 1950er und 1960er Jahre sind in der Sowjetunion, wie im Westen durch wachsenden Wohlstand und die zunehmende Individualisierung gekennzeichnet. Zum ersten Mal bekamen viele Familien eine eigene abgeschlossene Wohnung oder konnten sich einen individuell organisierten Urlaub an der Schwarzmeerküste leisten. Die Mobilisierungsmärsche der spätstalinistischen Kultur entsprachen nicht mehr den gesellschaftlichen Bedürfnissen. Eine komplette Erneuerung in diesem Bereich der Kultur war unumgänglich. Auch der sich entwickelnde typisch russische Rock war nicht wegen seiner subversiven westlichen Wurzeln, sondern durch seine anspruchsvolle Lyrik, die möglichst von der Musik nicht übertönt werden sollte, also ganz in der Tradition der Liedermacher, erfolgreich. Dasselbe wiederholt sich heute mit dem russischen Rap und HipHop, Musikstile, die den gefühlten Verlierern der neuesten gesellschaftlichen Umwälzungen eine Stimme geben.

Resignation oder Rock'n'Resistance?
Zum Stellenwert von Musik und sozialen Bewegungen um 1968

Stephanie Schmoliner

Soziologische Untersuchungen zur Rockmusik sind kein neues Phänomen: Seit den frühen 1970er Jahren beschäftigen sich Wissenschaftlerinnen und Wissenschaftler mit den Zusammenhängen von Gesellschaft und Musik. Warum aber wurden die Jahre um 1968 zu einer Epoche der „Rockrevolution" erklärt? Lag es an der Musik oder an einer neuen politischen Aufbruchsstimmung?

Der Ausgangspunkt der folgenden Überlegungen besteht darin, Rockmusik nicht als ein isoliertes Medienprojekt zu sehen, sondern die engen Verbindungen zwischen einem übergreifenden kulturellen Zusammenhang und den sozialen und politischen Verhältnissen und Lebensbedingungen der Hörer und Produzierenden zu reflektieren.[1] Musik, insbesondere die auf Aktualität ausgerichtete Rockmusik, erklingt in einem spezifischen soziohistorischen Kontext, auf den die Musik Bezug nimmt und der auch den Erfolg etwa eines Songs zu einem Gutteil mitbestimmt. Es ist dieses Beziehungsgefüge, auf dessen Basis der Zusammenhang zwischen Rockmusik und den neuen sozialen Bewegungen der 1960er und 1970er Jahre ausbuchstabiert werden kann.

Wenn wir die musikalische und politische Geschichte im Umfeld des Jahres 1968 als Patchwork zusammenhängender Episoden betrachten, so fällt auf, dass soziale Bewegungen, wie sie im Zusammenhang mit den sogenannten Klassenkämpfen um die Wende zum 20. Jahrhundert auftraten, in den 1960er und 1970er Jahren der Vergangenheit angehören. Die neuen sozialen Bewegungen, die sich in den 1970er Jahren formieren – Öko-Bewegung, Neue Frauenbewegung, Dritte-Welt-Bewegung etc. – lassen sich mit den traditionellen sozialen Bewegungen kaum noch vergleichen. Gilt ähnliches womöglich auch für die Auffassung über die politische Wirksamkeit von Musik?

Helmut Salzinger stellte in seinem Buch *Rock Power* die Frage nach der revolutionären Bedeutung von Musik in den späten 1960er Jahren. Diese Frage

---

1 Peter Wicke, *Rockmusik. Zur Ästhetik und Soziologie eines Massenmediums*, Leipzig 1987, S. 5.

implizierte die Behauptung, dass die Rockmusik der 1960er Jahre politisch, gewissermaßen „der Soundtrack zum Aufruhr", gewesen sei.[2] Immer wieder wurde gerade in linken Zusammenhängen darüber diskutiert, wie weit der Einfluss der Musik reichen würde. In den 1960er Jahren galt Rockmusik weithin als politische Musik, in den 1980er Jahren wurde häufig der Punk in einer solchen Funktion gesehen, und etwa seit Mitte der 1990er Jahre wird auch der elektronischen Musik ein politischer Einfluss nachgesagt. Diese Musikrichtungen kommen freilich ohne wehende rote Fahnen aus, und explizit politische Texte sind selten anzutreffen. Für die Mobilisierung von sozialen Bewegungen waren es demgegenüber insbesondere die Liedtexte, die für die politische Bedeutung der Musik großes Gewicht hatten. Wie groß die politische Wirksamkeit von Musik aufgrund ihres Textes eingeschätzt werden kann, manifestiert sich unter anderem in der Tatsache, dass ein Flugblatt in der Regel nur einmal gelesen wird, ein Lied aber immer wieder gesungen werden kann.

Lange Zeit herrschte die Meinung vor, dass Rockmusik ideologiefrei sei: Lediglich die Texte könnten sich politischen Inhaltes bedienen, aber Mobilisierungskraft wäre in solcher Musik nicht zu finden. Nun habe ich am Anfang dieser Ausführung bereits auf den Begriff „Revolution" hingewiesen, mit dem angedeutet sei, dass seit den 1960er Jahren doch mehr als nur Text im musikalischen Spiel war. In der Rockmusik lassen sich folgende politische Dimensionen beobachten:

1. Politisch lesbare Texte. Typisch hierfür ist das klassische Protestlied. An die Tradition des Arbeiterliedes sowie der frühen Folkbewegung (Woody Guthrie oder Pete Seegers) anknüpfend, haben beispielsweise John Lennon und Bob Dylan dieses Genre mit Leben erfüllt. Die vorrangige Absicht des Protestliedes war, auf bestehende politische Probleme aufmerksam zu machen und schließlich die Friedens- und Bürgerrechtsbewegung zu unterstützen.

2. Politische Absichten der Künstler. Im Unterschied zum explizit politischen Songtext müssen die Inhalte nicht unmittelbar politisch bestimmbar sein. Es genügt die als bekannt vorauszusetzende politische Absicht und Einstellung des Künstlers, ohne dass sich diese in der Musik oder im Text selbst nachweisbar artikuliert. Harry Belafonte beispielsweise, ein Künstler, der mit Liedern wie *The Banana Boat Song* bekannt wurde, gehört in diese Gruppe. Die meisten seiner Songs lassen inhaltlich keinerlei Rückschlüsse auf eine mögliche politische Motivation zu. Gleichwohl besitzt Belafontes künstlerisches Schaffen dadurch politische Implikationen, dass er in seinen Songs u. a. die Musik der Karibik verarbeitet, insbesondere den Calypso, der hinsichtlich seiner politischen Tradition dem schwarzen Gospel vergleichbar ist. Beide Musikstile, Calypso

---

[2] Helmut Salzinger, *Rock Power oder Wie musikalisch ist die Revolution? Ein Essay über Pop-Musik und Gegenkultur*, Frankfurt/Main 1972, S. 15.

und Gospel, können als die Musik der Sklaven unter der Kolonialherrschaft der verschiedenen europäischen Nationen begriffen werden, als eine Musik mithin, die politische und gesellschaftliche Missstände anklagt. Belafonte nutzte seine Popularität dabei insbesondere für die Unterstützung Martin Luther Kings und der Bürgerrechtsbewegung.

3. Musik als Reflex der jeweils bestehenden Zustände. Dieser Aspekt ist für das Verständnis der Fähigkeit zur politischen Mobilisierung der Musik der 1960er Jahre entscheidend. The Rolling Stones etwa gelang es in ihrem Song *Street fighting man* (1968), Tausende für Demonstrationen zu gewinnen. Mick Jagger wurde infolge dieser Mobilisierungseffekte zu einer Symbolfigur der Rebellion und verkörperte ein politisches Image, das den „Frontmann" bis in die 1980er Jahre hinein begleitete. *Street fighting man* funktionierte dabei als politische Untermalung für Demonstrationen, weil es im August 1968 zum „richtigen" politischen und gesellschaftlichen Zeitpunkt veröffentlicht worden war: unmittelbar vor dem Parteitag der Demokraten in Chicago, der von gewaltsamen Ausschreitungen begleitet war. In diesem Kontext konnte der Song der Rolling Stones allein schon aufgrund seines Titels auch als Aufstachelung zur Gewalt verstanden werden. Wie sehr der Song als politisch wirksames Mittel von den Gegnern der Proteste gegen den Vietnamkrieg begriffen wurde, zeigt sich daran, dass die amerikanischen Radiostationen das Musikstück boykottierten, aus Angst, es könne eine unkontrollierbare Mobilisierungskraft besitzen (eine Mobilisierungskraft, die Jagger im übrigen nie beabsichtigt hatte). Die Faktoren, die *Street fighting man* als politische Musik erscheinen ließen, waren also nicht in erster Linie musikalische, sondern wurden von den historischen Umständen geprägt: Wäre *Street fighting man* zu einem anderen Zeitpunkt veröffentlicht worden, hätten die Reaktionen völlig anders aussehen können. Musik kann also durchaus ein Motor sein, der gesellschaftliche Veränderungen ins Rollen bringt, ohne indes zwingend einem politischen Konzept verpflichtet zu sein.

Rockmusik ist ein Massenmedium, durch das kulturelle Werte und Bedeutungen zirkulieren, soziale Erfahrungen konsolidiert und weitergegeben werden. Es ist dieses Beziehungsgefüge aus Werten, Bedeutungen und konkreten Erfahrungen, die die Rockmusik der 1960er und 1970er Jahre als politische Musik wahrnehmen ließen. Auf das neue Image von Rockmusik reagierten die Produzenten, indem sie dezidiert Songs mit politischem Inhalt kreierten. Die US-amerikanischen Charts in den 1960er Jahren weisen dementsprechend eine Vielzahl an Musiktiteln auf, die eine politische Botschaft enthielten oder auf andere Weise den Zeitgeist reflektierten. So verwundert es nicht, dass Berichte über diese Dekade immer wieder darauf hinweisen, dass Rockmusik an den Veränderungen der gesellschaftlichen Verhältnisse beteiligt gewesen sei. Dabei muss man sich bewusst machen, dass – allen entsprechenden Berichten zum Trotz – Musik alleine weder Umstürze noch Revolutionen herbeizuführen vermag. Ihre politischen Potentiale liegen jedoch gerade für die 1960er Jahre darin, dass sie als Katalysator für die Überführung der Anliegen der sozialen Bewegungen in die Praxis fungierte.

Welche bedeutsame Rolle die Musik und ihre identitätsstiftende Wirkung als Stimulans politisch antagonistischen Handelns haben kann, zeigt sich beispielsweise auch darin, dass Demonstrationen heute ohne den dazugehörigen passenden „Soundtrack" kaum noch denkbar sind. Bemerkenswert ist dabei, dass Rockmusik in den 1960er Jahren nicht nur als Mittel politischen Protests im allgemeinen galt, sondern von einzelnen Künstlerinnen und Künstlern im besonderen als Mittel zur politischen Auseinandersetzung mit den Herrschaftsstrukturen des Kapitalismus begriffen wurde – und das, obwohl Rockmusik zweifellos den Produktions- als auch Reproduktionsbedingungen der Massenmedien, also einem eindeutig kapitalistischen Segment, unterliegt. In dieser Zeit konnte Rockmusik als politisch wahrgenommen werden, weil die gesamtgesellschaftliche Stimmung dies zuließ.[3]

Rock'n'roll will never die:[4] Zum Begriff der Rockmusik

Für die politische Wirksamkeit der Rockmusik dürften folgende Grundzüge der Musik entscheidend gewesen sein: Als eine kulturelle Praxis ist Musik immer auch Bestandteil – insbesondere jugendlicher – Gemeinschaften. Sie kann zwischen den Hörern Identität stiften und insofern für eine Gruppierung einen gemeinsamen Nenner oder Bezugspunkt darstellen. Künstler und Künstlerinnen dienen dabei oftmals als Rollenmodell oder Vorbild und beeinflussen in dieser Funktion die Lebenswelt und Meinungen der Zuhörenden.[5] Indem die musikalische Aneignung eines Instrumentes zum Spiel von Rockmusik in der Regel autodidaktisch erfolgt und somit von Bildungseinrichtungen und autoritärer Kontrolle losgelöst ist, ist mit dem Genre von vorneherein die Vorstellung einer liberalen, unabhängigen kulturellen Praxis verbunden. Die Musik wird plagiiert, bei Vorbildern abgeschaut und über den Austausch von Informationen untereinander erworben.[6]

Der politische Impetus der Rockmusik dürfte dabei u. a. daraus abgeleitet worden sein, dass die musikalische Sprache als solche als rebellisch begriffen werden konnte, weil sie von den etablierten musikalischen Richtungen abwich. Indem die neuen „rebellischen Töne", die bis dahin nur von Minderheiten goutiert worden waren, bei einem Massenpublikum Anklang fanden und für kurze

---

3 Kai Degenhardt, *Vom Befreiungsgestus zum Soundtrack der Anpassung*, in: *Marxistische Blätter*, 02/2004, S. 74–79.
4 Titel eines Songs von Neil Young.
5 Wicke, *Rockmusik*, S. 14
6 Tibor Kneif, *Rockmusik*, Reinbek bei Hamburg 1982, S. 191f.

Zeit zur hegemonialen Populärkultur wurden, konnte in den 1960er Jahren von einer „Rockrevolution" die Rede sein.

The times are a-changin':[7]
Rockmusik als geschichtliche Erfahrung sozialer Bewegungen

Dass die Rockmusik gerade um 1968 einen dezidiert politischen Impetus erhielt, wurde allerdings in gewissem Sinne vorbereitet. Bob Dylan war es gelungen, die subkulturellen Traditionen schwarzer Blues-Musik mit denjenigen des weißen Folk in seinen Songs zu verbinden, zu popularisieren und schließlich mit dem Rock'n'Roll zu synthetisieren.[8] Durch den großen Erfolg von Dylans Songs, die über unabhängige Labels vertrieben wurden, entstand eine Gegenhegemonie, die das bestehende Monopol der Kulturindustrie bezüglich der Produktion und Distribution von Ideologien – zumindest anfangs – wirkungsvoll herausforderte. Letztlich erwies sie sich jedoch als in sich zu brüchig und uneins, um dauerhaft zur Herausbildung einer progressiven Gegeninstanz führen zu können. Simultan mit dem Zerfall der – vermeintlich auf ein gemeinsames Ziel ausgerichteten – Bewegung der 1960er Jahre in eine Reihe von Teilbereichsbewegungen, den Neuen sozialen Bewegungen, differenzierten sich ab den 1970er Jahren auch die Musikstile aus, was die „hegemoniale Stellung" der Rockmusik auf die Jahre 1965–1968 beschränkt. Rockmusik als Waffe der kulturellen Revolution verschwand damit nach 1968 zunehmend. Während der Song *Like a Rolling Stone* (1965) von Bob Dylan den Doppelcharakter sozialer Veränderung – Reform auf der einen und zugleich Desorientierung marginaler Gruppen auf der anderen Seite – herausstellte, hatte sich innerhalb der kulturellen Gegenhegemonie längst ein Mainstream herausgebildet.

Noch deutlicher als in dem Song *The End* (1967), in dem Jim Morrison erklärt, die ganze Welt jetzt zu wollen,[9] verkündete Jefferson Airplane in *Volunteers* die Revolution. Diese plötzlich durchbrechende Euphorie fegte auch die Ängste vor einem Atomkrieg hinweg, obwohl damit noch in den frühen 1960er Jahren ein wichtiger Impuls für die im Entstehen begriffene Neue Linke verbunden gewesen war. Dylans düsterer Kommentar zur Kuba-Krise 1962 („A hard rain's a-gonna fall", 1963) musste 1968 wie ein „schlechter Traum" erscheinen, aus dem eine politisch bewusste Jugend endlich erwacht war.

---

[7] Nach einem Titel eines Songs von Bob Dylan.
[8] Marcus Greil, *Basement Blues. Bob Dylan und das alte, unheimliche Amerika*, Hamburg 1998.
[9] Textzeile: „We want the world and we want it now" aus *The End* von The Doors.

Next stop Vietnam:[10] musikalischer Protest

International erfuhr die Bevölkerung erstmals 1965, acht Jahre nach dem Beginn des Vietnamkrieges, dass nicht nur der Front National de Libération, sondern auch die vietnamesische Zivilbevölkerung von den US-amerikanischen Truppen bombardiert wurde. Diese Informationen trugen entscheidend zur Politisierung vieler Studierender in den 1960er Jahren bei. Das Wissen um die US-amerikanischen Verbrechen gegen die Menschlichkeit in Vietnam schlug sich auch in einem veränderten Bild der USA nieder. Der American Way of Life hatte Risse und Schatten bekommen, die sich auch in der Musikkultur manifestierten.

Die damals aktuelle Musik brachte die gesellschaftlichen Widerstände gegen das Vorgehen der US-amerikanischen Regierung zum Ausdruck. Der kollektive Protest gegen den Vietnamkrieg manifestierte sich u. a. auch im legendären Woodstockfestival des Jahres 1969, zu dessen Eröffnung Country Joe and the Fish sangen:

> 1-2-3, what are we fighting for?
> Don't ask me, I don't give a damn.
> The next stop's Vietnam.

Die Anti-Vietnam-Bewegung fand insofern in Country Joe and the Fish und anderen Künstlerinnen und Künstlern ihre kulturelle Entsprechung. Country Joe, der mit bürgerlichem Namen Joe McDonald hieß, sieht dabei rückblickend seine Verbindung zur Politik eher kritisch, wie er 1991 in einem Interview erklärte: „Alle Musiker dieser Epoche haben den Ruf, sehr politisch gewesen zu sein und politische Songs geschrieben zu haben. In Wirklichkeit taten das aber nur sehr wenige."[11] Die Tatsache, dass bei den wenigsten Künstlern das eigentliche Ziel ihrer Musik politischer Protest war, änderte jedoch nichts daran, dass viele Lieder dieser Zeit von den Hörern als politisch erlebt wurden. Ursächlich hierfür war in der Regel der Text. Und Joe McDonald, der im übrigen trotz seiner erklärten Distanzierung von der Politik in einem linksalternativen Milieu lebte und die Antikriegsbewegung aktiv unterstützte, trat weiterhin bis in die 1980er Jahre hinein als Country Joe and the Fish bei Demonstrationen auf.

Ein entscheidender Faktor für den Massen-Erfolg der Rockmusik dürfte gewesen sein, dass sie, ursprünglich ausschließlich eine Musik der „Halbstarken" aus dem Arbeitermilieu, ab Mitte der 1960er Jahre auch von den Jugendlichen der Mittel- und Oberschicht als „ihre" Musik anerkannt wurde. Gerade dieser schichtentransversale Zug der Rockmusik ermöglichte es ihr, zur Musik der

---

10 Zitiert nach einem Titel von Country Joe and the Fish.
11 Robin Denselow, *The Beat goes on. Popmusik und Politik – Geschichte einer Hoffnung*, Reinbek bei Hamburg 1991, S. 103.

Studenten- und Protestbewegungen zu werden,[12] die, wie der Name schon sagt, vor allem von sozial höheren Schichten getragen wurden (wohingegen die Solidarisierung mit der Arbeiterklasse zwar von den protestierenden Studenten immer wieder postuliert und angestrebt wurde, letztlich aber unerfüllt blieb).[13]

Im Rock'n'Roll der 1950er Jahre kündigte sich bereits das Aufbrechen lange tradierter Moralvorstellungen an. Mit der sexuellen Revolution kamen das Ende des „Male-Bread-Winner-Models" sowie die zunehmende Integration von Frauen in den Arbeitsmarkt hinzu. Es kam zu einer Massenbewegung, weil sich alle in der Musik wieder finden konnten. Weiße Arbeiterkinder hörten die Musik der schwarzen Unterschicht, die Mittelstandskinder identifizierten sich mit Gruppen gänzlich anderer sozialer Prägung. Diese Tendenz „nach unten", ein historisch einmaliger Prozess, vermochte eine breite gesellschaftliche Basis zu erreichen.[14]

This is the end:[15] Fazit

So unterschiedlich die politischen Zwecksetzungen der einzelnen Stränge der Studenten- und Protestbewegung in den USA auch gewesen sein mögen, so waren sie sich doch in ihrer Ablehnung der bestehenden gesellschaftlichen Verhältnisse in den kapitalistischen Ländern einig, und es ist dieser gemeinsame Aspekt, den die Rockmusik ebenfalls artikulierte. Was das Publikum trotz aller Heterogenität miteinander teilte, waren die Kampfansage an die herrschende Gesellschaftsform und der Versuch, sich mit neuartigen Methoden den bestehenden gesellschaftlichen Zwängen zu entziehen. Die Rockmusik ist insofern Bestandteil der gegen die bestehende Gesellschaft gerichteten soziopolitischen Bewegungen. Die Rockmusik der 1960er Jahre ist ein widersprüchliches Phänomen. Sie vermittelte nach dem Wunsch ihrer Protagonisten die Forderung nach Abschaffung von Kommerz und Profit und entzog sich damit selbst ihre ökonomische Basis, der sie ihre Existenz verdankt. Auf die Konsequenz aus dieser Forderung, die Propagierung ihrer eigenen Abschaffung, verzichtete sie jedoch. Dieser Widerspruch ist jedoch nicht allein der politischen Rockmusik eigen: Jedes Kunstwerk, das im Kapitalismus am Kapitalismus Kritik übt, trägt ihn in sich.

---

12 Reinhard Flender und Hermann Rauhe, *Popmusik: Geschichte, Funktion, Wirkung und Ästhetik*, Darmstadt 1989.
13 Eine Ausnahme stellen diesbezüglich Studenten- und Protestbewegungen in Frankreich dar. Vgl. Ingrid Gilcher-Holtey, *Mai 68 in Frankreich*, in: *1968 – Vom Ereignis zum Gegenstand der Geschichtswissenschaft*, hrsg. von Ingrid Gilcher-Holtey, Göttingen 1998, S. 11–34.
14 Flender/Rauhe, *Popmusik*, S. 100.
15 Zitiert nach einem Titel von The Doors.

Inszenierungen des Protestsängers
Direct Cinema, Konzertfilm und Popular Music

Ramón Reichert

„Truth is just a plain picture."
Bob Dylan, Don't look back, 1967

Don't Look Back (USA 1967)

Mit dem Image des massenwirksamen „Protestsängers" reiste Bob Dylan im Jahr 1965 für eine Tour nach England. In Absprache mit seinem Manager Albert Grossmann beauftragte Dylan den US-amerikanischen Dokumentarfilmer Don Alan Pennebaker, den prominentesten Vertreter des Direct Cinema, seine Konzerttour in England zu dokumentieren.[1]

Mit *Don't Look Back* wird das Genre der Rockumentary begründet.[2] Mit wackelnder Handkamera, entweder *on-stage* oder *off-stage*, überschneiden sich in diesem Starporträt zwei filmische Strategien: Der Bildpolitik der Authentifizierung und Naturalisierung der außerfilmischen Wirklichkeit gegenüber steht die penible Dekonstruktion des Image des „Protestsängers", „Gesellschaftskritikers" und „Pazifisten" Bob Dylan als einer Kunstfigur. In diesen visuellen Konflikt ist auch ein weiteres Spannungsmoment eingeschrieben, das zwischen der Public-Relation-Strategie der Auftraggeber und dem kreativen Potential des Autorenfilms oszilliert. Denn einerseits wurde vom Auftraggeber erwartet, das Bob-Dylan-Image mit filmischen Mitteln zu bewerben, andererseits war das Image von Bob Dylan mit einer medialen Verweigerungshaltung konnotiert. Es war also bald abzusehen, dass mit *Don't Look Back* keine simple Evidenzstrate-

---

1 Siehe John Nogowski, *Bob Dylan. A descriptive, critical discography and filmography, 1961–1993*, New York 1995, S. 113f.
2 Vgl. Bernd Kiefer und Daniel Schössler, *(E)motion Pictures. Zwischen Authentizität und Künstlichkeit. Konzertfilme von Bob Dylan bis Neil Young*, in: *Pop und Kino. Von Elvis bis Eminem*, hrsg. von Bernd Kiefer und Marcus Stiglegger, Mainz 2004, S. 50–65, hier S. 51f.

gie der *personality* verfolgt werden konnte, da diese Bob Dylans Image des Anti-Image in Frage gestellt hätte.[3]

Bevor näher auf die visuellen Strategien des Konzertfilms von Pennebaker eingegangen wird, soll zunächst der Stellenwert des Direct Cinema in der ästhetischen Repräsentation der *popular music* untersucht werden. Dabei scheint es sinnvoll zu sein, die unterschiedlichen Bezugspunkte, mit denen die Bildstrategien des Direct Cinema verknüpft sind, freizulegen.

Im Zentrum des sich Mitte der 1960er Jahre als Genre etablierenden Konzertfilms steht die Persönlichkeit des Leadsängers – hierarchisch abgegrenzt von seiner Band. Eine erste Verortung könnte also beim Zusammenhang zwischen der Personalisierung des Protagonisten und der Verwendung filmischer Mittel ansetzen. Der biografische Film, der sich zur proletarischen Tradition bekennt, prägt das Genre des Dokumentarfilms Mitte der 1960er Jahre. Im dokumentarischen Porträt wird versucht, die private Sphäre und die gesellschaftliche Öffentlichkeit aufeinander zu beziehen. Das neue Medienformat des biographischen Films wurde begleitet von einer filmästhetischen Experimentalkultur, mit welcher versucht wurde, mithilfe von spezifischen Filmtechniken auch gleichermaßen eine neue Art und Weise von filmischer Repräsentation zu erschließen. In den frühen sechziger Jahren bildete sich der neue Stil des Direct Cinema heraus, bei dem es nicht mehr um die perfekte Bildkomposition ging, sondern um eine so genannte „Direktheit der Bilder".[4]

Mit 16mm-Kameras, Zoomobjektiven, Richtmikrofonen, lichtempfindlichem Material und dem weitestgehenden Verzicht auf künstliches Licht und dem häufigen Einsatz der subjektiven Kamera sowie – einige Jahre später – der Steady Cam konnte die Illusion des möglichst unauffällig teilnehmenden Zuschauers am filmisch Dargestellten aufgebaut werden. Der zentrale Ansatz bestand also in Folgendem: Das Experimentieren mit filmischen Narrativen mit dem Ziel, außerfilmische Authentizität und subjektive Beteiligung möglichst kohärent zu stilisieren.[5]

Dabei wurde darauf geachtet, Sujets zu filmen, mit denen sich das Soziale selbst erzählt. Das Direct Cinema musste also von einer einschränkenden Ausgangslage ausgehen und selektiv vorgehen. Es sollte ja kein extradiegetischer Kommentar im Studio die Szenen nachträglich pädagogisieren. Daher wurde die Darstellung des sozialen Lebens stark eingeschränkt. Die Filmemacher des Direct Cinema konzentrierten sich auf Themen, die dramaturgisch gleichsam

---

3   Vgl. Keith Negus, *Producing Pop. Culture and conflict in the popular music industry*, London 1996, S. 89f.
4   Vgl. Mo Beyerle und Christine N. Brinckmann (Hrsg.), *Der amerikanische Dokumentarfilm der 60er Jahre. Direct Cinema und Radical Cinema*, Frankfurt/Main 1991.
5   Vgl. Monika Beyerle, *Authentisierungsstrategien im Dokumentarfilm. Das amerikanische Direct Cinema der 60er Jahre*, Trier 1997.

von selbst auf einen so genannten „natürlichen Höhepunkt" zuliefen – z. B. ein Wahlkampf, ein Fußballmatch, ein Autorennen oder gar das Vollstrecken der Todesstrafe.

Damit erhielten die Filme eine lineare Narration. Es entstand eine neue filmische Repräsentation des Sozialen, das auf Teleologie, Kausalität und einem Handlungsbogen mit finalem Abschluss zu basieren schien. Zusätzlich wurde mit dem selbstreflexiven Verzicht von Kamerapräsenz und Kommentar im Voice Over auch das filmische Bild naturalisiert – damit wurde die voyeuristische Position des Zuschauers gestärkt. Dieser Voyeurismus wurde darüber hinaus zu einer politischen Größe ausgebaut: Die Wahlberichterstattungen im Stile des Direct Cinema operierten erstmals mit der Partizipation des Zuschauers.[6] Wie gekonnt der spätere amerikanische Präsident John F. Kennedy die Medien und insbesondere den Film für seine Kampagne nutzte, beweist der von Richard Leacock gedrehte Film *Primary* (USA 1960). Die Kamera führte damals u. a. Pennebaker. Der Film porträtierte den Vorwahlkampf zwischen Senator Hubert Humphrey und Kennedy und war ein früher Versuch, den Stil des Direct Cinema zu realisieren. *Primary* bedient sich geschickt der voyeuristischen Schaulust im Kino. Subjektive Kamera und Steady Cam charakterisieren den filmischen Stil. Imagetechnisch gesehen, soll diese Art, Kino zu machen, die Politik demokratischer Partizipation zum ästhetischen Erlebnis transformieren.

In seiner Studie zum Wirklichkeitsbegriff im Direct Cinema, in dem Frank Unger die filmischen Techniken der Evidenzsicherung untersucht, stellt er fest, dass „intendiert war, die Bilder weitgehend mit dem Originalton zu unterlegen, statt den Zusammenhang durch einen allwissenden, belehrenden Kommentar herzustellen".[7] Es entstand, so Unger, ein neuer Dokumentarismus der politischen Kultur in Amerika, mit dem versucht wurde, „die Präsenz der Kamera weitmöglichst zurückzunehmen".[8] Das Direct Cinema sympathisiert zwar mit dem Produktionsmodus der Hidden Camera.[9] Die versteckte Kamera ist jedoch beim Fernsehdokumentarfilm aus technischen wie rechtlichen Gründen kaum möglich. Es galt also, die zweitbeste Lösung anzuwenden, nämlich die ständig anwesende Kamera, an die sich die gefilmten Personen schließlich so sehr gewöhnen, dass ihr Blick nicht mehr als störend empfunden wird. Diese Produktionsweise ist jedoch nur möglich auf der Grundlage technischer Modifikationen: Das ist eine handliche, tragbare Filmausrüstung, um Ereignisse direkt und

---

6 Vgl. Christof Decker, *Die ambivalente Macht des Films. Explorationen des Privaten im amerikanischen Dokumentarfilm*, Trier 1995.
7 Frank Unger, *Die Anfänge des Direct Cinema*, in: *Der Amerikanische Dokumentarfilm der 60er Jahre*, S. 91–112, hier S. 97.
8 Ebd.
9 Das Prinzip der versteckten Kamera wurde mit der Fernsehshow Allen Funts *Candid Camera* (seit 1952) popularisiert und zeigte die unverstellten Reaktionen von Menschen auf künstlich herbeigeführte Situationen.

unmittelbar am Ort des Geschehens aufzunehmen; ein Minimum an Schnitten innerhalb einer Szene, um den Fluss der Handlung nicht zu verfälschen; der Verzicht auf ein Drehbuch und eine zurückhaltende Regie, die den Anspruch verfolgt, die Dinge so abzubilden, „wie sie sind".

Dahinter steht die filmästhetische Überzeugung, dass das Auge der Kamera die Wahrheit der außerfilmischen Wirklichkeit unvergleichlich wahrer und unverfälschter, d. h. objektiver als das menschliche Auge, wahrnehmen könne, wie es bereits Dziga Vertov in seinen Manifesten der 1920er Jahre formulierte.[10] Und daran schließt sich eine weitere filmästhetische Überzeugung an, dass nämlich die Aufzeichnung von Ereignissen zu einem privilegierenden Moment führe, der die Wahrheit über das gefilmte Objekt offenbare. Dennoch gab es auch innerhalb des Genres unterschiedliche Auffassungen, die sich in der doppelten Bezeichnung widerspiegeln: Während sich der Direct Cinema-Regisseur als unsichtbarer Beobachter, als „Fliege an der Wand"[11] (Richard Leacock) versteht, sieht sich der Cinema-Vérité-Regisseur als aktiver Teilnehmer und hofft, durch die Anwesenheit der Kamera die Ereignisse zusätzlich voranzutreiben.

1965 entsteht also der erste Konzertfilm von Bob Dylan, der popkulturellen Ikone des Protestsängers: *Don't Look Back*. Im Unterschied zum klassischen Dokumentarfilm, in dem viel mit narrativen Elementen wie nachträglich eingespielten Kommentaren, gestellten Szenen oder suggestiver Kameraführung und Schnitt-Technik gearbeitet wird, besteht *Don't Look Back* ausschließlich aus originalen Bild- und Tonaufnahmen und enthält sich jeglicher filmtechnischer oder erzählerischer Kommentierung; gedreht wird mit Handkameras in grobkörnigem Schwarz-Weiß.

Die ersten Bilder dieses Films zeigen jedoch als Film im Film nicht die vertraute Ikone des Folksongs und der Protestbewegung, sondern einen Dylan, der seinen Song „Subterranean Homesick Blues" nicht singt, sondern Blätter mit Schlagworten aus dem Text vollkommen unbeteiligt, aber fast synchron in die Kamera hält und achtlos fallen lässt. Am Bildrand unterhält sich der Dichter Allen Ginsberg mit einem für die Kamera Unsichtbaren, und dann gehen alle einfach ab.[12]

Diese Eröffnung, in ihrer Surrealität eine Vorwegnahme der späteren Musik-Clips, ist eine Antizipation dessen, was sich im Film dann offenbart: Dylan will nicht mehr Dylan sein; nicht mehr das Sprachrohr einer Generation. Zwar gibt es im Film noch eine Rückblende, in der sich der Sänger auf einem Feld vor

---

10 Dziga Vertov, *Tagebücher/Arbeitshefte*, hrsg. von Thomas Tode und Alexandra Gramatke, Konstanz 2000.
11 Zit. nach Stephen Mamber, *Cinema verité in America. Studies in uncontrolled documentary*, Cambridge/Massachusetts u. a. 1974, S. 67ff.
12 Vgl. zum Cross-Over von Musik und Film: Susanne Koheil, *Bob Dylans Hollywood. Einflüsse des Kinos auf seine Songs und seine Filme*, Marburg 1995.

schwarzen Landarbeitern als Protestsänger filmen ließ, doch jetzt, 1965, distanziert sich Dylan im Gespräch mit Fans und Journalisten nonchalant und oft auch arrogant von dem ihm zugewiesenen Image, das ihn ja erst zum Star werden ließ.

Auf die Frage eines englischen Journalisten, was seine „real message" sei, entgegnet ihm Dylan mit einer ironischen Empfehlung: „Keep a good head and always carry a light bulb." Man solle also einen kühlen Kopf bewahren und stets eine Glühbirne mit sich tragen. Damit entzieht sich Dylan einerseits dem *sense making* des „Protestsänger"-Image, andererseits kontert er mit einem Wortspiel mit der Bildmetapher des Geistesblitzes. Dieses Spiel zwischen massenmedialem Image-Design und subversiver Taktik strukturiert insgesamt die „Kontaktzone"[13] zwischen Journalisten und Pop-Star. Eine weitere Journalisten-Frage lautet: „Do you have any philosophy for the world?" Darauf Dylan: „I don't drink hard liquor, if that's what you mean." Oder: „Are you protesting against certain things that you are angry about?" Antwort Dylan: „I'm not angry. I'm delightful." In der Kontaktzone mit den Massenmedien und ihren bild- und tonaufzeichnenden Apparaturen wird folglich ein medial-basierter Rahmen des „Protestsängers" generiert, in dem sich dieser nur noch taktisch und subversiv verhalten – oder anders: dem er sich nur enthalten kann, indem er die Codes verschiebt, entstellt und dekodiert, dabei aber stets selbst dezentriert und depersonalisiert bleibt und damit die Prozeduren der Wahrheitsfindung unterläuft.

Ansonsten ist das Publikum der Konzerte unsichtbar. Als wolle die Kamera ihrerseits nun herausfinden, wer Bob Dylan denn nun ist, bleibt sie nicht beobachtend, sondern sie sucht fast voyeuristisch die physische Nähe, scheint fordernd, forschend das inszeniert Enigmatische Dylans ergründen zu wollen. Pennebaker zeigt Dylan vor allem *on the road*, im Hotelzimmer, etwa beim Schreiben eines neuen Songs mit Joan Baez, oder im Auto beim ironischen Kommentieren der Konzertkritiken, wo er jede politische Situierung lächerlich macht. Gleichermaßen zeigt Pennebaker die Kommerzialisierung jugendkultureller Subversion auf, indem er Dylans Manager Albert Grossmann und dessen abgeklärte Verhandlungsmethoden porträtiert. Seine Auftritte werden fast beiläufig in statischen Einstellungen verzeichnet, und die Songs, die Dylan solo darbietet, sind zudem durch Montage gerafft oder werden sogar abgebrochen.
In der Musik sucht Pennebaker offenbar nicht mehr nach der „Wahrheit" Dylans. Bemerkenswert hingegen ist, wie viel Zeit er den Verhandlungen des Ma-

---

13 Der theoretische Ansatz von Marie Louise Pratt und ihr Begriff der „Kontaktzone" beschreibt die räumliche und zeitliche Kopräsenz von Menschen, deren Zielsetzungen sich überschneiden. Der Begriff von den Kontaktzonen fokussiert die Frage, wie Menschen ihre Beziehungen im Sinn von Kopräsenz, Interaktion, sich überschneidenden Auffassungen und Praktiken gestalten. Vgl. Mary Louis Pratt, *Imperial Eyes: Travel Writing and Transculturation*, London und New York 1992.

nagers Grossmann widmet, der mit einem *stone face* die Gagen immer höher treibt. Dylan ist 1965 auch *big showbiz*. Seinen dramaturgischen Höhepunkt hat der Film, wenn Dylan einem Korrespondenten des *Time Magazin* vorhält, dass man nicht in Worten die Wahrheit ausdrücken könne. Die Wahrheit, so Bob Dylan, sei „just a plain picture". Damit gibt Dylan nicht mehr nur einen generellen ironischen Kommentar, sondern stellt auch die Methode der Unmittelbarkeit Pennebakers in Frage, von dem er sich gerade ins Bild setzen lässt, dem er allerdings nur Images, Stereotypen und selbstreflexive Attitüden anbietet. Dylan spielt also nicht mit seiner Persönlichkeit und ihrer tieferen Bedeutung, sondern demonstriert, wie man sich generell den identitätsstiftenden Prozeduren medialer Vereinnahmung entziehen kann.

Zusammenfassend kann konstatiert werden, dass in *Don't Look Back* das Image vom „Protestsänger" auf vielfältige Weise dekonstruiert wird. So werden die populärkulturellen Topoi vom „Protestsänger", vom „Missionar" und vom „Poeten der Gegenkultur" einer reflexiven Travestie unterzogen – vor allem getragen durch die Hauptfigur Bob Dylan selbst. Sein Auftritt vor schwarzen Landarbeitern als Protestsänger ist Pose und Rollenspiel, Dylan bringt hier eine avancierte Form des Protests ein, nämlich die Skepsis gegenüber der massenmedialen und filmischen Aufzeichnung, gegenüber der medialen Objektivierung und dem Versuch, Protest zu personalisieren. Schließlich beschränkte sich *Don't Look Back* darauf, eine Art Meta-Image des Protestsängers zu produzieren; sozusagen aus Image-Gründen zielte Dylan darauf ab, die Identifizierung eines bestimmten Image auszuhöhlen. Stets dem Gestus der Selbststilisierung verhaftet, inszeniert Dylan Posen der Verweigerung: direkte Blicke in die Kamera, das ostentative Sich-Abwenden, das Spiel mit der Ereignislosigkeit durch lange Gesprächspausen und Nonsense-Reime u. a.; andererseits bleiben seine aggressiven Monologe gegen das Establishment auch selbstreferentiell.

Der US-amerikanische Experimentalfilmer Jonas Mekas sieht die musikalische Performance Bob Dylans vier Jahre vor der Produktion des Films, 1964, in der Tradition des Free American Cinema. Als Künstler arbeite Dylan daran, „seine Unsicherheit und Unzufriedenheit offener und direkter zu äußern. Er sucht eine freie Form, die ihm eine größere Skala emotionaler und intellektueller Darstellungen erlaubt: um die Erschütterungen des menschlichen Unbewussten voll auszudrücken."[14] Diese Verfahrensweise der ästhetischen Selbststilisierung, die konsequent die Inszenierung einer Kunstfigur forciert, prägt gleichermaßen auch das Verhältnis zwischen Dylan und dem Kamerablick. Somit bleiben die Unterschiede zwischen exhibitionistischer Stilisierung und voyeuristischem Einblick vage und unbestimmt. An vielen Stellen sieht man, wie Dylan die Rhetorik der

---

14 Jonas Mekas, *Zum neuen amerikanischen Film*, in: *Der Film*, hrsg. von Theodor Kotulla, München 1964, S. 328–338, hier S. 332.

Kamera nicht unterstützen will. Die dokumentarischen Authentifizierungsstrategien des Direct Cinema werden auf diese Weise subversiv unterhöhlt – ohne aber, dass sich Dylan positioniert und damit preisgibt.

Don't Look Back ist der erste Musikfilm, der durchgehend im Stil des Direct Cinema gestaltet ist – in ihm finden wir zahlreiche filmische Elemente versammelt, welche die Politik der Repräsentation des Protestsängers als prekär, widersprüchlich, kommerzialisiert und stereotyp offen legen – eine Tendenz, die im weiteren Verlauf, nämlich mit der Kommerzialisierung des Direct Cinema und des filmischen Stils des Direct Cinema verloren gehen wird. Kamerastil und visuelle Politik von Don't Look Back sind geprägt von unruhigen Kamerabewegungen, Reißschwenks, überraschenden Zooms, fragmentarischen *close ups*, Unschärfe, vager Tiefenschärfe, single-shot-Sequenzen (ohne Schnitt bzw. Montage), ungeschnittenen Live-Sequenzen, schlechten Lichtverhältnissen, vor allem von *jump cuts* (bezeichnet einen Filmschnitt, der die klassischen Regeln des kontinuierlichen Erzählens bricht), Missachtung der räumlichen Anschlüsse und einer generellen raumzeitlichen Desorientierung. Dabei wird meist ohne *establishing shots* gearbeitet und auf narrative Anschlüsse verzichtet.

Wie die weitere Implementierung des Direct Cinema für den Konzertfilm zeigt, kann es nicht auf die Umsetzung eines puristischen Konzepts, das einer einheitlichen und konzisen Ästhetik folgt, reduziert werden. In den diversen Anwendungen unterliegt die „Methode" des Direct Cinema selbst unterschiedlichen Produktionsverhältnissen und -bedingungen und adaptiert bestimmte Gegebenheiten. Ein exemplarisches Sondieren der Konzertfilme um 1968 soll populärkulturelle Modifikationen erkennbar machen, die in der Folge am Image der Repräsentationsfigur „Protestsänger" vorgenommen werden.

Monterey pop (1968), *Woodstock* (1970), *Gimme Shelter* (1970)

1967 dokumentierten Pennebaker, Leacock und Maysles – die Hauptprotagonisten des amerikanischen Direct Cinema – das erste große Pop-Festival in Monterey, den sogenannten *summer of love* in dem Film *Monterey Pop*. Das Dilemma der Konzertfilme um 1968 bestand vor allem darin, eine Balance zu finden zwischen dem Rhythmus eines Songs oder einer ganzen Performance und der Dynamik ihrer filmischen Darstellung. Dieses Dilemma manifestiert sich auch in *Monterey Pop*. In seiner Kritik an dem Film moniert der Filmemacher Wim Wenders im August 1970, dass „ständig Bilder von Zuschauern eingeschnitten" sind, Bilder der „Flower-Power-Bewegung" und einer „Idylle, die man auf den Tod nicht ausstehen kann".[15] Unabhängig davon, dass Wenders

---

15 Wim Wenders, *Emotion Pictures. Essays und Filmkritiken 1968-1984*, Frankfurt/Main 1989.

offenbar die Hippies nicht mochte und dass sein Text zu einem Zeitpunkt erschien, als die Idylle von Flower-Power bereits zerstört war, ist hier nun entscheidend, dass vermittels Kameraeinstellung und Montage – quasi durch formale Analogie oder Kongruenz – ein enger Zusammenhang zwischen dem Sänger, der Band und dem Publikum des Konzerts hergestellt wird.

Im August 1969 fand in der Nähe des Ortes Woodstock, einer Künstler-Kolonie im Staat New York, in der damals auch Bob Dylan lebte, die *Woodstock Music & Art Fair* statt. Drei Tage spielten Jimi Hendrix, Janis Joplin, Joan Baez, Jefferson Airplane, The Who, Santana, Ten Years After, Crosby, Stills, Nash & Young und viele andere Superstars des Rock und Folk vor einem Publikum von 300.000 Menschen. Zwei Jahre nach dem *summer of love* in San Francisco wollte nun auch die amerikanische Ostküste beweisen, dass mehrtägig andauernde Konzerte einen nachhaltigen Einfluss auf lebensformative Konzepte haben. Die Hippiekultur kam zum größten Ereignis der Popgeschichte zusammen. Der Regisseur Michael Wadleigh historisierte den *event* in seinem aufwendig gestalteten Konzertfilm *Woodstock* (USA 1970). Erst der Film – und die folgenden fünf LPs – machten das Woodstock-Festival zum letzten großen Kollektivmythos des Pop[16] – und Warner Brothers, die den Film übernahmen, reich.

Ästhetisch verstärkt wurde das Konzertereignis durch die Montage und Bildkomposition der Live-Performances. Wadleighs Kamerateams und die Cutter (einer von ihnen war Martin Scorsese) suchten bei den Auftritten eine multiperspektivische Annäherung an die Musik(er) durch das Splitscreen-Verfahren, d. h. die Aufteilung der Leinwand in bis zu drei Bildfelder. Manchmal erscheint ein Musiker aus unterschiedlichen Blickwinkeln, manchmal mehrere Musiker in der Interaktion. Beispielhaft dafür ist die Gestaltung des Auftritts von Santana mit dem Song *Soul Sacrifice*. Das ekstatische Instrumentalstück, von der Percussion und der Gitarre Carlos Santanas im Wechsel vorangetrieben, wird von Wadleigh interpretiert, variiert und bis zu einer rituellen Klimax getrieben. In den Bildfeldern sieht man die Gesichter von Santana und seinem Schlagzeuger alternieren: beide energetisch geladen, als würden sie gleich zerbersten, ihre Seele opfern, indem sie sie sich buchstäblich aus dem Leib spielen – ein Opfer vor und für 300.000 Menschen.

Schließlich werden Bilder des Publikums mit denen der Musiker im Ton synchron parallel montiert. Die Zuhörer, die Wadleigh zeigt, scheinen sich tatsächlich durch den Song (und wohl auch durch Drogen) in einer Art Ekstase zu befinden. Die Montage folgt dem sich immer noch steigernden Rhythmus des Stücks. Bilder sind nur sekundenlang sichtbar, bis ein halbnackter Mann, in völliger Trance tanzend, mit ausgebreiteten Armen in die Christus-Position am Kreuz gerät. In beiden Bildfeldern rechts und links rahmt er dann die Musiker

---

16 Vgl. Elliot Landy, *Woodstock Vision. The Spirit of a Generation*, New York 1964, S. 14f.

im Zentrum der Leinwand ein und schafft so eine Art Tryptichon, ein Altar-Bild vollkommener Kommunikation, ja Kommunion von Körper und Klang: eine Ikone nicht allein für Woodstock, sondern auch für die Popkultur Ende der 1960er Jahre.

Mit einem neuen Schuss-Gegenschuss-Verfahren unterstellt die Rockumentary seit *Monterey Pop* eine direkte Kommunikation zwischen dem Sänger und Leader auf der einen und seinem Publikum, d. h. seinen Fans auf der anderen Seite. Dabei werden Schuss und Gegenschuss kausal geschnitten: So folgt etwa auf ein virtuoses Solo das Bild begeisterter Fans. Damit suggeriert die Schnittfolge eine unmittelbare Mobilisierung des Massenpublikums durch die Musik – es wurden aber häufig Aufnahmen des Publikums montiert, die aus anderen Zusammenhängen stammen (anderes Lied, Pause etc.).

Dieser Bildlogik liegt eine tiefere Semantik zwischen Aktivität und Passivität zugrunde, wird sie politisch kodiert, dann läuft sie auf eine strikte Asymmetrie zwischen dem Star und seinen ihn liebenden Fans hinaus.

Zumindest der *Woodstock*-Film kennt aber auch das Gegenbild, die Gegen-Ikone. Wenn Jimi Hendrix, von den Kameras beim Spiel bis auf die schmutzigen Fingernägel genau beobachtet, seine kakophonische Interpretation der amerikanischen Nationalhymne spielt, in der er akustisch – und den Text der Hymne umsetzend – Bomben explodieren lässt, wird auf der Leinwand die Verbindung zwischen der friedvoll-ekstatischen Atmosphäre des Konzerts und der eskalierenden Gewalt in Vietnam und in den amerikanischen Großstädten hergestellt. Demnach stellt der Film *Woodstock* in der beschriebenen Montage nachträglich einen politischen Zusammenhang her und stilisiert Jimi Hendrix zum politischen Sprachrohr seiner Generation.

In *Woodstock* finden wir zahlreiche Elemente, welche die Struktur der so genannten I-and-You-Dyade, das ist die persönliche Adressierung des Stars an sein Publikum, vertiefen und ästhetisch umsetzen. Filmisch wird dies mit *close-up, over-the-shoulder-shot* und Zoom umgesetzt. Dabei teilt der Zuschauer den Blick des Stars, blickt ihm also über die Schulter. Damit fließt in die Konzertfilme eine dichotomische soziale Hierarchisierung ein. Gleichzeitig unterstellt *Woodstock* aber auch eine soziale Dichotomie, auf der einen Seite die *peace* verkörpernde *community*, auf der anderen Seite die ausübende Regierung. Das in halbnahen Einstellungen aufgenommene Konzertpublikum repräsentiert dabei Charaktere individuellen Life Styles, der mit Bildern einer anonymen und depersonalisierten Gesellschaft montiert wird. Dies alles folgt dem Gegensatzpaar von Individuum/Gemeinschaft und depersonalisierter Gesellschaft – also einer tradierten Schablone eines manichäischen Weltbildes des Sozialen.

Vier Monate nach dem Woodstock-Festival, im Dezember 1969, wollten die Rolling Stones ihre immens erfolgreiche USA-Tour mit einem *free concert* beschließen. Wie Dylan kurz zuvor, engagierten auch sie mit den Brüdern David und Albert Maysles und Charlotte Zwerin Vertreter des Direct Cinema. Sie filmten das Konzert auf der Speedway-Rennbahn von Altamont in Kalifornien am 6. Dezember 1969. Die Dokumentation wird später *Gimme Shelter* (USA 1970) benannt werden – nach dem gleichnamigen Song der Stones. Wenn das Direct Cinema als „uncontrolled cinema"[17] immer auch das Unerwartete, das Zufällige einfangen wollte, dann wurde dies die schreckliche Wahrheit von *Gimme Shelter*.

Die Band spielt „Sympathy for the Devil". In dem Song stellt sich Jagger, der in *Performance* (GB 1970) einen dekadenten Pop-Star mimt, als namenloser dandyhafter Wanderer durch die Zeiten vor, als „Man of wealth and taste", der sich zynisch für alles Böse in der Geschichte verantwortlich erklärt, für die Kreuzigung Christi, die Ermordung des Zaren und den Tod der beiden Kennedys: „Hope you guess my name" – so lautet eine von Mick Jagger gesungene Textzeile. Während des Songs kommt es im Publikum und direkt vor der Bühne zu Schlägereien. Die Stones fahren nach Unterbrechungen im Programm fort und beginnen, *Under My Thumb* zu spielen. Die Kamera ist jetzt die ganze Zeit auf der Bühne bei Jagger und schwenkt hektisch ins Publikum, als erneut Prügeleien beginnen. Unmittelbar vor Jagger, der nicht mehr nur irritiert, sondern auch ängstlich wirkt, da Rufe laut werden, jemand habe einen Revolver, wird im Gewimmel in diesem Augenblick ein Afroamerikaner von einem Hell's Angel erstochen. Von den Bildern, die die Tat zunächst nur erahnen lassen, springt der Film vom Konzert in die Situation am Schneidetisch, wo sich Jagger die Szene – immer wieder, in Zeitlupe, im Vorlauf, im Rücklauf – vorführen lässt.

Für die Montage dieser Sequenz stand vermutlich Michelangelo Antonionis Film *Blow up* (GB/I 1966) Pate, eine Geschichte über die moralische Indifferenz eines Fotografen im „Swinging London" der 1960er Jahre, der glaubt, einen Mord fotografiert zu haben, und im manischen Vergrößern des Fotos nach den Spuren sucht. *Gimme Shelter*, der Film über ein Konzert der Stones, ist tatsächlich zum Beweismittel in einem Mordfall geworden. Hier wird deutlich, dass das Direct Cinema als filmisches Sprachspiel unterschiedlichen Strategien der visuellen Kultur unterworfen bleibt und nicht einen autonomen Stil protestkultureller Ästhetik ausbilden kann. Im letzteren Beispiel diente also das filmische Dokument zur polizeilichen Ermittlung von Tätersubjekten, die erkannt, identifiziert und verhaftet wurden.

In der Ästhetik der Repräsentation einer Performance und in der Ästhetik der Repräsentation des Publikums lassen sich von Pennebakers *Don't Look Back* (USA 1967) bis zu Wadleighs *Woodstock* (USA 1970) nicht nur die Entwicklungen des Konzertfilms ablesen, sondern die Entwicklungen der Popkultur dieser Zeit.

---

17 Mamber, *Cinema verité in America*, S. 13.

Zusammenfassung und Ausblick

In der Analyse des dokumentarischen Konzertfilms (auch: Rockumentary) wurde herauszufinden versucht, wie Protest in einem populärkulturellen Medienformat definiert wurde. Dabei wurde nach den filmästhetischen Verfahren, mit denen ein bestimmtes Image des Protestsängers in der Zeit um 1968 in Szene gesetzt wurde, gefragt.

Vor diesem Hintergrund der historisch nachvollziehbaren Funktions- und Bedeutungszuschreibungen der medialen Konstruktionen vom männlichen Sänger und seinem Rollenrepertoire des politischen Protestes ging es auch darum, mögliche Perspektiven der Entgrenzung des Politikbegriffs – gerade in Bezug auf „1968" – aufzuzeigen. Berücksichtigt man den Begriff „Protest" und „Protestsänger" in seinem Bezug zum historischen semantischen Feld, dann zeigt sich ein vielschichtiger Sprachgebrauch, der spezifische Liedgattungen überschreitet: vor diesem Hintergrund macht es Sinn, die medialen Inszenierungen der Protestsänger-Images in einem lebensformativen Kontext zu verstehen, d. h. also nicht in einem engen Sinn wie etwa „das politische Engagement der Bürgerrechtsbewegung" oder der „politische Folksong". Die Berücksichtigung lebensformativer Aspekte begreift, über historisch definierte Genregrenzen hinausgehend die Formen des sozialen und politischen Protestes, als ästhetischen Stil spezifischer Medienkulturen. Damit rückt etwa der Stellenwert filmischer Repräsentation für das Image-Design gegenkulturellen Protestes in das Zentrum der Analyse.

Gegenüber dem historischen Projekt, soziale Äußerungen einem bestimmten Label zu subsumieren und damit zu vereinheitlichen und einer sozialen und politischen Identität unterzuordnen, wurden die Ideen von Protest und Protestsänger dementsprechend in der popkulturellen Praxis um 1968 vage und unklar gebraucht; gerade dieser „unreine" Gebrauch traf den Kern ihrer bildmedialen Repräsentation. Die vergleichenden Beobachtungen, die ich knapp skizzierte, versammeln heterogene Beispiele von Musikern und ihren Fans, ihren Songs und ihrer Selbstdarstellung. Demzufolge scheint es nicht unbedingt zielführend zu sein, das Image des Protestes in der populären Kultur einer kategorialen Ordnung zuzuführen, welche Gegensatzpaare wie etwa jenes von Authentizität und Simulation reproduziert. So wurde mit spezifischen filmischen Verfahren das semantische Feld des Protestes gleichermaßen dekonstruiert und narrativ verdichtet – etwa, indem Verfahren aus dem Erzählkino verfremdet oder kopiert wurden; schließlich ist die Implementierung des Direct Cinema im Konzertfilm ab 1967 ein aussagekräftiges Beispiel dafür, dass filmische Stile zur Kennzeichnung gegenkultureller Narrative temporär sind – spätestens seit dem Film *Woodstock* (1970) wird das Direct Cinema bis heute zur kommerziellen Suggestion von Reality-Shows eingesetzt. Insofern kann von einer protestkulturellen Genredefinition und der Klärung distinktiver Merkmale oder charakteristischer Eigenschaften abgesehen werden.

Emanzipation *im* Jazz – Emanzipation *vom* Jazz.
Ist der Free Jazz eine kulturelle Revolution oder eine Emanzipation?

Nina Polaschegg

Einleitung: Der Free Jazz als Musik der Kulturrevolution?

Free Jazz – Musik der Freiheit, der rebellischen Befreiung aus Traditionen, Musik des Kaputtspielens, Ästhetik des Lärms, des enthemmten Aufschreis gegen alles Bloß-Schöne, der Negation des Bestehenden – in solchen Klischees lebt der Free Jazz im Allgemeinbewusstsein fort. Er war nicht ohne Vorläufer, trat jedoch als eigenständige Richtung seit 1960 in den USA hervor, gerade als das Civil Rights Movement, die Emanzipationsbewegung der Afroamerikaner, sich formierte. Dass einige der Protagonisten des Free Jazz – fast alle beteiligten Musiker in den USA waren afroamerikanischer Abstammung – starke und stärkste, mitunter militante Sympathien für die sich im Laufe der Sechziger Jahre radikalisierende Bürgerrechtsbewegung hegten, trug dem Free Jazz rasch den Ruf ein, nicht nur eine innermusikalische Totalrebellion zu sein, sondern ein „Ausdruck" der politischen Rebellionsbewegung; eine Art klingende Umsetzung des Kampfes auf der Straße und in den Ghettos. Eine „Musik der Gewehre, Kugeln und Flugzeuge, die Musik gegen die amerikanische Gesellschaft" hat der Publizist LeRoi Jones den Free Jazz auf dem Höhepunkt der afroamerikanischen Revolte genannt.[1] Dass in Europa der Free Jazz erst in der zweiten Hälfte der sechziger Jahre, zeitgleich mit den studentischen Protesten auf der Straße, öffentlich wirksam in Erscheinung trat, schien diesen Zusammenhang zwischen den revolutionären Umtrieben auf der Straße und im Jazz zu bestätigen. Dieser Ruf ist ihm erhalten geblieben. Noch in einem 1998 erschienen Buch wiederholt Wolfgang Sterneck den Gemeinplatz uneingeschränkt: „Der Wandel des gesellschaftlichen Klimas

---

[1] Vgl. LeRoi Jones und Amiri Baraka, *Reader by Amiri Baraka*, hrsg. von William J. Harris, New York 1993, S. 179–209.

und die Veränderung des Bewusstseins schlug sich *zwangsläufig* auch in der Musik nieder und fand um 1960 im Free Jazz eine Entsprechung."²

Im einleitenden Text des Buches von John Litweiler liest man: „Das Bedürfnis nach neuen Horizonten – und insbesondere nach ‚Freiheit' – war die Triebkraft der jungen Generation der 60er und 70er Jahre, sowohl im gesellschaftlichen Bereich, wie auch in der Kunst."³ Solche Sätze gehören zum festen Bestandteil so mancher Jazzgeschichtsschreibung. Sie erklären jedoch nichts, eher stellen sie eine Vermeidung einer Erklärung des Verhältnisses von Politik, Rebellion, Utopie und musikalischem Konzept dar: Dass zwei Dinge gleichzeitig auftreten, besagt nichts über eine etwaige inhaltliche oder habituelle Abhängigkeit voneinander. Der emphatische Hinweis auf die Idee der „Freiheit", die offenbar für die Studenten- und Protestbewegungen wie für den Free Jazz gleichermaßen eine wichtige Rolle spielt, ist dabei ebenfalls zunächst wenig hilfreich: Es ist evident, dass der Free Jazz eine Befreiung von bestimmten, verkrusteten Zuständen des *Jazzbetriebes* um 1960 sein wollte, also eine entschiedene *innermusikalische* Innovation versuchte. Dieses Innovations- und Befreiungsbestreben unterscheidet den Free Jazz jedoch nicht von unzähligen anderen künstlerischen Strömungen, seien sie nun klassizistisch oder futuristisch, politisch oder apolitisch.

Ziel dieses Beitrages ist es zu zeigen, dass die Verwandtschaften zwischen verschiedenen Ausprägungen des Free Jazz und den afroamerikanischen Bürgerrechtsbewegungen in den USA einerseits und der Achtundsechziger-Bewegung in Europa andererseits keine politischen sind, sondern sich eher auf einer soziokulturellen Ebene bewegen. Zunächst folgt eine Einführung in den Free Jazz. Gefolgt wird dies von einer Bestimmung des Emanzipationsbegriffs. Dieser eignet sich sowohl für die Beschreibung der Entwicklungen innerhalb des Jazz, also für die Entstehung des Free Jazz in den USA und dessen Fortschreiben in Europa, als auch zur Charakterisierung der sozialen Bewegungen in den 1960er Jahren. Einige knappe Vorwegnahmen zur musikalischen Emanzipation seien daher schon in diesem Kapitel gestattet. Sie dienen der Vollständigkeit, um im Anschluss mit dem Emanzipationsbegriff operieren zu können und an exemplarischen Beispielen aus den USA und Europa die hier vertretene These genauer zu beleuchten. Der Free Jazz wandte sich in seinen amerikanischen Ursprüngen gegen eine musikkulturelle Gruppierung, die man das „Establishment" des amerikanischen Jazz um 1960 nennen kann. Der Free Jazz wollte den Hardbop, die expressive Avantgarde der vorhergehenden Generation ablösen, die einst auf empfindliche Zeitgenossen kaum weniger rebellisch

---

2 Wolfgang Sterneck, *Der Kampf um die Träume – Musik und Gesellschaft*, Hanau 1998, zitiert nach www.sterneck.net/musik/free-jazz/index.php.
3 John Litweiler, *Das Prinzip der Freiheit. Jazz nach 1958* (aus dem Amerikanischen übersetzt von Peter Niklas Wilson), Schaftlach 1988.

gewirkt hatte. Der Free Jazz wollte dabei den Be- oder Hardbop jedoch nicht für überflüssig erklären; er wollte zuallererst den Bop als aktuellste Strömung des Jazz ablösen, weil dieser – so die Auffassung der Protagonisten des Free Jazz – seiner rebellischen Aura längst verlustig gegangen sei und sich vom Betrieb habe zähmen lassen.[4]

Das Absetzungsbestreben des Free Jazz galt einer festgefahrenen institutionellen Organisation des Jazz um 1960 wie den darin etablierten Spielformen gleichermaßen. Ob die institutionelle – sprich: kommerzielle – Organisation des Jazzlebens dabei für den Free Jazz mehr als die Rolle eines Geburtshelfers wider Willen gespielt hat, ist dagegen eine verwickelte Frage: Die Abkehr von den harmonischen und rhythmischen Patterns, die für den Jazz bis dahin prinzipiell kennzeichnend waren, das Bedürfnis nach einem Verlassen der strikt melodischen Zentrierung der Musik auf den Wechsel von Chorus und Solo sowie das synkopische Grundempfinden innerhalb gleichartiger, streng taktweise gegliederter Grundanlagen („Beat", Groove) tritt zwar im Free Jazz seit 1960 erstmals programmatisch zu Tage – diese Abkehr hatte sich jedoch in vielen Vorläuferexperimenten bereits vor 1960 angedeutet, etwa bei Lennie Tristano 1949 in den USA[5] oder Joe Harriot Ende der 1950er Jahre in England.[6] Die Experimente Tristanos und Harriots, die sich in kleinen Schritten und von verschiedenen Seiten her dem „freien" Spiel näherten, sind schon aus kalendarischen Gründen nicht als „Ausdruck" oder gar notwendige Folge politischer Emanzipationsbewegungen deutbar. Zudem sind natürlich die Klänge des Free Jazz ebenso wenig oder ebenso sehr semantisch bestimmbar wie alle andere Musik: Dies zeigt sich etwa bei Albert Ayler. Im Laufe der 1960er Jahre verließ er mit am radikalsten die Grooves, Patterns und Skalen des traditionellen Jazz und tat das seinem Selbstverständnis nach in erster Linie um einer spirituellen Friedensbotschaft an die Menschen willen.[7]

Ayler steht mit dieser, nicht im engeren Sinn politisch zu nennenden, atheoretischen und rein appellativen Aufladung der Musik mit außermusikalischen Ideen bei allen individuellen Unterschieden für die überwiegende Mehrheit der Free Jazzer. Insgesamt ist der Free Jazz nicht der „Soundtrack zur Achtundsechziger-Bewegung" und noch weniger eine funktionale Musik, um politische

---

4 Vgl. Arrigo Polillo, *Jazz. Geschichte und Persönlichkeiten*, München und Berlin 1981, S. 223f. Kommerziell erfolgreich waren Anfang der sechziger Jahre zudem der Jazz-Samba bzw. die Mixturen von Jazz und Bossa Nova.
5 Vgl. Joachim-Ernst Berendt, *Das Jazzbuch*, überarbeitet und fortgeführt von Günther Huesmann, Frankfurt/Main ^{8}1999, S. 44; Peter Niklas Wilson, *Lennie Tristano*, in: *Jazz-Klassiker*, Bd. 1, hrsg. von Peter Niklas Wilson, Stuttgart 2005, S. 270.
6 Vgl. Ekkehard Jost, *Europas Jazz*, Frankfurt 1987, S. 21f.
7 Seine spirituelle Läuterung ereignete sich während seiner Armeezeit in den Jahren 1958–61, infolgedessen er seine individuelle Klangsprache entwickelte, vgl. Peter Niklas Wilson, *Spirits Rejoice! Albert Ayler und seine Botschaft*, Hofheim 1996, S. 61.

Ideen zu propagieren. Denn man muss unterscheiden zwischen allgemeinen Äußerungen sozialer Unzufriedenheit und daraus folgenden politischen Handlungen – oder anders ausgedrückt, zwischen politischem Aktivismus und kulturrebellischem Habitus, der durchmengt ist mit quasi-religiöser Sinnsuche. Der Begriff „Politik" wird dabei, je nach Blickwinkel, unterschiedlich definiert – doch für unsere Zwecke ist es ausreichend, die common-sense-Bedeutung als Richtmaß zu wählen. Die im Duden angeführte Definition stellt dabei wohl einen Minimalkonsens dar. Ihr zufolge ist Politik 1. ein „auf die Durchsetzung bestimmter Ziele bes. im staatlichen Bereich und auf die Gestaltung des öffentlichen Lebens gerichtetes Handeln von Regierungen, Parlamenten, Parteien, Organisationen o. ä." sowie 2. ein „berechnendes, zielgerichtetes Verhalten, Vorgehen".[8] Wenn nun gesagt wird, dass Aylers Gedanken vor allem spirituelle waren, so bedeutet dies nicht, dass er und seine Anhänger jegliche Beschäftigung mit Politik ablehnten. Spirituelle Erweckungsideen gehen oft mit sozialer Unzufriedenheit einher, folgen aber – und dies ist in diesem Zusammenhang ausschlaggebend und soll hier als Unterscheidungsmerkmal dienen – nicht zwingend politischen Handlungsmaximen. Es waren eher Aylers Interpreten, die ein Interesse daran hatten, diese Erweckungsvorstellungen auf konkrete soziale Missstände zu beziehen. Aylers Zeitgenosse LeRoi Jones (der spätere Black Panther-Anhänger) zum Beispiel meinte, in Aylers Spiel „den Dynamit-Klang unserer Zeit" zu hören, und auch europäische Jazzkritiker glaubten, darin „die ohnmächtige Angst, die unbefriedigten Sehnsüchte, die leidenschaftlichen Impulse zur Revolte der Enterbten des Ghettos in jenen Jahren des Aufruhrs" zu vernehmen.[9]

Es besteht also kein Zweifel, dass der Free Jazz nicht explizit als politische Musik bezeichnet werden darf, auch wenn er in der Rezeptionsgeschichte immer wieder als solche erscheint. Auffällig und erklärungsbedürftig bleibt jedoch die Koinzidenz eines sozialen und *vor allem kulturellen* Rebellionsklimas der sechziger Jahre mit einigen Wesenszügen des Free Jazz. Genauer gesagt sind diese kulturellen oder habituellen Koinzidenzen erklärungsbedürftig, obwohl die ästhetischen Entwicklungen des Free Jazz sich als innermusikalische Entwicklungen, die den harmonischen und rhythmischen Rahmen des Bebop fortführten und schließlich sprengten, verständlich sind. Als sicher darf gelten, dass der Free Jazz *insgesamt* keinesfalls *eine Folge* einer gemeinsamen „politischen" Werthaltung war. Er war nur in Einzelfällen dem Selbstverständnis der Musiker nach der konsequente Ausdruck oder die Umsetzung eines direkten politischen Engagements – etwa bei Archie Shepp. Auch die Beziehung zu zeittypischen kulturrebellischen Stimmungen war – wie das Beispiel Lennie Trista-

---

8 Duden, *Das Fremdwörterbuch*, 5. neu bearbeitete und erweiterte Auflage, Mannheim u. a. 1990, S. 616.
9 Polillo, *Jazz*, S. 239.

no zeigt – keinesfalls eine kausale. Es handelt sich eher um klimatische oder habituelle Verwandtschaften zu Ideen der Achtundsechziger, besonders was die Emphase der Selbstfindung, der psychischen oder sozialpsychischen und/oder spirituellen „Befreiung" von Fesseln betrifft.

Der Begriff „Emanzipation" bietet sich an, um diese Verwandtschaften etikettenhaft zu rubrizieren – auch wenn die Free Jazzer, ihrer ursprünglich meist atheoretischen Ausrichtung entsprechend, dieses Wort, das in den Debatten der Achtundsechziger eine so große Rolle spielte, nicht verwendeten: Der Sache nach war der Free Jazz der frühen Free Jazzer um 1960 jedoch ebenfalls eine Bewegung der Emanzipation in mehrerlei Bedeutungen des Wortes.

Emanzipation als verbindendes Vokabular zwischen Free Jazz und den Bürgerrechtsbewegungen in den USA bzw. den Achtundsechzigern in Europa

Das Wort „Emanzipation" bezeichnet ursprünglich einen sehr konkreten Vorgang, nämlich das Befreitwerden aus „rechtlicher oder ökonomischer Abhängigkeit".[10] Die Forderung nach Gleichberechtigung aller Bürger stand dabei im Vordergrund: sei es der Arbeiter, der Farbigen oder der Juden, um nur ein paar Beispiele zu nennen. In diesem Sinn spielte der Begriff in den Bürgerrechts- und in den Frauenrechtsbewegungen auch ab Mitte der 1950er bzw. in den 1970er Jahren eine zentrale Rolle.[11] Über diese konkrete, eher rechtlich traditionelle Bedeutung hinaus wurde der Begriff Emanzipation gerade jetzt, nachdem die formal-rechtliche Gleichstellung in den westlichen Staaten im Kern erfolgt war, mit verschiedensten moralischen, kulturkritischen und oft auch quasi-religiösen Normen aufgeladen. Ideale des guten Lebens, der vollkommenen Individualität, der wahren Gemeinschaft, des höheren Lebenssinnes hefteten sich an diesen Begriff – doch gerade dieser Zweideutigkeit wegen scheint er für die Beschreibung gewisser habitueller Verwandtschaften des Free Jazz und der Achtundsechziger-Bewegung geeignet. Emanzipation wurde gleichgesetzt mit einer eher allgemeinen, ganzheitlichen Suche nach Freiheit oder einer „Befreiung aus" oder „von" Konventionen, die man bald „repressiv" nannte. Allerdings wurden zum Teil keinerlei genaue Vorstellungen davon entwickelt, wie diese errungene Freiheit gelebt werden sollte – oder ob nicht überhaupt ein anderes Wort geeigneter wäre, die unempirische Absicht auszudrücken: Freiheit und Emanzipation waren nun weitaus eher appellative Formeln oder Chiffren als exakte Vorstellungen, wie diese in der Praxis erreicht und gelebt werden soll-

---

10 Vgl. Waltraud Wende, *Emanzipation*, in: *Lexikon Kultur der Gegenwart*, hrsg. von Ralf Schnell, Stuttgart 2000.
11 Vgl. Iring Fetscher, *Emanzipation*, in: *Wörterbuch Staat und Politik*, hrsg. von Dieter Nohlen, München 1996.

ten. Ein eindrückliches Beispiel für solche zwiespältigen, überemphatischen Befreiungsversuche ist die antiautoritäre Bewegung, die sich gegen den als monolithisch autoritär gezeichneten Staat oder gegen „Kapitalismus", „Patriarchat", „Repression" oder „bürgerliche Gesellschaft" zur Wehr setzte, ohne eine in irgendeiner Form ausgearbeitete und praktikable Alternative zum menschlichen Leben in Gemeinschaft oder ein konkretes Konzept für einen neuen, tatsächlich „befreiten" Staat zu entwickeln – und ohne ausweisen zu können, weshalb solche normativen Vorstellungen von gelingender Individualität für alle verbindlich sein sollten. Ähnliche Total-Befreiungsaktionen versprach die in der „heißen Phase" der studentischen Rebellion propagierte „antiautoritäre Erziehung", deren Anhänger zwar wussten, von was sie sich lösen wollten, nicht aber, was Erziehung in einem geänderten Sinne bedeuten könne, ohne versteckt dennoch wieder Regeln (und sei es eben die der Regellosigkeit) einzuführen.[12]

Man suggerierte mit dieser emphatischen Verwendung des Wortes „Emanzipation" also, dass Freiheit nicht nur als frei von *bestimmten* Konventionen, Regeln, Normen etc. denkbar ist, sondern dass absolute Freiheit, also eine Freiheit jenseits jeglicher normativer Einengungen oder Regelsysteme möglich sei. Solche emanzipatorischen Strömungen sind wie die Totalbefreiungsgesten des Free Jazz keine politischen Aktionen im engeren Sinne, sondern sind weitaus eher als Befreiung von bestimmten soziokulturellen Aspekten der Lebensgestaltung zu verstehen.

Der Free Jazz kann diesbezüglich als im musikalischen Bereich verwirklichte, emphatische Emanzipationsbestrebung begriffen werden. Und zwar gerade auch dort, wo er sich gerade nicht politisch oder gar programmatisch politisch oder parteilich versteht. Das Wort „Emanzipation" hat zudem den Vorteil, die verschiedenen Teilströmungen des Free Jazz zu umfassen. Die Befreiung aus den jazzmusikalischen Normen war dabei eine alle Varianten des Free Jazz verbindende Grundlage. Emanzipation *im* Jazz lässt sich demnach übergreifend beschreiben als Überwindung des bestehenden Systems der Harmonik und Melodik, sowie der Bindung an einen straighten Rhythmus usw. – und dasselbe Wort Emanzipation kann zugleich, weil es auch bei den Achtundsechzigern eine hypertrophe Anwendung fand, Gemeinsamkeiten in der Intensität, mit der sich Achtundsechziger und Free Jazzer von Vorhergegangenem absetzten, sowie auch gemeinsame Illusionen bezeichnen. Jazzkritiker suchten nach einer knappen, schlagwortartigen Beschreibung des Free Jazz und wählten ein vergleichbares Motto, das kurze Zeit später die Pariser Studentenrebellen so formulierten: „Es ist verboten, zu verbieten!"[13] Die Beziehung der musikalischen Rebellion des Free Jazz zum außermusikalischen Klima jener Jahre lag in ver-

---

[12] Eindrückliche Beispiele bei Gerd Koenen, *Das rote Jahrzehnt. Unsere kleine deutsche Kulturrevolution, 1967–1977*, Köln 2001, S. 43f.
[13] Vgl. Polillo, *Jazz*, S. 247.

wandten Affektmustern, also zuallererst in der Vorstellung einer restlosen Befreiung von allem bloß Konventionellem; es waren Affektmuster, die vage genug waren, um einmal als Emanzipation im aufgeklärten Sinn erscheinen zu können und dann auch wieder als Pathos einer esoterischen Selbstfindung in einer schrankenlosen Intensität oder „Authentizität".

Weil die Affektmuster bei den Achtundsechziger und den Free Jazzern verwandt waren, waren auch die Irrtümer, Illusionen und Selbstwidersprüchlichkeiten ähnliche: Der Free Jazz formulierte – ähnlich wie manche Teile der Studentenbewegung – seine totale Freiheit zuallererst negativ, durch ein autoritäres Verbot, Reglementierungen irgendwelcher Art zu verwenden. (So wurde z.B. ein Musiker, der zu einer Free Jazz Session eingeladen war und aufgefordert wurde, zu spielen, was immer er wolle, scharf kritisiert, als er es wagte, einen Jazzstandard zu intonieren, der ihm gerade in den Sinn kam.)[14] Dass die Befreiung aus den jazzmusikalisch vorherrschenden Normen weder in fröhliches Chaos und Beliebigkeit ausartete, noch in Regel- und Konventionslosigkeit, zeigte sich bald in allen Ausdifferenzierungen des Free Jazz schon in den 1960er Jahren. Denn was konkret als musikalische Struktur beim jeweiligen Musizieren entstand, variierte selbstverständlich in Abhängigkeit von den Spielerpersönlichkeiten und ihren jeweiligen kulturellen Umfeldern. Der Free Jazz kann insofern aufgrund der Vielfalt persönlicher und regionaler Stile bestenfalls als ein *Stilkonglomerat* bezeichnet werden; er konstituiert keinen einheitlichen Stil im herkömmlichen Verständnis[15] wie der Swing oder der Bebop. Als *einheitstiftendes* Merkmal wurden dem Jazz oft Merkmale wie „Unmittelbarkeit" oder auch „Kult der Intensität" immer wieder in besonderer Weise zugeschrieben:[16] Hinsichtlich seiner Emanzipationsbestrebungen hätte der Free Jazz damit auch in dieser Beziehung (sinnliche „Unmittelbarkeit", „Kult der Intensität") Anteil am kulturellen Gesamtklima der 1960er und 1970er Jahre, das die individuelle Spontaneität oder sinnliche, unzensierte, rauschhafte Unmittelbarkeit oft kultisch hoch schätzte. Als Herbert Marcuse 1967 als Prophet der Neuen Freiheit auf dem Podium des legendenumwobenen Hannover'schen Kongresses erschien, kündete er nicht weniger als eine „neue Anthropologie" an, die der Produktion und Erziehung eines „neuen Menschen" gelte, der das vitale Bedürfnis nach Freiheit, Abschaffung der Arbeit und Genuss entwickelt habe.[17]

Womöglich würden genauere kulturgeschichtliche Untersuchungen noch tiefere Verwandtschaften dieses „*Kultes* der Intensität", der sinnlichen Freizügigkeit und ekstatischen Unmittelbarkeit im Free Jazz und der Protestkultur je-

---

14 Vgl. z.B. Ian Carr, *Freedom and Fish Soup*, in: *Melody Maker*, 22. Mai 1971, S. 41, in: Ekkehard Jost, *Free Jazz. Stilkritische Untersuchungen zum Free Jazz der 1960er Jahre*, Hofheim 2002, S. 13.
15 Vgl. Ekkehard Jost, *Sozialgeschichte des Jazz*, Frankfurt 2003, S. 200f.; Arrigo Polillo, *Jazz*, S. 242.
16 Vgl. Berendt, *Das Jazzbuch*, S. 43.
17 Koenen, *Das rote Jahrzehnt*, S. 47.

ner Jahre feststellen: Dem Jazz hing vor allem bei seinen Kritikern schon lange der Ruf des Freizügigen, Lasziven, Erotischen, Barbarischen an; im Bebop der 1950er Jahre kulminierte diese Suche nach sinnlicher Enthemmung und Rauschwirkung – noch bevor der Free Jazz diese körperliche Unmittelbarkeit in den 1960er Jahren zum Kult steigerte. Auch die Achtundsechziger waren hinsichtlich der Suche nach kollektiver, sinnlicher Enthemmung nur Nachfolger – der Bruch der Jugend mit der Kriegsgeneration durch öffentliches Ausstellen von Körperlichkeit, durch musikgestifteten Gemeinschaftsrausch zeichnete sich bereits in den 1950er, *nicht* erst in den 1960er Jahren ab: „Als Elvis Presley 1958 nach Europa kam, soll er aus Teenagern ‚wilde ekstatische Barbaren' gemacht und junge Mädchen zu ‚berauschenden sexuellen Handlungen' verführt haben, wie es in einem lüstern heuchelnden Boulevard-Blatt hieß."[18] Die Achtundsechziger erklärten lediglich das, was vorher als Aufbruch in abgegrenzten Räumen stattfand, zu einem allgemein gültigen Lebensmaß, das zum Teil kultisch gefeiert wurde.

In Europa entfaltete die emanzipatorische Energie, die im afroamerikanischen Jazz aufbrach, ein so starkes Eigenleben, dass sie seit Ende der 1960er Jahre die Gattungsgrenzen des Jazz sprengte: Schon einige Protagonisten und Kritiker des afroamerikanischen Free Jazz überlegten, ob dieser überhaupt noch Jazz genannt werden könne. Der Jazz, so Albert Ayler, der fiebrigste Spiritualist der Free Jazz-Revolte seit den beginnenden 1960er Jahren, „gehört in eine andere Ära, eine andere Zeit und einen anderen Ort. Wir spielen *free music.*"[19] Darin lag auch eine ethnisch motivierte Strategie: Den traditionellen Jazz nämlich hatten die Weißen den Schwarzen gleichsam enteignet, gezähmt zur gemütlichen Erbaulichkeit. Treibender Motor war die alles unter ihr Gesetz zwingende Musikindustrie: Radiostationen, die Schallplattenindustrie und die Betreiber der Clubs, die zum Teil harte Bedingungen stellten. Ein großes Publikum zu erreichen und finanzieller Erfolg standen im Mittelpunkt ihres Bestrebens. Die Suche nach einem neuen Begriff galt also nicht nur den innermusikalischen Emanzipationsbestrebungen, sondern vor allem der (außermusikalischen) habituellen Abgrenzung zu einer Musik, die eben nicht mehr genuin als Musik der Farbigen gesehen wurde. Um den innermusikalischen Anknüpfungspunkt auch bezüglich des Emanzipationsbestrebens beizubehalten, wird der Begriff Free Jazz von mir allerdings im Folgenden für diese Strömung der afroamerikanischen Musik weiter verwandt; er hat sich ohnehin in der Rezeption dieser Musik fest eingebürgert.

---

18 Ebd., S. 73. Bemerkenswerterweise richtete sich die Aufmerksamkeit anfangs fast ausschließlich auf die erotische Enthemmung der Frauen. Vgl. Uta G. Poiger, *Rock'n Roll, Kalter Krieg und deutsche Identität*, in: *Amerikanisierung und Sowjetisierung in Deutschland 1945–1970*, hrsg. von Konrad Jarausch, Hannes Siegrist, Frankfurt am Main und New York 1997, S. 277ff.
19 Polillo, *Jazz*, S. 230.

Emanzipation *im* Jazz – Emanzipation *vom* Jazz 253

Die emanzipatorische Energie des Free Jazz kann man aus zwei Perspektiven beschreiben, zum einen als inner- bzw. außermusikalische Emanzipation, zum anderen als Emanzipation *im* Jazz einerseits und als Emanzipation *vom* Jazz andererseits. Eine Emanzipation *im* Jazz vollzieht sich in dem soeben beschriebenen emphatischen Befreiungsstreben, also der innermusikalischen Loslösung vom traditionellen Jazz bzw. vom vorherrschenden und von der weißen Musikindustrie als vereinnahmt geglaubten Bebop. Eine Emanzipation *vom* Jazz deutete sich in der Weigerung der Afroamerikaner an, ihre Musik noch Jazz zu nennen. Die endgültige Abkehr vom Jazz im Namen der Freiheit vollzog sich jedoch nicht im afroamerikanischen Free Jazz, sondern in der europäischen improvisierten Musik. Die frühen Protagonisten dieser „frei improvisierten Musik" schließen in gewisser Weise zwar an den afroamerikanischen Free Jazz an, entwickeln jedoch eine eigene, dem Jazz nicht mehr genuin verwandte Musik. Europäische Musiker schätzten nämlich die eigenständigen Entwicklungen des afroamerikanischen Free Jazz in den USA, wollten als weiße Europäer jedoch eigene Konsequenzen aus der Befreiung aus jazzmusikalischen Normen ziehen. Dies bedeutete allerdings auch, die Gattungsgrenzen des Jazz zu sprengen – der Weg Aylers, den Jazz zu verlassen, um zu einer ursprünglicheren, spirituellen Tiefenschicht der black people vorzustoßen, aus der auch der Jazz hervorgegangen war, bevor er entfremdet wurde, blieb diesen Europäern naturgemäß verschlossen. Die Emanzipation *im* Jazz, die der Free Jazz versuchte, ging notwendigerweise in Europa über in eine Emanzipation *vom* Jazz, die auf keine Ideologie der ethnischen Ursprünglichkeit mehr bauen konnte. Das war vor allem in England der Fall, in der sogenannten non-idiomatischen Improvisation. Ihr liegt allerdings – wie im ursprünglichen Free Jazz auch – ebenfalls eine utopische Kraft zu Grunde: die Idee eines von jeglichen Regeln und Normen befreiten Spiels. Doch auch diese Bewegung wurde von der Dialektik aller emphatischen „Befreiungs"-Utopien eingeholt: Eine radikale Abkehr von Normen, die sich gar im Extremfall in expliziten oder auch impliziten Verboten[20] äußert, stellt unweigerlich neue Normen auf – wie sie weiter oben schon im Zusammenhang mit Ideen der Achtundsechziger beschrieben wurde – und sei es die des Verbots. Hier nun ein Beispiel aus der „frei improvisierten" Musik, in der es ähnliche Reaktionen gab wie im Free Jazz: Eine Gruppe von Musikern (improvisierende Musikerinnen waren in den Anfangszeiten der so genannten „improvised music" noch äußerst selten) organisiert eine Session, die sie mit den Worten ankündigt, es würde „freie Musik, ohne Vorgaben gespielt". Ein Musiker, der diese Gruppe nicht kennt und ahnungslos zur Session erscheint, könnte auf die Idee kommen, das zu spielen, was ihm in gerade in den Sinn kommt, also ein paar Geräusche, dann ein paar Zitatfetzen, lose aneinandergereiht, einen ange-

---

20 Vgl. z. B. Ian Carr, *Freedom and Fish Soup*, S. 41, in: Ekkehard Jost, *Free Jazz*, S. 13.

deuteten Groove – und hätte damit entrüstete Reaktionen seiner Mitspieler ausgelöst. Die impliziten Verbote waren diejenigen, keinerlei Assoziationen an Harmonie, Rhythmus oder Melodie zuzulassen. Musiker um die Gruppe AMM gingen noch weiter, indem sie sogar die Klangfarben der bekannten Instrumente ausschlossen und sich auf die Suche nach einer Musik jenseits der bekannten Klänge begaben.

Kommen wir nun nach der Klärung des die soziokulturellen Bewegungen und die Strömungen des Free Jazz verbindenden Begriffs „Emanzipation" zu einer vertiefenderen Betrachtung der Musik: In den USA sollen Black Power-Anhänger und Vertreter des afroamerikanischen Spiritualismus unterschieden werden. Dabei dient Albert Ayler als Exempel, um zu zeigen, dass spirituelles Denken nicht spezifisch für den Free Jazz ist oder gar sein kann und dass dieses genauso wenig gleichzusetzen ist mit agitatorischem oder politischem Handeln.

Free Jazz in den USA: Black Power und Spirits Rejoice!

„Unsere Rache wird schwarz sein, so wie schwarz die Farbe des Leidens ist, wie Fidel schwarz ist, wie Ho Chi Minh schwarz ist. [...] Ich bin ein antifaschistischer Künstler. Meine Musik ist funktional. [...] Meine Musik ist für die Menschen da. Wenn Du ein Bourgeois bist, musst Du sie nach meinen Bedingungen hören. Ich werde es nicht zulassen, dass man meine Musik missversteht. Diese Ära ist vorbei. Wenn meine Musik nicht genügt, werde ich Dir ein Gedicht oder ein Theaterstück schreiben. In je*dem Moment werde ich Dir sagen:* Nieder mit dem Ghetto. Let my people go."[21]

So der Saxophonist Archie Shepp in einem Interview mit dem Magazin *Down Beat* im Jahre 1965, dem Jahr der Ermordung von Malcom X. Shepp sprach die Sprache der Black Power Bewegung, die sich in dieser Zeit herausbildete und 1966 durch Stokeley Carmichael ihre offizielle Losung erhielt.[22] Sie prangerte offensiv und mitunter gewaltbereit die Rassendiskriminierung an, die zwar durch das Bürgerrechtsgesetz von 1964 und mehrere Gesetzesnovellen des Jahres 1965 abgeschafft worden war, die jedoch in der alltäglichen sozialen Praxis fortbestand. Harsch agitatorische Töne wie die von Archie Shepp oder vom Musikpublizisten LeRoi Jones, der sich in Amiri Baraka umbenannte, waren dabei nicht die Regel; und noch weniger war eine kollektive Musikerhaltung im

---

21 Archie Shepp, *An Artist Speaks Bluntly*, in: *Down Beat* 32 (16. Dezember 1965), S. 11 und 42, zitiert nach Peter Niklas Wilson, *Ist die „Fire Music" verklungen? Reflexionen nach 35 Jahren Free Jazz*, in: *Musik/Revolution* Bd. 3, hrsg. von Hanns-Werner Heister, Hamburg 1996, S. 169–182.

22 Vgl. z.B. Neal A. Wynn, *„Der Krieg gegen die Armut" und die „Große Gesellschaft"*, in: *Die Vereinigten Staaten von Amerika* (Fischer Weltgeschichte, 30), hrsg. von Paul Adams u. a., Frankfurt/Main 1977, S. 405-428.

Free Jazz-Bereich vorherrschend. Wo eine entschiedene Haltung zur Rassendiskriminierung artikuliert wurde – wie bei Shepp und Jones –, war sie eher eine Sache des Charakters. Umgekehrt waren Sympathisanten der Black Power Bewegung innerhalb der Jazzszene nicht zwangsläufig Free Jazz Anhänger. Mehr traditionsgebundene Musiker wie Charles Mingus oder Charlie Haden (der sich allerdings phasenweise durchaus ebenfalls dem Free Jazz zuwandte) verstanden sich ebenfalls als glühende Verfechter der Bürgerrechtsbewegung. Haden nahm in diesem Sinne punktuell sogar einen klassenkämpferischen Habitus an,[23] der bis in die Titel und Programme der Musik selbst hineinwirkte.[24]

Gewiss gingen gerade in den 1960er Jahren Sympathien für die Bürgerrechtsbewegung manchmal mit klassenkämpferischen Parolen einher.[25] Häufiger waren diese Sympathien jedoch weniger ein dezidiert politisches Bekenntnis im Zuge des Civil Rights Movement als eine Besinnung auf besondere spirituelle Kräfte der Afroamerikaner; gerade unter den afroamerikanischen Jazzmusikern waren solche spirituellen Erweckungsversuche sehr viel verbreiteter als dezidiert politische oder sozialrevolutionäre Bekenntnisse.[26]

Am Beispiel Albert Aylers soll nun gezeigt werden, dass ein Musiker zwar gleichzeitig den kulturellen Bestrebungen der Farbigen folgte, mithin ein starkes spirituelles Bewusstsein und auch Sendungsbewusstsein entwickelte und gleichzeitig einer der Protagonisten des Free Jazz war – um allerdings nur alsbald festzustellen, dass diese Musik – also der Free Jazz oder besser, die „free music", wie Ayler seine Musik nannte – nicht dazu geeignet war, die Musik zur spiritualistischen Bewegung zu sein, um seine „Brüder und Schwestern" für die Sache der Afroamerikaner zu begeistern. Das Beispiel Ayler lehrt, dass sich der Free Jazz zwar zeitlich parallel mit der Bürgerrechtsbewegung entwickelte und dass durchaus eine klimatische Verwandtschaft zu soziokulturellen Bewegungen besteht, dass sich aber andererseits der Free Jazz eben nicht als „politische" oder agitatorische Musik eignete, um die Massen zu aktivieren, in keiner Weise als Ausdruck oder gar Illustration politischer Programme verstanden werden kann – und letztlich etwas ist, das seine farbigen Gründungsväter niemals gewollt haben: Eine autonome Musik mit sehr vagen Affektverwandtschaften zu allgemeinen Affektmustern der 1960er Jahre.

---

23 Vgl. Jost, *Sozialgeschichte*, S. 221ff.
24 Charlie Hadens Liberation Orchestra spielte tatsächlich als „politisch" geltende Musik wie etwa Hanns Eislers *Einheitsfrontlied* oder Revolutionslieder des spanischen Bürgerkrieges. Charles Mingus Stück *Tis Nazi USA* hingegen ist ein Beispiel für Musik, die zwar einen programmatischen Titel trägt, sich musikalisch aber nicht von unpolitischen Titeln unterscheidet.
25 Vgl. Jost, *Sozialgeschichte*, S. 221f.
26 Wilson, *Spirits Rejoice!*, S. 31. Auch Sun Ra z. B. war einer der wichtigsten Wegbereiter einer Ästhetik, in der sich „freies" Spiel und Spiritualität verbanden, nicht aber gleichwertig auch politische Implikationen. Vgl. Jost, *Free Jazz*, S. 218f. und Jost, *Sozialgeschichte*, S. 241f.

Albert Ayler und die ungewollte Autonomie des Free Jazz

Albert Ayler war derjenige unter den afroamerikanischen Musikern, der sich in den beginnenden sechziger Jahren am radikalsten von den Bebop-Manieren löste: Sein Spiel näherte sich einer nicht-tonalen Tongestik, in der die diastematische und harmonische Binnenstruktur einer jeden, meist rasend schnellen Phrase fast bedeutungslos wurde gegenüber dem expressiven, geräuschhaften und gestischen Sinn. Ayler verstand sein Spiel rückhaltloser als die meisten anderen als Dienst an einer dezidiert afroamerikanischen Spiritualität. D. h. er glaubte, dass er mithilfe des Free Jazz mehr Bewusstsein für spirituelle Gedanken und die eigene Geschichte der Afroamerikaner wecken konnte und dass er in diesem Sinne mit seiner Musik eine spirituelle Mission zu erfüllen habe.

Politisch agitatorische Funktionen etwa im Rahmen der Black Power Bewegung allerdings übernahm Ayler mit seiner Musik nicht. Ayler, der die Massen für seine spirituellen Gedanken zu begeistern suchte, geriet in einen Konflikt, der das Schicksal vieler Emanzipations-Bewegungen war: Wenn man die musikalische Emanzipation des Free Jazz im emphatischen (oder utopischen) Sinne als Emanzipation von allen gewohnten ästhetischen Mustern, Mitteln, Ausdrucksformen verstand, erzeugte man „avantgardistische" Kunst, die als eine utopische Total-Emanzipation unter Führung der Kunst begriffen werden konnte. Diese war jedoch als Dienst an einer zu erweckenden oder zu führenden oder zu ermutigenden Masse untauglich; denn die „Massen", die sich die Protagonisten der Emanzipation erträumten, mochten zwar Sympathien für eine Emanzipation im spirituellen Sinn besitzen, sie hatten jedoch keinerlei Interesse an einer utopischen Total-Emanzipation unter Führung einer Kunst, die nur in den Köpfen der – meist weißen – Intellektuellen die wahre Sprache der befreiten Menschheit sein sollte.[27] Tatsächlich hatte der Free Jazz sein größtes und treuestes Publikum auch unter der akademischen, progressiven Jugend – und die war fast ausnahmslos weiß, auch in den USA. Als Ayler sah, dass seine Entfesselung des Spiels von harmonischen, idiomatischen und rhythmischen Konventionen nicht zu einer Entfesselung der spirituellen Kräfte bei den afroamerikanischen Einwanderern in den Ghettos führte, einfach weil man dort keinerlei Verlockung spürte, den Blues oder den Bop zugunsten avantgardistischer Verrücktheiten aufzugeben, stürzte er sein musikalisches Konzept radikal um: Im Herbst 1966 kehrte er mit seinem neuen Album *New Grass* urplötzlich zum Songprinzip zurück, vertonte Gospels in konventioneller Harmonik und Rhythmik – nur um nach wenigen Jahren

---

[27] Zur Diskrepanz zwischen intellektuellen Vordenkern der Achtundsechziger-Generation aus dem Kunstbereich auf der einen und dem Großteil der Bewegung, die Studierenden miteingeschlossen, auf der andere Seite vgl. z. B. Koenen, *Das rote Jahrzehnt*.

festzustellen, dass selbst diese Musik seine spirituelle Botschaft nicht an den gewünschten Adressaten bringen konnte.[28]

Der Free Jazz war demnach mitnichten die Musik der Ghettoaufstände, dessen Soundtrack, das Sprachrohr der Black Panther oder der Nation of Islam. Umgekehrt waren Jazzmusiker, die in ihrer Musik oder zumindest in den von ihnen gewählten Titeln politische Statements setzten, nicht zwingend Vertreter des Free Jazz: Man denke etwa an Charles Mingus oder Sonny Rollins, um nur zwei exemplarisch zu nennen.[29]

Aber gab es nicht 1964 die vom Trompeter Bill Dixon organisierte *October Revolution in Jazz*? Die Musiker dieses Treffens, allesamt junge Wilde, die bislang von den einschlägigen Szeneclubs und Medienherren ausgegrenzt wurden, empfanden sich zwar als Teil einer gemeinsamen Bewegung. Die als kleines Festival organisierte „October Revolution in Jazz" diente dazu, zahlreiche Free Jazz-Gruppierungen (es waren ca. vierzig zu hören) einem interessierten Publikum zu präsentieren. Im Rahmen der aus diesem Festival entstandenen, allerdings relativ kurzlebigen, *Jazz Composers Guild* taten sich Musiker zusammen, um gemeinsam Konzerte zu organisieren und Platten zu veröffentlichen. Es war eine Art Selbsthilfe unter Free Jazzern, in der Hoffnung, größere Resonanz in der Öffentlichkeit zu erlangen.[30] Ein ernsthafter Bezug auf Lenins Umsturz im Jahr 1917 ist jedoch eine Erfindung von Journalisten: „Wir brauchten eine Headline für unsere Werbung in der *Village Voice*, und mein Freund, der Regisseur Pater Sabino, sagte: *Es ist Oktober, und was ihr da macht, könnte man als eine Art von Revolution gegen den zeitgenössischen Mainstream bezeichnen, warum also nicht einfach Oktoberrevolution?*"[31]

Die dezidiert linksrevolutionären Ambitionen mancher Free-Jazz-Musiker gehen also eher auf persönliche Präferenzen zurück; sie betrafen nicht die musikalische Inspiration und beruhten auch nicht auf einem die künstlerische Bewegung tragenden Geist.

Doch wie verhielt sich der Free Jazz in Europa zu den Bewegungen der Achtundsechziger? Obwohl manche Gründungsfiguren wie Cecil Taylor, Ornette Coleman, Albert Ayler seit 1962 in Europa spielten und Schallplattenaufnahmen machten, formierte sich hier eine eigenständige Free-Jazz-Bewegung erst mit einigen Jahren Zeitverzögerung, nämlich 1966[32] – kurz bevor sich das wachsende Unbehagen in der abendländischen Kultur in den studentischen

---

28 Vgl. Wilson 1996, Wolfram Knauer, *Healing Force of the Universe? Warum der Free Jazz zahm wurde*, in: *Darmstädter Jazzforum* 2005, Hofheim 2006.
29 Jost, *Sozialgeschichte*, S. 221f.
30 Vgl. Litweiler, *Das Prinzip Freiheit*, S. 120.
31 Wilson, *Ist die „Fire Music" verklungen?*, S. 178.
32 Jost bezeichnet die LP *Challenge* von 1966 des Spontaneous Music Ensemble (gegründet 1965) als erste europäische Free Jazz-Platte (Jost, *Europas Jazz*, S. 54).

Protesten artikulierte. Auch hier stand der Free Jazz von Anfang an im Ruf, ein Ausdruck der sozialen Protesthaltungen zu sein.

Der deutsche Free Jazz: Kaputtspielen der Tradition – aber apolitisch

Der Wuppertaler Saxophonist Peter Brötzmann schließt ab 1967 offensichtlich an Aylers Ästhetik[33] an – nur entfallen die bei Ayler und Coltrane stets noch spürbare, skalenzentrierte Phrasierung des Hardbop und die traditionellen Ausdrucksgesten des Jazz nun restlos. Brötzmann treibt die Zertrümmerung der traditionellen Idiomatik, Rhythmik und Melodik fort, bis jeglicher Bezug auf die „Black Music" ausgetrieben ist. Brötzmann hat die Ästhetik des „Kaputtspielens", die totale Negation aller traditionellen Idiomatik, wie sie für den deutschen Free Jazz der sechziger Jahre insgesamt kennzeichnend waren, am konsequentesten fortgeführt. Zu Brötzmanns Weggefährten zählen der Kontrabassist Peter Kowald, der Pianist Alexander von Schlippenbach, die Schlagzeuger Mani Neumeier und Sven Ake Johansson und andere. Glissandi und schnelle Tonfolgen ergeben Bewegungscluster, gestische Klangbänder, die lose rhythmisch vorangetrieben werden. Es geht um die Intensität der Geste, nicht um den Struktursinn von Dauern und Höhen; um körperliche Attacke und energiegeladene Expressivität. „Ästhetik des Schreis" wurde Brötzmanns Spiel dementsprechend genannt. Der Titel einer der paradigmatischen europäischen Free-Jazz–Platten lautete *Machine Gun*, aufgenommen im Jahre 1968. Was läge näher, als diese Musik in Verbindung zu setzen mit den Aktionen der Achtundsechziger, den Studentenprotesten und agitatorischen Reden?

Blickt man genauer hin, so bleibt – bezogen auf die Ästhetik des Schreis und des Titels *Machine Gun* – von der Idee einer politischen Musik nicht viel übrig. Der Titel der Platte ist zurückzuführen auf Don Cherrys Beschreibung von Brötzmanns Musik. „Weder der Titel noch die gesamte Musik waren in einem vordergründigen Sinne programmatisch gemeint. Alles, was darum gedichtet wurde, ist unsinnig", sagte Brötzmann in einem Gespräch mit dem Musikpublizisten Bert Noglik[34]. „Maschinengewehr" als Bezeichnung des neuen Saxofon-Klangideales ist nicht einmal neu – bereits 1961 wurde er dem röhrenden Sound des jungen Ayler angehängt.[35] Von einer politischen Inspiration der Musik oder gar einer programmatisch „politischen Musik" kann demnach nicht die Rede sein, auch wenn Brötzmann hinzufügt, es hätten „die politischen Bewegungen und Stimmungen dieser Jahre auch unsere Musik beeinflusst".[36] Die „emanzi-

---

33 Vgl. *For Adolphe Sax*, 1967.
34 Vgl. Bert Noglik, *Jazz-Werkstatt international*, Reinbek bei Hamburg 1982, S. 208f.
35 Vgl. Wilson, *Spirits Rejoice!*, S. 29.
36 Vgl. Noglik, *Jazz-Werkstatt international*, S. 208.

patorische" Energie des „freien Spiels", die Brötzmann radikal verfolgt, ist mitnichten eine genuin politische. Dieses Zitat zeigt vielmehr, dass es auch unter Free-Jazz-Musikern Sympathisanten so mancher Strömungen der Achtundsechziger-Bewegung gab, ohne dass, und dies ist der entscheidende Punkt, sie ihre Musik deshalb gleichsam auch als politisches Programm entwickelten oder sie gar als eine funktionale Musik einer sozialen oder gar politischen Bewegung verstanden (wie es etwa beim Agitprop oder bei Arbeiterliedern der Fall war).

Gewiss stand am Anfang eine, wie Brötzmann im Gespräch mit Bert Noglik sagte, „Wut"; eine sehr unbestimmte „Wut" auf „einen intoleranten, konventionell und kommerziell-diktierten Kulturbetrieb."[37] Auch dieses Zitat verweist eher auf ein psychosoziales Klima oder ein soziokulturelles Sympathisantentum mit gewissen Lebenshaltungen als auf wirklich aktive Beteiligung an einer zielgerichteten und aktivistischen, gar politischen Bewegung. Zudem besaßen schon die Bebop-Musiker diese Wut gegen ein erstarrtes, ignorantes, saturiertes Kultur-Establishment; sie war nicht politischer, sondern kultureller Natur und sie taucht in dieser unbestimmt-antibürgerlichen Art seit dem Sturm und Drang zu allen möglichen Zeiten auf – sogar bei den *angry young men* der fünfziger Jahre. Die „Kaputtspielphase", in der sich diese Wut Luft machte, war nach wenigen Jahren beendet, und Brötzmann hat sich nie als Bilderstürmer oder purer Traditionszertrümmerer gesehen – eher als Fortsetzer der Hardbop-Tradition auf neuem energetischen Niveau.[38] Insofern ist die emanzipatorische Energie des freien Spieles, die Brötzmann radikal verfolgt, nicht als eine politische zu kategorisieren.

Die kulturelle Randstellung des deutschen Free Jazz war lange Zeit mit der Randstellung der amerikanischen Musiker vergleichbar. Vergleichbar war ebenfalls, dass der Free Jazz nach einer kurzen Hochphase von großen Festivals und Plattenlabels ausgegrenzt wurde. 1966, also zwei Jahre vor Brötzmanns LP *Machine Gun*, wurde das *Globe Unity Orchestra* um den Pianisten Alexander von Schlippenbach, in dem unter anderem auch das Brötzmann Trio mitwirkte, zu den Berliner Jazztagen, einem der auch international wichtigsten, mit Steuergeldern üppig gesegneten Jazzfestivals, eingeladen. Das Publikum reagierte verstört bis empört, und so spielte der deutsche Free Jazz nach wenigen Jahren beim Berliner Jazzfest nur noch eine marginale Rolle. Als Reaktion auf die Ablehnung im großen Konzertbetrieb gründeten die Musiker in eigener Regie – wie die US-amerikanische *Jazz Composer's Guild* oder die *AACM* in Chicago – 1968 ihr eigenes Festival. Das Wort „Jazz" wurde bezeichnenderweise im Titel vermieden: Als „Total Music Meeting", ungleich schmaler budgetiert, bildete es auf Jahrzehnte hinaus eine der wichtigsten Plattformen des internationalen

---

37 Ebd., S. 202f.
38 Ebd., S. 206.

Netzes von Musikern der frei improvisierenden Szene.[39] Die relative Geringschätzung in der etablierten Phonoindustrie wurde vom selben Musikerkern mit der Gründung der FMP 1969 beantwortet. Der Free Jazz hatte den Jazz auch in Europa nicht revolutionieren können. Er blieb die Angelegenheit eines hochmotivierten Zirkels von Musikern und Hörern, einer Szene von avantgardistischem Zuschnitt – auch wenn eben die hiesige, damals noch von keiner Quotenregelung gegängelte Subventionskultur der Rundfunkanstalten dem Free Jazz eine gewisse, begrenzte Öffentlichkeit sicherte.

Entwicklungen in England: Pluralistische Emanzipation

Während der deutsche Free Jazz in den 1960er und beginnenden 1970er Jahren seine Ursprünge im Kaputtspielen nie ganz verlassen hat und gerade Brötzmanns „Powerspiel" direkt an die Techniken der amerikanischen Jazzsaxophonisten anschloss, war man in England, bei grundlegender Bewunderung für die Innovationen Aylers, Colemans, Cecil Taylors, vielgestaltiger orientiert. In England etwa bildete sich nicht „eine" freie Szene mit „einer" Ästhetik heraus, sondern ein lockerer Verbund von Subszenen mit je eigener Physiognomie. Die Enthemmung der körperlichen Agitation bildete nie einen Generalnenner. Die *Brotherhood of Breath* um den südafrikanischen Pianisten Chris McGregor suchte eine Verbindung des afroamerikanischen Free Jazz mit südafrikanischem rhythmusbetontem Kwela-Jazz, den die zahlreichen südafrikanischen Exilanten mit nach England brachten.

Das vom Perkussionisten John Stevens in den 1960er Jahren gegründete *Spontaneous Music Ensemble* (SME) kann für das offenere Verhältnis Englands zum Free Jazz beispielhaft einstehen. Die Negation von Jazzkonventionen galt auch hier. In stets wechselnden Besetzungen kultivierten sie einerseits den dichten, expressiven Free Jazz, wie er in Deutschland dominierte. Andererseits galt ihre Aufmerksamkeit der Entwicklung neuer Spieltechniken, die neue Klangfarben und Geräusche an Stelle von linienbezogenem Melodiespiel, Rhythmus und Harmonien in den Mittelpunkt stellten. Diese „Klangforschungen", die Entdeckung neuer Instrumentenbehandlung, bezeichnete der Gitarrist Derek Bailey auch als Suche nach dem Instrument[40] und später als freie oder „nonidiomatische" Improvisation[41] – jenseits des Jazz.

---

39 Auch heute noch ist das Total Music Meeting ein wichtiges „Korrektiv" zum parallel stattfindenden Berliner Jazzfest, das mit ARD-Mitteln ausgestattet, mehrheitlich den Jazzmainstream präsentiert. Experimentelles ist hingegen weiterhin beim Total Music Meeting zu hören.

40 Die Erforschung neuer Klangmöglichkeiten konventioneller Instrumente unter Einbeziehung des Geräuschs ist also nicht nur in der komponierten zeitgenössischen Musik der 1960er und

Resümee: Emanzipation im Jazz – Emanzipation vom Jazz

Aller innermusikalischen revolutionären Emanzipations-Bestrebungen zum Trotz ist den verschiedenen Ausprägungen des Free Jazz oder allgemein den Emanzipations-Bestrebungen im Jazz gemeinsam, dass sie Traditionen keinesfalls komplett negieren, sondern sich in einem Kontinuum verstehen. In den USA entfaltet sich der Free Jazz im engen Zusammenhang mit spirituellen, ethnischen oder bürgerrechtlichen Erneuerungsbestrebungen der Afroamerikaner. In Europa gehen die Emanzipations-Bestrebungen – mögen sie sich auch demselben kulturell-rebellischen, utopischen oder innovationsfreudigen Klima verdanken – weiter. Europäische Musiker beziehen sich auf den afroamerikanischen Free Jazz, aber ebenso auf improvisierte Musik aller Zeiten und auf ihre eigenen europäischen Wurzeln und das meinte auch: die Verwurzelung in der komponierten Musik. Damit entstehen erstmals in der Geschichte des Jazz mehrere spezifisch europäische Varianten des Jazz, während in den Jahrzehnten davor Jazz in Europa immer mehr oder weniger – Ausnahmen wie Django Reinhardt bestätigen die Regel – als Kopie oder Anverwandlung des afroamerikanischen Jazz verstanden wurde.[42] Das Selbstverständnis vieler Musiker zeigt, dass es sich dabei um eine Identitätssuche innerhalb einer dezidiert europäischen Kultur handelt.[43] Die Weigerung, den afroamerikanischen Free Jazz zu imitieren, kann man jedoch gleichermaßen als Zeichen des Respekts vor dem spezifischen afroamerikanischen (Free) Jazz verstehen, der ohne das soziokulturelle Umfeld, ohne den starken Bezug zu spirituellen Wurzeln, nicht ohne weiteres kopierbar ist. Der Gewinn der Emanzipationsbestrebungen des Free Jazz ist also weniger die Verwirklichung der innermusikalischen Freiheit durch eine vollständige Befreiung von Konventionen; wie man im Nachhinein feststellen musste, gerät man durch eine solche totalisierende Forderung nur in neue Verbotssysteme und neue Konventionen und reproduzierbare Idiome – ganz gleich ob im Powerplay eines Peter Brötzmann oder der Idee einer nonidiomatischen Improvisation. Der Gewinn dieser Emanzipationsbestrebungen

---

1970er Jahre (mit Helmut Lachenmann als einem der wichtigsten Protagonisten) zu beobachten, sondern in der improvisierten Musik gleichermaßen.
41 Vgl. Derek Bailey, *Improvisation. Kunst ohne Werk*, Hofheim 1987.
42 Vgl. z. B. Jost, *Europas Jazz*; Wolfram Knauer, *Emanzipation wovon? Zum Verhältnis des amerikanischen und deutschen Jazz in den 1950er und 60er Jahren*, in: *Aus der neuen Welt. Streifzüge durch die amerikanische Musik des 20. Jahrhunderts*, hrsg. von Annette Kreutziger-Herr und Manfred Strack, Hamburg 1997, S. 299–314; Wolfram Knauer, *Wohin? Betrachtungen zur Entwicklung des Jazz zwischen Bebop und Free Jazz*, in: *Darmstädter Jazzforum 1989*, hrsg. von Ekkehard Jost, Hofheim 1990, S. 85–99.
43 Vgl. z. B. Keith Rowe, *Die Politik der Spontaneität: AMM*, in: Peter Niklas Wilson, *Hear & Now. Gedanken zur improvisierten Musik*, Hofheim 1999, S. 128–136; Phil Minton im Gespräch mit der Autorin 2005.

ist vielmehr die Erneuerung des Jazz in Form des sich ausdifferenzierten Free Jazz mit seinen je eigenen impliziten Regeln und die Entwicklung der nonidiomatischen Improvisation jenseits des Jazz, also eine Entwicklung einer Musik, die erst durch diese radikale Negierung jazzmusikalischer Normen entstehen konnte. Auch Komponisten ihrerseits waren zur selben Zeit auf der Suche nach neuer musikalischer Gestaltung, emanzipierten sich ihrerseits vom traditionellen Werkbegriff und trafen sich musikalisch (und auch im Zusammenspiel) mit eben diesen Improvisatoren, die sich vom Jazz gelöst hatten. Doch dies sei hier nur angerissen, um einen zweiten wichtigen Entwicklungsstrang der „improvised music" anzudeuten.

Wenn in der Emanzipation des Free Jazz ehedem eine utopische Vorstellung von Grenzenlosigkeit mitschwang, so zeigte sich in der späteren Praxis des Free Jazz, dass das, was grenzenlos zu sein schien, einfach eine neue Stufe der Komplexität war; selbstverständlich gab es keine absolute Freiheit – sie wäre von Zufälligkeit nicht zu unterscheiden. Vielmehr muss, wenn das harmonische, melodische, rhythmische, thematische Korsett entfällt, in jedem Augenblick des Spielens neu nach Strategien oder Regeln gesucht werden, um musikalischen Sinn zu produzieren. Und diese Strategien müssen genauso erlernt werden wie alle musikalischen Idiome.

Mit dieser Infragestellung der Gattungsdefinition des Jazz ist eines sicher erreicht worden: eine Modernisierung des Jazz, denn „modern" heißt (unter anderem), seine eigenen Grundlagen in der Praxis fortlaufend zu befragen. Dass der Jazz sich heute nicht mehr einig ist, ob er eine Rückkehr zu den Wurzeln im Sinne der harmonieschemagebundenen swingenden Unterhaltungsmusik versuchen muss, um sich selbst zu bewahren oder gerade diese Patterns verlassen, um seine Lebendigkeit zu beweisen, ist in diesem Sinne ein Ausdruck seiner Modernität. Und diese Modernität ist eine Folge der innovativen Energien, die in der emanzipationshungrigen Gärungsepoche um 1960 aufbrachen. Die politischen Etiketten und Programme, die dabei manchmal – genauer: selten – bemüht wurden, haben mit diesem Aufbruch der neuen musikalischen Energien, Eroberungslüste und Infragestellungen nichts zu tun.

III. Religion

Gesungene (Kirchen-)Reform?
Das Neue Geistliche Lied und sein Programm

Peter Hahnen

I. Köpfe

er ging schon lange nicht mehr zur kirche,
er sah das […] gehabe dieser kirchenleute […]
und er konnte das ganze nicht anders als dumm bezeichnen.

So kirchenkritisch beginnt der Text „Lesung aus Ezekiel" in der schöpferischen Neufassung von Wilhelm Willms (1930-2002), der diesen Text Anfang der 1970er Jahre nicht für eine neue Ausgabe des *Vorwärts* oder einen besonders deutlichen Leitartikel der *Frankfurter Rundschau* schrieb, sondern für den Sonntagsgottesdienst seiner katholischen Kirchengemeinde in Heinsberg (Bistum Aachen). Darin wird die Vision des Tempels heraufbeschworen, der sich erneuert und verschenkt. Statt in Riten zu erstarren, menschenvergessen und verblüffungsfest sich selbst genügend, wird die Kirche frische Quelle für Mensch und Schöpfung. Sich verschenkend, verflüssigt sie sich Stein für Stein und wird zu lebendigem Wasser, an dem die Menschen wie Bäume Wurzeln schlagen, weil sie hier finden, was man zum Leben braucht.

Der Autor, Priester und Poet, aufgewachsen am Niederrhein, Schüler jenes Düsseldorfer Gymnasiums, das schon Gustaf Gründgens besucht hatte, inhalierte die Bohème der Rheinmetropole mit ihrer Kunstakademie, suchte nach neuer Sprache das Alte auszudrücken und gehörte damit seit den späten 1960er Jahren zu den wichtigsten und besten Autoren neuer Kirchenlieder, so genannter „Neuer Geistlicher Lieder" (im folgenden: NGL).[1]

---

1   Vgl. das Gespräch mit Wilhelm Willms in: Peter Hahnen, *Das „Neue Geistliche Lied" als zeitgenössische Komponente christlicher Spiritualität*, Münster 1998, S. 444–457.

Ein weiterer Protagonist des NGL neben Willms war Alois Albrecht (Jahrgang 1936), Priester des Bistums Bamberg.² Albrecht, im katholischen Jugendverband KJG geistlicher Begleiter, schuf 1971 im Vorfeld eines Bundestreffens Liedtexte für neue gottesdienstliche Formen, die in der Presse u.a. als „Fußbodenmessen" von sich reden machten.³ Ihre Liedtexte sind Texte einer kritischen Kirchen- und ethischen Selbstreform.

> Wir haben einen Traum,
> der macht nicht blind,
> wir sehen.
> Befrei uns, Herr!
> Befreie uns!⁴

Der Reformenthusiasmus dieser nebenamtlichen Autoren („Liedermacher" nannten sie sich nicht), wurde wesentlich genährt durch die Aufbrüche des Zweiten Vatikanischen Konzils, jener Weltversammlung der Katholischen Kirche, mit der Papst und Episkopat (1962–1965) die „Fenster der Kirche weit aufstoßen" und die Kirche ins Heute holen wollten.⁵ Erstes Thema auf dem Konzil war die Reform des Gottesdienstes, der fortan die verständige Mitwirkung der Gemeinde anstrebte, also Volkssprache, Zeichenklarheit und aktive Mitwirkung (participatio actuosa) zum Ziel hatte.⁶ Auch die Erfahrung von weltweiter Gemeinschaft und Verantwortung rückte durch das Konzil stärker ins Bewusstsein. Statt Romzentrierung knüpften europäische Bischöfe und Theologen Kontakte zu Vertretern der jungen Kirchen Asiens, Afrikas und Lateinamerikas. Sie wurden, betroffen von den Nachrichten über die alltägliche und politische Situation, die dort herrschte, neugierig auf deren neue theologische Zugänge. Durch diese Begegnungen kamen die theologischen Ansätze der Inkulturation und der Befreiungstheologie zur Geltung.

So war die gottesdienstliche Reform vielfach nicht zu trennen von einer grundsätzlichen theologischen Infragestellung und Selbstvergewisserung. Die Begegnung mit der außereuropäischen Theologie blieb für manche kein einmaliges Ereignis und war mehr als nur Anlass zum Sammeln von Spenden. Eine wesentliche Rolle für geschriebene und gesungene Theologie kam hierbei dem

---

2   Vgl. das Gespräch mit Alois Albrecht, ebd., S. 358-366.
3   Vgl. hierzu ausführlich die historische Darstellung ebd., S. 244–255.
4   LP von Peter Janssens, *Wir haben einen Traum / Unser Leben sei ein Fest*, Telgte 1972.
5   Vgl. hierzu die ausführliche Darstellung in: Hahnen, *Das „Neue Geistliche Lied"*, S. 209–279 und die Selbstzeugnisse von Alois Albrecht, Fritz Baltruweit, Friedrich Karl Barth, Peter Horst, Peter Janssens und Wilhelm Willms, ebd., S. 358–458.
6   Vgl. Klemens Richter, *Liturgiereform als Mitte einer Erneuerung der Kirche*, in: ders. (Hrsg.), *Das Konzil war erst der Anfang. Die Bedeutung des II. Vatikanums für Theologie und Kirche*, Mainz 1991, S. 53–74.

Priester Ernesto Cardenal zu, der sich 1965 am Großen See von Nicaragua niedergelassen und mit der einheimischen Bevölkerung, Bauern und Fischern, eine Basisgemeinde gegründet hatte. Ihre Gottesdienste bedienten nicht mehr das klassische Schema Klerus – Nichtklerus, Sprechende – Hörende, sondern entwickelten z.B. im Bibelgespräch handfeste alltagsrelevante Hilfen. Unter dem Titel *Evangelium der Bauern von Solentiname* wurde 1976 eine Mitschrift dieser am Kampf gegen Ausbeutung und Somoza-Diktatur geschärften Bibelauslegungen im Wuppertaler Peter-Hammer-Verlag zum Bestseller.[7]

Willms, Albrecht, Cardenal waren nebenamtliche Lyriker und Liedtexter. Bindeglied all dieser Autoren war der Musikpädagoge, Theatermusiker und Komponist Peter Janssens (1943–1998) aus Telgte bei Münster. In einem Gespräch, das ich zwei Jahre vor seinem Tod mit Janssens führte, erinnert er sich:

„Man konnte an der weithin eingeschlafenen Kirchenmusik schier verzweifeln. [...] Erste Informationen sickerten durch über die anstehende Liturgiereform. Erst gab es eine ungeheure Sucherei. Allen war klar, dass auch die Kirchenmusik erneuerungsbedürftig war. Manche versuchten, neue Texte auf alte Melodien zu schreiben, andere versuchten es genau umgekehrt. Es gab den Leo Schuhen, den kannte ich vom Studium in Köln her. Der rief mich an und wollte mit engagierten Priestern eingedeutschte Spirituals mit einer Jazzband in einer Kirche spielen. Da bin ich also hingefahren, und siehe da: Das ging los wie Hölle! [...] In der Münsteraner Petrikirche machten wir einen Abend auf Psalmentexte von Romano Guardini ‚Mit lauter Stimmer rufe ich, Herr, zu Dir'. Unsere Besetzung war Orgel, Schlagzeug und Posaune. Die Reaktionen waren sehr interessant. Sofort war die Spaltung da: Die jungen Studenten [...] vom Priesterseminar waren teilweise begeistert. Kirchenmusiker mit klassischer Ausbildung waren empört. [...] Auch der Streit um Textinhalte war sofort da. Dürfen Themen wie Menschenrechte und Gerechtigkeit vorkommen im Gottesdienst oder nicht? Mein lateinamerikanisches Engagement spielte eine große Rolle dabei. [...] Mitte der 60er Jahre hatte ich als Musiker [...] eine Theatertournee durch Lateinamerika begleitet und dabei erste Texte von Ernesto Cardenal gefunden. Acht Monate tourte ich damals an einem Stück durch Lateinamerika. [...] In einer kleinen Buchhandlung, die gehörte einem belgischen Theologen, der vor den Nazis nach Buenos Aires geflüchtet war, stieß ich auf ein kleines Bändchen mit Texten von Ernesto Cardenal. Ende '64 kam ich zurück nach Deutschland und hatte mich sehr verändert. [...] Dann häuften sich Anfragen vom BDKJ und CAJ für Musik zu großen Treffen, und so ging das los und weiter. [...] Ich habe mich noch mal an der Universität in Münster eingeschrieben und nebenbei Soziologie, Musikwissenschaft und Geschichte studiert. Dort

---

7   Ernesto Cardenal, *Das Evangelium der Bauern von Solentiname*, Wuppertal 1976.

traf ich auf die ganze ‚linke' Soziologencrew: Krismanski und Dankwerth. Das waren die ‚Jungtürken' von Schelsky. Die Begegnung mit denen war immer sehr interessant. Die sagten natürlich: ‚Kirche kannste vergessen!' – Ich hielt meine Erfahrung dagegen, dass Kirche auch anders sein konnte.
Um diese Zeit herum publizierte der Peter-Hammer-Verlag die erste Psalmenübersetzung von Ernesto Cardenal in deutscher Sprache: *Zerschneide den Stacheldraht*. Mit dem Verlagschef verband mich eine Freundschaft, und auch Johannes Rau, damals noch Sonntagsprediger in Wuppertal, hatte damit zu tun. Diese Texte rannten bei mir offene Türen ein. Es kamen Anfragen, etwas damit zu machen, und ich vertonte das „Gebet für Marilyn Monroe" [von Ernesto Cardenal]. Dann kam der WDR [...], der in Kolumbien und über Ernesto Cardenal einen Film drehen wollte. Die stießen auf mich, weil sie gehört hatten, dass ich mich aufgrund meiner Tourneen dort etwas auskannte. Der deutsche Botschafter in Nicaragua hielt uns für bekloppt. Der bot uns ein Konzert im Haus des Diktators Somoza an. Ich weiß noch, wie der uns mit den Worten ziehen ließ: ‚Ich kann aber nicht für Ihre Sicherheit garantieren!' Der kritische Sandinismus fing da erst allmählich an."[8]

II. Profilbildung

Kompositionen des NGL entstanden im Rahmen der Akademiearbeit, die das Zweite Vatikanische Konzil begleitete und nachbereitete, oder anlässlich der Bundestreffen katholischer Jugendverbände (seit 1970), der Katholikentage, der evangelischen Kirchentage (z. B. mit der neuen Form der *Liturgischen Nacht* seit 1973) sowie für Jahresaktionen des kirchlichen entwicklungspolitisch engagierten Hilfswerks *Misereor* usw.

Die Lieder waren manches Mal vertonte „Befreiungstheologie" für hier und heute, sie appellierten aber nicht nur an ferne kirchliche Hierarchien, sondern nahmen die Sänger selbst in die Pflicht. Kein Werbetrick also zur Rekrutierung neuer Kirchgänger, sondern gesungene „Theologie des Volkes", fast schon mit „hochgereckter Faust" gesungen.

> In Ängsten die einen, und die anderen leben,
> Und die anderen leben, und sie leben nicht schlecht.
> In Hunger die einen, und wir anderen leben
> Und wir anderen leben, die im Hunger leben schlecht.
> Kyrie, Kyrie eleison, Herr, guter Gott, erbarme dich!

---

8   Aus dem Gespräch mit Peter Janssens, in: Hahnen, *Das „Neue Geistliche Lied"*, S. 422–443.

> Gefangen die einen, und die anderen leben
> Und die anderen leben und sie leben nicht schlecht.
> Geschunden die einen, und wir anderen leben
> Und wir anderen, die Geschundenen leben schlecht[9]

Ein Lied wie dieses war Gesellschaftskritik, die – ausgebaut zum liturgischen Ruf des *Kyrie eleison* – zahllose Gottesdienste jener Gemeinden bereicherte, die im Christentum nicht die kontingenzbewältigende oder verhübschende Zutat suchten, sondern denen es um eine Verbindung von Mystik und Politik ging. Pointiert gesagt, könnte man 1970 wegen *eines* neuen Lieds zu einem Wendejahr der Kirchenmusik erklären:

> Das könnte den Herren der Welt ja so passen,
> wenn erst nach dem Tode Gerechtigkeit käme,
> erst dann die Herrschaft der Herren,
> erst dann die Knechtschaft der Knechte
> vergessen wäre für immer.
>
> Das könnte den Herren der Welt ja so passen,
> wenn hier auf der Erde stets alles so bliebe.
> Wenn hier die Herrschaft der Herren,
> wenn hier die Knechtschaft der Knechte
> so weiterginge wie immer.
>
> Doch ist der Befreier vom Tod auferstanden,
> ist schon auferstanden und ruft uns jetzt alle
> zur Auferstehung auf Erden,
> zum Aufstand gegen die Herren,
> die mit dem Tod uns regieren.[10]

Als Peter Janssens 1970 diese Gedichtzeilen des Schweizer Pfarrers Kurt Marti auf eine Marschversion des Kirchenlieds „Christ ist erstanden" montierte, hatte die gesellschaftliche Protestbewegung endgültig ihr kirchliches Pendant und hatte der Kern der Szene des NGL seine „Hymne" gefunden. Solche Lieder waren gesungene politische Theologie, wie sie zeitgleich im Auditorium Maximum der Universität Münster vom Fundamentaltheologen Johann Baptist Metz gelehrt wurde. „Das Reich Gottes verhält sich nicht indifferent zu den Welthandelspreisen", war ein Diktum, das diese weltgewisse Theologie

---

9 „Kyrie guter Gott", LP *Leben wird es geben*, Telgte 1975.
10 „Anderes Osterlied", LP *Wir können nicht schweigen*, Telgte 1970.

auf ihre Fahnen schrieb. Statt eines dogmatisch wasserfesten *Gottes*bildes entwickelte man ein solidarisches *Jesus*bild.[11]

> Jesus, der Menschensohn,
> kam nicht sich bedienen zu lassen.
> Er diente anderen und setzte sein Leben ein
> uns zu befrei'n.[12]

So lautete 1971 einer der neuen Refrains, die Kritik an gestrigen Pfarrherren übten. Die Kritik des NGL war aber wesentlich Selbstkritik seiner Sängerinnen und Sänger: Der Song „Worauf es ankommt, wenn er kommt" bot in acht Strophen (von denen zwei nachfolgend zitiert werden) nicht weniger als 31 selbstreflektierende Fragen.[13]

> Der Herr wird nicht fragen:
> Was hast du gewusst?
> Was hast du Gescheites gelernt?
> Seine Frage wird lautet:
> Was hast du bedacht?
> Wem hast du genützt um meinetwillen?

> Der Herr wird nicht fragen:
> Was hast du bereist?
> Was hast du dir leisten können?
> Seine Frage wird lauten:
> Was hast du gewagt?
> Wen hast du befreit um meinetwillen?[14]

Dazu gehörte jeweils die Ermahnung durch den Refrain:

> Jetzt ist die Zeit,
> jetzt ist die Stunde,
> heute wird getan oder auch vertan,
> worauf es ankommt, wenn ER kommt.

---

[11] Vgl. Hahnen, *Das „Neue Geistliche Lied"*, S. 273–277.
[12] Schlusslied der Messe „Wir haben einen Traum", Text: Alois Albrecht, Musik: Peter Janssens, LP *Wir haben einen Traum / Unser Leben sei ein Fest*, Telgte 1972.
[13] Vgl. Peter Deckert u. a., *NGL - Neue Geistliche Lieder – vorgestellt*, in: *Musica Sacra*, H. 3/1992, S. 208.
[14] LP *Worauf es ankommt, wenn ER kommt. Lieder und Meditationsmusik zum Misereor-Hungertuch aus dem Mittelalter*, Aachen 1980.

Der imperativische Charakter solcher Kirchenlieder war unüberhörbar. Gottesdienst durfte kein Gottesdienst mit dem Rücken zur Welt sein.

Ernesto Cardenal übertrug den 57. Psalm ins Heute, und Peter Janssens vertonte für eine LP:

> Ihr Herren Verteidiger von Recht und Ordnung, [...].
> Die Freiheit, von der ihr sprecht,
> ist die Freiheit des Kapitals.
> Eure ‚freie Welt' ist die Welt der Ausbeutung.
> Euer Recht ist das Recht der Gewehre. [...]
> Euer ist die Polizei,
> euer sind die Richter.
> In euren Gefängnissen sitzen weder Großgrundbesitzer noch Bankiers.[15]

Um nicht missverstanden zu werden: Es ging nie um rein politische Programme. Selbst ein Autor wie Ernesto Cardenal, der in seinem Werk *Die Vision*[16] postulierte, „Kommunismus oder Gottes Reich auf Erden / das ist gleich", war in seinem Engagement getragen und motiviert durch eine tiefe persönliche Mystik, die er ebenso öffentlich machte wie seine politische Überzeugung. Ein Auszug aus seiner Kantate „Leidenschaft unendlich":

> Gott ist die Liebe,
> und der Mensch ist auch die Liebe,
> weil er nach Gottes Bild und Gleichnis gemacht ist.
> Auch Gott ist ein einziger Liebesschrei.
> Eine unendliche Leidenschaft und ein unendlicher Durst nach Liebe.
>
> Sogar fern von Gott bewahren wir
> in unserem Wesen und in all unseren Bewegungen
> eine Erinnerung an ihn, von dem wir ausgegangen sind.
> Wir sind wie die Fische,
> die im Aquarium noch immer
> eine Erinnerung ans offene Meer bewahren
> und sich jeden Tag im gleichen Rhythmus mit Ebbe und Flut bewegen
> auch wenn sie meilenweit vom Meer entfernt sind."

Der Grund des Politischen im NGL war das Geistliche; maßgebend war der Wille, die gute Nachricht (Evangelium) in unsere Zeit und Kultur zu „überset-

---

15 LP *Wir hören schon die Musik*, Telgte 1974.
16 Ebd.

zen". Gottesdienst als *Museum* war der Gegner, und der *Marktplatz* mitten in der Stadt war das Forum, auf dem man diese Botschaft open air verhandelt wissen wollte.

III. Alternativen

Auf solche Bewegung hatten längst nicht alle gewartet. Die Frage nach der popularkulturellen Inkulturation kirchlichen Lebens wurde von anderen Protagonisten anders gelöst. Show- und Schlagerstars wie Caterina Valente, Bruce Low und Freddy Quinn versuchten sich auf diesem jungen Marktsegment. Die Titel passten sich dem gängigen Schlagerniveau an: „Der Boss ist nicht hier", „Gottes Kinder brauchen keine Schuhe" oder „Himmlische Wochenschau" waren einige der Titel.[17] Bereits 1961 hatte der Wettbewerb der renommierten Evangelischen Akademie Tutzing die Suche nach christlicher Schlagermusik gefordert. Dessen Siegertitel wurde der noch heute zu hörende Hit „Danke", der aber nach Auskunft seines Schöpfers Martin Gotthard Schneider nicht für den Gottesdienst (sondern eben für die Hitparade) geschrieben ist – was jedoch Tausendschaften von Liturgieverantwortlichen von seiner Verwendung nicht abhielt und abhält.[18]

Das NGL hatte von Anbeginn seine Gegner. Die Reaktionen offizieller Vertreter der Musica Sacra ließen nicht auf sich warten. Bezeichnungen wie „Aftermusik" (Otto Söhngen)[19] waren nicht selten; sogar Morddrohungen wie „Man müsste die alle totschlagen" (Peter Bares)[20] kamen vor. Hoch schlugen die Wellen, als die katholischen Bistümer deutscher Sprache 1975 ein einheitliches Gebet- und Gesangbuch mit vorwiegend alten Liedern und Chorälen einführten. Das NGL war endgültig zur Existenz als Flugblatt verdammt worden. Die seinerzeit gängigen Spiritusmatrizen dürften in die Hunderttausende gegangen sein.

Auf evangelischer Seite entwickelte sich ein separater Zweig christlicher Pop-/Rockmusik, der stark kommerziell orientiert war und weniger liturgische Aufbrüche als vielmehr Evangelisierung in Rundfunk und Charts anstrebte. Diese „Christian Contemporary Music" zeichnete sich durch theologische Zurückhaltung und eher introvertierte, spirituelle Selbstfürsorge aus. Der Trend ist zeitlos. Bei den großen Labels wie Sony, Warner, EMI und WEA ist dies

---

17 Vgl. Hahnen, *Das „Neue Geistliche Lied"*, S. 234–239.
18 Vgl. ebd. und: *Danke. Neue geistliche Lieder aus dem 1. Wettbewerb der Evangelischen Akademie Tutzing*, hrsg. von Günter Hegele, Regensburg 1963.
19 Otto Söhngen, *Das Lied der Kirche. Zum 60. Geburtstag von Wilhelm Ehmann*, hrsg. von Gerhard Mittring und Gerhard Rödding, Darmstadt 1964, S. 13-31, hier: S. 19.
20 Interview von Friedrich Riehl mit Peter Bares anlässlich der 20. Studienwoche für neue geistliche Musik; in der Sendung „Mosaik", WDR 3 Hörfunk vom 13. März 1995.

längst ein regulärer Markt, der Zuwachsraten von jährlich rund 20% verzeichnet. Neben evangelischen/evangelikalen Labels wie ASAPH oder Pila haben die Marktführer eigene Segmentlabels (Forefront, StarSong oder Sparrow) im Portfolio. Der Sänger Michael W. Smith konnte bereits vor zehn Jahren auf über sechs Millionen verkaufte Tonträger verweisen.[21]

IV. Funktionen

Das NGL mit seinem befreiungstheologischen, inkulturierenden Impetus verfügte als Ausdrucks- und Wirkungshandeln über ein erhebliches identitätsstiftendes Potenzial.[22] Hier wurde nicht konsumiert, sondern singend partizipiert. Griffige Texte, packende Musik und eine Anwendersituation, die den Einzelnen „einstimmen" ließ in eine Communio, wirkten stark. Das Zusammenspiel von Text, Musik und Situation gerierte Involvement, jene effektive Melange aus Augenblick, Raum und Gerüchen, Geräusch und Melodie, die sich einprägt und Selbst-Bewusstsein formt.[23]

Das NGL hatte die Qualität eines Erkennungszeichens, bot Komponenten lebensgestaltenden Profils und war mit diesen Eigenschaften beziehungsfördernd. Es verfügte über einen emanzipatorischen Akzent, der Distinktionspotential gegenüber Fremdbestimmung und Bedeutungspotential für alternative Lebensentwürfe bot. Als körperlich stimulierendes Erlebnis bot das Beat-orientierte NGL identitätssubstituierende Selbsterfahrung. Seine stimulierenden Effekte waren unübersehbar.

So manches Mal hörte man sonntags die Türen schlagen, wenn Gottesdienste mit der Musik „dieser linken Flügelflitzer" begannen. Neben dem neuen Liedblatt verteilte man in den Bänken Flugblätter gegen den Rüstungswettlauf und im weiteren Verlauf der 1980er Jahre kam als weiteres Thema die Bewahrung der Schöpfung hinzu.

---

21 Vgl. Magazin *EXACT!* Heft 5/1996, S. 17 und 9/1996, S. 14.
22 Vgl. hierzu ausführlich Hahnen, *Das „Neue Geistliche Lied"*, S. 285-352.
23 Grundsätzliches bei Dieter Baacke, *Beat – Die sprachlose Opposition*, München 1968, S. 67ff. Ders., *Intensität als Stil*, in: Willi Bucher und Klaus Pohl (Hrsg.), *Schock und Schöpfung. Jugendästhetik im 20. Jahrhundert*, Darmstadt/Neuwied 1986, S. 81-85, hier: 81f. Ilse Storb, *Beat – soziologisch gesehen*, in: *Musik und Bildung* H. 3/1972, S. 189-193; Hans J. Limburg, *Die Frage nach dem Stellenwert von Beat und Pop im Leben Jugendlicher*, in: *Musik und Altar* H. 1/1972, S. 64-71, sowie Hahnen, *Das „Neue Geistliche Lied"*, S. 294–300.

V. Stand der Dinge

Längst hat sich das Bedingungsfeld des NGL geändert: Ein Lied des kirchlichen Aufbruchs, der Kirchenreform und ethischen Selbstbefragung kann ohne entsprechendes gesellschaftliches Klima schwerlich existieren. Die derzeit postulierte „Wiederkehr des Religiösen", etwa beim Weltjugendtag im Sommer 2005 mit seinen vielen hunderttausend Teilnehmern, wird leicht überschätzt. Auch innerkirchliche Beobachter warnen vor inhaltsleerer Eventisierung und Sentimentalisierung. Ein profiliertes NGL, das dem entgegenwirken könnte, hat es da schwer. Der Weltjugendtag griff vornehmlich auf musikalische Importware zurück. Andererseits hat sich die Szene nahezu ins Unüberschaubare diversifiziert: Immer mehr Menschen texten, komponieren und publizieren.[24] Viele der Protagonisten von einst sind verstorben (Peter Janssens, Wilhelm Willms) oder verstummt (Alois Albrecht, Ludger Edelkötter). Andere haben sich dem lukrativen Kinderlied zugewandt (Detlev Jöcker). Das NGL ist nicht mehr gefährlich, es ist gefährlich selbstverständlich geworden.

Als Peter Janssens in den frühen 1970er Jahren die „Vision" veröffentlichte, sangen in den wachen Gemeinden hunderte (nicht nur junger) Christen von einer Hoffnung, die sie handfest, aktuell und konkret machen wollten:

> Ich singe ein Land, das bald geboren wird.
> Nur der Mensch, der Mensch muss noch kommen.
> Wir sind noch nicht im Festsaal angelangt
> aber wir sind eingeladen.
> Wir sehen schon die Lichter und hören die Musik.[25]

In der Auseinandersetzung mit Musikkulturen zwischen Protest und Utopie nach 1968 darf das NGL nicht fehlen. Es war die musikalische Signatur eines Aufbruchs, der zwar nicht identisch, wohl aber verwandt war mit Ungeduld und Vision einer besseren Welt. Ich kenne Viele, die dankbar und nicht nur in Verklärung an diese Zeit zurückdenken. Die Musik hatte damals nicht nur einen Markt, vor allem hatte sie Gegner. Für ein Leben, das noch etwas spüren will, ist das nicht die schlechteste Ausgangssituation.

---

24 Vgl. Peter Hahnen, *Wider die Genügsamkeit beim Singen „Neuer Lieder"*, in: *Katechetische Blätter. Zeitschrift für Religionsunterricht, Gemeindekatechese, Kirchliche Jugendarbeit*, H. 5/2005, S. 383-385.
25 LP *Wir hören schon die Musik*, Telgte 1974.

Aufbruch zur Neuen Musik in der Kirche oder der Ruf nach Wahrheit. Die ästhetischen Positionen der Reihe *neue musik in der kirche* / *Wochen für geistliche Musik der Gegenwart* 1965–1983

Daniela Philippi

Betrachtet man die verschiedenen Strömungen der Kirchenmusikpflege, die in der zweiten Hälfte des 20. Jahrhunderts teils nebeneinander existierten, teils in Abfolge aufgekommen sind, wird offensichtlich, dass vorhandene Tendenzen zwar die Entstehung weiterer Bewegungen bedingen, deren Fortbestand und Wirkkraft jedoch von gezielter Aktivität abhängig ist. Zudem bilden im Hinblick auf die Adaptation Neuer Musik und Musikströmungen im kirchenmusikalischen Bereich spezifische Kontexte eigene Voraussetzungen. In den 1960er Jahren zeigten sich vereinzelt Bestrebungen, Elemente der jüngsten Musikentwicklungen in geistlichen Werken oder Kompositionen für Orgel zu erproben. Ein bedeutendes Forum entstand parallel hierzu mit der Kasseler Reihe *neue musik in der kirche*, die in den ersten Veranstaltungsjahren (1965–1969) den Namen *Woche für geistliche Musik der Gegenwart* trug. Anhand zeitgenössischer Dokumente soll aufgezeigt werden, welche Motivationen und Absichten die Initiatoren zur gewählten Veranstaltungsform und zu ihrer Programmgestaltung führten. Inwieweit in alledem zeittypischer Protest seinen Niederschlag fand, sei ergänzend reflektiert.

Mit dem Wiederaufbau der im Zweiten Weltkrieg zerstörten Martinskirche in Kassel (Einweihung am 1. Juni 1958) und der zwei Jahre später folgenden Besetzung des Kantorenamtes waren seit Kriegsende erstmalig wieder die elementaren Bedingungen für eine musikalische Arbeit der Evangelischen Kirche in Kassel geschaffen.[1] In das von der Landeskirche ausgeschriebene Kantorenamt wurde Klaus Martin Ziegler (1929–1993) berufen. Der damals einunddreißigjährige Musiker hatte zuvor als Kantor an der Christuskirche in Karlsruhe

---

1 Die Chororgel wurde 1957 fertig gestellt (Orgelbau Hammer, Hannover), ein Umbau erfolgte 1964 (Orgelbau Bosch, Kassel); vgl. die Angaben in dem Heft *10 Jahre Kantorei an St. Martin / 5 Jahre Vokalensemble Kassel*, hrsg. von der Kantorei an St. Martin, Kassel [1970], S. 32.

(1954–1960) gewirkt, war in der kirchenmusikalischen Ausbildung tätig gewesen[2] und ließ Innovation erwarten. In den Jahren 1960 bis 1965 leistete er an St. Martin musikalische Aufbauarbeit, die gemäß Dienstauftrag vor allem darin bestand, „einen übergemeindlichen Chor zu bilden und das kirchenmusikalische Leben der Stadt Kassel zu intensivieren".[3] So gründete er 1960 die Kantorei, ließ eine für alte wie neue Musik geeignete Orgel bauen,[4] brachte wichtige Werke der Musikgeschichte[5] und auch jüngere Kompositionen[6] zur Aufführung und informierte seine Rezipienten in Gesprächskonzerten oder Vorträgen über die präsentierte Musik.

Zieglers Bestreben, eine „lebendige Kirchenmusik" zu realisieren, fand Rückhalt in den Erwartungen aufmerksamer Betrachter; eine konkrete Benennung findet sich in dem am 31. Mai 1958 erschienenen Bericht der *Hessischen Nachrichten*:

„In diesen Tagen richten sich unsere Augen erwartungsvoll auf die Martinskirche, und wir verhehlen nicht, dass wir sehr viel von der Zukunft erwarten, weil der geographisch-zentralen Lage des Gotteshauses entsprechend hier ein neues Zentrum kirchenmusikalischer Praxis in unmittelbarer Verbundenheit mit der Gemeinde geschaffen werden muss, manifestiert durch eine starke Persönlichkeit, die gleichermaßen als Organist wie als Chorerzieher von hoher Qualität sein muss und die, mit weiten Vollmachten ausgestattet, das neben den profanen Aufgaben des Staatstheater-Orchesters und seines musikalischen Oberleiters bedeutsamste sakrale musikalische Amt in Kassel und in unserem nordhessischen Raum auszufüllen im Stande ist."[7]

Als Ziegler im Jahr 1965 zu seiner *Ersten Woche für geistliche Musik der Gegenwart* einlud, hatte er seine musikalische Aufbauarbeit also nicht nur von einer geeigneten Infrastruktur ausgehend leisten können, sondern es gab auch eine auf-

---

2 1957–1960 Leiter der Kirchenmusikabteilung an der Badischen Hochschule für Musik in Karlsruhe; vgl. Klaus Röhring (Hrsg.), *neue musik in der kirche 1965–1983. Referate – Predigten – Dokumentation: 20 Jahre Neue Musik an St. Martin, Kassel*, Hofgeismar [1983], S. 305.
3 Gerhard Schumacher, *Singen als Verkündigung und gesellschaftliche Aufgabe*, in: *10 Jahre Kantorei*, S. 7–10, hier: S. 7.
4 Die Hauptorgel wurde 1964 fertig gestellt (Orgelbau Werner Bosch, Kassel). Vgl. ebd., S. 31.
5 Claudio Monteverdi, *Magnificat*, Heinrich Schütz, *Weihnachtshistorie*, Johann Sebastian Bach, *Matthäuspassion*; vgl. hierzu Bernd Müllmann, *Begegnung von Kirche und Welt*, in: *Festschrift zum 25jährigen Bestehen der Kantorei an St. Martin und zum 20jährigen Bestehen des Vocalensembles Kassel*, hrsg. von der Kantorei an St. Martin, Kassel 1985, S. 31–52, hier: S. 36–37.
6 In den 1960er Jahren von Komponisten wie Hugo Distler, Wolfgang Fortner, Olivier Messiaen, Siegfried Reda, Igor Strawinsky u. a.; vgl. die Dokumentation in: *neue musik in der kirche 1965–1983*, S. 227–308.
7 Zit. nach Hans Wagner, *Die Orgel zwischen kompositorischer Avantgarde und kirchlicher Funktion. Studien zu der Veranstaltungsreihe* neue musik in der kirche, Diss. Mainz 2006, S. 79, Fußnote 79.

merksame Öffentlichkeit, die mitverfolgte, was der junge Kantor da auf die Beine stellte.[8]

Wie bereits in den Jahren zuvor, war Ziegler begleitend zu seiner Veranstaltungsreihe darum bemüht, seine Vorstellungen und ästhetischen Überzeugungen in verbaler Form zu verbreiten. Zentral waren für ihn immer wieder die Spannung zwischen dem künstlerischen Eigenwert einer Komposition und ihrer Funktion im kirchenmusikalischen Kontext sowie die Notwendigkeit einer Musik der Gegenwart. Im Begleitheft zur ersten Woche heißt es:

„Eine Musikkultur wird nur dann als wirklich lebendig gelten können, wenn sie auch dem künstlerischen Spiegelbild der jeweiligen Gegenwart, der musica nova, genügend Beachtung schenkt. In der Kirchenmusik gilt das in besonderer Weise dort, wo es um eine aktuelle Form der Verkündigung, des Lobpreises oder auch des Bekenntnisses geht. Neuere Theologie sucht immer nach Wegen, das Wort Gottes in der augenblicklichen Situation zur Sprache zu bringen. Hierbei scheint uns die neue Musik für unsere Zeit adäquate Ausdrucksmöglichkeiten zu eröffnen. Freilich werden vom Komponisten wie vom Hörer ein hohes Maß an geistiger und geistlicher Wahrhaftigkeit und ein offener Blick für die Gegebenheiten unserer Zeit verlangt."

Als Zerreißprobe stellte sich allerdings immer wieder die Diskussion um die Frage nach der „geeigneten" neuen Musik heraus, die sich vor allem an avantgardistischer Musik entzündete. Trotz Beachtung der liturgisch-praktischen Bedingungen formulierte Ziegler 1967 hierzu eine vehemente Position:

„Will die neue geistliche Musik in unserer Zeit und damit als Stimme unserer Zeit ernst genommen werden, wird sie sich den Eigengesetzen der Musik heute nicht entziehen können. Experimentelle Versuche werden unumgänglich sein. Wieweit kann aber die Gemeinde hierbei mitgehn? Wieweit muß sie überhaupt mitgehen können?"[9]

Mit der Umbenennung der Veranstaltungsreihe zu *neue musik in der kirche* im Jahr 1971 verband sich dann eine inhaltliche Modifikation des Anspruchs in Richtung „Informationsplattform": In Kassel sollten neue Stücke auch unbekannter Komponisten der Öffentlichkeit präsentiert werden, und es sollte zudem ein Forum für Musikschaffende sein, das gleichermaßen „theologische, philosophische, soziologische und aufführungspraktische Aspekte"[10] mitbeach-

---

8   Im gleichen Jahr noch, aber nach der ersten Veranstaltungswoche, gründete Ziegler einen zweiten, überwiegend aus professionellen Musikern bestehenden Chor, das Vocalensemble Kassel (ca. 35 Mitglieder).
9   Klaus Martin Ziegler, *Geistliche Musik in unserer Zeit. Wochenendgespräch in der Evangelischen Akademie Hofgeismar vom 7. bis 8. April 1967*, abgedruckt in: *neue musik in der kirche 1965–1983*, S. 52.
10 So lautet Klaus Martin Zieglers Anspruch 1970, und er wird von Klaus Röhring, der seit Mitte der 1970er Jahre Mitorganisator der Reihe war, in seinem 1983 verfassten *Rechenschaftsbericht*

tete. Diese Richtungskorrektur findet sich in den Programmen insofern wieder, als die drei ersten Veranstaltungswochen zahlreiche Werke der vorangegangenen Jahrzehnte zur Aufführung brachten, was mit einem Nachholbedarf bezüglich der Werkkenntnis zu begründen ist. Doch dieser Nachholbedarf bedurfte offensichtlich – zumindest nach Ansicht der Veranstalter – zu Beginn der 1970er Jahre keiner weiteren Sättigung. Man richtete das „Augenmerk viel stärker auf die augenblicklichen Erscheinungen, vielleicht sogar auf die Zukunft".[11]

Gemäß Zieglers ästhetischem Standpunkt kommt der Kirchenmusik die gleiche „künstlerische Kategorie" zu wie anderer Musik.[12] Er widerspricht damit all jenen Musikhistorikern und -kommentatoren, die der Kirchenmusik in Anbetracht ihrer funktionalen Bindung generell einen nur minderen ästhetischen Wert zugestehen, und begründet seine Ansicht in Anlehnung an seinen Kompositionslehrer Siegfried Reda mit dem Faktum, dass auch die Kirchenmusik „in ihrer handwerklich-technischen und musikalisch-künstlerischen Gestalt […] all den Gesetzen und Maßstäben unterworfen [ist], die in jeder musikalischen Kunst richtungsweisend sind".[13] Dieses durchaus schlagkräftige Argument konkretisiert er in der Benennung all jener kompositorischen Mittel und Methoden, die in den 1960er Jahren zum kompositorischen Vokabular avantgardistischer bzw. fortschrittlicher Prägung zählten, wie etwa die serielle Technik oder Atonalität, Elemente des Jazz, Erzeugung von Geräuschen durch spezielle Spieltechniken auf traditionellen Instrumenten oder der Einsatz elektroakustischer Instrumente. Ein Vokabular, das laut Ziegler der Kirchenmusik ebenso wie der allgemeinen Musik als Materialbasis dient. Der hiermit einhergehende Anspruch auf die Bewertung der Kirchenmusik als autonome Kunst steht jedoch in Konfrontation zu der insbesondere in der ersten Hälfte des 20. Jahrhunderts gepflegten und darüber hinaus fortgesetzten Richtung der „erneuerten Kirchenmusik", die der liturgischen Funktion untergeordnet wurde. Zieglers Forderung nach einer autonomen Kirchenmusik zeigt einen ästhetischen Wertewandel an, der in seiner Konsequenz, d. h. in zahlreichen Konzert- und Gottesdienstprogrammen der Reihe *neue musik in der kirche* als provokatives Potenzial erkennbar wird. An die Stelle der Funktionsgebundenheit tritt dabei die von der neueren Theologie geforderte ehrliche Stellungnahme des Gläubigen, das „Selbstzeugnis als Antwort des Menschen auf den Anruf Gottes".[14] Schließlich beruht der Hinweis auf die Notwendigkeit zeitgenössischer

  wieder aufgegriffen; zit. nach Wagner, *Die Orgel zwischen kompositorischer Avantgarde und kirchlicher Funktion*, S. 88.
11 Ebd., S. 89. Vgl. auch weiter unten.
12 Er führte dies in einem zweiteiligen Vortrag für den Hessischen Rundfunk (8. und 15. Dezember 1964) aus, in dem er auch zahlreiche Tonbeispiele mit zeitgenössischen geistlichen Kompositionen präsentierte; vgl. Wagner, *Die Orgel*, S. 92 und die Nennung der Tonbeispiele auf S. 458.
13 Ebd., S. 92.
14 Ebd., S. 94.

Musik in der Kirche auf der Annahme bzw. Erkenntnis, dass nur sie den Artikulations-Bedürfnissen des heutigen Menschen gerecht werden kann; daneben hätten Werke der Musikgeschichte ebenso die Kraft, die heutigen Menschen zu berühren, blieben aber sozusagen Boten aus einer ferneren Welt.

Aus Sicht des erst seit 1975 in den engeren Umkreis der Kasseler Reihe gehörenden Klaus Röhring[15] muss die Neue Musik, deren Beginn er an das Ende des Zweiten Weltkrieges und seiner Schrecken bindet, auch den „Schmerz in das Medium des Klangs übersetzen."[16] Röhring begründet seine Datierung wie folgt: „Das Bewusstsein, wieder frei atmen und sich äußern zu können, förderte damals die Bereitschaft zum Neuen, zum wirklichen Neuansatz, hindurchgegangen durch die Erfahrung unendlichen Leidens, einer grauenvollen Apokalypse."[17] Bezeichnenderweise gehört Röhring jedoch nicht zu einer Generation, die das Elend des Krieges bewusst erlebt hat; vielmehr dokumentiert er das, was seine frühe Kindheit prägte, was er als junger Mensch von den Älteren erzählt bekam und was er durch die Rezeption diverser Zeit-Dokumente erfahren musste, sowie die Spannung, die aus der Tatsache erwächst, dass vieles von vielen verschwiegen wurde. Die gegenwartsbezogene gesellschaftliche Stellungnahme spiegelt sich in der Forderung nach einer Neuen Musik, die Frage, Anklage, Kritik und Appell ist, der es fern liegt, „lediglich schönen Klang" zu erzeugen. Neue Musik sei nicht negativ,[18] sie wende sich aber gegen die dominierenden Hör- und Konsumgewohnheiten, sie wolle „aufstören" und sich durch die „Praktiken der Kulturindustrie" nicht „den Stachel ziehen" lassen.[19] Und in diesem „nicht an den Leiden Vorbei-Komponieren" sei Neue Musik „im umfassenden Sinn geistliche Musik".[20] „Sie predigt nicht bloß kirchliches Dogma, sondern schildert die Welterfahrung des Menschen und erkennt diese als die Selbsterfahrung Gottes."[21] Die immer wieder diskutierte Frage, welche Musik Geistliche Musik sei, ist hier mit einem klaren Bekenntnis zur Wahrheit des Ausdrucks beantwortet. Dabei wird die „Welt des Christentums" nicht mehr als ein begrenzter Raum begriffen, sie sei eher ein „Prozess" an dem die Neue Musik teilhaben solle. Kirchenmusik ist somit nicht mehr Repräsentationskunst,

---

15 Klaus Röhring (*1941), 1975–1983 Studienleiter an der Evangelischen Akademie Hofgeismar und in dieser Zeit Mitorganisator der Reihe *neue musik in der kirche*. Ebenso Mitorganisator der *Internationalen Frühjahrsakademie für zeitgenössische Orgelmusik* und der Internationalen Orgelwoche in Nürnberg. 1968–1972 Studienleiter an der Evangelischen Akademie Tutzing, 1972–1975 Gemeindepfarrer an St. Markus in München. Vgl. die Angaben bei Wagner, *Die Orgel*, S. 97.
16 Klaus Röhring, *neue musik in der welt des christentums*, München 1975, S. 8.
17 Ebd., S. 7.
18 „Neue Musik ist aber nicht negativ, auch wenn man da und dort sich als Ensemble oder als Ergebnis musica negativa nennt." Röhring, *neue musik*, S. 9.
19 Ebd., S. 13.
20 Ebd., S. 9.
21 Ebd., S. 12.

sie ist gerichtet auf die Erfahrungswelt des Individuums. Die theologische Dimension zeige sich in der Lösung von einem engen Kirchenmusik-Begriff und der Öffnung durch Einbeziehung, das heißt, Musik wird verstanden als Transformation des Geistes. In diesem Sinne kann Neue Musik „in die Kirche eingebracht werden, in der Ausweitung der damit gegebenen (und in ihr Klang gewordenen) Differenz von Religion und Kirche."[22] Obwohl die Freiheiten der Neuen Musik auch ganz praktische Probleme mit sich bringen – man denke an die Notation und an Fragen der Interpretation – steht das Ideal der Freiheit doch ganz deutlich als Ziel dieser Ästhetik im Raum: „Was soziologisch ‚herrschaftsfreie Gesellschaft' heißt und theologisch ‚Gemeinschaft der Heiligen', das will sich im musikalischen Prozess darstellen, zumindest abschatten [sic]. Ein Freiraum soll entstehen, wo solches ‚a-sozial', spielerisch, mitspielend, hörend eingeübt werden kann."[23] Ausgehend von diesem Verständnis steht die liturgisch-gottesdienstliche Musik in einer inspirierenden Spannung zur freieren artifiziellen Musik. Ziegler vergleicht sie mit den alten biblischen und liturgischen Texten des Gottesdienstes, die mit ihren Traditionen ebenso in eine Interpretation der Gegenwart hineingeholt werden.

Unternimmt man eine überblickshafte Durchsicht der insgesamt zehn Programme der als Biennale veranstalteten Reihe, fallen zunächst die unterschiedlichen Präsentationsformen auf. Neben Orgel- und Chorkonzerten gehörten Gottesdienste und Interpretationsseminare zum Angebot; zudem wurden einige Konzertwochen mit einer Tagung kombiniert, so dass auch Vorträge mit zum Programmablauf zählten.[24] Seltener finden sich Studio- oder auch Nachtkonzerte.

Aufgrund des Umfanges der zehn Programme würde eine Gesamtdurchsicht im gegebenen Rahmen mehr verwirren als einen Eindruck vermitteln; daher sollen lediglich zwei Veranstaltungswochen näher beleuchtet werden. Mit Blick auf den zeitlichen Fokus unseres Themas seien hier die Veranstaltungen der Jahre 1969 und 1971 ausgewählt. Während für die frühere von beiden, d. h. die dritte *Woche für geistliche Musik der Gegenwart* eine stärkere Einbeziehung experimenteller Kompositionen erkennbar ist, stand in der vierten, die – wie zu Beginn bereits erwähnt – die Namensänderung zu *neue musik in der kirche* erfuhr, zudem die Frage nach dem spezifisch Geistlichen der neuen Musik im Vordergrund. Ihrer Verknüpfung mit einer Tagung mag es zuzurechnen sein,

22 Ebd., S. 35.
23 Ebd., S. 46.
24 So bei der vierten Woche im Jahr 1971 (14.–18. April), in deren erster Hälfte eine Tagung mit dem Titel *Neue geistliche Musik* in der Evangelischen Akademie Hofgeismar (14.–16. April) inbegriffen war, so dass einige Vorträge am Veranstaltungsort der Konzertreihe in Kassel geboten werden konnten. Ähnliche Konstellationen gab es bei der zweiten, fünften und sechsten Veranstaltungswoche, bei der siebten im Jahr 1977 fand zudem eine Kombination mit der *documenta* und den *kasseler musiktagen* statt.

dass an der Planung des Programms der vierten Woche neben Klaus Martin Ziegler auch Dieter Schnebel, Gerd Zacher und Heinz Enke mitwirkten.

Die Programmzusammensetzung des Jahres 1969 zeigt ein außerordentlich breites Spektrum. Es reicht von der Integration des Jazz über die Erprobung neuer Spieltechniken für alte und neue Musik bis hin zu einem Interpretationsseminar neuer Chormusik mit Clytus Gottwald. Mehrere Künstler dieser verschiedenen Richtungen neuer Musik beteiligten sich persönlich an den Präsentationen, so etwa Wolfgang Dauner oder Gerd Zacher.[25] Neben der auch kompositorisch auf neue Techniken gerichteten Zielsetzung einiger Stücke, wie *Harmonies* von György Ligeti oder *Fixations* von Arne Mellnäs, spielte in anderen Provokation eine erhebliche Rolle; dies vor allem in Reinhold Finkbeiners *geistliche musik. ... perlen ... vor die säue* für Bariton, Sprecher und zwei Instrumentalgruppen, das im Programmheft als Antistück beschrieben wird. Die 1971 vorgestellte Konzeption zeigt eine allmähliche Loslösung von der vehementen Auseinandersetzung mit Konventionen. Zugleich intensivierte sich die Erkundung der Integrationsmöglichkeit neuester Musik in den Gottesdienst sowie die ästhetische Diskussion der Frage, inwieweit Kunst als autonom oder als „das Geistliche in sich tragend" bestimmbar sei. Insgesamt konzentrierte sich die Auswahl der Werke 1971 stärker als zuvor auf solche aus jüngster Zeit. Mit Ausnahme der Vokalnummern *Missa est* aus dem Werk-Zyklus *Für Stimmen* von Schnebel, die in den Jahren 1956 bis 1968 entstanden, stammten alle Kompositionen ausschließlich aus den 1960ern sowie den Jahren 1970/71.[26] Trotz der programmatisch spürbaren Veränderung kamen in jeder der beiden Veranstaltungswochen sechs Stücke zur Uraufführung. In der regionalen und überregionalen Presse fanden beide Veranstaltungswochen große Aufmerksamkeit, dabei wurde die herausragende Stellung der Reihe als ein Forum für die Neue Musik in der Kirche betont und mit jener der *Donaueschinger Musiktage* und der *Darmstädter Ferienkurse* für die profane Neue Musik verglichen. Bemerkenswert

---

25 Wolfgang Dauner beteiligte sich an der Interpretation seines *Psalmus spei* für Chor und Jazz-Solisten, Gerd Zacher stellte seine Interpretationskomposition *Contrapunctus I* aus der *Kunst der Fuge* von Johann Sebastian Bach vor.
Vgl. die vollständige Nennung der Konzertprogramme im Anhang bei Wagner, *Die Orgel*, S. 353–357.
26 Nachdem Bernd Alois Zimmermanns Solokantate *Omnia tempus habent*, die im Jahr 1969 auf dem Programm stand, als Orientierungshilfe bewertet worden war, realisierte man 1971 die Aufführung von Kompositionen wie Oskar Gottlieb Blarrs *Quodlibet à 3* für drei Orgeln, Bengt Hambraeus' *Nebulosa pro organo*, Klaus Hubers *Kleine Deutsche Messe* für Chor, Streichtrio, Harfe, Schlagzeug und Orgel, Mauricio Kagels *Improvisation ajoutée* für Orgel und Chor, Dieter Schnebels *Für Stimmen (...missa est)* und *Choralvorspiele* für Vokal- und Instrumentalgruppen oder Gerd Zachers *700.000 Tage später* für Vokalensemble.
Vgl. die vollständige Nennung der Konzertprogramme im Anhang bei Wagner, *Die Orgel*, S. 358–363.

hoch waren zudem die Besucherzahlen, die im Jahr 1969 bei 600 bis 800 Besuchern pro Konzert lagen.[27]

Aus dem genannten Werk-Zyklus von Schnebel, der typische Merkmale der damaligen neuen Kirchenmusik aufzeigt und das zweite Chorkonzert der Reihe des Jahres 1971 ausfüllte, seien hier exemplarisch die *Choralvorspiele I* und *II*[28] für Orgel, Nebeninstrumente und Tonband (1966 und 1968–69) vorgestellt. Neben den *Choralvorspielen* nennt der Programmzettel des Konzertes, das am 18. April 1971 in der Martinskirche stattfand, die unter dem Titel *Für Stimmen* zusammengefassten Vokalstücke *dt 31,6* für zwölf Vokalgruppen (1956–1958), *amn* für sieben Vokalgruppen (1958 und 1966/67) und *:! madrasha II* für drei Chorgruppen (1958–1968). Die Werkbezeichnung *Choralvorspiele* betont eine Nähe zum liturgischen Repertoire und Kontext; dennoch beruht die Komposition wesentlich auf konzerthaft-avantgardistischen Elementen, die ihre Zugehörigkeit zur experimentellen Musik begründen. Ein Charakteristikum ist ebenso, dass die vorhandenen Entlehnungen und Zitate aus der kirchenmusikalischen Musizierpraxis leicht identifizierbar bleiben und aufgrund des neuen kompositorischen Kontextes als Verfremdung wahrgenommen werden müssen. Intensiviert wird dies durch die vom Tonband eingespielten Geräusche von Maschinen, Motoren und des menschlichen Organismus sowie die mit Hilfe von Mikrofonen und Verstärker addierten Bewegungsgeräusche der Orgelmechanik. Daneben ist das Spektrum der hinzuzunehmenden Nebeninstrumente, die sämtlich mechanische Klangerzeuger sind, außerordentlich groß. Es setzt sich aus Blas- und Schlaginstrumenten[29] sowie verschiedenen Geräuscherzeugern[30] zusammen, deren Mehrzahl normalerweise nicht als Kirchenmusikinstrument dient. Ergänzend fordert Schnebel für den klangfarblichen Bereich aber auch die Verwendung des eindeutig konnotierten Posaunenchors bzw. einer adäquaten Alternative: „Endlich könnte das Arsenal der Nebeninstrumente durch einen Posaunenchor kirchliches Kolorit bekommen. Jedenfalls sollten einige Blechblasinstrumente verwendet werden."[31]

Unabhängig von den klangfarblichen und assoziativen Möglichkeiten der eingesetzten Instrumente und elektronischen Medien bildet die sorgfältig diffe-

---

27 Angaben nach Klaus Martin Ziegler, zit. bei Wagner, *Die Orgel*, S. 168.
28 Notenausgabe: *Für Stimmen (... missa est). Choralvorspiele I / II*, für Orgel, Nebeninstrumente und Tonband, Mainz usw., B. Schott's Söhne 1971 (6532). – Vgl. die Analyse bei Daniela Philippi, *Neue Orgelmusik. Werke und Kompositionstechniken von der Avantgarde bis zur pluralistischen Moderne*, Kassel 2002, S. 281–291.
29 Hierzu zählen bespielsweise Kuckuckspfeife, Mundharmonika, Mundstücke von Klarinetten, Oboen und Trompeten, Kastagnetten oder Maracas, aber auch Möglichkeiten, auf und an der Orgel Schlaggeräusche zu erzeugen, wie etwa das Klappern von Tastatur, Pedalen, Koppeln und das Schleifen von Registerzügen.
30 Genannt werden beispielsweise Hupen und Sirenen.
31 Schnebel, Einleitungstext in der genannten Notenausgabe, S. 3.

renzierende Gestaltung von Raumeffekten eine wichtige Komponente der *Choralvorspiele*. Die von der Orgel hervorgebrachten Töne sind durch Mikrofone und Verstärker an die Seitenwände des Aufführungsraumes weiterzuleiten, so dass die Beschallung mit Orgelklängen von mehreren Orten her erfolgen kann.[32] Zudem gibt ein Lautsprecher, welcher auf der der Orgel gegenüber liegenden Seite des Raumes aufgestellt ist, die auf Tonband eingespielten außermusikalischen Geräusche wieder.[33] Bei Letzteren handelt es sich um Geräuscharten, die Schnebels Idee von einer akustischen Vergegenwärtigung der materiellen Bedingtheiten der „Königin der Instrumente" und deren Vergleichbarkeit mit dem Menschen dienen. So erklingen zum einen Maschinengeräusche, die auf den „Maschinencharakter des Instrumentes"[34] Orgel hinweisen sollen, und zum anderen Geräusche, die für den menschlichen Organismus charakteristisch sind[35] und somit „humane Korrelate zum Schnaufen der Orgel, zu Geräuschen ihrer Kanäle und Ventile, zum Klappern ihrer Gestänge"[36] bilden. In der Komposition erscheinen die vielen Komponenten, die normalerweise zu einem wohlproportionierten Orgelklang und entsprechender Orgelmusik führen, quasi in ihre Einzelteile und Funktionsweisen zerlegt.

Wie bereits durch den Titel *Choralvorspiele I* und *II* angedeutet, teilt sich die Komposition in zwei Teile, die aufgrund ihrer Anlage sowie der von Schnebel betonten improvisatorischen Offenheit als Werkgruppen zu bezeichnen sind. Zugleich verweist der Titel auf das grundlegende inhaltliche Charakteristikum der Komposition: die Integration von Choralzeilen, die zumeist fragmentarisch oder bis in kleinstmögliche Partikel zerlegt erscheinen.[37] Die formale und inhaltliche Offenheit konkretisiert sich in der Möglichkeit des Hinübergehens zu bzw. Einschließens von funktional orientierter Choralbegleitung, das heißt einer der Interpretation überlassenen umfangreicheren oder geringfügigeren Einbeziehung des „normalen" liturgischen Repertoires. Schnebel betont allerdings, dass dies in *Choralvorspiele I* reibungsloser zu realisieren ist als in *Choralvorspiele II*.[38]

Die Werkgruppe *Choralvorspiele I* ist in sieben, von Schnebel als Phasen bezeichnete Teile gegliedert, die jeweils zwei oder drei Abschnitte aufweisen. Er

---

32 Angemerkt sei, dass Schnebel die mit Hilfe entsprechender Registerwahl bzw. Nutzung von Fernwerken und Rückpositiv mögliche Erzeugung von Raumwirkungen der Orgel (solo) ebenso fordert.
33 Das Tonband kann für Aufführungen beim Schott-Verlag entliehen werden.
34 Schnebel, Einleitungstext in der genannten Notenausgabe, S. 3.
35 Wie etwa Atem, Herzklopfen oder mit Händen und Füßen erzeugte Geräusche.
36 Schnebel, Einleitungstext in der genannten Notenausgabe, S. 3.
37 Gut erkennbar sind Tonfolgen aus *Jesu, meine Freude* und *Wohl denen, die da wandeln*; vgl. auch Hans Rudolf Zeller, „Choralbearbeitung als Arbeitsprozeß", in: Begleittext zur Schallplatte WER 60075, S. 3.
38 Vgl. Schnebel, Einleitungstext in der genannten Notenausgabe, S. 4.

benennt die Phasen (Buchstaben) und Abschnitte (Ziffern) in der Notenausgabe wie folgt: T1 (Vorspiel) – T2 – U1 – U2 – V1 – V2 – V3 – W1 – W2 – X1 – X2 – X3 – Y1 – Y2 – Y3 – Z1 – Z2. Auffällig ist, dass die aufeinander folgenden Phasen und deren Abschnitte zumeist ineinander übergehen oder durch Überlappungen des Tonbandparts miteinander verbunden werden.[39] Auch die Werkgruppe *Choralvorspiele II* ist in Phasen – und zwar in insgesamt sechs – eingeteilt, die in der Notenausgabe verzeichnete Gliederung lautet: A1 – A2 – A3 – B – C1 – C2 – C3 – D1 – D2 – D3 – E – F (Nachspiel). Abschnitte benennt Schnebel hier also nur in drei Phasen (A, C und D), wobei diese stärker prozesshaft variieren als die namentlich nicht unterteilten. Die Gliederung und Benennung der Phasen beider Werkgruppen bezeichnet jene der ersten mit den Buchstaben T bis Z und jene der zweiten mit den Buchstaben A bis F, wodurch ein In-Frage-Stellen der Reihenfolge angedeutet scheint. Und dennoch ist die Buchstabenbezeichnung der ersten Phase des ersten Stücks um die Angabe „(Vorspiel)" und jene der letzten Phase des zweiten Stücks um die Angabe „(Nachspiel)" ergänzt. Vergleichbar doppeldeutig sind der von Schnebel vor Beginn notierte Hinweis *senza inizio* wie auch der am Schluss der Komposition stehende *senza fine*, denn beide bringen eine Intention zum Ausdruck, die sich eher in der Vorstellung der Interpreten als im realen Klangereignis verwirklicht. Die Titel beider Werkgruppen wie auch die Bezeichnung formaler Einheiten als Phasen weisen auf die Prozesshaftigkeit der Komposition hin, die sich allerdings nicht im Sinne einer zielgerichteten Entwicklung, sondern als eine Folge von Varianzmöglichkeiten vollzieht. Da die beiden Gruppen in ihrer notierten Gestalt eine klar konzipierte und in Korrespondenz zueinander tretende Gesamtanlage zeigen, bezeichnet der Terminus „offene Form" hier nicht einen unabgeschlossenen musikalischen Verlauf,[40] sondern meint die vieldeutige Form, die auf der oben genannten Möglichkeit einer quasi improvisatorischen Interpretationsweise beruht, die soweit gehen darf, dass sie die notierte Fassung an verschiedenen Stellen ausweitet und sogar aus ihr herausbricht.

Für *Choralvorspiele I* ist ein im Pedal zu spielender Liegeton (*Es*) grundlegend, da er über weite Strecken den klanglichen Zusammenhang stiftet.[41] Zu diesem Kontinuum addieren sich verschiedenste akustische Erscheinungsformen, die erst mit dem Übergang des Liegetons in Tonrepetitionen in Phase W1/W2 zu einer variativen Gesamtbewegung der klanglichen Ereignisse füh-

---

39 Die Werkgruppe *Choralvorspiele II* hat dagegen vergleichsweise viele, teils von Pausen gebildete Zäsuren, wobei dem Tonbandpart gelegentlich auch hier eine verbindende Funktion zukommt.
40 Vgl. die Unterscheidung der Bedeutung des Begriffs „offene Form" durch Christoph von Blumröder, Artikel „Offene Form", in: *Handbuch der musikalischen Terminologie*, Wiesbaden und Stuttgart 1982.
41 Die in der genannten Notenausgabe gegebene Anweisung hierzu lautet: „Taste und Register feststellen."

ren. Bis zu diesem Punkt wird das Spiel mit Orgeltönen und -klängen von Statik dominiert und findet lediglich in choralartig rhythmisierten Repetitionen, die „wie sprechend" zu spielen sind, eine Ergänzung.

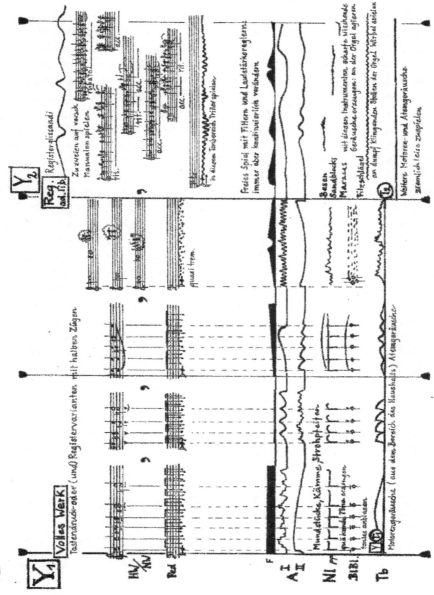

Abbildung 1: Schnebel, *Choralvorspiele I*, S. 22, Abschnitt Y1 und Beginn Y2
© Partitur Schott-Verlag, Mainz

Das ab Abschnitt Y1 immer deutlicher hervortretende Zitieren von Choralpassagen (siehe Notenbeispiel) wird durch eine allgemeine Verdichtung des akustischen Geschehens weitreichend gestört und versinkt in einer von Motorenlärm und verfremdeten Orgelklängen bestimmten Geräuschkulisse.

Der Beginn von *Choralvorspiele II* erinnert zunächst sehr an liturgische Kirchenmusik, was jedoch einzig durch das choralartige Spielen auf der Orgel hervorgerufen wird, denn daneben erklingen vom Tonband störende Klopfgeräusche jeglicher Art[42]; die Nebeninstrumente scheinen allein dazu eingesetzt, Melodisches zu übertönen. Doch auch der Orgelklang selbst wird verfremdet, zum einen durch Verminderung des Winddrucks und zum anderen durch elektronische Transformation.

Im Vergleich zu der relativ eingeschränkten Spielweise der Orgel in *Choralvorspiele I* zeichnet sich der Orgelpart in der zweiten Werkgruppe durch eine wesentlich differenziertere und stärker in den Vordergrund tretende Gestaltung aus. Hierbei sind vor allem improvisatorische Spieltechniken und klanggestalterische Registeraktionen bedeutsam.[43] Zudem wird auch die elektronische Modifizierung des Orgelklangs in deutlich vielfältigerer Weise vorgeschrieben.[44] Der geschilderten Tendenz zur Verstärkung und Erweiterung des Orgelklangs entspricht das bereits nach dem ersten Drittel der *Choralvorspiele II* zu beobachtende Zurücktreten der Tonbandeinspielungen. Unabhängig hiervon kommt den Nebeninstrumenten eine weithin gleichbleibende Relevanz zu, wobei für sie im Vergleich zur ersten Werkgruppe allerdings ein freieres improvisatorisches Spiel gefordert ist. Formale Strukturierung erzielt Schnebel sowohl durch die Integration von Pausen als auch durch die Prozesshaftigkeit dieser Werkgruppe. Hierin vollzieht sich eine Entwicklung von extremer Dichte, die von Choralfragmenten und Geräuschen gleichermaßen geprägt ist, über weniger dichte, aber improvisatorisch wechselhafte Phasen bis hin zu dem in die Schlussgestaltung mündenden Spiel mit Klangelementen, die zweifelsfrei kirchenmusikalisch konnotiert sind. Besonders eindringlich erscheint dies in Gestalt eines Posaunenchores. Das theatralische Moment einbeziehend, beginnt diese Bläsergruppe in Phase E, „mit ihren Instrumenten zu spielen",[45] dialogisiert dann improvisierend mit den choralartigen Passagen der Orgel und begibt sich dabei „langsam aus der Orgelempore ins Freie", ohne jedoch ihr Spiel zu beenden.[46] In der letzten Phase, d. h.

---

42 In der genannten Notenausgabe werden gleich zu Beginn „Herzschläge und Hämmern" sowie „Preßlufthammer" und „Schwere Schritte" aufgezählt.
43 Eine Anweisung sei als Beispiel zitiert: „In diesem Teil Tasten zuerst ‚stumm' niederdrücken, sodann Register einschalten. Registerbetätigung entsprechend den indizierten Kurven, so dass Registeransprache verunglückt, auch Pfeifen sukzessiv einsetzen."
44 So werden beispielsweise häufig die Erzeugung von Hall, die Varianz der Lautstärke und dynamischer Verläufe sowie der Einsatz verschiedener Filter gefordert.
45 Spielanweisung in der genannten Notenausgabe, S. 45.
46 Ebd., S. 46.

F (Nachspiel), steigern sich die klang- und geräuscherzeugenden Aktionen zu einem unkontrollierten Gewirr, wobei das Aktionsvokabular jedoch im Rahmen der zuvor beschriebenen Vorgehensweisen bleibt.

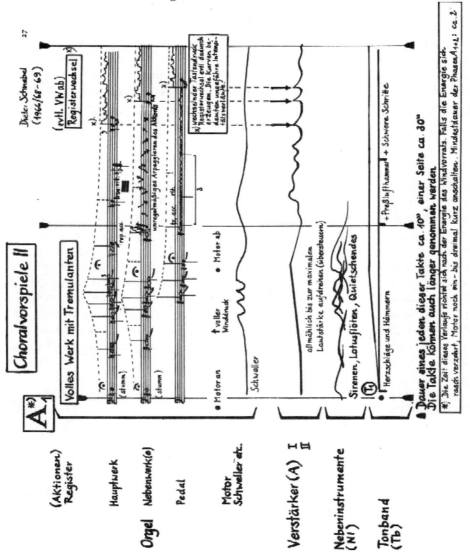

Abbildung 2: Dieter Schnebel, *Choralvorspiele II*, S. 27, Abschnitt A1.
© Partitur Schott-Verlag, Mainz

Korrespondierend zu dem diffusen Beginn von *Choralvorspiele I* stellt sich nun der Schluss, verstärkt und verdeutlicht durch das Hinausgehen der Mitglieder des Posaunenchors und der ihnen nachfolgenden Assistenten der Nebeninstrumente, als ein Zerfallen des akustischen Geschehens dar. Inhaltlich mag damit die in der zweiten Werkgruppe signifikante Präsenz kirchenmusikalischer Klangmomente und deren massive Verfremdung im Nachspiel doppeldeutig portraitiert sein. Die deutliche Hineinnahme der Vielschichtigkeit des Profanen in eine zentrale kirchenmusikalische Form und deren gegenseitige Bespiegelung bzw. Reflexion entspricht beispielhaft den Intentionen der damaligen Kasseler Veranstaltungsreihe.

Anekdotisches und Fazit

Ein Spezifikum der Kasseler Reihe *neue musik in der kirche* war es, dass ihr Initiator sehr um eine verständliche Vermittlung bemüht war. Dies zeigte sich in dem Angebot von Werkeinführungen, der Integration Neuer Musik in Gottesdienste und der Präsentation von Vorträgen. Kennzeichnend war aber auch seine künstlerische Exaktheit, die seine Chorstunden unter Mitsängern berühmt-berüchtigt werden ließ.[47] Ziegler selbst verwies bezüglich seiner strengen Arbeitsweise bei der Einstudierung darauf, dass es ihm um die sorgfältige handwerkliche Ausführung gehe, was von Perfektionismus zu unterscheiden sei. Doch neben dieser Strenge in der musikalischen Arbeit dokumentierte Ziegler auch durch einfache Mittel seine kritische Position: So berichtete Klaus Röhring in einem Gespräch, „dass Ziegler, der zeitweise Mitglied der Landessynode war, zu deren Sitzungen stets mit einem knallroten Rollkragenpullover und großem Metallumhängekreuz erschien".[48] Diese nur scheinbar nicht zueinander passenden Eigenarten dokumentieren die Ernsthaftigkeit des Vorgehens ebenso wie ihre Zeitgebundenheit. Beides zeigt sich auch in den Begründungen für den Abschluss der Veranstaltungsreihe im Jahr 1983: Nachdem die geistliche Musik aus ihrem Ghetto der traditionellen Verkrustung ausgebrochen sei, die avantgardistischen Neuerungen durch unterschiedliche Tendenzen des internationalen Musikaustausches an Bedeutung verloren hätten und die Fülle des Materials nun entdeckt und kompositorisch einsetzbar wären, hätten die Wochen der *neuen musik in der kirche* ihre Aufgabe erfüllt bzw. könnten nicht mehr in gleicher Weise fortgesetzt werden. Doch streng genommen zeigten bereits die seit

---

47 Ein Sänger der Kantorei gibt eine amüsant-anschauliche Beschreibung seiner Probenarbeit, vgl. Walter Klonk, *Wie hältst du das durch? Gedanken eines Sängers der Kantorei an St. Martin*, in: *Festschrift zum 25jährigen Bestehen der Kantorei*, S. 55–58, hier: S. 55f.
48 Zit. nach Wagner, *Die Orgel*, S. 75, Fußnote 33. Wagner führte das Gespräch am 3. Dezember 2003 in Kassel.

Mitte der 1970er Jahre stattfindenden Veranstaltungswochen eine Verbreiterung des ästhetischen und kompositorischen Spektrums, das nur noch selten mit der ursprünglich auf Neues und auch auf Verstören gerichteten Absicht der Initiatoren in Einklang zu bringen war. In der Verbindung mit den *Kasseler Musiktagen* wurde schließlich ab 1984 ein anderer Präsentationsrahmen zeitgenössischer Musik in der Kirche gefunden. Die auf kompositorischer Ebene zum sogenannten Stilpluralismus tendierende Weitung fand somit in der organisatorischen und programmatischen Öffnung der kirchlichen Veranstaltungsreihe ihre Entsprechung. Die Veränderung der Interessenschwerpunkte zeigte sich durchaus auch auf Seiten der Besucher. Während bis zur fünften Veranstaltungswoche eine Verbreiterung des Rezipientenkreises beobachtet wurde, zeichnete sich seit Mitte der 1970er Jahre die Konzentration auf ein Spezialisten-Publikum ab. Anschaulich ist letztlich auch eine Statistik über die präsentierten Kompositionen aller Veranstaltungswochen der *neuen musik in der kirche*. Gemäß der Studie von Hans Wagner[49] wurden insgesamt 363 Werke aufgeführt, beachtliche 333 hiervon sind Werke, die nach 1945 komponiert wurden; und immerhin 85 Kompositionen erlebten innerhalb der Kasseler Veranstaltungsreihe ihre Uraufführung. Die Zahlen belegen also, dass das Ziel der Aufführung jüngster Musik tatsächlich umgesetzt worden ist. Gleichzeitig spiegeln die zunächst sehr hohen Konzertbesucherzahlen sowie deren Rückläufigkeit seit den ausgehenden 1970er Jahren die Zeitgebundenheit dieses Aufbruchs zu einer „wahren Musik in der Kirche".

---

49 Ebd., Anhang, S. 447.

Der religiöse Aufruhr

Clytus Gottwald

Manchem mag das Thema als Widerspruch in sich selbst erscheinen. Gehört doch Religion dem Bereich des Kontemplativen an, wie er sich in Gebet und Gottesdienst niederschlägt, während bei Aufruhr soziale Konflikte, Mord und Totschlag konnotiert werden. Aber die Geschichte der Religionen lehrt anderes. Ob es sich um das Judentum, die christlichen Religionen oder den Islam handelt, stets war ihre Geschichte mit der Profangeschichte derart verflochten, dass die Phasen von Kontemplation gegenüber jenen von Mord und Totschlag deutlich in der Minderheit waren. Als abschreckendes Beispiel in der neueren Geschichte gilt der Dreißigjährige Krieg. Doch stellt sich die Frage, ob er wirklich den absoluten Tiefpunkt religiös-politischen Gemetzels markiert, oder ob er nicht durch andere Gemetzel der älteren Geschichte überboten wird, von denen – weil die Quellen spärlicher fließen – wir wenig, zu wenig wissen. Der Verdacht ist keineswegs aus der Luft gegriffen. Erinnert sei nur an die grauenvollen Albigenser-Kriege (1209–1229), in deren Verlauf die südfranzösische Bevölkerung zum Großteil ausgerottet wurde. Oder: Schlägt man die Bibel auf und gerät in die Makkabäer-Bücher, so hat man über weite Strecken den Eindruck, Verlautbarungen einer obersten Heeresleitung zu lesen. In fast allen Kriegen und Auseinandersetzungen diente Religion als mehr oder weniger durchsichtiger Vorwand, sich des Landes und des Vermögens anderer zu bemächtigen. So teilten sich in den zitierten Albigenser-Kriegen nach dem Blutbad von Carcassonne der Papst – er nannte sich zynischerweise Innozenz III., der Unschuldige – und der König von Frankreich die Beute. Natürlich erzeugte diese Form religiöser Perversion immer erneuten Aufruhr jener, die sich damit nicht abfinden und der Religion gegenüber der Kirche zu ihrem Recht verhelfen wollten. Beim Volk musste der Eindruck entstehen, das Christentum setze alles daran, die Hölle auf Erden zu inszenieren. Das ist fürwahr eine Schuldenlast, welche die Kirchen, zumal die katholische, aber auch die evangelische, nicht abtragen können.

Aber so entsetzlich das alles gewesen ist, es ist nicht daran vorbei zu sehen, dass die Ursache all dieser Verirrungen in der Religion selbst zu suchen ist.

Diese wäre – so paradox das klingen mag – nicht an einem bestimmten Ereignis, sondern an einem Nicht-Ereignis festzumachen, am Ausbleiben der Parusie, der Wiederkunft Christi. Die älteste Christengemeinde erwartete das Weltende und damit die Ankunft Christi als Retter und Richter als unmittelbar bevorstehend, weil Christus es selbst gewesen ist, der in seiner Ölbergrede (Mt 14-15) das baldige Ende verhieß: „Bald aber nach der Trübsal derselben Zeit werden Sonne und Mond den Schein verlieren, und die Sterne werden vom Himmel fallen und die Kräfte des Himmels werden sich bewegen. Und alsdann wird erscheinen das Zeichen des Menschensohns am Himmel. Und alsdann werden heulen alle Geschlechter auf Erden und werden sehen kommen des Menschen Sohn in den Wolken des Himmels mit großer Kraft und Herrlichkeit." Und weiter unten heißt es: „Wahrlich ich sage euch: Dies Geschlecht wird nicht vergehen, bis dass dieses alles geschehen." Auch Paulus war der festen Überzeugung, die Wiederkunft Christi noch zu erleben: „Siehe ich sage euch ein Geheimnis: Wir werden nicht alle entschlafen, wir werden aber verwandelt werden" (1. Kor 15,51). Doch zwang das Ausbleiben des Reiches Gottes die Christen nicht nur, sich mit und in der Welt zu arrangieren, sondern auch dazu, die Hoffnung, da sie doch durch Christus selbst begründet wurde, weiter zu nähren. Besonders in Zeiten der Not brachen sich die Hoffnungen auf ein baldiges Ende dieses alten Äons vehement Bahn. Da sich chiliastische Bewegungen wie die Wiedertäufer gegen die Kirche als die vom Evangelium abgefallene richteten, wurden sie grausam verfolgt und oft genug vernichtet. Aber nicht zu vernichten war die Hoffnung auf den Anbruch des Gottesreiches.

Die alte Kirche hat als Reaktion auf das Ausbleiben der Wiederkunft diesen urchristlichen Mythos in gewisser Weise entmythologisiert, indem sie den mythischen Kern im Sakrament aufgehen ließ. Die erhoffte Fülle des Lebens, das Pleroma der Gnostiker, von den Gläubigen in der Zukunft erwartet, wurde im Sakrament vergegenwärtigt. Die Parusie, das endliche Erscheinen Christi, konnte auf diese Weise als kultische Epiphanie, als kultische Gegenwart des erwarteten Herrn gleichsam vorauserlebt werden.[1] Im Verlaufe der Geschichte hat es immer wieder Versuche gegeben, das Gottesreich in eigener Regie herbeizuführen. Zu diesen Versuchen zählen auch die säkularisierten Sozialutopien von Thomas Morus bis Karl Marx. Als ein schönes Beispiel im religiösen Raum könnte der Jesuitenstaat Paraguay zitiert werden, der immerhin 150 Jahre blühte, bevor er 1768 von den Portugiesen vernichtet wurde.

Im Protestantismus löste man das Problem der ausbleibenden Wiederkunft Christi auf andere Weise. In der Erklärung zur zweiten Bitte des Vaterunsers („Dein Reich komme") schrieb Martin Luther: „Gottes Reich kommt wohl ohne

---

[1] Rudolf Bultmann, *Die christliche Hoffnung und das Problem der Entmythologisierung*, in: ders., *Glauben und Verstehen*, Bd. 3, Tübingen 1965, S. 81–90, hier S. 85.

unser Gebet von ihm selbst; aber wir bitten in diesem Gebet, dass es auch für uns kommen möge. Wie geschieht das? Antwort: Wenn der himmlische Vater uns seinen heiligen Geist gibt, dass wir seinem heiligen Wort durch seine Gnade glauben und göttlich leben, hie zeitlich und dort ewiglich." Und in seinem *Großen Katechismus* (1538) verweist Luther in der Erklärung zur nämlichen Bitte darauf, dass das Reich Gottes ein geistliches Reich sei, „in dem Christus regieret durch das Wort und die Predigt, wirket durch den heiligen Geist und mehret in uns den Glauben, Gottesfurcht, Liebe, Geduld inwendig im Herzen, und führet hie auf Erden in uns Gottes Reich und das ewige Leben an". Führte also im Katholizismus der Reichsgedanke zu einer Sakralisierung, so könnte man die protestantische Reaktion als Spiritualisierung verstehen.[2] In beiden Bekenntnissen ist der kommende Gott zugleich der gegenwärtige. Von der Wiederkunft Christi her gesehen, könnten beide Auffassungen als Formen der Entmythologisierung interpretiert werden. Findet sich doch der Mythos der Wiederkehr aufgehoben in zwei Formen seiner entmythologisierten Vergegenwärtigung, in Sakrament und Wort.

Glücklicherweise haben sich seit der Aufklärung die Formen des theologischen Diskurses so weit geändert, dass die von der Orthodoxie abweichende Meinung nicht mehr die physische Vernichtung oder andere rigorose Maßnahmen zur Disziplinierung nach sich zog. Allerdings haben die Kirchen die ihnen von der Gesellschaft aufgezwungene Toleranz in verschiedener Weise verinnerlicht. Der katholischen Kirche ist es offenbar viel schwerer gefallen, sich von den abgestandenen Praktiken der Inquisition zu verabschieden. Die Fälle Hans Küng und Eugen Drewermann sind noch in schlechter Erinnerung. Offenbar lässt sich das Evangelium der Liebe nicht generalisieren, ohne dass die Liebe an einer bestimmten Stelle in Hass umschlägt. Der volkstümliche Begriff der ‚christlichen Nächstenhiebe', auf die Bundestagsdebatten gemünzt, hält dieses Phänomen fest. In den evangelischen Kirchen hat man noch im 16. Jahrhundert das unselige Erbe der mittelalterlichen Inquisition weiter geschleppt, ohne sich das Herrenwort „Liebet eure Feinde" zu Herzen zu nehmen. Namen wie Thomas Münzer oder Caspar Schwenckfeld markieren Stationen des protestantischen Versagens. Noch Johannes Kepler wurde nicht zum Predigeramt zugelassen, weil er sich weigerte, die Konkordienformel von 1577, die die Spaltung zwischen katholischer und protestantischer Kirche zementierte, zu unterschreiben.

Der letzte große Aufruhr, der sich in der evangelischen Kirche zutrug, entzündete sich an der Person des Marburger Theologen Rudolf Bultmann. Dass Bultmann zum ‚Fall' wurde, hing mit der von ihm vertretenen sogenannten Entmythologisierung zusammen. Dieses Schreckenswort durchfuhr einem Erd-

---

2 Bultmann, *Die christliche Hoffnung*, S. 87.

beben gleich nicht nur die Fakultäten, sondern in besonderer Weise auch die bibeltreuen Gemeinden und die Anhänger der Verbalinspiration. Die Feuilletons nahmen sich der Sache ebenso an wie die zeitgenössische Philosophie – man denke an Karl Jaspers. Die Tübinger Fakultät veröffentlichte sogar eine Denkschrift mit dem Titel *Für und wider die Theologie Bultmanns*.[3] Dass die evangelische Theologie – wenn auch nur für kurze Zeit – die Führerschaft des – wie Dieter Schnebel es nannte – geistigen Avantgardismus an sich zog, wird heutzutage sicher nur mit Kopfschütteln zur Kenntnis genommen. Aber damals verbreitete sich die beunruhigende Ansicht, Bultmann habe alles, was nach Mythos riecht, aus der Bibel herausgeworfen. Unbestritten war unter Theologen damals schon, dass es im Neuen Testament zahlreiche Stellen gibt, in denen sich die mythisch ausgerichtete Gedankenwelt der Zeit spiegelt, die aber, da heute solches Wissen verloren gegangen ist, einer anderen Interpretation bedürfen. So behauptet Bultmann, dass die Auferstehung, wiewohl sie von einigen Personen bezeugt wurde, kein historisches Ereignis sei, das den Glauben begründet habe. Die Auferstehung ist vielmehr selbst Gegenstand des Glaubens. Sie begegnet dem Menschen in Einheit mit der Verkündigung des Kreuzes. Und als verkündigte ist sie dem Prozess des mythologischen Veraltens entnommen, wird im Wort vergegenwärtigt.[4] Bultmann löst auf diese Weise Kierkegaards Problem, wie die Geschichte, die sich zwischen Jesus und uns angehäuft hat, wieder weggeschafft werden könne. Und er pointiert Luthers Auffassung, dass das Reich Gottes ein geistliches Reich sei, in dem „Christus regieret durch das Wort und die Predigt". Auf die Auferstehung bezogen heißt das, dass diese im Augenblick ihrer Verkündigung den Hörenden zur Entscheidung des Glaubens aufruft. Man hat mit einem gewissen Recht eingewandt, dadurch werde der Glaube an die Auferstehung mit dem Jetzt der Verkündigung verquickt, wo doch die Auferstehung der Verkündigung als Dogma voraus liegen muss, um überhaupt verkündigt werden zu können. Bultmann wollte jedoch, um es drastisch zu sagen, die Auferstehung in das Wort verlegen, im Wort hier und jetzt zum Ereignis werden lassen, um der Entscheidung des Glaubens den Charakter von Unausweichlichkeit, von Notwendigkeit zu infiltrieren. Bultmann hat den dadurch aufgeworfenen Widerspruch durchaus erkannt. Er besteht darin, dass ein eschatologisches, also die letzten Dinge betreffendes und somit aus der geschichtlichen Zeit herausfallendes Ereignis zu einem momentanen, das heißt: geschichtlichen Ereignis herabgestuft wird. Er löst aber dieses Problem mit der von Kierkegaard ins Spiel gebrachten Paradoxie: „Das Paradox ist dieses, dass das eschatologische Geschehen in der Geschichte Ereignis geworden ist im Leben und Tode Jesu, und dass es je Ereignis wird in der Predigt der Kirche, die

---

3   *Für und wider die Theologie Bultmanns*, Denkschrift der Evangelischen theologischen Fakultät der Universität Tübingen, Tübingen 1952.
4   Bultmann, *Die christliche Hoffnung*, S. 188.

als predigende ebenfalls zugleich ein historisches Phänomen und jeweils eschatologisches Ereignis ist."[5] Ihre Legitimation empfängt diese Auffassung aus dem fundamentalen Paradoxon der christlichen Religion, dass Gott Mensch geworden ist. Die Paradoxie liegt in der Unvereinbarkeit von Ewigkeit und Zeit. Etwas ist entweder ewig oder zeitlich, kann nicht beide Qualitäten zugleich annehmen. Das korrespondiert mit anderen Paradoxien des christlichen Glaubens, etwa dem von Sünde und Gnade. Das will besagen, dass der Mensch zugleich Sünder und Gerechter („simul iustus simul peccator") sein kann, weil seine Sünden, ehe sie begangen wurden, durch Christi Kreuz getilgt sind unter der Voraussetzung, der Mensch nimmt diese Vergebung glaubend an.

Es konnte nicht ausbleiben, dass die Entmythologisierungsdebatte auch auf die Musik, genauer: auf die geistliche Musik überschwappte. War doch in der damals neuen Musik der gleiche Impuls am Werk wie in der Theologie, in der Literatur, in der bildenden Kunst. Man konnte und wollte nach dem Desaster des zweiten Weltkriegs nicht so weitermachen, wie man zuvor aufgehört hatte. Dieter Schnebel knüpfte insofern an Bultmann an, als er dessen unbedingte Fixierung auf das Wort aufgriff. Schnebel hat zwar während seines Theologiestudiums in Tübingen den Bultmann-Schüler Ernst Fuchs gehört, war aber zunächst von der ausgeprägteren Radikalität Dietrich Bonhoeffers gefesselt. Ausgangspunkt von Schnebels Konzept ‚Sprache als Musik – Musik als Sprache' war nämlich Bonhoeffers Ansicht, dass die Sprache der Kirche zu einem religiösen Jargon verkommen sei, der die Menschen damals, 1920 bis 1930, nicht mehr erreichte.[6] Schnebel teilte das Misstrauen Bonhoeffers gegen die Predigt und gedachte deshalb, seiner Musik diese hermeneutische, diese textauslegende Komponente auszutreiben, indem er die biblischen Texte selbst zum Sprechen, besser: zum Singen brachte. Eine Motette von Schütz, selbst wenn sie Bibeltexte zur Vorlage nahm, war Predigt dadurch, dass sie rhetorischen Grundregeln folgte. Schnebel wollte alle Rhetorik vermeiden, indem er die üblichen Muster von Textvertonung umging und die musikalische Substanz aus den Texten selbst hervorgehen ließ. Das konnte jedoch nur dann zu musikähnlichen Resultaten führen, wenn er das Material, die biblischen Texte, vielgestaltig anlegte. Das heißt, er verwendete den gleichen Text in verschiedenen Sprachen; denn das garantierte die gewünschte Vielgestaltigkeit durch den Zuwachs von neuen Konsonanten und Vokalen, die dann nicht mehr als Komponenten eines bestimmten Sinnzusammenhangs, sondern als Klang und Laut, das heißt: musikalisch aufgefasst werden konnten. Allerdings verflüchtigte sich die Bedeutung der Worte hinter einem klanglichen Vorhang. Das hing mit der Phobie gegen

---

5 Bultmann, *Die christliche Hoffnung*, S. 187.
6 Dieter Schnebel, *Denkbare Musik*, hrsg. von Rudolf Zeller, Köln 1972, S. 424f.

das Vertonen zusammen, die den Avantgardisten dieser Zeit gemeinsam war. Von Pierre Boulez stammt der Satz: „Wenn ihr den Text verstehen wollt, lest ihn oder lasst ihn euch vorlesen."[7] Luigi Nono folgte der schon durch die Niederländer des 15. Jahrhunderts geübten Praxis, den Text unter der Musik zu begraben, damit Musik dessen Gehalt mit ihren Mitteln hervorbringe.[8] Karlheinz Stockhausen löste in seinem berühmten *Gesang der Jünglinge* von 1955/56 (Text aus dem Buch Daniel) die Worte elektronisch auf. Dass man gelegentlich das eine oder andere Wort versteht, hält er für ausreichend zum Verständnis des Ganzen. Ebenso für ausreichend hält Dieter Schnebel, dass man in seinem Chorstück *dt 31,6* (1956/58) hin und wieder ein Wort versteht. Der Hörer darf das durchaus als unbefriedigend empfinden und in der Bibel die entsprechende Stelle aus den Abschiedsreden Moses' nachschlagen, wo er dann liest: „Seid getrost und unverzagt, fürchtet euch nicht und lasst euch nicht vor ihnen grauen; denn der Herr, dein Gott, wird selber mit dir wandeln und wird die Hand nicht abtun noch dich verlassen."

Es ist leicht vorstellbar, dass Schnebels Musik nicht nur bei der Uraufführung eine – wie Schnebel selbst sagte – verstörende Wirkung hatte. Dabei war, wenn ich Persönliches anfügen darf, die Wirkungsweise der drei Sätze seiner Missa – *dt 31,6* gehört zu einem dreiteiligen Werkzyklus mit dem Titel *Für Stimmen (…missa est)* – in den verschiedenen Aufführungen sehr unterschiedlich. *dt 31,6* hinterließ oft eine gewisse Ratlosigkeit, während sich das Publikum bei *AMN* (1958/70), dem zweite Satz, den wir fast hundert Mal im Konzert sangen, immer tief beeindruckt zeigte. Allerdings wurde diese Wirkung durch den dritten anarchischen Satz, *:! (madrasha 2)* (1958/68), wieder aufgehoben. Der komponierte Aufruhr und die Losgelassenheit wollten, obwohl das Stück als Lobgesang gedacht wurde, Attacke sein auf die Tradition des chorischen Schöngesangs. Ich habe dabei immer an das Wort von Dietrich Bonhoeffer gedacht, das besagt, die Kirche habe nur dann ein Recht gregorianisch zu singen, wenn sie gleichzeitig für die Juden schreie. Schnebels Lobgesang unter Schmerzen holt etwas heim von der Bultmannschen Theologie. Diese Theologie, die sich die dialektische nannte, forderte zur Stellungnahme, zur Entscheidung heraus. Sie kannte nur ein Entweder/Oder und versagte sich die Synthese, das Kernstück von Hegels Dialektik. Es gab keine Vermittlung mehr zwischen dem Für und Wider, ganz im Sinne der Schriftstelle: „Ich weiß deine Werke, dass du weder kalt noch warm bist. Ach, dass du kalt oder warm wärest. Weil du aber lau bist und weder kalt noch warm, werde ich dich ausspeien aus meinem Munde" (Apok 3,15-16). In gewisser Weise ist Schnebel seinerzeit über Bultmann sogar hinausgegangen. Immerhin maß Bultmann der Predigt, auch der

---

7 Pierre Boulez, *Werkstatt-Texte*, deutsch von Josef Häusler, Frankfurt/Main 1972, S. 118.
8 Paradigmatisch hierfür ist *Il Canto Sospeso* von 1955/56.

weniger inspirierten, eine gewisse eschatologische Würde zu in dem Sinne: Hier und jetzt geschieht alles, Kreuzigung und Auferstehung. Schnebel dagegen teilte Bonhoeffers Phobie gegen die Predigt als Tummelplatz des religiösen Jargons. Folgt man jedoch Bultmanns Auffassungen, dann bedeutet der Verzicht auf die Predigt einen Verzicht auf das Moment des Eschatologischen, zumal im evangelischen Gottesdienst dessen Vergegenwärtigung im Sakrament kaum stattfindet. Freilich konnte sich Schnebel auf Luthers Wort berufen: „Deus praedicavit etiam per musicam" – Gott predigt auch durch die Musik.[9] Mag sein, dass Schnebel im Laufe der Jahre zur Einsicht kam, dass das eschatologische Moment in *Für Stimmen (...missa est)* etwas zu kurz gekommen ist. Deshalb folgt seine *Dahlemer Messe* (1984/87) trotz mancher Interpolationen von anderen Texten dem römischen Messformular, das nolens-volens das Sakrament des Altars voraussetzt. Im Gegensatz zur *Dahlemer Messe* sparte die erste Missa Sakramentales deutlich aus. Ihre Teile beschreiben einen sakramentfreien Raum: *Dt 31,6* als Schriftlesung, *AMN* als Gebet und *:!* (*madrasha 2*) als Lobgesang. Denkt man jedoch die Predigt hinzu, skelettiert sich das Schema des protestantischen Wortgottesdienstes deutlich an die Oberfläche durch. Insofern verweist das Werk auf die Predigt dringlicher, als es Schnebels Rekurs auf Bonhoeffer vermuten lässt. Das Werk spart Eschatologisches zwar aus, lässt aber in seiner Gesamtform einen Raum für die Predigt und damit für Bultmanns Eschatologie. Die *Dahlemer Messe* bedarf solcher negativer Formgestaltung nicht, weil das Sakrament des Altars in ihr immer gegenwärtig ist. Insofern ist die Messe katholisch. Schnebel, der protestantische Theologe, war natürlich nicht unempfindlich gegen solche konfessionelle Zuspitzung. Deshalb interpolierte er orthodoxe und jüdische Elemente mit dem Ziel, das Werk ökumenisch zu öffnen. Dadurch bleibt die Messe aber Konzertstück und künstlerisches Dokument einer theologischen Utopie.

Dass man mit einer Messkomposition, obwohl sie treu dem römischen Formular folgt, dennoch seine Schwierigkeiten haben kann, musste Paul Hindemith erleben. Er hatte die Uraufführung seiner Messe 1963 in einem Gottesdienst in der Wiener Piaristenkirche geplant. Jedoch kam es zwischen ihm und dem Zelebranten zu einem Dissens, weil dieser einen Beschluss des Konzils geltend machte, nach dem an Wochentagen in der Messe kein Credo mehr gesungen werden durfte. Hindemith bestand jedoch auf der vollständigen Aufführung des Werkes, allerdings vergeblich. Deshalb gab es wenige Tage später eine zweite Uraufführung im Konzertsaal. Daran zeigt sich, dass Hindemith gegen Ende seines Lebens die Funktionalität seiner Musik, auf der er

---

9 Ausführlicher dazu Clytus Gottwald, *Von der babylonischen Gefangenschaft der Musik, Josquin und Luthers Encomion*, in: *Ursprung der Biblia deutsch von Martin Luther* (Ausstellungskatalog der Württembergischen Landesbibliothek Stuttgart), hrsg. von Stefan Strohm, Stuttgart 1985, S. 101-108.

früher immer beharrt hatte, zu Gunsten der Werkidee zurückstellte. Autonomie und Funktionalität, die sich in der langen Geschichte der Kirchenmusik immer in den Haaren lagen, konnten auch in diesem Fall nicht auf einen Nenner gebracht werden.

Durch die ökumenische Ausrichtung seiner *Dahlemer Messe* hatte sich Schnebel, obwohl die Uraufführung des Werkes in der Kirche stattfand, für eine nicht funktionale Aufführung entschieden. Die Protestanten brauchten Schnebels Messe nicht, die Katholiken wollten sie nicht. Dabei hat die ökumenische Idee mit Zunahme der Spaltungen in den Kirchen immer wieder Fürsprecher gefunden. Es gab sogar eine entsprechende Tradition, die jedoch selten in Erscheinung trat, weil Rechthaberei und Exklusivität das Denken der kirchlichen Organisationen beherrschten. Hauptvertreter dieser subkutanen Tradition war Nikolaus von Kues, der im 15. Jahrhundert in päpstlichem Auftrag die Aussöhnung zwischen Rom und Konstantinopel betrieb. Tatsächlich gelang es ihm 1439, in Ferrara ein Unionskonzil zustande zu bringen. Doch die Union währte nicht lange. Als die Türken 1453 Konstantinopel eroberten, kam ihr Ende. Auch im Westen hatte die Union wenige Freunde. Ihr Urheber, Papst Eugen IV., wurde vom Basler Konzil für abgesetzt erklärt und Felix V. zum Gegenpapst gekürt. Statt der Einheit erntete man ein Schisma. Im dritten Buch seines Hauptwerkes *De docta ignorantia* hat Nikolaus von Kues auf seine Bemühungen um die Einheit der Kirche Bezug genommen:

„Alle nämlich, die mit Christus durch den Glauben und die Liebe in diesem Leben oder durch die Anschauung und durch den glückseligen Besitz im anderen Leben vereint sind, sind bei der Wahrung der graduellen Unterschiede so vereint, dass ihre Einung bei Wahrung jenes Unterschiedes nicht größer sein könnte, so dass keiner ohne diese Einung in sich Bestand hätte und durch die Einung seinen Grad verlöre. Diese Einung also ist die Kirche oder die Gemeinschaft der vielen im Einen, gleichwie die vielen Glieder an dem einen Körper sind, aber jedes an seiner Stelle ist."[10]

Allerdings gehen die Meinungen darüber auseinander, welche Kirche, welche kirchliche Unio Nikolaus gemeint hat. Geht man von den konkreten Bestrebungen um die Einheit von West- und Ostkirche aus, so müsste man diese Passage als Beleg dafür nehmen, dass Nikolaus die geschichtliche Einheit der Kirchen meinte. Jedoch legen die folgenden Sätze eine andere Deutung nahe. Dort schreibt Nikolaus:

„Aber wenn wir bei der Auferstehung aus dieser streitenden Kirche (ecclesia militans) entlassen werden, können wir nur in Christus auferstehen, so dass sodann auch nur die eine Kirche der Triumphierenden existiert (*ecclesia tri-*

---

10 Nikolaus von Kues, *Philosophisch-theologische Werke, Bd. 3*, hrsg von Karl Bormann, Hamburg 2002, S. 3 und 89.

umphans) und jeder seinen Rang einnimmt. Dann wird die Wahrheit unseres Fleisches nicht in ihm, sondern in der Wahrheit des Fleisches Christi, die Wahrheit unseres Leibes in der Wahrheit des Leibes Christi und die Wahrheit unseres Geistes in der Wahrheit des Geistes Jesu Christi sein wie die Reben am Weinstock, damit das eine Menschsein Christi in allen Menschen, und der eine Geist Christi in allen Geistwesen ist."[11]

Das legt nahe, Nikolaus spreche hier von der eschatologischen Kirche, dem himmlischen Jerusalem der Offenbarung. Diese Differenz von streitender und triumphierender Kirche beschreibt das Moment von Utopie. Es gehört zum utopischen Denken, dass der utopische Zustand als Vollendung eines empirischen ausgemalt wird und nicht als das ganz andere. Insofern ist Schnebels *Dahlemer Messe* ein utopisches Werk gerade dadurch, dass sie von einem empirischen Modell ausgeht, dabei aber das Ziel verfolgt, die dogmatischen Widersprüche zwischen den einzelnen Konfessionen musikalisch aufzuheben. Theologen jeglicher Couleur dürften einwenden, dass diese Widersprüche sich schwerlich durch Musik wegzaubern lassen. Aber der musikalische Schein ist eben auch Vorschein. Und dieser Vorschein ist es, aus dem der Musik die Kraft zuwächst, den bloßen ästhetischen Schein zu transzendieren. Dieses utopische Moment ist in Schnebels erster Missa von 1968 nicht so deutlich ausgeprägt, obwohl oder gerade weil das Werk ein einziger Prozess von Transzendenz ist. Überall werden Grenzen überschritten – in ästhetischer, stimmtechnischer oder formaler Weise. Aber dieser Prozess einer allgemeinen Grenzüberschreitung schlägt um in eine neue Empirik: Die Grenzen werden nicht überschritten, sondern nur hinaus geschoben.

Später hat Schnebel noch ein anderes Desiderat von Nikolaus aufgegriffen, nämlich jenes, dass alle Einheit, so man sie nicht ins Eschatologische verschiebt, nur über die Liebe möglich ist. Das ist festgehalten in Stücken wie *Motetus I* (1993), wo der musikalische Fluss immer wieder durch gesprochene Johannes-Zitate unterbrochen wird: „Gott ist Liebe, und wer in der Liebe ist, der bleibt in Gott und Gott in ihm."[12] Schnebel bezieht in diesem Werk auch Elemente der Popmusik ein, möchte die zerrissene Musikkultur in den Prozess der Einheitsfindung einbezogen wissen. Es ist schon ein langer Weg vom „Ho-tschi-minh"-Ruf in *:! (madrasha 2)* bis zu den Johannes-Zitaten in *Motetus I*. Schnebels Theologie nahm ihren Ausgang bei der dialektischen Theologie Barths und vor allem Bultmanns, näherte sich aber später immer mehr konvergenztheologischen Auffassungen an, wie sie sich bei Schelling und Schleiermacher vorgebildet finden. Schelling z. B. war der Ansicht, die Entwicklung der Kirche verlaufe in drei apostolisch vorgegebenen Perioden. Die erste – repräsentiert durch den

---

11 Kues, *Philosophisch-theologische Werke*, S. 91.
12 Joh 4,16.

Apostel Petrus – sei die Periode der kirchlichen Institutionalisierung, die in der Ausbildung des Papsttums gipfelte. Die zweite Periode, die paulinische, nennt er die wissenschaftliche, die in der Reformation ihre Ausprägung erfuhr. Die dritte Periode, die mit dem Namen Johannes verknüpft ist, bringt die Kirche der Liebe hervor. Wobei die Kirche der Liebe alle anderen Kirchen in sich aufhebt und dadurch, um es in Hegels Terminologie zu sagen, das Anundfürsichsein, die Synthese bildet.

1968 drehte Mauricio Kagel mit der Schola Cantorum in meiner Stuttgarter Kirche, der Paulus-Kirche, Teile des Films *Hallelujah*. Das könnte Anlass sein, sich mit Kagels Religiosität zu beschäftigen, zumal bei ihm immer wieder der Begriff akustische Theologie zu finden ist. In Kagels Werken dieser Zeit wurde immer wieder gelacht. Aber Kagel wurde nicht müde zu präzisieren, dass sein Humor Bestandteil seiner Melancholie sei. Seine Art zu denken ist nicht die Dialektik, schon gar nicht die Hegelsche, sondern das Paradox. Aufgefordert, eine biographische Notiz zu verfassen, schrieb er: „Durch Kontakt mit ungenügenden Lehrern [wurde ich] zum Autodidakten ausgebildet."[13] In der Theologie hat das Paradoxon eine lange Geschichte, weil die Bibel selbst es war, die viele Botschaften in paradoxale Formen kleidete, etwa das Erscheinen des Ewigen in der Zeit, die Fleischwerdung des Wortes oder „Herr, ich glaube, hilf meinem Unglauben."[14] Im Mittelalter fand das paradoxale Denken Unterschlupf bei den Mystikern. Dann folgten Nikolaus von Kues und Erasmus von Rotterdam. Im Reformationszeitalter war es der protestantische Mystiker Sebastian Franck, der 280 biblische Paradoxa sammelte und im Jahre 1534 mit Kommentaren versehen herausgab. Im 19. Jahrhundert erhob Sören Kierkegaard die Paradoxalität zur zentralen theologischen Denkform überhaupt. In dem besagten Film *Hallelujah* und in dem daraus abgeleiteten Vokalkonzert, das das gleichnamige, 1967 entstandene Werk Kagels, auf dem der Film basierte, zur Aufführung brachte, benutzte Kagel eine Art Meta-Sprache, die wie Latein klingt, aber ein Latein mit vielen Fehlern und Unverständlichkeiten ist. Dieses, wie Kagel es nannte, „Küchenlatein" ersetzt, weil im gregorianischen Choral das Alleluja ein averbaler Gesang ist, die Sprachlosigkeit durch das Paradoxon einer averbalen Sprache. Im Gesang griff Kagel auf verschiedene Techniken des barocken Ziergesangs zurück und lud sie mit eigenen Erfindungen auf wie Kombination von Pfeifen und Singen, Strohbass (eine Stimmtechnik zur Erzeugung außergewöhnlich tiefer, leise knarrender Töne) oder bestimmte Methoden der Dämpfung. Dirigiert werden nur die eingestreuten Tutti-Partien; alle solistischen Partien sind in kleine Abschnitte unterteilt, zu deren Interpretation der Dirigent den Einsatz gibt. Der Sänger singt bis zum nächsten Doppelstrich und wartet dort das nächste

---

13 Mauricio Kagel, *Tamtam*, München und Zürich 1975, S. 7.
14 Mk 9,24.

Zeichen zum Einsatz ab. Das Stück hat also gemäß der Partitur eine offene Form; jede Aufführung muss ihre eigene Form suchen. Im Gegensatz zu Kagel besitzt das gregorianische Alleluja zumindest seit dem Ende der linienlosen Neumen eine definierte Tonhöhenstruktur und eine gewisse Form, ist also regulierter Gesang wie andere Choräle auch. Der, wie er meinte, versteinerten Praxis des gregorianischen Chorals setzte Kagel eine spontane Praxis entgegen, die mit modernen Mitteln auf die jüdische Alleluja-Kantillation rekurriert, von der er annahm, sie hätte jenen ekstatisch unreglementierten Charakter, der im gregorianischen Choral verloren ging. Das scheint bei den häufigen Aufführungen, von denen viele in Kirchen stattfanden, durchaus verstanden worden zu sein. Denn das anfängliche Erschrecken des Publikums wich sehr schnell einer wachen Fröhlichkeit. Auf diese Weise stellte sich ein Klima von zwangloser Kommunikation ein, das oft darin terminierte, dass das Publikum nach dem Ende des Stückes statt des üblichen Beifalls die Aktionen der Sänger fortsetzte.[15]

Mag in *Hallelujah* die theologische Substanz noch durch eine virtuose Fröhlichkeit überlagert werden, so wird sie in Kagels Oper *Die Erschöpfung der Welt* (1980) in aller ihrer Schwärze offen gelegt. Die Oper beginnt nach der tellurischen Katastrophe. Auf halbdunkler Bühne erscheint ein Menschenpaar, deren rechtes und linkes Bein zu einer Gliedmaße zusammen gebunden sind, so dass sie sich nur wie siamesische Zwillinge bewegen können. Kagel gab der Szene den Titel: *Zum Ursprung. Einige Taten und Flüche des Herrn*. Entsprechend der physischen Verklammerung von Mann und Frau ist deren Dialog ein auf zwei Personen auseinander gelegter Monolog.[16] Am Ende der Oper erfolgt tatsächlich die prognostizierte Abschaffung der Welt. Der Fleischwolf Gottes stülpt sich über die Verängstigten und zermalmt diese mit ohrenbetäubendem Lärm. Ein Geier landet auf der Bühne, und in das plötzliche Schweigen sagt die Stimme Gottes: „Amen!" Nach Auschwitz – so das Resümee vieler Juden – ist die Existenz Gottes schwerlich begreiflich zu machen. Und wenn Gott tatsächlich existieren sollte, kann er nur ein moralisches Ungeheuer sein. In der Szene *Hymnus und Prozession der Ebenbilder Gottes* beantwortet der Allmächtige den Gesang des Volkes mit den Sätzen: „Warum schreit ihr so kläglich? Durch Vermehrung des Fleisches werde ich euch zu Ende treiben, durch Mehrwert verderben, durch Entwert verarmen. Einsam und gemeinsam mit euch will ich mich rächen durch Zuneigung und Hohelied, durch Schwängern und Gebären."[17] Aber die Menschen erscheinen in Kagels Oper nicht nur als Opfer göttlicher Willkür, sondern auch als selbstbewusste Gegner Gottes, etwa in dem Chor „Es tut uns leid um dich, Bruder Ebenbild" aus der gleichen Szene: „Wir teilen deine Erschöpfung, teile du unser Leid, wir teilen

---

15 Clytus Gottwald, *Halleluiah und die Theorie des kommunikativen Handelns*, in: *Kagel…/1991*, hrsg. von Werner Klüppelholz, Köln 1991, S. 155–167.
16 Text der Oper, in: *Kagel…/1991*, S. 262–303.
17 *Kagel…/1991*, S. 279f.

deinen Hass, teile du unser Unheil. Was sollen wir mit dir machen? Es tut uns leid um dich, Bruder Ebenbild."

Für Immanuel Kant war die moralische Gewissheit das abstrakte Kriterium, um unterscheiden zu können, ob Gott oder der Teufel handelt.[18] Der Widerspruch zwischen dem souveränen Gott, der in seinem Handeln frei ist, und dem lieben Gott, der durch die Moralität seines Handelns erst als Gott erkannt werden kann, hat die Theologie zutiefst durchfurcht, ohne dass sie vermocht hätte, ihn zu schlichten. Kagel hat diesen Widerspruch dahingehend verschärft, dass er Auschwitz auf die gesamte Schöpfung bezog. Ist, so fragt sein Werk, eine Schöpfung denkbar, die mit Auschwitz in irgendeiner Form kompatibel wäre. Und er verschmähte es, jenen Ausweg aus dem Dilemma zu benutzen, den andere schon gegangen sind: Gott ist diesem Massenmord selbst zum Opfer gefallen, er ist tot. Heroisch harrte er an der Seite seines Volkes aus, und als es in die Gaskammern getrieben wurde, war er in seiner Mitte, Opfer unter Opfern.[19] Kagel konnte sich offensichtlich mit der Tod-Gottes-Theorie nicht anfreunden, hielt es eher mit Elie Wiesel, der einem Vertreter dieser Theorie entgegen hielt: „Ich muss es dir sagen, Dick, dass du die Menschen in den Lagern nicht verstehst, wenn du behauptest, es sei schwieriger, heute in einer Welt ohne Gott zu leben. Nein! Falls du Schwierigkeiten haben möchtest, entscheide dich dafür, *mit* Gott zu leben."[20] Und er hielt es mit Arnold Schönberg, der den ersten seiner *Modernen Psalmen* (1951) bis zu den Worten komponierte: „Und trotzdem bete ich..."

Kagels Oper beschreibt nichts weniger als eine Eschatologie, die der christlichen, aber auch der jüdischen Form strikt entgegengesetzt ist. Nicht mehr endet die Welt in einem katastrophalen Gericht, das den Durchgang darstellt zu einer neuen Herrlichkeit, sondern die Katastrophe ist das absolute Ende. Ein Danach gibt es nicht. Gott hat sich als der entlarvt, der geschaffen hat, um zu vernichten. Nicht mehr geht es um die Erlösung des Menschen, sondern Gott erlöst sich selbst von den Menschen. Insofern unterscheidet sich Kagels Theologie von den gesellschaftlichen Anti-Utopien, wie sie von Aldous Huxley, Ernst Jünger oder George Orwell geträumt wurden. Und sie hat den Anti-Utopien voraus, dass sie das kosmische Ende der Erde, wie es die Naturwissenschaft prognostiziert, als realistisches Ferment mit sich führt. Denn wenn sich die Sonne zur Supernova aufbläht, dann werden auch die inneren Planeten, zu denen die Erde zählt, in dem eschatologischen Feuerball verglühen. Aber das ist auch schon

---

18 Immanuel Kant, *Der Streit der Fakultäten*, in: ders., *Werke*, Bd. 9, hrsg. von Wilhelm Weischedel, Darmstadt 1968, S. 333.
19 Robert McAfee Brown, *Die Massenvernichtung als theologisches Problem*, in: *Gott nach Auschwitz*, hrsg. von Eugen Kogon, Elie Wiesel u.a., Freiburg 1979, S. 87–117.
20 McAfee Brown, *Die Massenvernichtung*, S. 105.

in der Offenbarung zu lesen. Vielleicht ist es tröstlich zu sehen, wie am Ende Glaubens- und Wissensgewissheit zusammenfallen.

Wenn es gestattet ist, diesem Text einige sehr persönlich gefärbte Bemerkungen anzufügen, dann möchte ich noch auf ein Werk verweisen, dessen Entstehung ebenfalls in das Jahr 1968 fällt und das ich mit der Schola Cantorum zur Uraufführung gebracht habe. Ich meine das zwanzigminütige Chorwerk *Dona nobis pacem* von Heinz Holliger. Die Verbindung zwischen Heinz Holliger und mir datierte, wovon ich erst viel später bei einer gemeinsamen Wanderung im Engadin erfuhr, schon vom Februar 1964. Damals hatte Wolfgang Fortner, Leiter der Freiburger Musica Viva Konzertreihe, den Stuttgarter Rundfunkchor zu einem Konzert in Freiburg eingeladen. Auf dem Programm standen Werke von Nono (*Liebeslied*, 1954 und *Ha venido*, 1960), Hindemith, Debussy und Ravel. Wenige Tage vor dem Konzert erkrankte der Chorleiter, und da ich als Mitglied des Chores an allen Proben teilgenommen hatte, musste ich einspringen. In diesem Konzert saß Heinz Holliger, der soeben in Freiburg eine Stelle als Oboen-Lehrer angenommen hatte. So kam es, dass Holliger mich 1967 in Ulm fragte, ob er ein Stück für die Schola schreiben dürfe. Da mir seinerzeit als Kantor an der Stuttgarter Paulus-Kirche nur diese als Austragungsort zur Verfügung stand, musste ich zur Bedingung machen, dass es ein Stück geistlicher Musik sei. Ansonsten hätte der Kirchengemeinderat, von dem ich wegen meiner Schnebel-, Kagel-, Webern- oder Ligeti-Aufführungen misstrauisch beäugt wurde, sein Veto eingelegt. So komponierte der bekennende Atheist Holliger[21] *Dona nobis pacem* für zwölf Stimmen. Der Komponist nahm die sechs Silben der Friedensbitte nur als Material, aus dem er den Text des gesamten Stückes hervortrieb. Interessant ist, dass Holliger den ersten Teil, ein großes zuversichtliches Tutti, aus zwei Sechs-Ton-Aggregaten entwickelte, die zusammen einen Zwölftonklang ergaben. Nun könnte man sagen, dass es in der zweiten Hälfte des 20. Jahrhunderts durchaus nicht ungewöhnlich war, einen Zwölftonklang zu schreiben, wäre da nicht der zweite Teil des Werkes, in dem die systematische Zerstörung dieses Zwölftonklanges betrieben wird. Ein vollkommenes Ganzes – die Zahl ‚12' als Zeichen für Vollkommenheit genommen – zerfällt in Anarchie. Sicher wäre es zu oberflächlich, daraus eine Allusion zur Anarchie der 68er konstruieren zu wollen. Die Anarchie reicht sicher tiefer; denn gerade darin sedimentiert sich ein religiöses Moment: „Sie sagen Friede, Friede! Und ist doch nicht Friede."[22] Der Zerfall der Musik in viele nicht zusammenhängende Mobiles überführt die darin enthaltene Verheißung, dass letztlich Gott Frieden schaffe, der Unwahrheit. Mehr noch. Der Zustand, aus dem sich die Menschen heraussehnen, ist, wenn man auf das Ende schaut, jener Frieden, den die

---

21 *Heinz Holliger*, hrsg. von Annette Landau, Zürich 1996, S. 31.
22 Jer 6,14.

Menschen auf der Suche nach ihm, immer wieder verfehlen. So wird die Utopie zur negativen.

    Wollte man ein Resümee der Beschäftigung mit der Situation in und um 1968 in Bezug auf die Musik ziehen, so käme man in Schwierigkeiten. Denn die Frage, wie weit die Studentenrevolte in der neuen Musik konkrete Spuren hinterlassen hat, lässt sich nicht eindeutig beantworten. Gewiss, es gibt handgreifliche Befunde, zum Beispiel der „Ho-tschi-minh"-Ruf in Schnebels *:! (madrasha 2)*. Und es ist unbestritten, dass Schnebel eine Zeitlang mit den Studenten sympathisierte. Aber der zitierte Ruf ist nur ein modisches Accessoir, ein modisches Zubehör, das die Musik nicht substanziell veränderte. Reicht doch die Komposition des Stückes zurück bis ins Jahr 1958, eine Zeit also, in der von Protesten gegen den Vietnam-Krieg noch nicht die Rede war. Und wollte man das Stück heute erneut aufführen, müsste man den Ruf aktualisieren, etwa in „Heuschrecken!" als Aufruf gegen skrupellose Investoren und Unternehmer sowie Hedgefonds im besonderen. Nicht nur Schnebels Musik, sondern die gesamte neue Musik seit 1945 könnte als Antizipation der revolutionären Situation von ‚1968' aufgefasst werden, ohne dass diese sich in solcher Funktion erschöpfen würde. Aber die Aufrührer haben sich gegen eine derartige Vorläuferschaft heftig zur Wehr gesetzt. Neue Musik stand als bürgerlich verschwägerte ebenso auf dem Index der linken Militanz wie die Philosophie Adornos. Entscheidend für die Beurteilung, ob etwas revolutionär sei oder nicht, war für diese Gruppierung nicht der kompositorische Stand der Musik, sondern die Gesinnung des Komponisten. War diese über jeden Zweifel revolutionär erhaben, konnten sich die Aktivisten sogar mit dem revolutionären Stand der Komposition anfreunden. Klassisches Beispiel: Luigi Nono. Ansonsten wurde auf die neue Musik mit einem Vokabular eingedroschen, dessen Schlagwort-Register von *gesellschaftlicher Relevanz* über *spätbürgerliches Komponieren, ästhetischer Rückschritt* bis hin zu *Quark* reichte.[23] Der revolutionäre Impuls, der ohne Zweifel viele Werke der Zeit nach 1945 beherrschte, war anders strukturiert als das Kader-Denken jener Gruppierung der Achtundsechziger. Komponieren musste subjektive Antwort sein, weil Komponieren nur als subjektiver Akt möglich ist. Anderenfalls hätten die Komponisten mehr oder weniger freiwillig Massenlieder geschrieben, eine Musik also, der die Massen sehr bald abhanden gekommen sind. Der Massenaspekt wird heute durch die Schlagerbüros bedient, die nach bestimmten Standards verfahren, in die von vorn herein die Mechanismen der Promotion einkalkuliert werden. Sicher bleiben bei diesem industriellen Verfahren immer noch Unwägbarkeiten der gesellschaftlichen Rezeption erhalten. Der Erfolg lässt sich nie bis ins kleinste Detail kalkulieren. Doch das ist ein anderes Thema.

---

23 Vgl. dazu Mauricio Kagel, *Worte über Musik*, München 1991, S. 158–173, bes. S. 169.

Ich erinnere mich, dass Boulez mir 1969 erzählte, er wolle ein Stück über die Mauerinschriften der Pariser Revolte von 1968 schreiben, jedoch sei Berio ihm zuvorgekommen. Deshalb entschloss er sich, einen Text von Edward Estlin Cummings zu komponieren. Es entstand dann die Kantate *Cummings ist der Dichter*. Was Boulez an der Revolte interessierte, war also nicht die revolutionäre Substanz der Bewegung, sondern deren ästhetischer Überschuss. Die Wirkung von Revolution auf die Musik und die der Musik auf die Revolution waren immer ästhetisch vermittelt. Es hat aber auch Ausnahmen gegeben. Ich denke dabei weniger an den Dresdner Barrikadenkämpfer Richard Wagner anno 1848. Am 25. August 1830 brach nach der Aufführung von Aubers Oper *Die Stumme von Portici* in Brüssel die Revolution aus, die die Lösung Belgiens von den Niederlanden einleitete. Es stellt sich die Frage, ob es die Musik oder der Stoff der Oper gewesen ist, der die Lunte zum Pulverfass in Brand setzte. Vermutlich war es der Stoff, der Aufstand des Neapolitaners Masaniello von 1647, der die Revolutionäre aktivierte. Aber der Stoff konnte erst in seiner musikalischen Dramatisierung die oben beschriebene Wirkung entfalten. Solch unmittelbarer Umschlag des Ästhetischen in die blutige Empirie ist selbstverständlich die Ausnahme. Aber er verweist darauf, dass Ästhetik und Empirik zusammenhängen, wenn diese Zusammenhänge auch sehr verwickelt sind und deshalb oft geleugnet werden. Die Ohnmacht des Ästhetischen, von den Tatsachenmenschen immer wieder genüsslich berufen, wird jedoch dadurch erfahrbar, dass sie sich den Tatsachen nicht beugt, das heißt: durch einen Akt von Macht.

Über die Autoren

Emanuela Ersilia Abbadessa lehrt Musik und Kommunikation an der Universität Catania und leitet die Presse- und Öffentlichkeitsarbeit des Orchestra Sinfonica di Savona. Sie promovierte in Literaturwissenschaft und studierte zudem Klavier und Operngesang. Sie publizierte zahlreiche Beiträge zur Operngeschichte sowie zur Musik im italienischen Faschismus. Zuletzt erschien von ihr ein Buch über Pop- und Filmmusik in ihrem gesellschaftlichen Kontext (*Ho un sassolino nella scarpa. Leggerezze e pesantezze tra suoni e visioni*, Turin 2005).

Holger Böning ist Professor für Neuere Deutsche Literatur und Geschichte der deutschen Presse an der Universität Bremen. Er studierte Germanistik, Geschichte und Pädagogik und wurde 1982 mit einer Arbeit über die Volksaufklärung in der Schweiz promoviert. 1991 Habilitation über Presse und Gebrauchsliteratur der deutschen Aufklärung. Seine Hauptforschungsinteressen sind deutsche und schweizerische Literatur und Presse, Populäre Aufklärung sowie Geschichte des politischen Liedes und der politischen Lyrik.

Gianmario Borio ist Professor und Lehrstuhlinhaber für musikalische Philologie an der Universität Pavia. Er studierte Musikwissenschaft u. a. in Freiburg/Breisgau und Berlin und wurde 1989 mit der Dissertation *Musikalische Avantgarde um 1960. Entwurf einer Theorie der informellen Musik* promoviert (als Buchveröffentlichung Laaber 1993). Seine Forschungsschwerpunkte liegen in der Theorie und Analyse der Neuen Musik. Er ist Herausgeber der Schriftenreihen *Nuovi percorsi musicali* und *Nuovi mondi sonori* und Koordinator des Internationalen Forschungsprojekts „Terminologia dell'estetica musicale".

Rainer Dollase ist Professor für Psychologie an der Universität Bielefeld. Er studierte Psychologie an den Universitäten Saarbrücken, Köln und Düsseldorf. 1971 bis 1976 Abteilungsleiter in einem Forschungsinstitut, 1976 bis 1980 Professor an der Universität Essen. Seit 1972 empirische Forschungen zur Sozialpsychologie der Musikrezeption. Zusammen mit Michael Rüsenberg und Hans Stollenwerk drei Monographien dazu: *Rock People oder Die befragte Szene* (Frankfurt/M. 1974), *Das Jazzpublikum* (Mainz 1978) und *Demoskopie im Konzertsaal* (Mainz 1986).

Sabine Ehrmann-Herfort ist stellvertretende Leiterin der Musikgeschichtlichen Abteilung des Deutschen Historischen Instituts in Rom. Sie studierte Musikwissenschaft, Klassische Philologie und Philosophie an den Universitäten Tübingen und Freiburg/Breisgau und promovierte 1986 mit der Arbeit *Claudio Monteverdi. Die Grundbegriffe seines musiktheoretischen Denkens* 1986. Von 1997 bis 2002 war sie Wissenschaftliche Mitarbeiterin beim Akademieprojekt *Handwörterbuch der musikalischen Terminologie* in Freiburg. Ihre Forschungsschwerpunkte sind Oper und Musiktheater, musikalische Terminologie, italienische Musikgeschichte und Musiktheorie.

Clytus Gottwald ist Dirigent, Musikwissenschaftler und Theologe. Von 1960 bis 1990 leitete er das von ihm gegründete Vokalensemble Schola Cantorum Stuttgart, das vor allem durch Ur- und Erstaufführungen Neuer Musik hervorgetreten ist. 1967 bis 1988 war er Redakteur für Neue Musik beim SDR Stuttgart. Clytus Gottwald war Stipendiat der DFG auf dem Forschungsgebiet musikalische Paläographie, zu dem er zahlreiche Veröffentlichungen vorgelegt hat. Er ist Mitglied des IRCAM, Paris.

Peter Hahnen ist Referent für Ministrantenpastoral und musisch-kulturelle Bildung der Arbeitsstelle für Jugendseelsorge der deutschen Bischofskonferenz. Nach einer Ausbildung zum Kinderkrankenpfleger studierte er Theologie und promovierte mit einer Arbeit über *Das Neue Geistliche Lied als zeitgenössische Komponente christlicher Spiritualität* (Münster 1998).

Björn Heile ist Lecturer am Music Department der University of Sussex in Brighton. Er studierte Musikwissenschaft, Anglistik und Amerikanistik an der Technischen Universität Berlin. 2001 Promotion an der University of Southampton mit einer Arbeit über Mauricio Kagel. Seine Forschungsschwerpunkte liegen im Bereich der Neuen Musik. Zuletzt erschien von ihm das Buch *The Music of Maurizio Kagel* (Aldershot 2006).

Arnold Jacobshagen ist Professor für Historische Musikwissenschaft an der Hochschule für Musik Köln. Er studierte Musikwissenschaft, Geschichte und Philosophie in Berlin, Wien und Paris. 1996 Promotion an der Freien Universität Berlin mit der Arbeit *Der Chor in der französischen Oper des späten Ancien Régime* (Frankfurt 1997). Von 1997 bis 2006 am Forschungsinstitut für Musiktheater der Universität Bayreuth tätig. 2003 Habilitation an der Universität Bayreuth mit der Arbeit *Opera semiseria. Gattungskonvergenz und Kulturtransfer im Musiktheater* (Stuttgart 2005).

Daniel Koglin ist seit 2002 Wissenschaftlicher Mitarbeiter am Research Programme „Thrace/Eastern Macedonia" der *Friends of Music Society Athen*. Er studierte von 1993 bis 2000 Musikwissenschaft, Psychologie und Philosophie in Freiburg/Breisgau, Thessaloniki und Berlin. Seit 2002 arbeitet er an einem Dissertationsvorhaben zum Thema *Logos und Mythos des Rebetiko: Ein Beitrag zur Konzept-, Mentalitäts- und Rezeptionsforschung*. Er veröffentlichte zur griechischen Volksmusik und zum heutigen Musikleben in Griechenland.

Andreas Kühn ist Wissenschaftlicher Mitarbeiter an der Heinrich-Heine-Universität Düsseldorf im Forschungsprojekt „Die Düsseldorfer Bezirksregierung zwischen Demokratisierung, Nazifizierung und Entnazifizierung". Er studierte Neue und Alte Geschichte sowie Germanistische Sprachwissenschaften an der Heinrich-Heine-Universität Düsseldorf. 2004 wurde er mit der Arbeit *Der Zukunft getreue Kämpfer: Die maoistischen K-Gruppen als Lebenswelt junger Intellektueller in der BRD 1970-1980* promoviert.

Markus Leniger ist Studienleiter an der Katholischen Akademie Schwerte. Er studierte Geschichtswissenschaft, Germanistik, Philosophie und Erziehungswissenschaften an der Ruhr-Universität Bochum. 2004 Promotion mit der Arbeit *„Volkstumsarbeit" und Umsiedlungspolitik 1933–1945. Von der Minderheitenbetreuung zur Siedlerauslese* (Berlin 2006). Er ist Mitglied der Kommission für kirchliche Zeitgeschichte im Erzbistum Paderborn.

Caroline Lüderssen ist Chefredakteurin der Zeitschrift *Italienisch – Zeitschrift für italienische Sprache und Literatur* in Frankfurt/Main. Sie studierte englische und italienische Literaturwissenschaft sowie Musikwissenschaft in Frankfurt, Bonn und Aberdeen. 1999 Promotion mit der Arbeit *Musik als verborgener Text: Giuseppe Verdis Shakespeare-Opern* (Bonn 2001). Ihre Forschungsschwerpunkte sind italienische Literatur der Gegenwart, italienische Oper des 19. Jahrhunderts, Opern- und Theaterdramaturgie, Neue Musik und Emigrationsliteratur.

Elena Müller arbeitet als Slawistin an einer Dissertation zum Thema „Mythenpoesie Daniil Andreevs". Sie studierte Slawistik, Anglistik/Amerikanistik und Soziologie an der Universität Potsdam. Sie ist Lehrbeauftragte an der Universität Potsdam (Institut für Slawistik). Daneben ist sie als freiberufliche Übersetzerin und Dolmetscherin für Russisch tätig. Zahlreiche Publikationen u.a. zu den Feindbilder in den sowjetischen visuellen Medien der Nachstalinzeit.

Daniela Philippi ist Privatdozentin am Musikwissenschaftlichen Institut der Johannes Gutenberg-Universität Mainz und Wissenschaftliche Mitarbeiterin bei der Gluck-Gesamtausgabe in der Akademie der Wissenschaften und der Literatur, Mainz. Zudem ist sie Lehrbeauftragte an der Robert-Schumann-Hochschule Düsseldorf und Mitglied im Herausgebergremium der Gluck-Gesamtausgabe sowie in den Editorial Boards der Neuen Dvořák-Gesamtausgabe und der Martinů-Gesamtausgabe.

Christophe Pirenne ist wissenschaftlicher Mitarbeiter an der F.N.R.S. (Belgien) und lehrt Musikwissenschaft als Maître de Conférence an der Universität von Liège (Lüttich). In den Jahren 2002/2003 wirkte er als Humboldt-Stipendiat am Zentrum für Populäre Musik der Humboldt-Universität Berlin. Er ist Autor bzw. Herausgeber zahlreicher Monographien und Sammelwerke, insbesondere zur Rockmusik und Musiksoziologie. Zuletzt erschien von ihm das Buch *Le Rock progressif anglais* (Paris 2005).

Nina Polaschegg studierte in Gießen und Hamburg Musikwissenschaft, Soziologie und Philosophie. Ihre Dissertation zum Thema *Populäre Klassik: Klassik populär: Hörerstrukturen und Verbreitungsmedien im Wandel* schloss sie im Jahre 2004 ab (Köln 2005). Ihre Forschungsschwerpunkte liegen im Bereich der zeitgenössischen komponierten und improvisierten Musik sowie der Alten Musik.

Ramón Reichert studierte Philosophie, Kulturwissenschaft und Medientheorie in Berlin, London und Wien. Seine Dissertation behandelt *Die Konstitution der sozialen Welt. Zur Erkenntniskritik der Sozial- und Kulturwissenschaften* (Frankfurt/M. 2003). Er war Research Fellow am Kulturwissenschaftlichen Institut der Humboldt Universität zu Berlin und am Institut für Zeitgeschichte der Universität Wien. Seit 1991 wirkte er als Lehrbeauftragter in Wien, Linz, Salzburg, Berlin, Zürich, Columbia und Canberra. Seine Forschungsschwerpunkte sind Theorie der Neuen Medien, Wissenschafts- und Technikgeschichte, Popular Culture, Medien- und Kulturphilosophie, Politische Ästhetik.

Kailan R. Rubinoff ist Assistant Professor of Musicology an der University of North Carolina at Greensboro. Sie promovierte an der University of Alberta (Kanada) mit einer Dissertation über die Alte-Musik-Bewegung in den Niederlanden. Weitere Forschungsinteressen sind die Geschichte und Rezeption der Musik des 20. Jahrhunderts, Aufführungspraxis des Barock und der Klassik, Französische Barockmusik und Popularmusik. Sie ist Flötistin mit Spezialisierung im barocken und klassischen Repertoire.

Peter Schleuning ist Professor für Musikwissenschaft an der Universität Oldenburg. Er studierte Musikwissenschaft, Kunstgeschichte und Soziologie in Kiel, München und Freiburg/Breisgau (1970 Promotion). 1965 Konzertreifeprüfung im Fach Flöte, Musikhochschule Freiburg. 1979 wurde er Akademischer Rat in Oldenburg, dort 1986 Habilitation. Er publizierte über Politische Lieder, Kinderlieder und die Musik von Alternativkulturen sowie zur Musik von Johann Sebastian und Carl Philipp Emanuel Bach, Mozart, Beethoven, Schumann, Tschaikowsky, Schönberg und Eisler.

Dörte Schmidt ist Professorin für Musikwissenschaft an der Universität der Künste Berlin (seit 2006). Zuvor war sie Professorin für Musikwissenschaft an der Staatlichen Hochschule für Musik und Darstellende Kunst Stuttgart. Sie studierte Schulmusik, Germanistik und Philosophie in Hannover, Berlin und Freiburg. 1992 wurde sie an der Universität Freiburg mit einer Arbeit zur Literaturoper nach 1950 promoviert. Ab 1992 war sie zunächst wissenschaftliche Mitarbeiterin, dann Wissenschaftliche Assistentin am Musikwissenschaftlichen Institut der Ruhr-Universität Bochum. 1997 habilitierte sie sich mit einer Arbeit zur Geschichte der französischen Oper im 17. und 18. Jahrhundert. Ihre Forschungsschwerpunkte sind Oper und Musiktheater, Musikdenken und Musikalische Avantgarde nach 1945 sowie Skizzenforschung.

Stephanie Schmoliner ist Diplom-Sozialwirtin. Sie studierte an der Georg-August-Universität Göttingen und an der Universität Wien. Seit 2004 hat sie Lehraufträge an der Universität Göttingen und der Universität Flensburg inne. Daneben ist sie verantwortliche Gewerkschaftssekretärin des GEW-Regionalbüros Nord in Schleswig-Holstein. Sie veröffentlichte insbesondere zu den Themen soziale Bewegungen sowie Musik und Globalisierung.

Register

Abbadessa, Emanuela Ersilia 10, 203, 307
Abers, Anni 23
AC/DC 139
Achleitner, Friedrich 35, 38
Adams, Paul 254
Adlington, Robert 126
Adorno, Theodor W. 17f., 21, 27, 85, 88, 91, 105, 181
Albrecht, Alois 266, 270
Alexander, Peter 147, 154
Alfieri, Vittorio 105
Alleg, Henri 99, 103
Allen, Daevid 26
Altena, Marius van 135
Altshuler, Bruce 40
AMM 29f., 40, 254
Amodeo, Immacolata 102
Anderson, Jon 142
Andert, Reinhold 190
Andress, Ursula 205
Andriessen, Louis 125f., 135f.
Anouilh, Jean 105
Antonellini, Michele 204
Antonioni, Michelangelo 20, 242
Appelbaum, Anne 217
Artaud, Antonin 39
Artmann, H. C. 35
Arvanitaki, Eleftheria 200
Asriel, Andre 190
Attinello, Paul 84
Auber, Daniel François Esprit 305
Ayers, Kevin 30f.
Ayler, Albert 247f., 252–258, 260

Baacke, Dieter 273
Baaren, Kees van 126
Baberowski, Jörg 218
Bach, Johann Sebastian 112, 122f., 129f., 132, 136, 276, 281
Bach, Lee 189
Bachmann-Medick, Doris 110
Bachtin, Michail 84
Bacia, Jürgen 157
Baez, Joan 186f., 189, 237, 240
Bailey, Derek 260
Balaázs, István 93
Baltruweit, Fritz 266
Banse, John 157
Baraka, Amiri 245, 254
Barck, Karlheinz 15
Bardot, Brigitte 205
Bares, Peter 272
Barth, Friedrich Karl 266
Barthelmes, Barbara 56
Barz, Edek 42
Baudelaire, Charles 105
Bauer, Franz J. 9
Bauer-Horn, Kristin 187
Bauermeister, Mary 39
Bayer, Konrad 35
Beach Boys, The 139, 143
Beatles, The 44f., 57, 63, 140, 143, 149, 152
Becher, Johannes R. 159
Becker, Howard S. 196
Beckett, Samuel 18
Bedford, David 29, 31
Beethoven, Ludwig van 173
Beijer, Erik 129
Belafonte, Harry 226
Benjamin, Walter 100
Bense, Max 27
Berberian, Cathy 70
Berendt, Joachim-Ernst 247, 251
Berio, Luciano 10, 65–80, 305
Bettinelli, Stefania 204
Beyerle, Mo 234
Biermann, Wolf 112, 147, 155, 177, 181f., 187, 189

Bijlsma, Anner 128
Blarr, Oskar Gottlieb 281
Bloch, Ernst 80
Blom, J. C. Hans 129
Blumröder, Christoph von 284
Boehmer, Konrad 158, 164
Boenisch, Peter 109, 114, 123
Böhmer, Konrad 99
Boney M. 147
Bonhoeffer, Dietrich 296f.
Böning, Holger 10, 181, 307
Boon, Mathilde 133
Borges, Jorge Luis 90
Borio, Gianmario 9, 35, 39, 307
Boulez, Pierre 19, 77f., 296, 304f.
Brahms, Johannes 142
Brassens, Georges 186f.
Brebeck, Friedhelm 166
Brecht, Bertolt 68, 80, 99f., 159, 162–167, 169, 172, 177, 182
Breitwieser, Sabine 40
Brežnev, Leonid 158, 217, 220f.
Brinckmann, Christine N. 234
Brinkmann, Reinhold 31
Brötzmann Trio 259
Brötzmann, Peter 258–261
Bruckner, Anton 56
Brüggen, Frans 128, 131, 135f.
Brus, Günter 36f., 40f.
Bucher, Willi 273
Büchner, Georg 105
Bultmann, Rudolf 292–296
Büning, Eleonore 104
Bunke, Tania 100
Bürger, Peter 15, 82, 86, 88, 91
Burroughs, William S. 25f.
Busch, Ernst 159, 161
Bussotti, Sylvano 79
Butterworth, Catherine 193

Cage, John 15, 19, 23f., 26, 28, 36, 38–42, 46f.
Cantucci, Atonia A. 96
Cardenal, Ernesto 267
Cardew, Cornelius 30, 40
Carmichael, Stokeley 254
Carr, Ian 251, 253
Castro, Fidel, eigtl. Fidel Alejandro Castro Ruz 100, 126, 254
Cerha, Friedrich 39
Chabiron, Jacques 142
Chagall, Marc 113
Chatles, The 189
Chatzidakis, Manos 194

Che Guevara, Ernesto, eigtl. Ernesto Rafael Guevara de la Serna 100, 126, 173
Chiotis, Manolis 194
Chopin, Henri 26, 40
Chruščev, Nikita 218
Clark, Katerina 219
Coleman, Ornette 257, 260
Collette, Joannes 131
Coltrane, John 258
Cook, Nicholas 22
Cotner, John S. 21
Cotroneo, Roberto 204
Country Joe and the Fish 230
Covach, John 144
Coway, Stephen 203
Cox, Robert H. 131
Coxhill, Lol 31
Cream 140
Croce, Benedetto 97
Crosby, Bing 240
Cummings, Edward Estlin 305
Cunningham, Merce 23

Dael, Lucy van 135
Dahou, Mohammed 17
Dalaras, Jorgos 200
Dallapiccola, Luigi 99
Damianakos, Stathis 197f.
Danielopol, Catherine 205, 210, 213
Daniels, Dieter 24
Daniskas, John 132–134
Dauner, Wolfgang 281
Dawbarn, Bob 141
de Man, Henri 97
Dean, Roger 145
Debord, Guy 16, 27f.
Debussy, Claude 303
Decker, Christof 235
Deckert, Peter 270
Deep Purple 142, 147, 153
Degenhardt, Franz Josef 160, 184, 187f.
Degenhardt, Kai 228
Delaere, Mark 99
Denisov, Edison 218
Denselow, Robin 230
Deviants, The 143
Dibelius, Ulrich 82
Dickmann, Ulrich 11
Distler, Hugo 276
Dixon, Bill 257
Dohr, Christoph 10
Döhring, Sieghart 11
Dollase, Rainer 10, 110, 147, 307

Register

Don Cherry 258
Donne, Eloise 211f., 214
Donne, Karen 211
Donovan, eigtl. Donovan Philip Leitch 189
Doors, The 229, 231
Dorsi, Fabrizio 94, 99, 102
Drewermann, Eugen 293
Dubček, Alexander 221
Dudow, Slatan 163f.
Dülffer, Jost 166
Durrer, Lorenz 110
Dvorak, Josef 37
Dylan, Bob, eigtl. Robert Allen Zimmerman 160, 187, 189, 205, 215, 226, 229, 233f., 236–241

Ebstein, Katja 186
Eco, Umberto 27, 68f., 77, 79, 204
Ehrmann-Herfort, Sabine 10, 65, 308
Einaudi, Giulio 95
Einstein, Carl 154
Eisler, Hanns 99, 159, 162–167, 169, 171–173, 177, 181, 255
Ekkehard Jost 247
Ekseption 147
Elia, Adriano 203
Eliott, Thomas S. 28
Élouard, Paul 99
Emerson, Lake and Palmer 144
Emery, Ed 193
Engels, Friedrich 100
Enke, Heinz 281
Erenburg, Ilja 217
Erwe, Hans-Joachim 123
Essel, Karlheinz 36
Evangelisti, Franco 21f.
Evtušenko, Evgenij 218
Export, Valie 40
Eyerman, Ron 110

Fechner, Jörn 190
Fetscher, Iring 97, 249
Finkbeiner, Reinhold 281
Fischer-Lichte, Erika 12, 32, 46
Flammer, Ernst H. 101, 112, 119
Fleck, Robert 36
Flender, Reinhard 231
Floh de Cologne 189
Flynn, Shields 186
Fortner, Wolfgang 276
Franz K 147
Frea, Betty 213
Fricke, Stefan 31

Friedan, Betty 203
Friedman, Perry 190
Frith, Simon 143
Frobenius, Wolf 31
Früchtl, Josef 102
Fucik, Julius 99
Fuhr, Werner 159, 166

Galič, Aleksandr 221, 222, 223
Gavriil, Marinos 199
Gehrels, Willem 134
Genesis 144
Gess, Nicola 38
Geuen, Heinz 111
Gilcher-Holtey, Ingrid 110, 231
Ginsberg, Allen 236
Globe Unity Orchestra 259
Globokar, Vinko 31
Goich, Wilma 205
Gorki, Maxim 100
Gorodnickij, Aleksandr 219
Gottwald, Clytus 10, 281, 291, 297, 301, 308
Graham, Billy 67, 76
Gramatke, Alexandra 236
Gramsci, Antonio 93, 95–98, 100, 106f.
Greenberg, Clement 17
Greil, Marcus 229
Grijp, Louis Peter 126, 127
Grock, eigtl. Charles Adrien Wettach 71
Grossek, Hannes 38
Grossmann, Albert 233, 237, 238
Gründgens, Gustav 265
Gubajdulina, Sofja 218
Guccini, Francesco 203–216
Guccini, Roberta 211f., 214
Gumbrecht, Hans Ulrich 102
Gundermann, Gerhard 191
Gürzenich Orchester 147
Guthrie, Woody 187, 190, 226

Haden, Charlie 255
Hafen, Roland 148
Hahnen, Peter 10, 265, 308
Hai und Topsy 186
Haitink, Bernard 125, 127
Haley, Bill 149, 152, 156
Hambraeus, Bengt 281
Hamm, Wolfgang 164
Hampel, Gunter 112, 115, 122
Hansen, Al 40
Hapgod, Susan 40
Harriot, Joe 247
Hart, Shirley 186

Haug, Wolfgang Fritz 96
Häusler, Josef 94, 296
Havel, Václav 221
Hedemann, Walter 187
Hegel, Georg Wilhelm Friedrich 105, 296, 300
Hegele, Günter 272
Heidsieck, Bernard 26
Heile, Björn 10, 82, 113, 308
Heine, Heinrich 105
Heister, Hanns-Werner 254
Hellwig, Maria 147
Helms, Hans G. 78
Hendrix, Jimi 140, 240f.
Henius, Carla 104
Henn, Benedikt 11
Henry, Pierre 142
Henze, Hans Werner 10, 101, 109-124, 150
Herbort, Heinz Josef 86, 114
Herrmann, Hans Christian von 165f.
Herzogenrath, Wulf 38, 87
Hindemith, Paul 303
Hiu, Pay-Uun 127
Ho Chi Minh, eigtl. Nguyen Sinh Cung 254
Hoffman, Justin 40
Hoffmann, Klaus 147, 155
Holliger, Heinz 303
Holm-Hudson, Kevin 21
Holst, Gail 193
Honecker, Erich 161
Horne, Howard 143
Horst, Peter 266
Hotzenplotz 189
Hrdlicka, Alfred 104
Huber, Klaus 281
Huesmann, Günther 247
Humphrey, Hubert 235
Hüsch, Hanns Dieter 182, 187
Husserl, Edmund 213
Huxley, Aldous 302

Iakovidis, Agathonas 196
Innozenz III., vormals Lotario dei Conti di Segni 291
Itom, Christian 32

Jachia, Paolo 204, 206, 209, 212–214
Jacobshagen, Arnold 10, 109, 113, 148, 308
Jagger, Mick 227, 242
Jakobson, Roman 69, 71, 76, 79
Jamison, Andrew 110
Janhsen, Angeli 38
Janov, Arthur 40
Jansen, Fasia 182, 187

Janssens, Peter 266, 270, 274
Jazzhaus 147
Jefferson Airplane 229, 240
Jeorjiadis, Nearchos 197
Jeramanis, Panos 200
Jethro Tull 144, 147
Joana, eigtl. Johanna Emetz 187
Jobler, Jens 157
Johannes Paul II., vormals Karol Józef Wojtyła 104
Johansson, Sven Ake 258
Johnson, Geir 88
Jona, Emilio 100
Jones, Alcolm 141
Jones, LeRoi 245, 248, 254
Joplin, Janis 240
Jost, Ekkehard 251, 253, 255, 257, 261
Joyce, James 28
Juan & José 186
Jünger, Ernst 302
Jungheinrich, Hans-Klaus 81f., 86, 112

Kafka, Franz 18
Kagel, Mauricio 10, 22f., 31, 81–91, 300–304
Kahn, Douglas 25
Kahn, Herman 19
Kallscheuer, Otto 106
Kämpchen, Heinrich 163
Kant, Immanuel 302
Kapp, Reinhard 39
Karls Enkel 191
Kennedy, James C. 128f., 131
Kennedy, John Fitzgerald 214, 235
Kepler, Johannes 293
Kerbs, Diethart 185, 187
Kiefer, Bernd 233
King Crimson 17, 144
Kirchenwitz, Lutz 181
Klimke, Martin 9, 11, 110f.
Klocker, Hubert 35f.
Klüppelholz, Werner 82, 89
Knauer, Wolfram 257, 261
Kneif, Tibor 228
Kocka, Jürgen 9
Koenen, Gerd 166, 250f., 256
Koglin, Daniel 10, 193, 308
Kogon, Eugen 302
Koheil, Susanne 236
Kohl, Helmut 109
Konwitschny, Peter 100, 104
Koopmans, Rudy 125–128
Köster, Maren 190
Kotulla, Theodor 238

Register

Kotzwinkle, William 188
Kowald, Peter 258
Kramer, Lawrence 22
Kraushaar, Wolfgang 9
Krawczyk, Stephan 191
Kren, Kurt 37
Kreutziger-Herr, Annette 11, 261
Kröher, Hein 187
Kröher, Oss 187
Krumeich, Gerd 166
Kues, Nikolaus von 298–300
Kühn, Andreas 10, 157f., 309
Kuijken, Sigiswald 135
Kuijken, Wieland 135
Kunadis, Panajotis 201
Küng, Hans 293
Kutschke, Beate 11, 86, 110f.

Lachenmann, Helmut 93f., 260
Lake, Greg 142
Lammel, Inge 170
Landau, Annette 303
Lang, Bernhard 115
Lauf, Cornelia 40
Leacock, Richard 235f., 239
Leeuw, Gerardus van der 132
Leeuw, Reinbert de 125
Lehmann, Hans-Thies 124
Leniger, Markus 10, 309
Lenin, Vladimir Ilič 100, 257
Lennon, John 145
Leonhardt, Gustav 128, 134
Leonhardt, Marie 129
Lethen, Helmut 165
Lewis, George H. 153
Liberation Orchestra 255
Ligabue, Luciano 204
Ligeti, György 89, 281
Limburg, Hans J. 273
Litweiler, John 246
Logothetis, Anestis 39, 42
Lokomotive Kreuzberg 189
Luckscheiter, Roman 110
Lucky, Jerry 140
Lüderssen, Caroline 10, 93, 102, 309
Lueg, Gabriele 38, 87
Luther, Martin 292, 297
Lyotard, Jean-François 17
Lytken, Ilona 43

Macan, Edward 141, 144
Maciunas, George 38, 41, 47f.
Mahler, Gustav 111f.

Majakowskij, Vladimir 99, 218
Malcom X, eigtl. El Hajj Malik el-Shabbaz, geb. Malcolm Little 254
Malipiero, Gian Francesco 73
Mallarmé, Stéphane 94
Malsch, Moritz 101
Mamber, Stephen 236, 242
Manzoni, Giacomo 93–95, 99–102, 105f.
Mao Zedong 109
Marcuse, Herbert 18–21, 27, 94, 98, 251
Markopulos, Gregory J. 22
Martin, Bill 141
Marx, Karl 100, 109, 174, 292
Massine, Tatiana 22
Mattl, Siegfried 36
Maurer, Otto 36
Mauser, Siegfried 112
Maysles, Albert 241
Maysles, David 239, 241
McAfee Brown, Robert 302
McCartney, Paul 145
McDonald, Joseph, gen. Country Joe McDonald 230
McGregor, Chris 260
McGuire, Barry 189, 205
McLuhan, Marshall 24f., 27f., 33
Mekas, Jonas 238
Mellnäs, Arne 281
Mengelberg, Misha 125f.
Mengelberg, Willem 130
Messiaen, Olivier 276
Metzger, Gustav 40
Metzger, Heinz Klaus 38, 40f., 47, 81, 101
Metzmacher, Ingo 106
Mey, Reinhard 187
Michel, Louise 100
Middleton, Richard 140
Mila Giubertoni, Anna 66
Mila, Massimo 65f., 69, 73, 76–79
Mineur, Jacqueline 126
Mingus, Charles 255, 257
Minton, Phil 261
Mittring, Gerhard 272
Moles, Abraham 27
Montale, Eugenio 204
Montand, Yves 186
Monteverdi, Claudio 69, 73–76, 276
Moore, Allan 140
Moravia, Alberto 20
Morrison, Jim 229
Morus, Thomas 292
Moßmann, Walter 170, 174, 177, 181, 187
Mothers of Invention, The 17

Mühl, Otto 36f., 40
Müller, Elena 10, 217, 309
Mundy, Simon 127f.
Mungen, Anno 111
Münkler, Herfried 97
Musica da Camera 134
Musica Elettronica Viva 29

Nash & Young 240
Negus, Keith 234
Nektar 147
Nel, Christof 104
Neruda, Pablo 111, 124
Neuhoff, Hans 11, 148
Neumeier, Mani 258
New Christy Minstrels 205
New Phonic Art 29, 31
Nitsch, Hermann 10, 35–61
Noglik, Bert 258f.
Nogowski, John 233
Nohlen, Dieter 249
Noller, Joachim 78
Nonnis, Franco 21
Nono, Luigi 10, 19f., 22, 79, 93, 99f., 102, 105f., 112, 296, 303f.

Ocampo, Victoria 90
Ochs, Phil 186, 188
Oehlschlägel, Reinhard 81
Okudžava, Bulat 221f., 224
Oldfield, Mike 31
Ono, Yoko 40f.
Orlando Quartett 147
Ortiz, Ralph 40
Ortner-Buchberger, Claudia 102
Orwell, George 302
Osgood, Charles 201
Osmond-Smith, David 77
Ossietzky, Carl von 178
Otten, Kees 131
Ozawa, Seji 142

Paap, Wouter 126, 131, 134–136
Paik, Nam June 24f., 28, 38f., 41f.
Pannach, Gerulf 191
Papadopulos, Jeorjios 197
Pattavina, Valentina 204
Pauli, Hansjörg 85
Pavese, Cesare 100f.
Paz, Juan Carlos 90
Pearse, John 186, 188
Pearson, William 115
Pecker Berio, Talia 66

Pennebaker, Don Alan 233–235, 237–239, 242
Perón, Juan 90
Peters, Peter 126f.
Petersen, Peter 111
Petrassi, Goffredo 30
Petropulos, Ilias 193, 197
Philippi, Daniela 10, 282, 309
Picht, Goerg 149
Pieraccioni, Leonardo 204
Pink Floyd 17, 20f., 29, 140, 143, 179
Pinot-Gallizio, Giuseppe 17
Pinzauti, Leonardo 66f., 78
Pirenne, Christophe 10, 110, 140, 310
Pirrotta, Nino 73
Poggioli, Renato 15
Pohl, Klaus 273
Poiger, Uta G. 252
Polaschegg, Nina 10, 118, 245, 310
Polillo, Arrigo 247f., 250–252
Pontecorvo, Gillo 99
Pontocs, The 186
Portal, Michel 31
Pots, Roel 127f., 132, 134
Pound, Ezra 28
Pratt, Marie Louise 237
Presley, Elvis 149, 156, 160
Prinz, Petra 189
Proust, Marcel 18

Quadro Hotteterre 134
Quick, Benno 189

Radiohead 140
Rappe, Michael 11
Ratledge, Mike 30
Rau, Johannes 268
Rauhe, Hermann 231
Rauschenberg, Robert 23
Ravel, Maurice 303
Rebroff, Ivan 186
Reda, Siegfried 276, 278
Reichert, Ramón 10, 233, 310
Reininghaus, Frieder 113, 148
Reischl, Thomas 38
Respighi, Ottorino 79
Restagno, Enzo 93, 95, 102
Revault d'Allonnes, Olivier 193
Ribellino, Angelo Maria 99
Riehl, Friedrich 272
Riehn, Rainer 38, 47, 101, 103
Riley, Terry 26, 29f.
Rimbaud, Arthur 39, 100
Ripellino 99, 102

Register 319

Robb, David 191
Robespierre, Maximilien Marie Isidore de 100, 105f.
Rochon, Thomas R. 131
Rödding, Gerhard 272
Rohland, Peter 183, 185
Röhring, Klaus 277, 279, 288
Rolling Stones, The 227, 241
Rollins, Sonny 257
Roselt, Jems 32
Rosenberg, Neil V. 198
Rothe, Friedrich 164
Rowe, Keith 261
Rubinoff, Kailan R. 10, 125, 310
Rühm, Gerhard 35, 38
Rüsenberg, Michael 147
Rusinek, Bernd-A. 166
Rychlik, Otmar 46, 55f., 60

Šalamov, Varlam 219f.
Salvatore, Gastón 115, 117
Salzinger, Helmut 225f.
Samama, Leo 126, 129
Sanfilippo, Andrea 212, 214
Sanguineti, Edoardo 65, 68, 79, 102
Sansom, Russ 186
Santana, Carlos 147, 240
Santucci, Antonio A. 96f., 107
Sartre, Jean-Paul 103
Satter, David 221
Scalia, Gianni 27
Scharloth, Joachim 9, 11, 110f.
Schat, Peter 125–127
Schiller, Friedrich 80
Schimmel, Paul 35
Schleuning, Peter 10, 181, 310
Schleyer, Hanns Martin 163
Schlippenbach, Alexander von 258f.
Schmidt, Christian Martin 123
Schmidt, Dörte 10, 35, 37f., 47, 311
Schmitz, Britta 37, 46
Schmoliner, Stephanie 10, 225, 311
Schmücker, Fritz 147f.
Schnebel, Dieter 22f., 82, 85, 281–284, 286, 294–299, 303f.
Schneiber, Herbert 114
Schneider, Hotte 186
Schneider, Katja 113
Schneider, Sarah 193
Schnell, Ralf 249
Schnittke, Alfred 218
Schnuckenack Reinhardt Ensemble 186
Schobert und Black 187

Schoener, Eberhard 22
Schöfer, Erasmus 113
Schönberg, Arnold 119
Schopenhauer, Arthur 105, 204
Schössler, Daniel 233
Schreiber, Ulrich 81
Schreiber, Wolfgang 104
Schreiner, Florian 38
Schrijnen-van Gastel, Annelies 133
Schulz, Manuela K. 38
Schütz, Erhard 164
Schütz, Heinrich 276
Schuyt, Kees 132
Schwarzkogler, Rudolf 36
Schwenckfeld, Caspar 293
Schwendter, Rolf 187
Schwertsik, Kurt 39
Scorsese, Martin 240
Seeger, Pete 186f., 190, 226
Semmer, Gerd 182f.
Shakespeare, William 209
Shepp, Archie 254
Sichtermann, Kai 157
Siegfried, Detlef 159
Siepmann, Manuela 11
Skalkottas, Nikos 194
Sloan. P. F., geb. Philip Gary Schlein 205
Smalley, Roger 29
Smith, Michael W. 273
Soft Machine 17, 25f., 29f.
Sogenanntes Linksradikales Blasorchester 172
Söhngen, Otto 272
Solo, Bobby 205
Solženicyn, Aleksandr 217, 221
Souster, Tim 29
Spahn, Claus 104
Spontaneous Music Ensemble 257, 260
Stahl, Christian 157
Stählin, Christoph 187
Stalin, Iosif 217f.
Stanislavskij, Konstantin 71
Steinecke, Wolfgang 38
Steinitz, Wolfgang 187
Stenzl, Jürg 93–95, 100, 103, 106
Sterneck, Wolfgang 245f.
Stevens, John 260
Stiglegger, Marcus 233
Stiles, Kristie 40f.
Stites, Richard 219f.
Stockhausen, Karlheinz 19, 24, 30, 296
Stollenwerk, Hans J. 147
Storb, Ilse 273
Strack, Manfred 261

Strasfogel, Jan 75–77
Strawinsky, Igor 276
Strehler, Giorgio 68
Stump, Paul 141
Suci, George 201
Sun Ra, eigtl. Herman Blount 255
Süverkrüp, Dieter 182, 187f.
Syring, Marie Luise 32, 35

Tannenbaum, Percy 201
Taverne, Ed 132
Taylor, Cecil 257, 260
Tempo, Caludio 95
Ten Years After 240
Thalheim, Barbara 191
Theodorakis, Mikis 185, 194, 197
Theweleit, Klaus 170f.
Tiedemann, Rolf 17, 27
Tiggers, Piet 130
Titon, Jeff Todd 198
Tode, Thomas 236
Tompson, Robin 30
Ton Steine Scherben 189
Törne, Volker von 112
Tristano, Lennie 247
Tsitsanis, Vasilis 194
Tudor, David 23

Umathum, Sandra 32
Ungeheuer, Natascha 112f.
Unger, Frank 235
Usher, eigtl. Usher Raymond 139
Uyl, Joop den 136

Vamvakaris, Markos 197
Van der Klis, Jolande 131
Varèse, Edgard 23
Verdi, Giuseppe 98, 112
Vergopulos, Kostas 198
Verhoeff, René 134
Vermeulen, Ernst 135
Vertov, Dziga 236
Vian, Boris 182, 187
Vittorini, Elio 95
Vizbor, Jurij 224
Vlijmen, Jan van 125, 127, 135
Vlisidis, Kostas 198
Vostell, Wolf 87
Voznesenskij, Andrej 218
Vysockij, Vladimir 221–224

Wachsmann, Michael 187
Wader, Hannes 177, 187
Wadleigh, Michael 240, 242
Wagner, Hans 289
Wagner, Richard 59, 173
Warhol, Andy 28, 38
Was tun? 189
Wastat, Matthias 32
Webern, Anton 119
Wegner, Bettina 190f.
Weibel, Peter 37, 40, 44
Weischedel, Wilhelm 302
Weiss, Christina 124
Wende, Waltraud 249
Wenders, Wim 239
Wenzel, Hans-Eckardt 191
West, Hedy 186, 188
Who, The 240
Whitehead, Gregory 25
Whitehead, Kevin 126
Whiteley, Sheila 140
Wicke, Peter 225, 228
Wiener, Oswald 35–38, 57
Wiesel, Elie 302
Wilkie, Colin 186
William J. Harris 245
Willms, Wilhelm 265–267, 274
Wilson, Peter Niklas 246f., 254f., 257f., 261
Wirth, Uwe 46
Wyckaert, Maurice 17
Wynn, N.A. 254

Xenos, Alekos 196

Yamash'ta, Stomu 115
Young, Neil 228

Zacher, Gerd 281
Zahl, Peter Paul 157
Zappa, Frank 140, 143
Zehelein, Klaus 95
Zelinka, Udo 11
Zeller, Rudolf 295
Ziegler, Klaus Martin 275–278, 288
Žigulin, Anatolij 220
Zimmermann, Bernd Alois 281
Zimmermann, Jörg 102
Zosso, René 186
Zwerin, Charlotte 24